# 制药企业管理与GMP实施

主 编 赵 丽

副主编 王 华 樊文博 任小娜

重庆大学出版社

**图书在版编目（CIP）数据**

制药企业管理与 GMP 实施／赵丽主编. -- 重庆：重
庆大学出版社，2023.8
ISBN 978-7-5689-4082-5

Ⅰ.①制… Ⅱ.①赵… Ⅲ.①制药工业—工业企业管
理—质量管理 Ⅳ.①F407.763

中国国家版本馆 CIP 数据核字（2023）第 169600 号

**制药企业管理与 GMP 实施**

ZHIYAO QIYE GUANLI YU GMP SHISHI

主 编 赵 丽
副主编 王 华 樊文博 任小娜
策划编辑：鲁 黎

责任编辑：张红梅 版式设计：鲁 黎
责任校对：邹 忌 责任印制：张 策

\*

重庆大学出版社出版发行
出版人：陈晓阳
社址：重庆市沙坪坝区大学城西路 21 号
邮编：401331
电话：（023）88617190 88617185（中小学）
传真：（023）88617186 88617166
网址：http://www.cqup.com.cn
邮箱：fxk@cqup.com.cn（营销中心）
全国新华书店经销
重庆升光电力印务有限公司印刷

\*

开本：787mm×1092mm 1/16 印张：20.75 字数：482 千
2023 年 8 月第 1 版 2023 年 8 月第 1 次印刷
ISBN 978-7-5689-4082-5 定价：49.80 元

# 前　言

药品质量关系着患者的生命安全,也关系着药品生产企业的生命安全。制药企业技术先进与否、专业人才操作规范与否,对市场竞争的成败起至关重要的作用。鉴于药品生产对质量要求的特殊性,高等职业教育制药技术类专业设置了"制药企业管理与 GMP 实施"这一重要课程。本书是一本适用于培养职业院校药品生产技术、化学制药、生物制药、药物制剂等专业学生及相关人员药品生产与质量管理能力的教材。

本书依据《药品生产质量管理规范(2010 年修订)》(Good Manufacturing Practice of Medical Products, GMP)编写而成,并参照药品生产企业实际工作,将药品生产企业的机构与人员,房、设施与设备,物料与产品管理,确认和验证,文件管理,生产管理,质量控制与质量保证以及自检等作为编写内容,以便更好地满足高等职业教育的培养目标和教学要求。本书依据高等职业教育教学实践性强的特点,精选教学内容,使其简单化、实用化,让学生不仅了解和领会国家法定的 GMP 的基本要求和准则,掌握其精髓,在今后工作中能够遵法、守法和护法,更重要的是教会学生如何贯彻和实施 GMP,使学生成为既懂理论又能灵活运用GMP 的专业人才。

本书具有以下特色:

## 1.注重职业人格培育

本书通过课前导案,以二维码形式融入习近平新时代中国特色社会主义思想,启迪学生。每一个教学项目后面附有新版 GMP 上此部分相应的内容,引导学生树立正确的是非观,强化学生遵守法律法规和职业道德的意识。

## 2.校企合作

本书由具有丰富药品生产和质量管理实践经验的企业专家审稿把关,由多年从事药品生产质量管理类课程教学的一线教师执笔,全书内容和配套资源均是他们在专业实践和长期教学中的积累。

## 3.纸数融合

运用现代信息技术,嵌入大量多媒体资源,针对难点和重点制作多样化的微课制件,通过扫描教材相应位置处的二维码获得相关的教学资源,实现纸媒教材与富媒体教材资源的充分融合。

### 4.对接岗位

对接国家教学标准,顺应新时代中国特色社会主义现代化强国建设需求,教材内容贴近先进的药品生产企业实际,具有更强的企业实践性和教学可操作性。实训项目内容与企业各岗位职业能力对接,突出职业能力的培养。

### 5.形式新颖

内容精练,坚持理论"必需、够用"原则,强调实用性、适用性和开放性。为检测学习效果,夯实基础,设置了"课后检测"栏目;为学以致用,设置了"实训项目"栏目;为增强学生对药品专业行业的了解,以二维码形式设置了"阅读材料"栏目;为学生能深入了解规范,以二维码形式链接了与本项目对应的新版 GMP 内容。

### 6.教赛融通

为适应"岗课赛证"工作需要,将国家、省级大学生药物制剂技术与工程设计竞赛中的理论知识融入项目任务的学习内容并设置学习检测题目、实训与有关内容及要求的视频生成二维码,有机地融入教材内容,做到教赛融合。

本书由酒泉职业技术学院赵丽担任主编,王华、樊文博、任小娜担任副主编。具体编写分工如下:项目 1、项目 2、项目 4、项目 5、项目 6、项目 8 由赵丽编写;项目 3 由王华编写;项目 7、项目 9 由樊文博编写;项目 10 由任小娜编写。全书由赵丽统稿。

本书在编写过程中始终得到了酒泉职业技术学院化工学院同仁的悉心指导,还得到了甘肃祁连山药业股份有限公司刘定乾、姚玉玲、张亮及甘肃时铭泥浆材料检测中心有限公司毕会赛等专家的大力支持,他们对本书进行了认真详细的审阅并提出了许多宝贵意见,在此一并表示衷心感谢!

本书在编写过程中,参考了有关专家、学者的论著、论文和相关教材,对于他们的辛勤劳动也表示感谢!

项目化教学本身具有动态属性,需随着行业、企业、技术等的发展,学生、条件、环境等的变化而调整和补充新的教学内容,提供新的策略。由于编者水平有限,书中难免存在不足之处,恳请广大师生和读者提出宝贵意见,以便今后提高和完善!

编　者

2023 年 3 月

# 目　录

# 项目 1　认识 GMP

## 知识目标：

- 掌握 GMP 的产生、含义、发展、类型、主要内容。
- 掌握 GMP 的特点，现行版 GMP 的新要求、理念及认证。
- 掌握《中华人民共和国药品管理法》相关知识、飞行检查。

## 技能目标：

- 了解 GMP 的主要内容。
- 了解现行版 GMP 的新要求。
- 了解飞行检查。

## 素质目标：

- 培养学生的法律意识、质量意识和职业道德。

## 课前导案：

史上最大药害事件："反应停"事件

# 任务 1　GMP 的产生与发展

## 一、GMP 的产生

GMP 是英文名 Good Manufacturing Practices 的缩写,全称是 Good Manufacturing Practices and Quality Control for Drug(药品)。GMP 可以直译为"优良的生产实践",这里我们主要指的是药品的生产。食品、化妆品等也应参照 GMP 进行生产,那就是"for Food""for Cosmetic"。由于"GMP"已像"TV"等外来词缩写习惯应用,除官方文件外,大家已约定俗成,成为国际通用词汇。GMP 的理论和实践经历形成、发展和完善的过程。药品生产是一门十分复杂的科学,从产品设计、注册到产生,从原料、中间产品到成品的全部过程,涉及许多技术细节和管理标准。其中任何一个环节的疏忽,都有可能导致药品质量不符合要求,进而导致劣质药品的产生。因此,必须在药品研发、生产全过程,进行全面质量管理与控制,保证药品质量。

磺酰胺(SN)是第一个现代化学疗法化合物。1935 年,生物学家格哈特·多马克发现了其抑菌特性。红色百浪多息作为磺酰胺的前体物也曾应用于临床十多年,1937 年,美国田纳西州一位药剂师配制了磺胺酏剂,结果引起 300 多人急性肾功能衰竭,107 人死亡。究其原因,系甜味剂二甘醇在体内氧化为草酸中毒。为此,美国于 1938 年修改了《联邦食品药品化妆品法》(Federal Food,Drug,Cosmetic Act),并于 1962 年再次修改此法,当时发生了 20 世纪最大的药物灾难——"反应停"事件。20 世纪以来,人类社会经历了数十次重大的药物灾难,尤其是"反应停"事件发生后,公众要求对药品的生产必须有严格的法律监督。

GMP 的发展有其历史性,也有其必然性。在"反应停"事件中,态度强硬的美国药监部门因厂家无法提供相关的安全性数据,拒绝该药进入美国市场,因此,避免了类似惨痛事件在美国本土的上演。此后,由美国几名大学教授首先提出药品规范化生产的概念,即我们现在所提的 GMP,一系列的药品使用安全问题,也促使美国食品药品监督管理局(Food and Drug Administration,FDA)于 1963 年颁布了世界上第一部《药品生产质量管理规范》,经 FDA 官员多次讨论修改,经过几年实施,确实收到实效。1967 年,世界卫生组织(World Health Organization,WHO)在出版的《国际药典》(1967 年版)附录中进行了收载,1969 年第 22 届世界卫生大会,WHO 建议各成员国的药品生产采用 GMP 制度,以确保药品质量和参加"国际贸易药品质量签证体制",要求对药品生产的全过程进行规范化管理,如果药品生产企业没有实施 GMP,其产品不得出厂销售。如果制药企业没有按照 GMP 的要求组织生产,不管样品抽检是否合格,美国 FDA 都有权将这样生产出来的药品视作伪劣药品。

1969 年,WHO GMP 的公布标志着 GMP 的理论和实践从那时起已经走向世界。自此,GMP 成为世界各国制药行业法规,并于 1975 年进行了第一次修订。20 世纪 80 年代,各个国家纷纷制定了自己的 GMP 并不断丰富和发展,为了便于 GMP 的实施,不少国家(地区)颁布了 GMP 实施指南,WHO 也不例外。20 世纪 80 年代,WHO 对 GMP 进行修订和扩展,形成 GMP 指南。1990 年,WHO 药品制剂专家委员会通过了 GMP 指南修订版。1992 年,WHO 公布了 GMP 指南修订版。指南中的第一部分陈述了 GMP 的理念和基本要素;第二部分涉及生产和质量管理规范。这两部分内容共同组成了 WHO GMP 指南。1996 年,WHO 公布了生产工艺验证 GMP 指南。1997 年,WHO 药品制剂专家委员会通过了关于制药企业"受权人"的作用和职责的解释性文本。1997 年,WHO 药品制剂规格专家委员会通过了药用辅料生产 GMP 指南。之后,WHO 相继公布了其他一些针对生物制品、临床试验用药物和草药的专门的 GMP 指南。到 1980 年,共有 63 个国家颁布了 GMP。目前,已有 100 多个国家和地区实行了 GMP 制度。随着社会的发展、科技的进步,各国在执行 GMP 的过程中不断地对其进行修改和完善,并制定了各项详细规则和各种指导原则。

## 二、中国 GMP 的发展

我国提出在制药企业中推行 GMP 是在 20 世纪 80 年代初,比最早提出 GMP 的时间迟了 20 年。1982 年,中国医药工业公司参照一些先进国家的 GMP 制定了《药品生产管理规范》(试行稿),并开始在一些制药企业试行。1984 年,中国医药工业公司对 1982 年的《药品生产管理规范)(试行稿)进行修改,变成《药品生产管理规范》(修订稿),经原国家医药管理局审查后,正式颁布,并在全国推行。1988 年 3 月 17 日,依照《药品管理法》,原国家卫生部颁布了中国第一部法定的《药品生产质量管理规范》(1988 年版),作为正式法规执行。1991 年,根据《中华人民共和国药品管理法实施办法》的规定,原国家医药管理局成立了推行 GMP、GSP(《药品经营质量管理规范》)委员会,协助原国家医药管理局,负责组织医药行业实施 GMP 和 GSP 工作。1922 年,原国家卫生部对《药品生产质量管理规范》(1988 年版)进行修订,变成《药品生产质量管理规范》(1922 年修订)。1922 年,中国医药工业公司为了使药品生产企业更好地实施 GMP,出版了 GMP 实施指南,对 GMP 中的一些条款作了比较具体的技术指导。1998 年,原国家药品监督管理局总结几年来实施 GMP 的情况,对 1992 年修订的 GMP 进行修订,于 1999 年 6 月 18 日颁布了《药品生产质量管理规范》(1998 年修订),1999 年 8 月 1 日起施行,使我国的 GMP 更加完善,更加符合国情,更加严谨,便于药品生产企业执行。

GMP 作为药品生产的直接监管法规,它的推行使制药生产环境得到了极大的改善。于 2004 年 6 月 30 日前,我国实现了所有原料药和制剂均在符合 GMP 的条件下生产的目标。

为了提高我国 GMP 实施水平,提高我国药品生产企业的生产和质量管理水平,更好地保证人民用药的安全、有效,利于与国际先进水平接轨,促进我国药品进入国际市场,原国家食品药品监督管理局从 2006 年 9 月起正式启动了 GMP 的修订工作。历经 5 年修订、两次公开征求意见,《药品生产质量管理规范》(2010 年修订)于 2011 年 2 月 12 日正式对外发布,于 2011 年 3 月 1 日起施行。自 2011 年 3 月 1 日起,凡新建药品生产企业、药品生产企业新建(改、扩建)车间,均应符合《药品生产质量管理规范》(2010 年修订)的要求。

GMP 是一套适用于制药、食品等行业的强制性标准,要求企业从原料、人员、设施设备、生产过程、包装运输、质量控制等方面按照国家有关法规达到卫生质量要求,形成一套可操作的作业规范,帮助企业改善企业卫生环境,及时发现生产过程中存在的问题,加以改善。我国新版 GMP 与 1998 年版相比,在管理和技术要求上有相当大的进步。2011 年 3 月 1 日,我国新版 GMP 正式实施。基于我国国情,2010 年新修订的 GMP 结合 WHO 和药品检查合作计划(Pharmaceutical Inspection Co-operation Scheme,PIC/S)标准,以欧盟 GMP 为蓝本,吸纳美国、日本 GMP 部分内容进行修订和完善,这一系列原则奠定了我国 2010 年新修订的 GMP 与国际先进标准接轨的基调,特别是对无菌制剂和原料药的生产方面提出了更高的要求。新版 GMP 以欧盟 GMP 为基础,考虑到国内差距,以 WHO 2003 年版为底线。药品生产企业血液制品、疫苗、注射剂等无菌药品的生产,在 2013 年 12 月 31 日前未达到《药品生产质量管理规范》(2010 年修订)要求的企业(车间),在上述规定期限后不得继续生产药品。2022 年 9 月 9 日,PIC/S 在其网站上发布了修订后的 GMP 附录 1《无菌药品的生产》,并定于 2023 年 8 月 25 日实施,与欧盟保持同步。这部法规的修订和实施,引起了业内的高度关注,也给我国无菌药品检查带来了更新、更科学的思路及方向。

2023 年 4 月,由国家药品监督管理局食品药品审核查验中心组织编写的最新版 GMP 指南全面发布,将原"GMP 指南"进行了系统修订。指南中加入了大量国际现行的法规和标准要求的参考,包括 ICH,WHO,PIC/S,美国 FDA,欧盟 EMA,日本 PMDA 等的标准和要求。企业全面了解最新的 GMP 指南内容,可以帮助企业与时俱进,不断更新,以适应法规要求,了解和掌握最新的国际检查标准。

# 任务 2  GMP 的类型及特点

## 一、GMP 的类型

全世界 GMP 的形式多种多样,内容也各有特点。目前,世界上现行 GMP 的类型有 3 种,分别为国际组织规定的 GMP、各国政府颁布的 GMP 和制药行业或企业自身制定的 GMP。

### (一)国际组织规定的 GMP

有关国际组织规定的 GMP 一般原则性较强,内容较为概括,无法定强制性。

1.WHO GMP

世界卫生组织是联合国属下的一个专门机构,只有主权国家才能参加,是国际上最大的政府间卫生组织。世界卫生组织的前身可以追溯到 1907 年成立于巴黎的国际公共卫生局和 1920 年成立于日内瓦的国际联盟卫生组织。第二次世界大战后,经联合国经社理事会决定,64 个国家的代表于 1946 年 7 月在纽约举行了一次国际卫生会议,签署了《世界卫生组织组织法》。1948 年 4 月 7 日，该法得到 26 个联合国会员国批准后生效，世界卫生组织宣告成立。每年的 4 月 7 日也就成为全球性的"世界卫生日"。1948 年 6 月 24 日，世界卫生组织在日内瓦召开的第一届世界卫生大会上正式成立，总部设在瑞士日内瓦。世界卫生组织的宗旨是使全世界人民获得尽可能高水平的健康。世界卫生组织的主要职能包括：促进流行病和地方病的防治；提供和改进公共卫生、疾病医疗和有关事项的教学与训练；推动确定生物制品的国际标准。

WHO 的 GMP 属于国际性的 GMP。WHO 的 GMP 总论中指出，GMP 是组成 WHO 关于国际贸易中药品质量签证体制的要素之一，是用于评价生产许可申请并作为检查生产设施的依据，也作为政府药品监督员和生产质量管理人员的培训材料。GMP 适用于药品制剂的大规模生产，包括医院中的大量加工生产、临床试验用药的制备。那么，关于国际认证，我们知道有 GMP、FDA、TGA、cGMP，它们又有何不同呢？

说起认证，我们熟悉的是国家药品监督管理局。众所周知，国家药品监督管理局负责起草食品（含食品添加剂、保健食品，下同）安全、药品（含中药、民族药，下同）、医疗器械、化妆品监督管理的法律法规草案，拟订政策规划，制定部门规章，推动建立落实食品安全企业主体责任、地方人民政府负总责的机制，建立食品药品重大信息直报制度，并组织实施和监督检查，着力防范区域性、系统性食品药品安全风险。

在国际上，与食品药品监督管理局相似功能的一般采用 GMP 认证，高一等级参照美国的 FDA 认证，而澳大利亚的 TGA 认证是高等级。

澳大利亚药物管理局（Therapeutic Goods Administration，TGA），是澳洲医疗用品的监管机构，负责一系列评估和监管，确保澳洲药品质量。通过 TGA 认证的产品符合适用的标准，即表明在质量体系和生产环境上得到澳大利亚政府的认可，而 TGA 认证是澳大利亚政府的 GMP 认证，在国际上享有很高的声誉，这就意味着拿到这张准许通关证，也得到包含英国、法国、德国、加拿大等 20 多个国家和地区的认可。

国际上常用的标准还有 GMP、cGMP、FDA。

GMP 标准是为保证药品在规定的质量下持续生产的体系。它是为把药品生产过程中不合格的危险降到最低而订立的。GMP 包含方方面面的要求，从厂房到地面、设备、人员和培训、卫生、空气和水的纯化、生产和文件，是一种特别注重在生产过程中实施对产品质量与卫生安全的自主性管理制度。

动态药品生产管理规范（Current Good Manufacturing Practices，cGMP）是目前美、欧、日等国执行的 GMP 规范，也被称作"国际 GMP 规范"，cGMP 规范并不等同于我国目前正在执行的 GMP 规范。我国目前执行的 GMP 规范，是由 WHO 制定的适用于发展中国家的 GMP 规范，注重对生产硬件如生产设备的要求，标准较低。而美国、欧洲和日本等国家执行的 GMP 的侧重点在生产软件方面，比如，规范操作人员的动作和如何处理生产流程中的突发事件等。

美国食品药品监督管理局（Food and Drug Administration，FDA）是国际医疗审核权威机构，由美国国会授权，专门从事食品与药品管理的高执法机关；是一个由医生、律师、微生物学家、药理学家、化学家和统计学家等专业人士组成的致力于保护、促进和提高美国民众健康的政府卫生管制的监控机构。其他许多国家都通过寻求和接收 FDA 的帮助来促进并监控本国产品的安全。

2. 欧盟 GMP

1972 年,欧洲经济共同体(European Economic Community,EEC)颁布了第一部《GMP 总则》,用于指导欧共体国家的药品生产。1989 年 1 月,欧共体第一版《GMP 指南》出版。两年后对其进行了修订,于 1992 年 1 月公布了第二版《欧洲共同体药品生产质量管理规范》。2005 年 10 月,欧盟委员会重新调整了《GMP 指南》结构,由第一部分人用药品和兽药 GMP 以及第二部分原料药 GMP 组成,第二部分是根据人用药品注册技术要求国际协调会(ICH)的 Q7A"原料药 GMP"新制定的指南。现今欧盟 GMP 指南分为基本要求及附录。基本要求由两部分组成:第一部分为药品生产的 GMP 原则;第二部分为原料药生产的 GMP 原则。第一部分共 9 章,阐述了对药品的基本要求。除第一部分及第二部分的基本要求外,欧盟 GMP 还包括一系列附录,对药品生产的特殊要求或规范中某些关键性内容进行了详细叙述。某些生产过程需要同时满足不同附录(如无菌药品、放射药品/生物制品附录)的特殊要求。目前共有 19 个附录,分别是无菌药品制造、人用生物药品制造、放射性药品制造、除免疫外兽药制造、兽用免疫药制造、医用气体制造、草本植物药品制造、起始物料与包装材料取样、液体乳膏及软膏制造、压力定量与气雾吸收剂制造、计算机化系统、电离辐照在药品制造中的应用、研究用药品制造、源于人血或血浆药品制造、确认与验证、质量受权人认证与批放行、参数放行、对照样品与留样、质量风险管理。

欧盟 GMP 附录 1《无菌药品生产》经多次修订和更新,于 2022 年 8 月 25 日发布最新版本,2023 年 8 月 25 日正式实施。该附录英文版共 59 页 11 章,相比之前版本整个框架几乎全部重排,整合了无菌先进技术,纳入了无菌保证理念,全文大量引用质量风险管理(Quality Risk Management,QRM)、药品质量体系(Pharmaceutical Quality System,PQS)和污染控制策略(Contamination Control Strategy,CCS)的理念,对无菌药品管理提出了更高要求。欧盟 GMP 附录 1(2022 版)对质量保证体系、厂房、设备、公共设施、清洁与消毒、人员、生产技术、灭菌、除菌过滤、冷冻干燥、一次性系统、最终处理、环境检测、无菌工艺模拟、微生物测试其他领域、药品与分销质量管理规范及批次放行等 17 个方面进行了详细规定,重点明确了备受关注的新理念污染控制策略相关内容及实施策略。

(二) 各国政府颁布的 GMP

各国政府颁布的 GMP 一般原则性较强,内容较为具体,具有法定强制性。

1. 美国 FDA 的 cGMP

美国是 GMP 始创国,于 1963 年首先颁布了 GMP,在实施过程中,经过数次修订至今成为较完善、内容较详细、标准最高的 GMP。美国 FDA 对 GMP 的研究,一直处于全球领先地位。美国要求,凡是向美国出口药品的制药企业以及在美国境内生产药品的制药企业,都要符合美国 GMP 要求。美国的 GMP 又称为 cGMP，cGMP 的主要目的是保证稳定的产品质量，药品质量就是 cGMP 的核心，而实现这一目标的过程（或理解为现场）是最重要的。具有以下特点：

①强调实施动态的 cGMP，即强调药品生产与质量管理的现场管理。

②强调验证工作的重要性，美国 FDA 认为达到 cGMP 的途径有很多，只要药品生产企业用规范的验证方法能够证明过程的目标的确定性就可以使用这个方法。因此，cGMP 也具有一定的灵活性，在 cGMP 实施过程中，美国 FDA 鼓励企业创新。

③强调工作记录的重要性，只有真实的、及时的、规范的记录，才能对药品生产与质量管理活动的效果进行有效的追溯，才能为今后持续改进提供基础性支持。

2001 年，美国 FDA 完成了 ICH 中的第五步程序，向社会公众公布了 Q7A 原料药 GMP 指南。2008 年，美国 FDA cGMP 进行了又一次的改进。在对 cGMP 上，美国 FDA 的要求是实现内容上与国际法规接轨，企业既要对技术进行不断的调整与更新，还要在用词上力求准确并与国际保持一致。

**2. 澳大利亚 GMP**

澳大利亚于 1969 年公布 GMP 制度，成为继美国和 WHO 之后第 3 个使用 GMP 规范的国家。2018 年 1 月 1 日起，澳大利亚药品管理局（Therapeutic Goods Administration，TGA）强制实施新版 GMP，即 PIC/S GMP PE009-13。

**3. 日本 GMP**

日本 GMP 的发展情况可以简单归纳为：1969 年，GMP（WHO）被日本制药工业协会引入并推荐使用；1970 年，GMP 研究小组成立（日本制药工业协会）；1973 年，日本 GMP 指南通过；1979 年，在日本《药事法》修正案中，GMP 取得法律地位；1980 年，GMP 以法规形式颁发；1982 年，GMP 指南做了较大修改后颁发；1986—1988 年，日本 GMP 与联邦德国、瑞典、瑞士取得互认；1989 年，《化学原料药生产和质量控制法规》颁发执行；1990 年，GMP 检查指南发布；1994 年，符合 GMP 被作为《药品生产许可证》取得的先决条件；1995 年，颁发生产许可证的权限从厚生劳动省移交到地方；1996 年，引入验证概念；1999 年，GMPI 即进口 GMP 开始制定；2004 年，推出 GMP 最新版本。2021 年 4 月 28 日，日本厚生劳动省正式公布最新的"药品及医药部外品生产管理及质量管理标准相关省令进行部分修订的省令"，实际就是修订版 GMP。修订版 GMP 于 2021 年 8 月 1 日起实施。日本 GMP 在本次修订前一直执行 GMP 省令，还是 2004 年修订版，中间长达 17 年没有进行大幅度修订。这次大幅度修订的契机是 2013 年日本申请加入 PIC/S 时，发现日本的 GMP 和 PIC/S 的 GMP 之间存在不少差距。为进行改进，日本 2013 年修订了 GMP 施行通知，将旧版 GMP 和 PIC/S 的 GMP 进行整合，随后在 2014 年顺利加入了 PIC/S。但是，施行通知并不具备法律效力，因此，这些内容在正式施行时才算纳入 GMP 省令。

**4. 中国 GMP**

世界卫生组织于 20 世纪 60 年代开始组织制定 GMP，中国则从 20 世纪 80 年代开始推行。1988 年,卫生部(现国家卫生健康委员会,下文同)颁布了中国第一部法定的 GMP,并于 1992 年进行了第一次修订。十几年来,中国推行 GMP 取得了一定的成绩,一批制药企业 (车间)相继通过了 GMP 认证和达标,促进了医药行业生产和质量水平的提高。但从总体来看,推行 GMP 的力度还不够,GMP 的部分内容也急需做出相应的修改。

国家药品监督管理局自 1998 年 8 月 19 日成立以来,十分重视 GMP 的修订工作,先后召开多次座谈会,听取各方面的意见,特别是 GMP 的实施主体——药品生产企业的意见,组织有关专家开展修订工作。《药品生产质量管理规范》(1998 年修订)已由国家药品监督管理局第 9 号局长令发布,并于 1999 年 8 月 1 日起施行。历经 5 年修订、两次公开征求意见的《药品生产质量管理规范(2010 年修订)》(以下简称新版 GMP)于 2011 年 3 月 1 日起施行。

2023 年版的"药品 GMP 指南"第 2 版《质量管理体系》分册新增研发质量体系、数据可靠性策略章节和药品上市许可持有人管理要求等;《厂房设施与设备》分册新增工艺气体系统、信息化和计算机化系统、先进制造三个部分;《口服固体制剂与非无菌吸入制剂》分册新增吸入制剂、缓控释制剂和中药颗粒剂附录,技术转移、工艺验证、共线生产等内容;《无菌制剂》分册新增生物制品单抗和细胞治疗产品两个部分,以及脂质体和预灌封注射剂产品、一次性使用技术和免洗物料等;《质量控制实验室与物料系统》《原料药》分册对接国内外产业法规指南全面升级,并就实验室调查、微生物实验室、供应商管理委托储存、临床用原料药、溶媒回收等热点内容进行专题讨论。

我国执行的 GMP 规范是由 WHO 制定的适用于发展中国家的 GMP 规范,注重对生产硬件如生产设备的要求。cGMP 是美、欧、日等国执行的 GMP 规范,也被称作"国际 GMP 规范",cGMP 规范并不等同于我国实行的 GMP 规范。

### (三)制药行业或企业自身制定的 GMP

制药行业或企业自身制定的 GMP 一般指导性较强,内容较为具体,无法定强制性。例如,英国制药联合会制定的 GMP、瑞典制药工业协会制定的 GMP 等。我国最早于 1982 年由中国制药工业协会参照一些先进国家的 GMP,制定了我国的《药品生产管理规范》(试行本),并开始在某些制药企业中试行。1984 年,《药品生产管理规范》(试行本)被原国家医药管理局的《药品生产质量管理规范》所取代,作为行业 GMP 要求,正式颁布执行。同时还颁布了《药品生产管理规范实施指南》,为我国制药企业全面实施 GMP 奠定了基础。

此外,一些大型跨国医药公司也制定了本公司的 GMP。

## 二、GMP 的内容和特点

### (一)GMP 的主要内容

GMP 总体内容包括机构与人员、厂房和设施、设备、卫生管理、文件管理、物料控制、生产控制、质量控制、发运和召回管理等方面内容,涉及药品生产的方方面面,强调通过生产过程管理保证生产出优质药品。

从专业化管理的角度,GMP 可分为质量控制系统和质量保证系统两大方面。一方面是对原材料、中间品、产品的系统质量控制,称为质量控制系统;另一方面,是对影响药品质量生产过程中容易产生的人为差错和污染等问题进行系统的严格管理,以保证药品质量,称为质量保证系统。

从软件和硬件系统的角度,GMP 可以分为软件系统和硬件系统。软件系统主要包括组织机构、组织工作、生产技术、卫生、制度、文件、教育等方面的内容,可以概括为以智力为主的投入产出。硬件系统主要包括对人员、厂房、设施、设备等的目标要求,可以概括为以资本为主的投入产出。

## (二) GMP 的特点

### 1.原则性

GMP 条款仅指明了质量或质量管理所要达到的目标,而没有列出如何达到这些目标的解决办法。达到 GMP 要求的方法和手段是多样化的,企业有自主性、选择性,不同的药品生产企业可以根据自身产品或产品工艺特点等情况选择最适宜的方法或途径满足 GMP 标准,例如,无菌药品的灭菌处理必须达到"无菌",也就是药品的染菌率不得高于 10。但是,达到"无菌"的处理方式有很多,如干热灭菌、湿热灭菌、辐射灭菌、过滤灭菌等,企业可以根据自身产品和产品工艺要求进行选择,只要能满足 GMP 要求,就是适宜的方法。

### 2.时效性

GMP 条款具有时效性,因为 GMP 条款只能根据该国、该地区现有的一般药品生产水平来制定,随着医药科技和经济贸易的发展,GMP 条款需要定期或不定期补充、修订。这和制定药品标准类似,对目前具有法定效力或约束力或有效性的 GMP,称为现行 GMP,新版 GMP 颁布后,旧版 GMP 即废止。

### 3.基础性

GMP 是保证药品生产质量的最低标准,不是最高、最好标准,更不是高不可攀的标准。任何一国的 GMP 都不可能把只能由少数药品生产企业做得到的一种生产与质量管理标准作为全行业的强制性要求。例如,GMP 规定针剂灌封工序要求空气洁净程度为 B 级,也就是最低标准为 B 级,如果本行业药品生产企业都很难达到这个标准,GMP 也不会做这样的规定。但是,一旦规定 B 级为标准,如果有的企业为了确保质量,提高洁净度到 A 级,完全符合标准,当然这也是企业自身的决定或自身的事务,但如果企业降低到 C 级,则违反了 GMP 的规定。生产企业将生产要求与目标市场的竞争结合起来必然会形成现实标准的多样性,因此,企业有自主性,可以超越 GMP。

### 4.一致性

各类 GMP 有一个最重要的特征,就是在结构与内容的布局上基本一致。各类 GMP 都是从药品生产与质量管理所涉及的硬件,如厂房设施、仪器设备、物料与产品等;所涉及的软件,如制度与程序、规程与记录等;人员,如人员的学历、经验与资历等;现场,如生产管理、质量管理、验证管理等进行规定的,分为人员与组织、厂房与设施、仪器与设备、物料与产品、文件管理、验证管理、生产管理、质量管理等主要章节。这些章节的具体分类也基本一致。比如,质量管理章节,各类 GMP 都包括质量控制实验室管理、物料和产品放行、持续稳定性考察、变更控制、偏差处理、纠正措施和预防措施、供应商的评估和批准、产品质量回顾分析、投诉与不良反应报告。虽然在具体内容方面有所侧重和差异,但具体框架和规定基本一致。各类 GMP 都是强调对这些元素或过程实施全面、全过程、全员的质量管理,防止污染和差错的发生,保证生产出优质药品。

### 5.多样性

尽管各类 GMP 在结构、基本原则或基本内容上一致或基本相同,但同样的标准要求,在细节方面有时呈现多样性,而多样性也存在很大的利弊。例如,各国 GMP 都对生产车间的管道铺设提出了一定的要求,主要是为了防止污染,保持室内洁净。但是,有的国家的 GMP 就要求生产车间不能有明管存在,所有管道一律暗藏。也有国家的 GMP 中规定,只要能便于清洁并具有严格的卫生制度,管道不一定要全部暗藏。管道是否要暗设,对于药品生产企业来说,从厂房设计、管道走向设计以及随之展开的工艺布局,情况是大相径庭的。不同国家的 GMP 表现出一定的水平差异和各自特色,使得各类 GMP 得以相互借鉴,相互促进和提高。

### 6.地域性

一般而言,一个国家(地区)在一个特定的时期,有一个版本的 GMP,只有达到这个版本的 GMP 要求,药品质量才能得到这个国家(地区)有关政府部门的认可,药品才能在这个国家(地区)进行销售使用。但是,有的国家(地区)却可以通行多个不同版本的 GMP,比如,有的国家(地区)既认可本国的 GMP,也认可 WHO 的 GMP、美国的 GMP、欧盟的 GMP 等。

## 三、实施 GMP 的三要素

硬件设施、软件系统、高素质人员被称为 GMP 的三要素。

硬件设施是指厂区环境、厂房、生产设施设备、辅助设施设备、质量控制与检验仪器设备、原辅材料、仓储设施等,为生产和质量控制所必需的基础条件。

软件系统是指符合法律法规技术标准要求,适应某企业、特定品种和工艺特点的经过科学论证和验证,能够对生产全过程、各要素进行组织和有效控制的管理系统。包括企业组织管理体制机制、运行机制、规章制度、技术措施、标准体系、各种管理文档资料、记录等。

高素质人员也称为湿件,是指生产企业的人员配备情况,应具有与生产性质、规模、要求相适应的人员配置,是最关键因素。硬件是基础,软件是保证,人员是关键。

### (一)硬件是基础

谈到良好的硬件设施,人们普遍认为只要肯投入资金,一切就不成问题。诚然,充足的资金投入是硬件建设的保障,但在当前综合国力相对较低,国有企业举步维艰的状况下,何来资金投入? 如何用有限的资金完成 GMP 硬件改造和建设,笔者认为,应抓住重点。就拿要求首批通过 GMP 认证的粉针剂生产线来说,由于粉针剂产品对微细颗粒和微生物控制这两方面有特殊要求,因而在与药粉直接接触的设备(分装机)、内包材料的清洁消毒设备(洗瓶机、洗胶塞机、隧道烘箱及运送轨道等)应不脱落微粒、毛点,并易清洁、消毒;在产品暴露的操作区域(无菌室),其空气洁净级别要符合工艺规定,不产生交叉污染等都是资金投入的重点。要做到这点,在新厂房筹建或老厂房改造之前,应在外向有关权威专家进行咨询;在内广泛征求专业人士如生产车间、技术、质管、设备等部门人员的意见,按照 GMP 的要求,针对设备的选型、建筑材料的挑选、工艺流程的布局进行综合考虑,制订合理的资金分配方案,使有限的资金发挥最大的效能。而不应本末倒置,在外围生产区域装修上占用较多的资金,使关键的生产设备、设施因陋就简,这将给未来的生产埋下隐患。

### (二) 软件是保证

众所周知,质量是设计和制造出来的,而产品的质量要遵循各种标准的操作法保证,同其他事物一样,企业的软件管理也经历了形成、发展和完善的过程。从纵向来看,各种技术标准、管理标准、工作标准是在长期的生产过程及上级单位的各类验收检查、质量审计中逐步形成的,这一时期的各类标准是低水平的、粗线条的。此后,随着 GMP 实践的不断深入,从中细化出各类具有实用和指导意义的软件——标准操作规程(SOP)。

发展至今,GMP 又引入了"工艺验证"这一具有划时代意义的概念,通过验证了解所制订的各种规程是否符合实际,是否随着时间的推移需要修订。由于 GMP 的实践是一个动态过程,与之相对应的软件也需要不断地补充、修订、完善。

### (三) 人员是关键

作为一个企业,从产品设计、研制、生产、质控到销售全过程,"人"是最重要的因素。因此,为了真正达到认证标准,企业必须按要求对各类人员进行行之有效的教育和培训,要像抓硬软件建设工作那样搞好"人"素质提高的建设工作,切不可将教育培训工作流于形式。如果"人"没有达标,即使企业通过了认证,也只是自欺欺人。

产品质量的好坏是全体员工工作质量好坏的反映,这是因为优良的硬件设备要由人来操作,好的软件系统要由人来制订和执行,由此可知,人员的培训工作是一个企业 GMP 工作能否开展、深入和持续的关键。以往很多国有企业普遍不重视人员培训工作,存在培训面不广,培训内容不深入,没有系统性、持续性等问题。笔者认为,有必要在企业内部设立培训部门,从事全员培训工作,逐步建立和完善各类人员应受的培训、考核内容,规定其每年受训时间不少于一定学时。就像需要对各种进厂原辅材料进行检验,符合规定方能使用一样,我们对各类人员也应对其上岗前进行"初验证",工作一段时间后进行"再验证",培训到位才能胜任本职工作。

综上所述,良好的硬件设备(施)、实用的软件系统、高素质的人员参与是组成 GMP 体系的重要因素,缺一不可。

## 任务3　中国现行版 GMP 的主要变化及特点

药品生产质量管理规范,是一套适用于制药、食品等行业的强制性标准,要求企业从原料、人员、设施设备、生产过程、包装运输、质量控制等方面按国家有关法规达到卫生质量要求,形成一套可操作的作业规范,帮助企业改善卫生环境,及时发现生产过程中存在的问题,并加以改善。实施 GMP 旨在规范药品生产质量管理,最大限度地降低药品生产过程中污染、交叉污染以及混淆、差错等风险,确保持续稳定地生产出符合预定用途和注册要求的药品。

GMP 内容:

第一章　总则

第二章　质量管理

第三章　机构与人员

第四章　厂房与设施

第五章　设备

第六章　物料与产品

第七章　确认与验证

第八章　文件管理

第九章　生产管理

第十章　质量控制与质量

第十一章　委托生产与委托检验

第十二章　产品发运与召回

第十三章　自检

第十四章　附则

现行版 GMP 共 14 章 313 条,强调对"原则"的把握,增加了对重点与难点多变情况的适应性。大多数章节都增加了原则一节,强调各章节应把握的我国 GMP 基本原则,为科学评估企业提供了指导依据。相对于 1998 年修订的 GMP 14 章 88 条,篇幅大量增加。

新版 GMP 吸收国际先进经验,结合我国国情,按照"软件硬件并重"的原则,贯彻质量风险管理和药品生产全过程管理的理念,更加注重科学性,强调指导性和可操作性,达到了与世界卫生组织 GMP 的一致性。引入了一些新理念,即假想监管相对人是诚实守信的,一旦有弄虚作假、人为的造假记录,马上就判为检查不合格。新理念更多地体现了法律的人性化。基本要求和 5 个附录在修订过程中都参考了国际 GMP 标准,以强化国内企业对相关环节的控制和管理,但在具体条款上也结合我国国情做了相应的调整。从而达到思路上重视法规间的协调性,注重注册、生产、上市管理的协调性;经验上注重吸纳、借鉴国际先进经验;以欧盟 GMP 为蓝本,参考了 WHO、美国和日本的 GMP;而在具体管理时强调动态管理,如验证过程、回顾性检查等;在整个法规设计上注重科学性、具体性、可操作性、可检查性。

新版 GMP 条款内容更加具体,指导性和可操作性更强;生产条件和管理制度方面的规定更加全面、具体,进一步从生产环节确保了药品质量的安全性、稳定性和均一性。

## 一、中国现行版 GMP 的主要变化

### (一) 新版 GMP 修订的目的

1998 年版 GMP 从编制时间来看,持续时间比较长,与发达国家或组织间制定的 GMP 相比,存在内容的缺失,需要更新缩小内容的上差距。

1998 年版 GMP 条款较为粗犷,内容不具体;附录又过于原则,针对不同的事件,只能按照条款进行操作,需细化条款,并可根据缺陷内容风险的大小进行判定。

1998 年版 GMP 实施后,企业更注重硬件的投入,而对软件、湿件的投入与管理不足,新版 GMP 需要更加全面地完善质量管理体系,加大对软件、湿件的管理。

因国际市场的高速发展,迫切需要我国提升药品生产的管理水平与质量安全性,达到与其他国家标准同级、市场共享的要求。

### (二) 新版 GMP 的主要变化

**1.提升质量管理体系的要求**

(1)完善质量管理体系的建成。新版 GMP 中引入了多个质量管理制度,对产品要求进行年度回顾管理制度,对产品质量的日常变化趋势进行评估,有效提高对产品质量的把控,为产品质量的持续提高提供保障。

(2)增加对人员资质的要求。新版 GMP 中对企业关键人员进行明确的描述,包括企业负责人、生产管理负责人、质量管理负责人和质量受权人,对人员的从业资质要求与岗位职责进行了明确,确保在今后的工作中,各项岗位职责与权力的合理分配;同时,首次明确提出质量受权人的概念,质量受权人需对放行产品质量进行负责。

(3)提高设备管理要求。质量源于设计,稳定的质量来源于稳定的设备,新版 GMP 中对设备的使用,增加了设计确认,企业应根据产品的工艺要求,对设备厂家提出客户需求,并对提供的设备进行设计确认,确认设备是否从源头上可以满足工艺的要求。

(4)细化文件管理的要求。新版 GMP 中对文件管理进行具体描述,对文件的起草、修订、审核、批准、替换或撤销、复制、保管和销毁等具体要求进行描述,并对文件的题目、版本号、文字描述要求清晰都进行了规定。

(5)对不足项的风险管理。通过对生产全过程的控制,对一些管理不足或缺陷项目可根据对产品质量或用户使用安全性的影响大小进行风险评估,影响小的项目,企业或检查人员可弱化的不符合性,但针对同一缺陷多次出现的,即便是小的不足项也有可能导致严重的不符合项。

2.提高具体操作指导

随着新版 GMP 的颁布,国家药品监督管理局同时发布 5 部 GMP 实施附录,分别为无菌药品附录、原料药附录、血液制品附录、生物制品附录、中药制剂附录,对各个剂型分别进行了阐述,提高了 GMP 在实施过程中的具体操作指导。同时,配合国家药品监督管理局认证中心编写的 6 本药品实施指南,增强了 GMP 的规范性,使新版 GMP 更具有指导意义。

3.硬件要求部分调整

(1)对生产区洁净度级别进行调整。参考 ISO 14644 中环境级别分级与控制要求,将洁净区从 1998 年版 GMP 中的三十万级、十万级、万级及百级要求,调整为 A、B、C、D 级的分类,与国际标准接轨,对环境的控制也是参考 ISO 中的要求进行控制。

(2)增加对厂房设施的要求。对无菌生产线中 B 级区人员更衣间要求进、出分门,即人员进入 B 级区需从单向门进入,人员出 B 级区需从另一个单向门出,这样最大程度地避免了人员更衣时新、旧工作服的交叉污染,同时,也降低了人员对洁净区的环境影响。

4.质量管理系统引入了新的制度

新版 GMP 质量管理系统中引入了一系列新制度,如供应商的审计和批准、变更控制、偏差管理、OOS 制度、CAPA 制度、持续稳定性考察计划、产品质量回顾分析等,新引入的制度对质量管理体系的维护与促进有积极作用。

# 二、中国现行版 GMP 的特点

## (一)软件方面

### 1.加强了药品生产质量管理体系建设

新版 GMP 提高了对企业质量管理软件方面的要求,细化了对构建实用、有效质量管理体系的要求,强化了药品生产关键环节的控制和管理,以促进企业质量管理水平的提高。

### 2.全面强化从业人员的素质要求

新版 GMP 增加了对从事药品生产质量管理人员素质要求的条款和内容,进一步明确职责。例如,新版 GMP 明确药品生产企业的关键人员,包括企业负责人、生产管理负责人、质量管理负责人、质量受权人等必须具有的资质和应履行的职责。

### 3.强化了文件管理规定

新版 GMP 细化了操作规程、生产记录等文件管理规定,增加了指导性和可操作性。

## (二)硬件方面

新版 GMP 提高了部分生产条件的标准。

### 1.调整了无菌制剂的洁净度要求

为了确保无菌药品的质量安全,新版 GMP 在无菌药品附录中采用了 WHO 和欧盟最新的 A、B、C、D 分级标准,对无菌药品生产的洁净度级别提出了具体要求;增加了在线监测的要求,特别是对悬浮粒子,也就是生产环境中的悬浮微粒的静态、动态监测,对浮游菌、沉降菌(生产环境中的微生物)和表面微生物的监测都作出了详细的规定。

2.增加了对设备设施的要求

新版 GMP 对厂房设施分为生产区、仓储区、质量控制区和辅助区分别提出设计和布局要求;对设备的设计和安装、维护和维修、使用、清洁及状态标识、校准等方面也都作出了具体的规定。

### (三)增设了一系列新制度

质量风险管理是美国 FDA 和欧盟都在推动和实施的一种全新理念,新版 GMP 引入了质量风险管理的概念,并围绕质量风险管理相应地增加了一系列的新制度,例如,在原辅料采购、生产工艺变更、操作中的偏差处理、发现问题的调查和纠正,上市后药品质量的持续监控等方面,增加了供应商审计和批准、变更控制、偏差管理、超标调查纠正和预防措施、持续稳定性考察计划、产品质量回顾分析等新制度和措施,对各个环节可能出现的风险进行管理和控制,促使企业建立相应的制度,及时发现影响药品质量的不安全因素,主动防范质量事故的发生。进一步强调验证的重要性,引入先进的质量管理方法,有助于制药企业及时发现质量风险或产品质量缺陷,持续改进,不断提高产品质量。

### (四)强调了有效衔接

新版 GMP 强调与药品注册、药品召回、药品不良反应监测等其他监管环节进行有效衔接。药品的生产质量管理过程是对注册审批要求的贯彻和体现。新版 GMP 在生产管理、质量管理、委托生产与委托检验等多个章节中都强调了生产要求与注册审批要求的一致性。

新版 GMP 还注意与《药品召回管理办法》的衔接,规定企业应当制订召回操作规程,指定专人负责组织协调召回工作,督促企业按照《药品召回管理办法》的规定,上市后药品一旦出现质量问题或者药害事件,第一时间把所有问题药品召回,避免发生新的危害。

对药品不良反应监测,1998 年版 GMP 中有相关条款,但很简单。在新版 GMP 中,明确规定企业应建立药品不良反应报告和监测管理制度,主动收集不良反应,并设立专门机构、配备专职人员负责管理。这些规定与正在修订并即将颁布实施的《药品不良反应报告与监测管理办法》的要求是一致的。

### (五)促进了行业结构调整

从产业长远健康发展的角度来看,实施新版 GMP,有利于促进我国医药产业结构调整以及增强我国药品生产企业的国际竞争能力,加快我国医药产品进入国际市场。

我国现有的原料药及制剂生产企业在整体上呈现多、小、散、低的格局,生产集中度较低,自主创新能力不足。实施新版 GMP,是顺应国家战略性新兴产业发展和转变经济发展方式的要求,有利于促进医药行业资源向优势企业集中,淘汰落后生产力;有利于调整医药经济结构,促进产业升级。

实施 GMP 是提高药品质量安全的过程,也是促进我国药品生产企业逐步走向国际市场的过程。由于 1998 年版 GMP 与国际先进标准相比存在一定差异,很大程度上影响了我国的医药产品进入国际市场。这次修订在技术要求方面与 WHO 的 GMP 基本一致,全面实施后将有利于出口药品生产企业普遍达到国际社会认可的标准,有利于培育具有国际竞争力的企业,加快我国医药产品进入国际市场。下一步,国家药品监督管理局将加强与国际药品现场检查公约组织的合作,促进 GMP 认证国际互认。

药品生产企业是 GMP 的实施主体。为确保新版 GMP 的实施,药品生产企业应当根据自身实际情况,结合产品结构调整和产业升级,制订实施工作计划,积极组织开展企业员工的学习和培训,在规定的时间内完成必要的软、硬件的提升和技术改造,按照新修订的申报要求提前申请检查认证。

# 任务4 新版 GMP 的理念及认证

## 一、新版 GMP 体现出的新理念

### (一)质量风险管理新理念

在新版 GMP 中,适时引入了质量风险管理新理念,比如,明确要求企业要建立质量管理体系,在质量管理中要引入风险管理,强调在实施 GMP 过程中以科学和风险为基础。

药品生产过程存在污染、交叉污染、混淆和差错等风险,不能简单地按照质量标准通过检验发现问题,必须在生产过程中加以控制。所以,新版 GMP 中引入质量风险管理理念,并相应地增加了一系列新制度,如供应商的审计和批准、变更控制、偏差管理、超标调查、纠正和预防措施、持续稳定性考察计划、产品质量回顾分析等,分别从原辅料采购、生产工艺变更、操作中的偏差处理、发现问题的调查和纠正、上市后药品质量的持续监控等方面,对各个环节可能出现的风险进行管理和控制,促使生产企业建立全链条的、相应的制度,及时发现影响药品质量的不安全因素,主动防范质量事故的发生,以最大限度地保证产成品和上市药品的质量。

### (二)质量管理体系的新理念

新版 GMP 明确要求制药企业应当建立全面、系统、严密的质量管理体系,并且必须配备足够的资源,包括人力资源和管理制度保证质量体系的有效运行。以前很多人认为,质量管理和实施 GMP 是质量管理部门和质量管理人员的事情。而新版 GMP 体现了全员参与质量的理念,强调法人、企业负责人,包括质量负责人、质量受权人等高层管理人员的质量职责,使得药品生产企业的质量管理更为全面深入。这是对"企业是药品质量第一责任人"的进一步落实,体现了制度化管理的现代企业管理理念。

## 二、GMP 的认证

卫生部于 1995 年 7 月 11 日下达《关于开展药品 GMP 认证工作的通知》(卫药发〔1995〕第 35 号)。GMP 认证是国家依法对药品生产企业(车间)和药品品种实施 GMP 监督检查并取得认可的一种制度。虽然国际上药品的概念包括兽药,但只有中国和澳大利亚等少数几个国家是将人用药 GMP 和兽药 GMP 分开的。

GMP 认证分为国家和省两级进行,根据《中华人民共和国药品管理法实施条例》的规定,省级以上人民政府药品监督管理部门应当按照《药品生产质量管理规范》和国务院药品监督管理部门规定的实施办法和实施步骤,组织对药品生产企业的认证工作;符合《药品生产质量管理规范》的,颁发认证证书。其中,生产注射剂、放射性药品和国务院药品监督管理部门规定的生物制品的药品生产企业的认证工作,由国务院药品监督管理部门负责。

卫生部 2011 年公布的《药品生产质量管理规范(2010 年修订)》(以下简称"新版GMP"),已于 2010 年 10 月 19 日审议通过,自 2011 年 3 月 1 日起施行。新版 GMP 与 1998年版相比,在管理和技术要求上有相当大的进步。特别是对无菌制剂和原料药的生产方面提出了很高的要求,新版 GMP 以欧盟 GMP 为基础,考虑到国内差距,以 WHO 2003 年版为底线。

新版 GMP 认证有两个时间节点:药品生产企业血液制品、疫苗、注射剂等无菌药品的生产,应在 2013 年 12 月 31 日前达到新版 GMP 要求;其他类别药品的生产均应在 2015 年 12月 31 日前达到新版 GMP 要求。未达到新版 GMP 要求的企业(车间),在上述规定期限后不得继续生产药品。

## 【知识拓展】

### 新版 GMP 认证资料有哪些?

新版 GMP 认证申请书(一式四份);

《药品生产企业许可证》和《营业执照》复印件;

药品生产管理和质量管理自查情况(包括企业概况及历史沿革情况、生产和质量管理情况、前次认证缺陷项目的改正情况);

药品生产企业组织机构图(注明各部门名称、相互关系、部门负责人);

药品生产企业负责人、部门负责人简历;依法经过资格认定的药学及相关专业技术人员、工程技术人员、技术工人登记表,并标明所在部门及岗位;高、中、初级技术人员占全体员工的比例情况表;

药品生产企业生产范围全部剂型和品种表;申请认证范围剂和品种表(注明常年生产品

种），包括依据标准、药品批准文号；新药证书及生产批件等有关文件资料的复印件；

药品生产企业周围环境图、总平面布置图、仓储平面布置图、质量检验场所平面布置图；

药品生产车间概况及工艺布局平面图（包括更衣室、盥洗间、人流和物流通道、气闸等，并标明人、物流向和空气洁净度等级）；空气净化系统的送风、回风、排风平面布置图；工艺设备平面布置图；

申请认证型或品种的工艺流程图，并注明主要过程控制点及控制项目；

药品生产企业（车间）的关键工序、主要设备、制水系统及空气净化系统的验证情况；检验仪器、仪表、衡器校验情况；

药品生产企业（车间）生产管理、质量管理文件目录。

# 任务5　药品管理法和飞行检查

## 一、《中华人民共和国药品管理法》内容解读

《中华人民共和国药品管理法》（以下简称《药品管理法》）是为了加强药品管理，保证药品质量，保障公众用药安全和合法权益，保护和促进公众健康而制定的法律。1984 年 9 月 20 日第六届全国人民代表大会常务委员会第七次会议通过，自 1985 年 7 月 1 日起施行。2019 年 8 月 26 日，新修订的《药品管理法》经第十三届全国人民代表大会常务委员会（以下简称"第十三届全国人大常委会"）第十二次会议表决通过，于 2019 年 12 月 1 日起施行。

### （一）总结改革成果、全面系统修订

2019 年 8 月 26 日，第十三届全国人大常委会第十二次会议在北京闭幕，会议表决通过《药品管理法》修订案。新修订的《药品管理法》于 2019 年 12 月 1 日起施行。这是《药品管理法》自 1984 年颁布以来的第二次系统性、结构性的重大修改，将药品领域改革成果和行之有效的做法上升为法律，为公众健康提供更有力的法律保障。

《药品管理法》是我国药品监管的基本法律。现行《药品管理法》于 1984 年制定，2001 年首次全面修订，2013 年和 2015 年两次修正部分条款。《药品管理法》的颁布实施，对于规范药品生产经营活动，加强药品监督管理，保障公众用药安全，促进药品产业发展，发挥了巨大作用。但是，随着社会经济以及药品产业的发展，现行《药品管理法》与党中央、国务院对药品安全的新要求，与人民群众对药品安全的新期待，与药品监管工作和产业发展面临的新形势等都存在一定差距，鼓励创新的措施不多，违法行为处罚的力度不够，科学监管手段相对滞后。为适应当前的新要求、新期待、新形势，进一步完善药品安全治理体系，提升药品安全治理能力，第十二届、第十三届全国人大常委会将《药品管理法》修订纳入五年立法规划，加快推进修订工作。

2018 年 10 月，《药品管理法（修正草案）》提交第十三届全国人大常委会第六次会议进

行初次审议，并于会后公开征求社会公众意见。审议中，有意见提出现行《药品管理法》自2001年修订以来，没有进行大的修改，建议将历年来药品领域改革成果和行之有效的做法上升为法律，将修正草案改为修订草案。2019年4月，第十三届全国人大常委会第十次会议对《药品管理法（修订草案）》进行审议。2019年8月26日，第十三届全国人大常委会第十二次会议进行第三次审议并表决通过。

新修订的《药品管理法》全面贯彻落实党中央有关药品安全"四个最严"要求，明确了保护和促进公众健康的药品管理工作使命，确立了以人民健康为中心，坚持风险管理、全程管控、社会共治的基本原则，要求建立科学、严格的监督管理制度，全面提升药品质量，保障药品的安全、有效、可及。这些充分体现了《药品管理法》的修订，坚持以人为本，坚持问题导向，坚持尊重规律，坚持国际视野，坚持改革创新，坚持科学发展的鲜明立场、根本遵循和基本要求。

2019年新修订的《药品管理法》第四十三条规定：从事药品生产活动，应当遵守药品生产质量管理规范，建立健全药品生产质量管理体系，保证药品生产全过程持续符合法定要求。

### （二）鼓励研制创新、保障供应可及

2015年8月，国务院印发《国务院关于改革药品医疗器械审评审批制度的意见》（国发〔2015〕44号），2017年10月，中共中央办公厅、国务院办公厅印发《关于深化审评审批制度改革鼓励药品医疗器械创新的意见》，围绕"创新、质量、效率、体系、能力"五大主题，提出鼓励药物研发创新、开展药品上市许可持有人制度试点、改革临床试验管理、加快上市审评审批等一系列具有历史性、创新性意义的重大改革措施。几年来，药品监管改革创新的有力推进，取得了显著成效。新修订的《药品管理法》将行之有效的改革措施固化为法律成果，鼓励研制和创新新药，为深入推进药品领域改革奠定了更加坚实的法律基础。

支持以临床价值为导向、对人体疾病具有明确或者特殊疗效的药物创新。鼓励对具有新的治疗机理、治疗严重危及生命的疾病或者罕见病、对人体具有多靶向系统性调节干预功能等的新药研制，鼓励儿童用药品的研制和创新。

建立健全药品审评审批制度。通过一系列措施提高审评审批效率，优化审评审批流程。例如，建立沟通交流、专家咨询等制度，将临床试验由审批制改为到期默示许可制，对生物等效性试验以及药物临床试验机构实行备案管理。

同时，对临床急需的短缺药品、防治重大传染病和罕见病等疾病的新药、儿童用药品优先审评审批；对治疗严重危及生命且尚无有效治疗手段的疾病以及公共卫生方面急需的药品，可以附带条件批准上市。

社会各界高度关注我国常用药、急（抢）救药短缺问题，新修订的《药品管理法》对"药品储备和供应"作出专章规定，明确国家实行药品储备制度、国家建立药品供求监测体系、国家实行短缺药品清单管理制度，国家实行短缺药品优先审评制度等，多部门共同加强药品供应保障工作。

### （三）坚持全程管控、落实各方责任

药品安全关乎公众的生命健康，在认真总结国际社会药品管理经验的基础上，新修订的

《药品管理法》进一步明确药品安全工作应当遵循"风险管理、全程管控、社会共治"的基本原则,并以实施药品上市许可持有人制度为主线,进一步明确药品全生命周期质量安全责任,坚决守住公共安全底线。

药品上市许可持有人依法对药品研制、生产、经营、使用全过程中的药品安全性、有效性和质量可靠性负责。新修订的《药品管理法》专设第三章"药品上市许可持有人",对持有人的条件、权利、义务、责任等作出了全面系统的规定。

新修订的《药品管理法》强化药品全过程信息要求。从事药品研制、生产、经营、使用活动,应当遵循法律、法规、规章、标准和规范,保证全过程信息真实、准确、完整和可追溯。

对药品研制、生产、流通环节,新修订的《药品管理法》也予以严格管理。规定从事药品研制,应当遵循药物非临床研究质量管理规范、药物临床试验质量管理规范,保障药品研制全过程持续符合法定要求。规定持有人应当建立药品质量保证体系,严格药品上市放行。持有人应当按照国家规定全面评估、验证变更事项对药品安全性、有效性和质量可控性的影响。同时要求持有人应当建立并实施追溯制度,保证药品可追溯。

新修订的《药品管理法》对药品上市后管理也提出了明确要求。规定建立年度报告制度,持有人每年将药品生产销售、上市后研究、风险管理等情况按照规定向药品监管部门报告。同时持有人应当主动开展药品上市后研究,对药品安全性、有效性和质量可控性进行进一步确证,对已识别风险的药品及时采取风险控制措施。给用药者造成损害的,依法承担赔偿责任。

此外,新修订的《药品管理法》还从药物警戒、监督检查、信用管理、应急处置等方面强化了药品全生命周期管理理念的落实,细化完善了药品监管部门的处理措施,提升监管效能。

此次修订还强化了药品安全"社会共治"的理念,强化了地方政府、有关部门、药品行业协会、新闻媒体等各方面的责任,齐心协力共同保障药品安全。

### (四)严惩重处违法、落实处罚到人

新修订的《药品管理法》全面加大对违法行为的处罚力度,专条规定,违反本法规定,构成犯罪的,依法追究刑事责任,旗帜鲜明地保持对药品安全犯罪行为的高压态势。

新修订的《药品管理法》提高了财产处罚幅度。如对无证生产经营、生产销售假药等违法行为,罚款数额由货值金额的二倍到五倍提高到十五倍到三十倍,货值金额不足十万元的以十万元计,也就是最低罚款一百五十万元。生产销售劣药违法行为的罚款,也从货值金额的一倍到三倍提高到十倍到二十倍。

新修订的《药品管理法》加大了资格罚力度。如对假劣药违法行为责任人的资格罚由十年禁业提高到终身禁业,对生产销售假药被吊销许可证的企业,十年内不受理其相应申请。

新修订的《药品管理法》增加了自由罚手段。如对生产销售假药和生产销售劣药情节严重的,以及伪造编造许可证件、骗取许可证件等情节恶劣的违法行为,可以由公安机关对相关责任人员处五日至十五日的拘留。

对严重违法的企业,新修订的《药品管理法》落实"处罚到人",在对企业依法处罚的同

时,对企业法定代表人、主要负责人、直接负责的主管人员和其他责任人员也予以处罚,包括没收违法行为发生期间其所获收入、罚款、一定期限甚至终身禁业等。

新修订的《药品管理法》完善了民事责任制度。包括明确药品上市许可持有人和药品生产经营企业赔偿责任;规定境外药品上市许可持有人在中国境内的代理人与持有人承担连带责任;实行民事赔偿首负责任制;对生产假劣药或者明知假劣药仍销售使用的,受害人可以要求惩罚性赔偿等。

在大幅提升对违法行为的处罚力度时,新修订的《药品管理法》严格贯彻"过罚相当"的原则,区分一般违法行为和情节严重、造成严重后果的违法行为,重点加大对主观故意或者严重违法行为的惩处力度。

## 二、GMP 飞行检查

具有监督管理权限的部门或组织检查被监督对象,主要目的是了解被监督对象的真实情况,发现其需要改进的问题。可是许多监督管理部门均是预先发通知、定时间、定路线。被检查单位也是提前作好了各项档案资料准备,招待盛情周到,最后是双方皆大欢喜,而监管部门对被监督对象的实际情况则了解甚少,许多存在的问题并没有发现,也就谈不上改进了。这种流于形式的监督检查,可以说是当前食品药品安全隐患突出、假冒伪劣产品盛行的重要根源之一。

为加强药品监督检查,强化安全风险防控,督促企业开展风险排查,严格按照 GMP 要求组织生产,国家药品监督管理部门制定了药品飞行检查办法。药品飞行检查(简称飞检)是指药品监督管理部门针对药品研制、生产、经营、使用等环节开展的不预先告知的监督检查。飞行检查有利于监管部门掌握药品生产企业药品生产的真实状况,在管控风险、调查问题、震慑违法违规行为方面发挥了重要作用,同时强化了企业的自律意识和守法自觉性。

### (一)发展历程

2005 年 5 月,根据群众举报,国家食品药品监管局(现国家食品药品监督管理总局,下文同)委派药品认证管理中心对广东省一药品生产企业的违规行为进行核查。检查组在事先不通知企业,不让企业做任何准备的情况下,对其进行现场检查。由于检查突然,收到了良好的效果,飞行检查的方式得以确认。

2005 年 7 月,国家食品药品监管局药品安全监管司内部制定了《GMP 飞行检查暂行规定》(试行稿),并在随后的飞行检查工作中执行。

2006 年初,在总结 2005 年飞行检查工作经验的基础上,药品安全监管司委托药品认证管理中心起草了《GMP 飞行检查暂行规定》(讨论稿)。

### (二)检查范围

以下几种情况列入可以开展飞行检查的范围:

(1)投诉举报或其他来源的线索表明可能存在质量安全风险的(对于高风险程度产品,

必将成为检查的重点)。

（2）检验发现存在质量安全风险的(如省级以上单位的监督检查)。

（3）医疗器械不良事件监测提示可能存在质量安全风险的。

（4）对申报资料真实性有疑问的(如注册申报、生产许可等)。

（5）涉嫌严重违反质量管理规范要求的(违反质量管理规范被监管单位发现的)。

（6）企业有严重不守信记录的(部分省市已建立诚信档案,有不良记录的,将是飞行检查的重点)。

（7）其他需要开展飞行检查的情形。

### (三)飞行检查的特点

飞行检查与以往的 GMP 跟踪检查相比,有五大特点。

#### 1.行动的保密性

飞行检查安排即使在组织实施部门内部也是相对保密的,只有该项工作的主管领导和具体负责的同志掌握情况。企业所在地药品监督管理部门也是在最后时限才得到通知。

#### 2.检查的突然性

由于飞行检查的保密性,所以,被检查企业事先不可能做任何准备工作,检查组现场所看到的就是企业日常生产管理的真实状况。

#### 3.接待的绝缘性

飞行检查组要做到不吃企业饭、不住企业店、不用企业车,费用全部由药品认证管理中心支付。

#### 4.现场的灵活性

药品认证管理中心制订检查预案,主要确定现场检查重点。检查组现场检查的具体时间及步骤由检查组根据检查需要确定,确保检查质量。

#### 5.记录的即时性

检查员要在现场检查过程中及时填写飞行检查工作记录。进入每一工作现场,均要根据具体情况填写好检查内容、接触人员、情况记录等内容。

飞行检查是在被检查单位不知晓的情况下进行的,启动慎重,行动快,因此,可以及时掌握真实情况,做到心中有数。飞行检查的优点是可以避免某些形式主义的东西,发现被检查对象的实际情况,及时依法予以查处,避免出现严重的社会危害。

### (四)飞行检查的主要方法

#### 1.随机法

从偏差、变更台账、数据回顾分析开始,以某一偏差点为线索,对一批产品的生产过程展开调查,发现和查出问题。

2.前向法

从某批原料开始按照工艺路线和物料流向路线,一直追查到制剂成品的销售记录,查询漏洞。

3.后向法

从某批成品开始,按照成品批号往回追,一直追溯到原料,甚至供应商的供货记录和票,发现和查出不实情况。

### (五)正确面对飞行检查

药品生产企业要严格执行 GMP,切实提高 GMP 水平,杜绝造假和违规,通过自检或第三方审计,全面进行 GMP 体系的整改和提升。营造一个"积极整改、真正执行 GMP"的氛围,从容地面对 GMP 飞行检查。

(1)药品生产企业要熟悉法律法规,做到懂法、守法。

(2)保持质量管理体系建设动态优化。明确机构与人员的职责,细化分工,按照流程开展工作。质量管理部门独立行使自己的权利,确保药品生产全过程在质量管理体系下运行。

(3)提高人员的自身素质、质量意识、风险意识,不断提升企业 GMP 管理水平。

(4)严格按照经批准的生产注册工艺和 GMP 要求组织生产,如实、实时记录。从原辅料、水、空气、环境、人员操作等源头抓起,保证药品生产质量。

(5)成立自检领导小组,每年进行 1~2 次全面自检,形成自检报告,落实整改项目、整改负责人,设定整改期限。适时邀请企业外部人员进行审计,共同学习提高。了解自己企业的不足和短板,及时补齐短板。

(6)拟定飞行检查应急预案,成立迎检小组,定人定责,理性应对飞行检查。定期组织模拟飞行检查。

(7)关注行业发展动态,及时更新设备、系统。关注飞检信息、飞检重点和飞检缺陷项目统计汇总分析。积极参与药监部门组织的迎检培训,学习其他企业的先进经验。

为适应药品安全监管新形势,保证药品生产质量,提高监管效果,2006 年,国家食品药品监管局发布《药品 GMP 飞行检查暂行规定》,建立了飞行检查制度,即事先不通知被检查企业而对其实施快速的现场检查。飞行检查有利于监管部门掌握药品生产企业药品生产的真实状况,克服 GMP 认证过程中存在的形式主义和检查走过场的不足,对 GMP 认证检查也起到了监督促进作用。以往的跟踪检查由于事先通知被检查企业,检查组很难掌握药品生产企业的即时生产状况,特别是针对举报实施的检查,由于企业有所准备,给现场检查核实问题带来困难。采取飞行检查的形式进行监督检查,对药品生产企业起到极大的震撼作用,强化了企业的自律意识和守法自觉性。

《药品 GMP 飞行检查暂行规定》中明确规定,观察员应是被检查企业所在地省级(或地市级)药品监督管理部门药品安全监管工作人员,主要协助检查组做好后勤保障工作,其他无关人员不得陪同检查。检查组在检查过程中发现有违反《药品管理法》的问题,应通过观察员及时移交当地药品监督管理部门查处。

国家食品药品监管局根据飞行检查报告做出最终处理决定,对不符合 GMP 检查评定标准的,收回其相应制剂的《GMP 证书》,并由省级药品监管部门按照《药品管理法》第七十八条的规定依法进行处罚,同时在国家食品药品监管局网站上予以通报。企业整改完成并提出复查申请后,由原发证机关组织复查,合格的,发还原《GMP 证书》。

作为一种有效的监管手段,飞行检查的这种形式很快被推广到其他的认证单位。在政府重点关注和社会热点领域,加强相关检测能力和监督管理。检查的重点是涉及人身安全、食品安全、节能、环境保护等领域。现上海市工商行政管理局和 20 家大型超市联合发出《认真落实工商监管要求,主动接受社会各界监督,切实加强临近保质期食品经营管理倡议书》。上海市工商局要求食品经营企业进一步强化临近保质期食品的经营管理,防范食品安全风险,保障消费者合法利益。

# 实训项目 1:参观药品生产企业

## 一、实训目的

1.掌握开办药品生产企业的条件。

2.了解药品生产企业的环境、厂房与设施、机构设置、人员配备、物料及药品储存、药品生产质量管理状况等,提出问题,激发学生进一步学习的兴趣。

3.培养严谨、认真的工作作风和遵纪守法的职业精神,以及对职业的认同感、使命感和责任感。

## 二、实训内容

1.参观药品生产企业厂区、车间、库房、化验室、办公场所等,了解开办药品生产企业的条件。

2.与企业现场人员交流,了解企业药品生产质量管理情况。

## 三、实训过程

1.联系周边大、中型药品生产企业(校外实训基地),前往参观。

2.学生分成几组,每组 10~15 人,在药品生产企业人员的带领下,参观药品生产企业,与员工进行交流。

3.在药品生产企业人员的带领下参观企业文史展厅,了解药品生产企业发展历史、经营准则、企业精神、道德规范、发展目标及主要产品等。

4.参观药品生产企业厂区,了解选址对环境的要求。

5.参观药品生产企业仓库,了解物料及产品等储存方法、库房温湿度控制要求及调节措施。

6.参观药品生产企业制剂车间,了解洁净区装修要求及环境参数控制。

7.参观药品生产企业制水车间,了解工艺用水制备、储存及使用情况。

8.参观药品生产企业空调净化系统,了解设备工作原理及功能。

9.参观药品生产企业化验室,了解药品检验仪器配备及检验项目。

10.阅读药品生产企业质量管理文件,了解质量管理要求。

## 四、实训报告

药品生产企业参观报告。

# 项目检测 1

## 一、单项选择题

1.中国现行版 GMP(　　　)。

A.共 14 章 313 条　　　　　　　　B.共 14 章 88 条

C.共 13 章 313 条　　　　　　　　D.共 13 章 312 条

2.中国 GMP 无菌药品生产的洁净度级别分为(　　　)。

A.美国 GMP 标准　　　　　　B.百级、万级、十万级、三十万级 4 个级别

C.未作规定　　　　　　　　　D.A、B、C、D 4 个级别

3.中国现行版 GMP 的实施日期是(　　　)。

A.1998 年 2 月 12 日　　　　　　B.2011 年 3 月 1 日

C.2013 年 12 月 31 日　　　　　　D.2015 年 12 月 31 日

4.中国现行版 GMP 强调了对"(　　　)"的把握,增加了对重点与难点多变情况的适应性。

A.创新　　　　　B.原则　　　　　C.难点　　　　　D.适应性

5.1998 年修订的 GMP 共 14 章(　　　)条。

A.68　　　　　B.78　　　　　C.88　　　　　D.98

6.从某批原料开始按照工艺路线和物料流向路线,一直追查到制剂成品的销售记录,查询漏洞,此种方法属于(　　　)。

A.随机法　　　　B.向前法　　　　C.向后法　　　　D.原则法

## 二、多项选择题

1.实施 GMP 的三要素包括(　　　)。

A.设施设备　　　　B.人员　　　　C.软件　　　　D.管理

2.GMP 的特点是(　　)。

A.一致性　　　　　　B.时效性　　　　　C.原则性　　　　　　D.基础性

3.GMP 的类型包括(　　)。

A.行业组织的 GMP　　　　　　　　B.国际组织规定的 GMP

C.国家政府颁布的 GMP　　　　　　D.制药行业或企业自身制订的 GMP

4.GMP 的主要内容包括(　　)。

A.产品发运和召回管理　　　　　　B.厂房和设施、设备

C.机构与人员　　　　　　　　　　D.生产控制与质量控制

5.下列属于 GMP 的三要素中的硬件是(　　)。

A.厂区环境　　　　　　　　　　　B.生产设施设备

C.辅助设施设备　　　　　　　　　D.各种管理文档资料

6.下列属于 GMP 的三要素中的软件是(　　)。

A.企业组织管理体制机制　　　　　B.运行机制

C.规章制度　　　　　　　　　　　D.技术措施

7.药品飞行检查的主要方法包括(　　)。

A.随机法　　　　　　B.前向法　　　　　C.抽样法　　　　　　D.后向法

8.药品飞行检查的范围包括(　　)。

A.投诉举报表明可能存在质量安全风险的

B.检验发现存在质量安全风险的

C.企业有严重不守信记录的

D.申报资料真实性存疑的

### 三、填空题

1.GMP(2010 年版)于 2011 年 2 月 12 日正式对外发布,于 2011 年_____月_____日起施行。

2._____是 GMP 始创国,于_____年首先颁布了 GMP,在实施过程中,经过数次修订至今已较为完善、内容较详细、标准最高的 GMP。

3._____年,卫生部组织有关专家在我国制药企业实施的行业 GMP 基础上,根据《药品管理法》的规定,起草并颁布了我国第一个 GMP,作为正式法规实施。

4.实施 GMP 的三要素中,硬件设施、软件系统、高素质人员被称为 GMP 的三要素。硬件是基础,_____是保证,_____是关键。

5.实施 GMP 的三要素中的_____也称为湿件,是指生产企业的人员配备情况,应具有与生产性质、规模、要求相适应的人员配置,是最关键的因素。

阅读材料一

附件一

# 项目 2 药品质量管理体系

## 知识目标：

- 掌握 GMP 对药品质量管理的要求、药品与药品监督管理。
- 掌握全面质量管理。
- 熟悉常见的药品质量管理规范。

## 技能目标：

- 根据药品生产质量管理规范,分析药品生产过程中质量管理的要求。

## 素质目标：

- 培养学生对质量管理、药品监督管理重要性的认识,培养学生的职业道德。

## 课前导案：

刺五加注射液事件

# 任务 1　认识质量管理

## 一、认识质量管理

### （一）药品质量和质量管理

药品质量是指能够满足规定要求和需要的特征总和，具有 5 个特征，即有效性、安全性、稳定性、均一性、经济性。

质量管理是指确定质量方针、目标和职责，并通过质量体系中的质量策划、质量控制、质量保证和质量改进使其实现的所有管理职能的全部活动。

质量管理的基本要素：适当的质量系统或基础结构，包括组织机构、方法、程序和资源；质量保证活动，即确保产品（或工作）达到预计质量要求所需的一系列活动总和。

质量管理的目标：一是将人为的差错降低到最低限度。二是建立高质量的质量保证体系，降低污染和混淆，确保产品的质量。

### （二）常见的药品质量管理规范

（1）GLP（Good Laboratory Practice）《药物非临床研究质量管理规范》。

（2）GCP（Good Clinical Practice)）《药物临床试验质量管理规范》。

（3）GMP（Good Manufacturing Practice）《药品生产质量管理规范》。

（4）GSP（Good Supply Practice）《药品经营质量管理规范》。

（5）GAP（Good Agriculture Practice）《中药材生产质量管理规范》。

## 二、质量管理的发展历程

生产过程中，为了保证质量，对生产原材料、劳动工具、生产者的劳动技艺等提出了相应的要求，这就是质量管理的部分内容。质量管理的主要研究对象是产品的产生、形成和实现过程的管理。近代质量管理是从 20 世纪开始的，大体经历了质量检验阶段、统计质量管理阶段、全面质量管理阶段和标准化质量管理阶段。

### （一）质量检验阶段

质量管理产生于 19 世纪 70 年代，当时，科学技术落后，生产力低下，普遍采用手工作坊进行生产，加工产品和检查质量没有合理的分工，生产工人既是加工者又是检验者，这个阶段的管理称为"操作者的质量管理"。

20 世纪初，美国工程师泰勒根据 18 世纪末工业革命以来大工业生产的管理经验与实践,提出了"科学管理"理论,创立了"泰勒制度"。泰勒的主张之一就是计划与执行必须分开,于是检查产品质量的职责由工人转移到工长手中,就形成了所谓的"工长的质量管理",形成初期的质量管理。其特点是按照技术标准的规定,对成品进行全数检查,把合格品与不合格品分开。这种质量管理,实际上只是"事后检验",无法在生产过程中起到预防、控制作用,仅限于从成品里挑出不合格品,防止不合格品出厂。经发现"不合格品"就是既定事实,很难补救。

20 世纪 30 年代,随着资本主义大公司的发展,工厂已无法承担质量检查与质量管理的职责,因此,大多数企业都设置了专职检验人员和部门,并直属经理(或厂长)领导,由他们承担产品质量的检验工作,负责全厂各生产部门的产品(零部件)质量管理工作,形成了计划设计、执行操作、质量检查 3 方面都各有专人负责的职能管理体系,当时的检验工作被称为"检验员的质量管理"。

人们对质量管理的理解还只限于质量的检验,即依靠检验手段挑出不合格品,并对不合格品进行统计而已,管理的作用非常薄弱。产品质量检验阶段的质量管理的主要手段是:通过严格的检验程序控制产品质量,并根据预定的质量标准对产品质量进行判断。检验工作是质量管理工作的主要内容,其主导思想是对产品质量"严格把关"。

产品质量检验阶段的优点:设计、制造、检验分属 3 个部门,可谓"三权分立"。有人专职制订标准(计划),有人负责制造(执行),有人专职按照标准检验产品质量。这样产品质量标准就得到了严格有效的执行,各部门的质量责任也得到严格的划分。

"检验的质量管理"的缺点:一是解决质量问题缺乏系统的观念;二是只注重结果,缺乏预防,"事后检验"只起到"把关"的作用,而无法在生产过程中"预防"和"控制"不合格产品的产生,一旦发现废品,一般很难补救;三是它要求对成品进行 100%的全数检查,对于检验批量大的产品,或破坏性检验,这种检验是不经济、不实用的,在一定条件下也是不允许的。

### (二)统计质量管理阶段

早在 20 世纪 20 年代,一些著名的统计学家和质量管理专家就注意到了质量检验的弱点,并设法运用统计学的原理解决这些问题。企业迫切需要解决"事后检验"的弱点,这在客观上为把数据统计的原理和方法引入质量管理领域创造了条件。

1924 年,美国休哈特(W. A. Shewhart)提出了控制和预防缺陷的概念——控制产品质量的"六西格玛"法则,即后来发展完善的"质量控制图"和"预防缺陷"理论,其目的是预防生产过程中不合格品的产生,认为质量管理除具有对产品质量检查监督的职能之外,还应具有预防产生不合格品的职能。

休哈特连续发表了多篇有关质量管理的文章,并于 1931 年出版了《工业产品质量控制经济学》一书。1929 年,道奇(H. F. Dodge)和罗米格(H. G. Roming)发表了"挑选型抽样检查法"论文,提出了在对产品进行破坏性检验的情况下如何保证产品质量,并降低检验费用的方法。随后,瓦尔德(A. Wald)又提出了"序贯抽样检验法"。他们是最早把数理统计方法引入质量管理领域的学者。

然而,当时正处于资本主义经济萧条时期,人们对产品质量和质量管理的要求并不迫切,再加上运用数理统计方法需要增加大量的计算工作,因此,这些理论和方法并没有引起重视,更没有被普遍推广,未能在质量管理中发挥其应有的作用。

第二次世界大战初期,美国生产民用品的大批公司转为生产各种军需品。当时面临的一个严重问题是:由于事先无法控制不合格品而不能满足交货期的要求;军需物品检验大多数属于破坏性试验,质量检验工作立即显示出其不可操作性的缺点。因为事先无法控制产品质量,所以美国提供的武器经常发生质量事故。

美国国防部为了解决这一难题,特邀请休哈特、道奇、罗米格、瓦尔德等专家以及美国材料与试验协会、美国标准协会、美国机械工程师协会等有关人员研究,并于 1941—1942 年先后制定和公布了《美国战时质量管理标准》,即 Z1.1《质量管理指南》、Z1.2《数据分析用的控制图法》和 Z1.3《生产中质量管理用的控制图法》,强制要求生产军需品的各公司、企业实行统计质量控制。实践证明,统计质量控制方法是在制造过程中保证产品质量、预防不合格品的一种有效工具,并很快地提升了美国军需品的质量。

从此,统计质量管理在美国得到发展。因为统计质量控制方法给公司带来了巨额利润,所以在第二次世界大战后那些公司转入民用产品生产时,仍然乐意运用这一方法,其他公司看到有利可图,也纷纷采用,于是统计质量控制方法风靡一时。

20 世纪 50 年代初期,统计质量控制达到高峰。据报道,在联合国教科文组织的赞助下,通过国际统计学会的一些国际性组织的努力,第二次世界大战后很多国家都积极开展统计质量控制活动,并取得了成效。

统计质量管理阶段的主要特点是利用数理统计原理,预防不合格品的产生并检验产品的质量。这时,质量职能在方式上由专职检验人员转移给专业的质量控制工程师和技术人员承担,质量管理由事后检验改为预测、预防事故的发生。这标志着将事后检验的观念改变为预防质量事故发生的预防观念。

但是,在宣传、介绍和推广统计质量管理的原理和方法的过程中,由于过分强调质量控制的数理统计方法,搬用大量的数学原理和复杂的计算,又不注意数理统计方法的通俗化和普及化工作,忽视了组织管理工作,让人们误认为"质量管理就是数理统计方法""数理统计方法理论深奥""质量管理是数学家的事情",因而对质量管理产生了一种高不可攀的感觉,令人"望而生畏",影响和妨碍了统计质量管理方法的普及和推广,使它未能充分地发挥应有的作用。

## (三)全面质量管理阶段

20 世纪 50 年代以来,随着社会生产力的迅速发展,科学技术以及社会经济与文化的不断进步,质量管理环境发生了许多变化,主要体现在以下几个方面。

(1)人们对成品质量要求更高了。由于科学技术的发展,产品的精度和复杂程度大为提高,人们对产品质量的要求从仅注重性能指标转向可靠性、安全性、经济性等指标,极大地提高了对产品的可靠性等质量要求,但仅依靠在制造过程中应用数理统计方法进行质量管理是难以达到要求的。在生产技术和企业管理中广泛应用系统分析的理念,把质量管理看成是处于较大系统中的一个子系统。管理理论有了新的发展和突破,在生产技术企业管理中广泛应用系统分析的理念和方法,并且越来越重视人的因素,出现了诸如"工业民主""参与管理""共同决策"等管理口号。这一切都促使质量管理从单一方法走向多种方法共存,从少数人参与走向公司全体人员共同参与。"保护消费者利益"运动的兴起,迫使质量管理方法进一步改善。随着市场竞争,尤其是国际市场竞争的加剧,各国企业都很重视产品责任和质量保证问题。

(2)统计质量管理相对于产品质量检验来说,无疑是质量管理发展史上的一次飞跃,但是,统计质量管理也有着其自身的局限性和不足之处。由于上述环境的变化,仅仅依靠质量检验和运用统计方法很难保证与提高产品质量,把质量职能完全交给专业的质量控制工程技术人员去承担也是不妥的。因此,自 20 世纪 50 年代开始,许多企业开始了全面质量管理的实践。20 世纪 60 年代初,由于科学技术的突飞猛进、人类对产品质量要求的提高以及行为科学派的兴起,原有的质量管理概念和方法开始不适应,逐步产生了全面质量管理的概念。

1.全面质量管理的含义

ISO 8402 把全面质量管理定义为:一个组织以质量为中心,以全员参与为基础,目的在于通过让顾客满意和本组织所有成员及社会受益而达到长期成功的管理途径。在理解全面质量管理的定义时,要注意:全面质量管理并不等同于质量管理,它是质量管理的更高境界。全面质量管理强调,一个组织以质量为中心,质量管理是企业管理的纲;全员参与;全面的质量;质量的全过程都要进行质量管理;谋求长期的经济效益和社会效益。具体来说,全面质量管理就是以质量为中心,全体员工和有关部门积极参与,把专业技术、经济管理、数理统计和思想教育结合起来,建立起产品的研究、设计、生产、服务等全过程的质量体系,从而有效地利用人力、物力、财力和信息等资源,以最经济的手段生产出顾客满意、组织及其全体成员以及社会都得到好处的产品,从而使组织获得长期成功和发展。

最早提出全面质量管理概念的是美国菲根堡姆(Armand Vallin Feigenbaum)。1961 年,他出版了《全面质量管理》一书。该书强调质量职能应由公司全体人员承担,解决质量问题不能仅限于产品制造过程,质量管理应贯穿于产品质量产生、形成和实现的全过程,且解决质量问题的方法是多种多样的,不能仅限于检验和树立统计方法。他指出,全面质量管理是为了能够在最经济的水平上,并考虑充分满足用户要求的条件下进行市场研究、设计、生产和服务,把组织各部门的研制质量、维持质量和提高质量的活动构成一个有效的体系。由此产生了全面质量管理的思想。

全面质量管理的理论和方法的提出,深刻地影响着世界各国质量管理的发展。第二次世界大战以后,日本从美国引进了科学的质量管理理论和方法,20 世纪 60 年代,又学习了美国的全面质量管理,并结合自己的国情,实行了全公司性的质量管理(Company Wide Quality Control,CWQC)。日本企业的一些做法和在产品质量方面取得的成就,引起了世界各国的注意。20 世纪 60 年代以来,全面质量管理的概念已经逐步被世界各国所接受,各国在应用过程中有了进一步的完善和丰富。

全面质量管理理论虽然源于美国,但由于种种原因,在美国并未取得理想的效果,真正取得成效却是在日本等国。20 世纪 80 年代初,在激烈的国际商业竞争中逐渐处于不利地位的美国重新认识到质量管理的重要性,在著名质量管理专家戴明(W.E.Deming)的倡导下,大力推行统计过程控制理论和方法,取得了显著成效。

20 世纪 80 年代以后,科学技术水平有了新发展,人们发现,仅用"全面质量管理"概括管理学的内容已远远不够,于是又出现了各种概念,例如,美国的质量经营管理(Quality Management,QM),欧洲一些国家提出的全面质量保证(Total Quality Assurance,TQA)等。国际标准化组织已将质量经营管理和全面质量保证纳入了 ISO 9000 系列国际标准。

全面质量控制(Total Quality Control,TQC)源于美国,后来一些工业发达国家开始开展全面质量管理活动,并且在实践中各有所长,于是就有了各种各样的叫法。比如,日本称为公司范围内的质量管理(CWQC),欧洲有些国家称为全面质量(Total Quality,TQ),现在国际标准化组织把它统一称为全面质量管理(Total Quality Management,TQM),它是质量管理发展的最新阶段。

全面质量管理与传统的质量管理相比,其特点是:把过去以事后检验为主转变为以预防为主,即从管理结果转变为管理因素;把过去就事论事、分散管理转变为以系统的观点为指导进行全面综合治理;把以产量、产值为中心转变为以质量为中心,围绕质量开展组织的经营管理活动;由单纯符合标准转变为满足顾客需要,强调不断改进过程质量来达到不断改进产品质量的目的。

在中国,党的十五届四中全会《中共中央关于国有企业改革和发展若干重大问题的决定》提出,要搞好全员全过程的质量管理。全员全过程的质量管理,就是全面质量管理。自 1978 年以来,我国推行 TQM(当时称为 TQC,即全面质量控制)已有 30 多年。从 30 多年的深入、持久、健康地推行全面质量管理的效果来看,它有利于提高企业素质,增强国有企业的市场竞争力。

TQM 是一门正日益受到重视的科学管理体系。从中央到地方,从政府到企业,各行各业都针对经济全球化迅速发展和"入世"所带来的机遇与挑战,对质量工作给予高度重视,为加强质量工作采取了企业、政府、社会齐抓共管,企业自律、市场竞争、政府监督"三管齐下",明确地方政府在产品质量工作中的责任、"依法治国"等一系列措施实现提高产品质量的总体水平。

2.全面质量管理的特点

(1)全面性:指全面质量管理的对象,是企业生产经营的全过程。

(2)全员性:指全面质量管理要依靠全体职工。

(3)预防性:指全面质量管理应具有高度的预防性。

(4)服务性:主要表现在企业以自己的产品或劳务满足用户的需要,为用户服务。

(5)科学性:质量管理必须科学化,必须更加自觉地利用现代科学技术和先进的科学管理方法。

3.全面质量管理的观点

(1)全过程的管理:全面质量管理要求对产品生产过程进行全面控制。

(2)全企业的管理:全企业管理的一个重要特点是,强调质量管理工作不局限于质量管理部门,要求企业所属各单位、各部门都要参与质量管理工作,共同对产品质量负责。

(3)全员的管理:全面质量管理要求把质量控制工作落实到每一名员工,让每一名员工都关心产品质量。

全面质量管理的观点包括以预防为主的观点和用数据说话的观点。

(1)以预防为主的观点。以预防为主,就是对产品质量进行事前控制,把事故消灭在发生之前,使每一道工序都处于控制状态。

(2)用数据说话的观点。科学的质量管理,必须依据正确的数据资料进行加工、分析和处理,找出规律,再结合专业技术和实际情况,对存在的问题做出正确判断并采取正确措施。

## (四)标准化质量管理阶段

质量管理发展到一定阶段时,一些成熟的管理会显示出所具有的代表性,要想推广这些具有代表性、先进性的管理,就会面临各国、各地区在质量管理、观念、惯例等因素所存在的差异问题。为了逐步消除这些差异,消除意见分歧的障碍,全球范围质量管理的标准化探索应运而生。

1.ISO

国际标准化组织(International Organization for Standardization,ISO)成立于 1947 年,是标准化领域中的一个国际组织。ISO 的宗旨是在世界上促进标准化及其相关活动的发展,以便于商品和服务的国际交换,在智力、科学、技术和经济领域开展合作。ISO 现有 165 个成员,包括各会员国的国家标准机构和主要工业和服务业企业。ISO 的最高权力机构是全体大会,ISO 的重要决策机构是理事会;ISO 日常办事机构是中央秘书处,设在瑞士日内瓦。

ISO 通过它的技术机构开展技术活动。其中技术委员会(Technical Committee,TC)185 个,分技术委员会(Subcommittee,SC)611 个,工作组(WG)2 022 个,特别工作组 38 个。ISO 的 2 856 个技术机构技术活动的成果(产品)是"国际标准"。ISO 现已制定出 10 300 多个国际标准,主要涉及各行各业各种产品(包括服务产品、知识产品等)的技术规范。

ISO 制定出来的国际标准除了有规范的名称,还有编号,编号的格式是:ISO+标准号+[杠+分标准号]+冒号+发布年号(方括号中的内容可有可无),例如,ISO 8402:1987、ISO 9000-1:1994 等,分别是某一个标准的编号。但是,ISO 9000 不是指一个标准,而是一族标准的统称。ISO 9000-1:1994 的定义为:ISO 9000 族是由 ISO/TC176 制定的所有国际标准。

2.发展历史

ISO 9000 是由西方的品质保证活动发展起来的。第二次世界大战期间,因战争扩大,武器的需求量急剧膨胀,美国国防部为此面临既要扩大武器生产量,同时又要保证质量的现实问题。当时的企业大多数管理是工头凭经验管理,指挥生产,技术全在脑中,而管理的人数有限,产量当然有限,与战争的需求量相距很远。于是,美国国防部组织大型企业的技术人员编写技术标准文件,开设培训班,对来自其他相关原机械工厂的员工(如五金、工具、铸造工厂)进行大量训练,使其能在短时间内学会识别工艺图及工艺规则,掌握武器制造所需的关键技术,从而将"专用技术"迅速"复制"到其他机械工厂,从而奇迹般地有效解决了战争难题。第二次世界大战结束后,美国国防部将该宝贵的"工艺文件化"经验进行总结、丰富,编制更详细的标准在全国工厂推广应用,并取得了满意的效果。后来,美国军工企业的这个经验很快被其他工业发达国家军工部门所采用,并逐步推广到民用工业,在西方各国蓬勃发展起来。

ISO 9000 质量体系认证是由国家或政府认可的组织以 ISO 9000 系列质量体系标准为依据进行的第三方认证活动,以绝对的权力和威信保证公开、公正、公平及相互间的充分信任。其系列标准发展历程如下:

1980 年,"质量"一词被定义为企业运作及绩效中所展现的组织能力。导致一些行业标准与国家标准的产生,而由于跨国贸易的逐渐形成,跨行业、跨国度的新标准也呼之欲出。

1987 年 6 月,在挪威奥斯陆举行的第六次大会上,代表一致同意将 TC176 改名为"质量管理和质量保证技术委员会",并对几个新工作项目进行研究。

1992 年,中国等同采用 ISO 9000 系列标准,形成 GB/T 19000 系列标准。欧共体提出欧共体内部各国企业按照 ISO 9000 系列标准完善质量体系,美国把此作为"进入全球质量运动会的规则"。

1994 年,国际标准化组织 ISO 修改发布 ISO 9000—1994 系列标准。世界各大企业纷纷通过了认证,并要求他们的分供方通过 ISO 9000 认证。

1996 年,中国逐步将通过 ISO 9000 认证作为政府采购的条件之一,从而推动了中国 ISO 9000 认证事业的迅速发展。2000 年,国际标准化组织 ISO 修改发布 ISO 9000 系列—2000 系列标准,更加适应新时期各行业质量管理的需求。

3.TC176:质量管理和质量保证技术委员会

TC176 即 ISO 中第 176 个技术委员会,它成立于 1980 年,全称是"质量保证技术委员会",1987 年又更名为"质量管理和质量保证技术委员会"。

TC176 专门负责制定质量管理和质量保证技术的标准。TC176 最早制定的一个标准是 ISO 8402:1986,名为《质量—术语》,于 1986 年 6 月 15 日正式发布。1987 年 3 月,ISO又正式发布了 ISO 9000:1987、ISO 9001:1987、ISO 9002:1987、ISO 9003:1987、ISO 9004:1987 共五个国际标准,与 ISO 8402:1986 一起统称为"ISO 9000 系列标准"。此后,TC176又于 1990 年发布了一个标准,1991 年发布了 3 个标准,1992 年发布了一个标准,1993 年发布了 5 个标准;1994 年没有另外发布标准,但是对前述"ISO 9000 系列标准"统一作了修改,分别改为 ISO 8402:1994、ISO 9000—1:1994、ISO 9001:1994、ISO 9002:1994、ISO 9003:1994、ISO 9004—1:1994,并把 TC176 制定的标准定义为"ISO 9000 族"。1995 年,

TC176 又发布了一个标准,编号是 ISO 10013:1995。到 1999 年年底,已陆续发布了 22 项标准和两项技术报告。

4.内容详情

ISO 9000:2008 族标准的核心标准为以下四个。

(1)ISO 9000:2005《质量管理体系—基础和术语》。标准阐述了 ISO 9000 族标准中质量管理体系的基础知识、质量管理八项原则,并确定了相关的术语。

(2)ISO 9001:2008《质量管理体系—要求》。标准规定了一个组织若要推行 ISO 9000,取得 ISO 9000 认证,所要满足的质量管理体系要求。组织通过有效实施和推行一个符合 ISO 9001:2000 标准的文件化的质量管理体系,包括对过程的持续改进和预防不合格,使顾客满意。

(3)ISO 9004:2009《质量管理体系—业绩改进指南》。标准以八项质量管理原则为基础,帮助组织有效识别能满足客户及其相关方的需求和期望,从而改进组织业绩,协助组织获得成功。

(4)ISO 19011:2011《质量和环境管理体系审核指南》。标准提供质量和(或)环境审核的基本原则、审核方案的管理、质量和(或)环境管理体系审核的实施、对质量和(或)环境管理体系审核员的资格等要求。

5.意义与益处

质量是取得成功的关键。不同国家政府、国际组织和工业协会的研究表明,企业的生存、发展和不断进步都要依靠质量保证体系的有效实施。ISO 9000 系列质量体系被世界上 110 多个国家广泛采用,既包括发达国家,也包括发展中国家,使市场竞争更加激烈,产品和服务质量日益提高。事实证明,有效的质量管理是在激烈的市场竞争中取胜的手段之一。

如今 ISO 9000 系列管理标准已经为提供产品和服务的各行各业所接纳和认可,拥有一个由世界各国及社会广泛承认的质量管理体系具有巨大的市场优越性。未来几年内,当国内外市场经济进一步发展,贸易壁垒被排除以后,它将会变得更加重要。

建立 ISO 9000 质量保证体系可使企业和组织体会到以下益处:

(1)一个结构完善的质量管理体系,使组织的运行产生更大的效益及更高的效率。

(2)更好的培训和更高的生产力。

(3)减少顾客拒收和申诉,可以节省大量的开支,最终享有一个更大的市场份额。

(4)顾客对企业和企业的产品/服务有了更大的信任。

(5)能够在要求 ISO 9000 认证的市场中畅通无阻。

# 任务 2　药品与药品监督管理

## 一、药品

### （一）药品的定义及性质

根据《药品管理法》第二条关于药品的定义：本法所称药品，是指用于预防、治疗、诊断人的疾病，有目的地调节人的生理机能并规定有适应证或者功能主治、用法和用量的物质，包括中药、化学药和生物制品等。药品按照性质分类，包括中药材、中药饮片、中成药、中西成药、化学原料药及其制剂、抗生素、生化药品、放射性药品、血清、疫苗、血液制品和诊断药品等。

新修订的《药品管理法》于 2019 年 12 月 1 日起施行。2021 年 2 月，《最高人民法院最高人民检察院关于执行〈中华人民共和国刑法〉确定罪名的补充规定（七）》规定了生产、销售、提供假药罪（取消生产、销售假药罪罪名），生产、销售、提供劣药罪（取消生产、销售劣药罪罪名），食品、药品监管渎职罪（取消食品监管渎职罪罪名），本规定自 2021 年 3 月 1 日起施行。

药品质量的 5 种性质。

（1）有效性：指药品在规定的适应证或者功能主治、用法和用量的条件下，能满足预防、治疗、诊断人的疾病，有目的地调节人的生理机能的性能。有效性是药品的基本特征。

（2）安全性：指药品在按规定的适应证或者功能主治、用法和用量使用的情况下，对用药者生命安全的影响程度。安全性也是药品的基本特征。

（3）稳定性：指药品在规定的条件下保持其有效性和安全性的能力，是药品的重要特征。

（4）均一性：指药品的每一单位产品（如一片药、一支注射剂，或一箱料药等）都符合有效性、安全性的规定要求，也是药品的重要特征。

（5）经济性：指药品在生产、流通过程中形成的价格水平。完整的药品质量的概念除包括以上方面外（即药品的核心质量），还应该包括直接接触药品的包装材料和容器的质量、医学教育网收集整理药品的包装标签说明书的质量、药品广告的质量。

### （二）药品的特性介绍

#### 1.药品种类的复杂性

全世界有 20 000 余种药品，我国的中药制剂约 5 000 种，西药制剂约 4 000 种，由此可见，药品的种类复杂、品种繁多。

#### 2.药品的医用专属性

药品不是一种独立的商品，它与医学紧密结合，相辅相成。患者只有通过医生的检查诊断,并在医生与执业药师的指导下合理用药,才能达到治疗疾病、保护健康的目的。

3.药品质量的严格性

药品直接关系到人们的身体健康甚至生命存亡,其质量不得有半点马虎,必须确保药品的安全、有效、均一、稳定。

另外,药品的质量还有显著的特点:它不像其他商品一样,有质量等级之分,如优等品、一等品、二等品、合格品等,都可以销售,而药品只有符合规定与不符合规定之分,只有符合规定的药品才能允许销售,否则不得销售。

## (三) 药品标准

药品标准,是指国家药典委员会编写的《中华人民共和国药典》(以下简称《中国药典》)、药品注册标准和其他药品标准,其内容包括质量指标、检验方法以及生产工艺等技术要求。

国家药品标准主要由《中国药典》、部(局)颁标准、注册标准组成。其主要内容包括药品质量的指标、检验方法以及生产工艺等技术要求。政府在对药品的生产、流通、使用过程实施管理的过程中必须以药品标准作为技术标准,以确保各环节的操作具有严肃性、权威性、公正性和可靠性。

药品标准的核心目的:保证药品质量,药品标准所设定的质量指标及技术要求,其科学内涵是要有效地控制药品的安全性、有效性。因此,质量标准的技术指标从本质上讲包括有效性控制指标以及安全性控制指标两个方面。

我国药品标准的组成:①《中国药典》;②CFDA 颁布标准;③药品注册标准;④其他一些标准。

我国药品标准的管理机构:①国务院药品监督管理部门颁布的《中国药典》和药品标准为国家药品标准;②国务院药品监督管理部门组织药典委员会,负责国家药品标准的制定和修订;③国务院药品监督管理部门的药品检验机构负责标定国家药品标准品、对照品。

《药品管理法》第二十八条规定:药品应当符合国家药品标准。经国务院药品监督管理部门核准的药品质量标准高于国家药品标准的,按照经核准的药品质量标准执行;没有国家药品标准的,应当符合经核准的药品质量标准。

## (四) 特殊管理药品

《药品管理法》第六十一条规定:药品上市许可持有人、药品经营企业通过网络销售药品,应当遵守本法药品经营的有关规定。具体管理办法由国务院药品监督管理部门会同国务院卫生健康主管部门等部门制定。

疫苗、血液制品、麻醉药品、精神药品、医疗用毒性药品、放射性药品、药品类易制毒化学品等国家实行特殊管理的药品不得在网络上销售。

## 二、假药、劣药及其避免

### （一）假药、劣药

按照《药品管理法》第九十八条：禁止生产（包括配制，下同）、销售、使用假药、劣药。
有下列情形之一的，为假药：
（1）药品所含成分与国家药品标准规定的成分不符；
（2）以非药品冒充药品或者以他种药品冒充此种药品；
（3）变质的药品；
（4）药品所标明的适应症或者功能主治超出规定范围。
有下列情形之一的，为劣药：
（1）药品成分的含量不符合国家药品标准；
（2）被污染的药品；
（3）未标明或者更改有效期的药品；
（4）未注明或者更改产品批号的药品；
（5）超过有效期的药品；
（6）擅自添加防腐剂、辅料的药品；
（7）其他不符合药品标准的药品。

### （二）如何避免假药、劣药

第一步：选择正规的网上药房。
消费者要辨别信息的真假，首先要到合法的、正规的网上药房购买。选择正规的网上药房，是避免买到假药的重要一步。
第二步：如何辨别药品真假。
药品外观鉴别技巧：所说的外观，具有两层含义，一是指药品包装所涉及的外观，包括包装箱、包装盒、药瓶、标签、说明书等；二是指药品本身的外观形状。
通过外观检查鉴别方法判断药品是否为假劣药品时，应注意以下几个问题。

1.鉴别最基本的技术依据是比较法

比较法是建立在真品与假品对照比较基础上的一种方法，因而，药品检查人员应了解、熟悉各种正规生产厂家的产品外观，这就要求我们在平时的检查工作中积累经验，不断提高鉴别水平。

2.查药品的来源渠道

检查药品过程中，要审查各种药品的来源单据，并谨慎辨认发货票据的真伪，加强对相关情况的检查，假劣药品的生产、销售渠道和正规药品显然是有区别的。

**3.查药品的价格**

假药的销售价格一般明显低于正品的价格,有的甚至低于药品的成本价,在药品监督检查中,若发现某一药品的价格明显低于或背离成本价格则应引起注意,及时进行抽验。

**4.药品造假的规律**

畅销品种、紧俏品种、知名品牌、贵重药品多为制假对象,而假中掺真的现象亦有发生,随着造假手段的不断改变,药品检查人员应针对实际情况灵活应对。

**5.药品外观鉴别的现场性很强**

由于药品外观鉴别的现场性很强,因此,其方法和基本环境也受到一定的限制,在条件允许的情况下,应尽量用快速检验鉴别法开展抽检活动,得出进一步的结论,如薄层色谱法和化学反应鉴别法。

## (三)如何辨别药品真假

药品真假最简单的鉴别方法就是看包装上的批准文号。

(1)在药品包装上一定能够看到批准文号。药品批准文号的格式为:国药准字+1 位字母+8 位数字,1 位字母即常见的 H、Z、S、J、B、F,其中 Z 代表中成药、S 代表生物制品、J 代表进口药品国内分包装、B 代表具有辅助治疗作用的药品、H 代表化学药品、F 代表药用辅料。

(2)如果包装上没有"国药准字"则肯定不是药品,如果有"国药准字",登录国家药品监督管理局数据查询,输入药品名称或"国药准字+1 位字母+8 位数字",能查到的是真药,查不到的就是假药。

(3)如果批准文号的格式为:X 药制字 H(Z)+ 4 位年号 + 4 位流水号,则是医疗机构制剂,只可在本医院使用,不可在其他医院和药店销售。

(4)如果在药品的包装上未标明或者更改有效期的,不注明或者更改生产批号的,超过有效期的都是劣药。

## 三、药品外在质量——药品包装、标签、说明书

《药品管理法》第四十八条:药品包装应当符合药品质量的要求,方便储存、运输和医疗使用。

发运中药材应当有包装。在每件包装上,应当注明品名、产地、日期、供货单位,并附有质量合格的标志。

第四十九条:药品包装应当按照规定印有或者贴有标签并附有说明书。

标签或者说明书应当注明药品的通用名称、成分、规格、上市许可持有人及其地址、生产企业及其地址、批准文号、产品批号、生产日期、有效期、适应证或者功能主治、用法、用量、禁忌、不良反应和注意事项。标签、说明书中的文字应当清晰,生产日期、有效期等事项应当显著标注,容易辨识。

麻醉药品、精神药品、医疗用毒性药品、放射性药品、外用药品和非处方药的标签、说明书,应当印有规定的标志。

## 四、药品质量监督管理

药品质量监督管理是指对确定或达到药品质量的全部职能和活动的监督管理,包括药品质量政策的制定,以及对药品从研制至使用全过程的质量保证和质量控制的组织、实施的监督管理。

### (一)药品质量监督管理的适用范围

(1)GLP 是为申请药品注册而进行的非临床研究必须遵守的规定。

(2)GCP 是进行各期临床试验、人体生物利用度或生物等效性试验时必须遵守的规定。

(3)GMP 是在药品生产过程实施质量管理,保证生产出优质药品的一整套系统的、科学的管理规范,是药品生产和质量管理的基本准则。GMP 是国际贸易药品质量签证体制不可分割的一部分,是世界药品市场的"准入证"。

(4)GSP 的基本原则是,药品经营企业应在药品的购进、储运、销售等环节实行质量管理,建立包括组织结构、职责制度、过程管理和设施设备等方面的质量体系,并使之有效运行。药品经营过程质量管理的目的是,控制和保证药品的安全性、有效性、稳定性;控制和保证假药、劣药及一切不合格、不合法的药品不进入流通领域,不到使用者手中;做到按质、按量、按期、按品种、以合理的价格满足医疗保健的需求。

(5)GAP 适用于中药材生产企业规范生产中药材的全过程管理,是中药材规范化生产和管理的基本要求。

### (二)药品质量监督管理的特点

(1)药品质量监督管理是国家以法律和行政手段对企业、事业单位行使管理职能,充分体现了党和政府保护人民身体健康、发展医药卫生事业的方针。因此,药品质量监督管理具有预防性、完善性、促进性、情报性和教育性等特点。

(2)我国的药品质量监督管理具有全面质量管理的特点,是以提高药品质量为目的,实行管、帮、促相结合的工作方法。同时实行专业监督与群众监督相结合的方法。

### (三)药品质量监督管理的原则

(1)以社会效益为最高原则。药品是防病治病的物质基础,保证人民用药安全有效,是药品质量监督管理的宗旨,也是药品生产、经营活动的目的,必须以社会效益为最高准则。

(2)质量第一的原则。药品的特殊性决定了必须最大限度地保证药品质量,质量问题不是水平问题,而是一个严肃的原则问题。为了最大限度地实现保证作用,就必须实行全面的监督管理。

(3)法治化与科学化的高度统一的原则。药品质量监督管理的社会职责,决定了药品管理工作必须立法。而药品质量监督管理工作对药品安全和有效提供最大限度的保证,必须依靠科学的管理方法和现代先进科学技术的应用。从一定意义上讲,《药品管理法》是把药品的严格、科学的监督管理手段赋予法律的性质。

(4)专业性监督管理和群众性监督管理相结合的原则。国家为加强对药品监督管理,设立了药品监督管理部门,实行了专业的药品监督管理。在药品生产企业、经营企业和医疗机构设立药品质检室,开展自检活动。同时,对广大人民群众开展药品质量监督管理的宣传,对药品质量实行群众性监督。

### (四)我国药品质量监督管理的主要内容

根据《药品管理法》的规定,我国药品质量监督管理部门对药品质量监督管理具有行政立法和规范权,起草和报送药品质量监管法律和行政法规草案,制定、公布、修改、废止和解释部门规章及规范性文件;具有行政许可权,有权发放《药品生产许可证》《药品经营许可证》,有权批准药品注册,核发药品批准文号等;具有行政监督权和处罚权,有权对药品质量、药事活动、药品广告等进行监督检查,检查其遵守药品管理法律法规、药品标准等情况,并对违反各级法律规章的行为进行处罚。因此,我国药品质量监督管理的主要内容包括以下方面。

(1)组织贯彻实施《药品管理法》及有关行政法规,依法制定和发布有关药品质量监督管理的规章及规范性文件,组织制定发布国家药品标准。

(2)实行药品注册制度,审批确认药品。

(3)准予生产、经营药品和配制医疗机构制剂,实行许可证制度。根据申报单位的申请,审批药品生产、药品经营和医疗机构制剂,实施 GMP、GSP、GLP、GCP 认证等,核发《药品生产许可证》《药品经营许可证》和《医疗机构制剂许可证》。

(4)监督管理药品信息,实行审批制度,核准药品说明书、包装、标签,审批药品广告及提供药品信息的服务网站等。

(5)严格控制特殊管理的药品,对麻醉药品、精神药品和医疗用毒性药品等根据国家相关法律进行严格管制管理。

(6)对上市药品的监管,组织调查已上市药品的再审查、再评价,实行药品不良反应报告制度等。

(7)行使监督权,对违法行为实施法律制裁,对上市药品质量以及药品生产企业、药品经营企业等的质量管理体系进行监督检查和质量抽检,对违反有关规定的行为依法进行处罚。

### (五)药品质量监督检验

国家对药品质量的监督管理必须采取监督检验。这种监督检验与药品生产检验、药品验收检验的性质不同。药品监督检验具有第三方检验的公正性,因为它不涉及买卖双方的经济利益,不以营利为目的,具有公正立场。药品监督检验是代表国家对研制、生产、经营、使用的药品质量进行的检验,具有比生产或验收检验更高的权威性。药品监督检验是根据国家的法律规定进行的检验,在法律上具有更强的仲裁性。

药品质量检验根据其目的和处理方法不同可以分为抽查性检验、注册检验、国家检验、委托检验、进口检验和复验 6 种类型。

1.抽查性检验

抽查性检验是指由药品监督管理部门授权的药品检验机构,根据药品监督管理部门抽检计划,对药品生产、经营、使用单位抽出的样品实施检验。抽查性检验能够发现质量问题和倾向,指导并加强国家对药品质量的宏观控制,督促企业、事业单位按药品标准生产、经营、使用合格药品。抽查性检验属于药品监督管理部门的日常监督,抽查性检验结果由政府药品监督管理部门发布药品质量检验公告,并依法处理不合格药品的生产、经营、使用者。

2.注册检验

注册检验是指审批新药和仿制已有国家标准药品品种进行审批时的检验以及审批进口药品所需进行的检验。承担注册检验的药品检验机构应当在规定的时限内完成检验,出具药品注册检验报告,上报药品监督管理部门。

3.国家检验

国家检验是指国家法律或药品监督部门规定某些药品在销售前必须经过指定的政府药品检验机构检验,合格的才准予销售。对于这种药品,虽然已经取得了药品生产批准证明文件,但是,如果在销售前没有经过药品检验机构对其药品实施检验,则该销售行为被认为是违法行为,所以此类型检验属于强制性检验。欧美许多国家的药事法中都有强制性检验的规定,我国于 2001 年开始实施,简称为"批检"。强制性检验主要是对一些存在安全性隐患需要加强管理的品种实施上市前的检验行为。

4.委托检验

委托检验是指行政、司法等部门涉案样品的送检。药品生产企业、经营企业和医疗机构因不具备检验技术和检验条件而委托药品检验所检验的药品均属委托检验。

5.进口检验

进口检验是指对进口药品实施的检验。国家设立口岸药品检验所,按照《药品进口管理办法》及相关规定,由口岸药检所对进口药品进行检验。

6.复验

复验是指药品被抽检者对药品检验机构的检验结果有异议,在规定时限内,可以向原药品检验机构或者上一级药品监督管理部门设置或确定的药品检验机构申请复验,也可以直接向国务院药品监督管理部门设置或者确定的药品检验机构申请复验。复验是为了保证药品检验结果的真实准确,保护当事人的合法权益。

## 五、药品监督管理系统组织结构

### （一）系统组织机构变更及机构职责

2018 年 3 月,根据《中共中央关于深化党和国家机构改革的决定》和《深化党和国家机构改革方案》,组建国家药品监督管理局,由国家市场监督管理总局管理。不再保留国家食品药品监督管理总局。机构职责是:

(1)负责药品(含中药、民族药,下同)、医疗器械和化妆品安全监督管理。拟订监督管理政策规划,组织起草法律法规草案,拟订部门规章,并监督实施。研究拟定鼓励药品、医疗器械和化妆品新技术新产品的管理与服务政策。

(2)负责药品、医疗器械和化妆品标准管理。组织制定、公布国家药典等药品、医疗器械标准,组织拟订化妆品标准,组织制定分类管理制度,并监督实施。参与制定国家基本药物目录,配合实施国家基本药物制度。

(3)负责药品、医疗器械和化妆品注册管理。制定注册管理制度,严格上市审评审批,完善审评审批服务便利化措施,并组织实施。

(4)负责药品、医疗器械和化妆品质量管理。制定研制质量管理规范并监督实施。制定生产质量管理规范并依职责监督实施。制定经营、使用质量管理规范并指导实施。

(5)负责药品、医疗器械和化妆品上市后风险管理。组织开展药品不良反应、医疗器械不良事件和化妆品不良反应的监测、评价和处置工作。依法承担药品、医疗器械和化妆品安全应急管理工作。

(6)负责执业药师资格准入管理。制定执业药师资格准入制度,指导监督执业药师注册工作。

(7)负责组织指导药品、医疗器械和化妆品监督检查。制定检查制度,依法查处药品、医疗器械和化妆品注册环节的违法行为,依职责组织指导查处生产环节的违法行为。

(8)负责药品、医疗器械和化妆品监督管理领域对外交流与合作,参与相关国际监管规则和标准的制定。

(9)负责指导省、自治区、直辖市药品监督管理部门工作。

(10)完成党中央、国务院交办的其他任务。

### （二）国家药品监督管理局直属技术机构与职责

1.国家药典委员会

国家药典委员会最早成立于 1950 年,是新中国成立后最早的标准化管理机构,是负责制定和修订国家药品标准的专业技术管理委员会。国家药典委员会是国家药品标准化管理的法定机构。国家药典委员会的基本职能是负责国家药品标准的管理。

2.国家药品监督管理局药品审评中心

国家药品监督管理局药品审评中心是对药品进行技术审评的技术职能机构,其主要职责是：

（1）负责按照《药品注册管理办法》及有关法规、规章，对化学药品、生物制品、体外诊断试剂的新药申请进行技术审评。

（2）负责按照《药品注册管理办法》及有关法规规章，对中药新药申请进行技术审评。

（3）负责按照《药品注册管理办法》及有关法规规章，对进口药品申请进行技术审评。

（4）负责按照《药品注册管理办法》及有关法规规章，对已有国家标准药品申请进行技术审评。

（5）承办国家药品监督管理局交办的其他事项。

国家药品监督管理局对药品评审中心机构设置 7 个职能处室负责相关药品审评工作。

3.国家药品监督管理局药品评价中心

国家药品监督管理局药品评价中心，是对已批准生产上市的药品进行再评价的技术职能部门，其主要职责是：

（1）负责国家基本药物目录制定、调整的技术业务组织工作及其相关工作。

（2）负责非处方药目录制定、调整的技术业务组织工作及其相关工作。

（3）负责药品试生产期及上市后的再评价和药品淘汰筛选的技术业务组织工作及其相关工作。

（4）负责全国药品、医疗器械产品不良反应监测的技术业务组织工作及其相关工作。

（5）承办国家药品监督管理局交办的其他事项。

"国家药品不良反应监测中心"设在国家药品监督管理局药品评价中心，负责全国药品、医疗器械产品不良反应监测工作。

4.国家中药品种保护评审委员会

1992 年 10 月 14 日，国务院发布《中药品种保护条例》，依据该条例 1993 年 10 月成立了"国家中药品种保护评审委员会"，负责对申请保护的中药品种进行审评，是国家审批中药保护品种的专业技术审查和技术咨询机构。

国家中药品种保护评审委员会设办公室，作为日常办事机构，是国家药品监督管理局所属事业单位，负责执行并处理中药品种保护委员会的日常事务和技术咨询等管理工作。

5.国家药品监督管理局药品认证管理中心

国家药品监督管理局药品认证管理中心作为国家药品监督管理局直属的事业单位，负责承办药品认证的具体工作。

（1）参与制定、修订 GLP、GCP、GMP、GSP、GAP 以及《医疗机构制剂配制质量管理规范》等规章及其相应的管理办法。

（2）受国家药品监督管理局委托，按分工要求，组织对申请认证的药品研究机构、临床试验机构、药品生产企业、药品经营企业以及医疗机构制剂室实施现场检查认证工作。

（3）组织建立国家药品认证检查员库；承办药品认证检查员的培训、考核和聘任；承办省级药品监督管理部门的药品认证检查员及认证管理人员的培训工作。

（4）组织与上述规章相关单位、企业的管理人员、技术人员的培训。

（5）受国家药品监督管理局委托，负责《药品认证公告》发布的具体工作。

（6）根据国家主管部门安排，开展药品认证的国内、国际学术交流活动；承办国际药品互认的具体工作。

（7）承办国家药品监督管理局交办的其他事项。

6.中国食品药品检定研究院

中国食品药品检定研究院（简称"中检院"），是行使国家对药品和生物制品的质量实行审批检验和监督检验职能的法定机构，是全国药品检验的最高技术仲裁机构和全国药品检验所业务指导中心。其主要职责是：依照《药品管理法》及有关法规负责全国药品、生物制品（包括进出口药品）质量检定和技术仲裁等。

# 任务 3　认识全面质量管理

## 一、全面质量管理的特点

与以往的质量管理相比较，全面质量管理的突出特点在于它的全面性，主要体现在以下几个方面。

### （一）管理对象的全面性

全面质量管理的对象是质量而不是数量，而广义的质量不仅指产品质量，还包括工作质量。产品质量是通过反映产品质量特性的技术参数或技术经济指标来衡量，这些参数或指标被称为产品质量标准，一般有国际标准、国家标准、部门（行业）标准和企业标准4种，符合标准的产品就是合格品。工作质量是产品质量的保证和基础，它反映了管理工作、技术工作、生产工作、服务工作等方面对产品质量和用户要求的保证程度。全面质量管理要求管好产品质量，就应当管好工作质量，在一定情况下应以管好工作质量作为质量管理的主要内容和工作重点。

### （二）管理过程的全面性

全面质量管理的过程不局限于对产品制造过程的质量管理，而要求从原有的制造过程向前、后扩展延伸，形成一个从市场调查、产品开发、产品设计试制开始，到外协准备、制造加工、辅助生产以及售后服务使用等一系列的全过程的质量管理。

### （三）参与人员的全面性

全面质量管理不仅要求专职检验人员、质量控制人员、质量管理人员参与，而且要求企业高层管理人员、中层管理人员、基层管理人员以及员工参与。要形成一种质量管理人人关心、人人有责、共同努力,全员参与的局面,应抓好全员的质量教育工作,增强全体职工质量意识、提高职工的业务技术素质;建立健全企业的质量责任制,明确各部门、各级各类人员的任务与权责;开展多种形式的群众性质量管理活动,如质量管理小组活动等;企业高层领导要关心质量、亲自抓质量管理。

### (四)管理方法的全面性

全面质量管理运用的方法不是单一的,而是多样性的,既有定量分析的方法,又有定性的整理分析方法(如因果图法);既有利用数理统计原理的方法,又有利用一般数学知识的方法(如排列图法);既有静态分析的方法(如直方图法),又有动态分析的方法(如控制围法);既有解决具体质量问题的方法,又有解决工作程序和思路的方法(如 PDCA 工作循环)。企业可以根据不同需要、不同情况灵活地选择采用管理方法。从质量检验到统计质量管理,进而向全面质量管理的发展,无论是质量管理理论还是实践,都是一个"质"的飞跃过程,全面质量管理是集质量管理思想、理念、手段、方法于一体的综合体系,为质量管理标准化的发展,奠定了理论和实践基础。

## 二、全面质量管理的常用工具

所谓全面质量管理常用 7 种工具,就是在开展全面质量管理活动中,用于收集和分析质量数据,分析和确定质量问题,控制和改进质量水平的常用 7 种方法。这些方法不仅科学,而且实用。

### (一)统计分析表法

全面质量管理讲究科学性,一切凭数据说话。因此,对生产过程中的原始质量数据的统计分析十分重要,为此必须根据本班组、本岗位的工作特点设计出相应的表格。

### (二)排列图法

排列图法是找出影响产品质量主要因素的一种有效方法。排列图法就是将影响工程质量的各种因素,按照出现的频数、从大到小的顺序排列在横坐标上,在纵坐标上标出因素出现的累积频数,并画出对应的变化曲线的分析方法。制作排列图的步骤是收集数据、进行分层、进行计算、作排列图。

### (三)因果分析图法

因果分析图又叫特性要因图,按其形状,又被称为树枝图或鱼刺图。它是寻找质量问题产生原因的一种有效工具。

画因果分析图的注意事项:影响产品质量的大原因,通常从 5 个大方面去分析,即人、机器、原材料、加工方法和工作环境。每个大原因再具化为若干个中原因,中原因再具化为小原因,越细越好,直到可以采取措施为止。讨论时要充分发挥技术民主,集思广益,别人发言时,不准打断,不开展争论,记录各种意见。

### (四)分层法

分层法又叫分类法,是分析影响质量(或其他问题)原因的方法。我们知道,如果把很多性质不同的原因混在一起,很难理出头绪。其办法就是把收集来的数据按照不同的目的加以分类,把性质相同、在同一生产条件下收集的数据归在一起。这样,可使数据反映的事实更明显、更突出,便于找出问题,对症下药。总之,我们的目的是把不同性质的问题分清楚,便于分析问题,找出原因。所以,分类方法多种多样,并无硬性规定。

企业中处理数据常按以下原则分类:

(1)按不同时间分类:如按不同的班次、不同的日期进行分类。

(2)按操作人员分类:如按新、老工人,男工,女工,不同工龄进行分类。

(3)按使用设备分类:如按不同的机床型号、不同的工夹具等进行分类。

(4)按操作方法分类:如按不同的切削用量、温度、压力等工作条件进行分类。

(5)按原材料分类:如按不同的供料单位、不同的进料时间、不同的材料成分等进行分类。

(6)按不同的检测手段分类。

(7)其他分类:如按不同的工厂、使用单位、使用条件、气候条件等进行分类。

### (五)直方图法

直方图是频数直方图的简称。它是用一系列宽度相等、高度不等的长方形表示数据的图。长方形的宽度表示数据范围的间隔,长方形的高度表示在给定间隔内的数据。

### (六)控制图法

控制图法是以控制图的形式,判断和预报生产过程中质量状况是否发生波动的一种常用的质量控制统计方法。它能直接监视生产过程中的过程质量动态,具有稳定生产、保证质量、积极预防的作用。

### (七)散布图法

散布图法是指通过分析、研究两种因素的数据之间的关系,控制影响产品质量的相关因素的一种有效方法。

在实际生产中,往往是一些变量共处于一个统一体中,它们相互联系、相互制约,在一定条件下又相互转化。有些变量之间存在着确定性的关系,它们之间的关系可以用函数关系表达,如圆的面积和它的半径关系为:$S = \pi r^2$。有些变量之间却存在着相关关系,即这些变量之间既有关系,但又不能由一个变量的数值精确地求出另一个变量的数值。将这两种有关的数据列出,用点子打在坐标图上,然后观察这两种因素之间的关系,这种图就称为散布图或相关图。

## 三、全面质量管理的基本工作方法

PDCA 循环是美国质量管理专家沃特·阿曼德·休哈特首先提出的,由戴明采纳、宣传,获得普及,所以又称为戴明环。全面质量管理的思想基础和方法依据就是 PDCA 循环。PDCA 循环的含义是将质量管理分为 4 个阶段,即计划、执行、检查和处理。在质量管理活动中,要求把各项工作按照作出计划、计划实施、检查实施效果,然后将成功的纳入标准,不成功的留待下一循环去解决。这一工作方法是质量管理的基本方法,也是企业管理各项工作的一般规律。

(1)P(Plan)——计划。包括方针和目标的确定,以及活动规划的制订。

(2)D(Do)——执行。根据已知的信息,设计具体的方法、方案和计划布局;再根据设计和布局,进行具体运作,实现计划中的内容。

(3)C(Check)——检查。总结执行计划的结果,分清哪些对了,哪些错了,明确效果,找出问题。

(4)A(Act)——处理。对总结检查的结果进行处理,对成功的经验加以肯定,并予以标准化;对失败的教训也要总结,引起重视。对没有解决的问题,应提交给下一个 PDCA 循环中去解决。

以上 4 个过程不是运行一次就结束,而是周而复始地进行,一个循环完了,解决一些问题,未解决的问题进入下一个循环,这样阶梯式上升。PDCA 循环是全面质量管理所应遵循的科学程序。全面质量管理活动的全部过程,就是质量计划的制订和组织实现的过程,这个过程就是按照 PDCA 循环,不停顿地、周而复始地运转。

## 四、GMP 与 TQM 的关系

对制药企业来说,GMP 是质量保证的重点和关键。质量保证体系的建立与完善是全面质量管理(TQM)向纵深发展的一个重要标志,其任务是把企业的专业技术和管理技术有机地结合起来,保证工厂方针目标的实施。企业以保证和提高产品质量为目标,运用系统的概念和方法,把质量管理各阶段、各环节的质量管理职能组织起来,形成一个具有明确的任务、职责、权限、互相协调、互相促进的有机整体。GMP 正是企业质量保证体系中的一个重要组成部分,是 TQM 基本思想、理论在药品生产和质量管理上具体运用的产物。

### (一)GMP 与 TQM 的不同点

(1)TQM 是一切用数据说话,GMP 要一切有据可查。TQM 贵在一个"全",GMP 则在一个"严"。共同的目的是"优"字,都是使药品质量更好,为了保证用药安全有效。TQM 是 GMP 的指导思想,GMP 是 TQM 理论的具体应用,是 TQM 的一个实施方案。

(2)从企业经营的管理角度进行比较,两者之间有很大的区别。TQM(TQC)的本质是进攻型、开拓型的质量管理,其中只是经济的开发、研制生产和销售用户满意的产品,其着眼点是改善和开发,重点是产品的更新换代,而不是满足于生产符合现行质量标准的合格品。GMP 的着眼点是改善和开发,重点是产品的更新换代,而不是满足于生产符合现行质量标准的合格品。

GMP 在本质上是以预防为主的预防型的质量管理。WHO 的 GMP 指出其目的是“为保证消费者获得高质量药品”。美国 FDA 解释,GMP 为生产规定,本规范务必适合现代化标准,并且更加明确,而不致产生不同的解释,保证所有制药工业的会员了解和遵守法令并达到应有的水平。GMP 指出了应该做些什么,更强调了怎样达到所制定的要求。GMP 的宗旨本身就体现了预防的精神。从 GMP 的基本内容分析,无论是对于硬件还是软件的要求,处处体现了预防的原则。例如,中国的 GMP 对原料的含义规定为“药品生产过程中使用的所有投入物,辅佐除外”;“批”是指在规定限度内具有同一性质和质量,并在同一生产周期中生产出来的一定数量的药品,每一生产批的要素在于它的均一性。

(3)就产品质量的概念而言,TQM 与 GMP 的着眼点是有区别的,TQM 指的是“适用性”。一般来说,TQM 是指追求以较低的成本,不断提高顾客满意度的管理方式。“适用性”即产品满足于使用要求所具备的特性,一般包括性能、寿命、可靠性、安全性、经济性。但是就药品而言,顾客(消费者、患者)很难判断药品质量,要保证质量,必须依靠执行 GMP。而GMP 主要指的是“符合性”质量,确保所生产的药品具有应有的安全性、有效性、均一性和纯度以及稳定性。

## (二)GMP 与 TQM 的共同点

GMP 与 TQM 都强调从事后把关变为工序管理,从管结果变为管因素。但从 TQM 的角度来看,GMP 仅仅是企业质量保证体系中的一个重要组成部分。从国家监督的角度来看,GMP 是药品生产质量管理必须遵守的准则,是制药企业不可逾越的制约因素。两者不能画等号,也不能相互代替,是缺一不可的科学质量管理方法,因此,要处理好两者的关系。

在开展 TQM 建立健全质量保证体系活动中,首先要抓好 GMP 的实施,因为只有确保药品生产过程中质量的稳定,才谈得上改善和开发。而 TQM 的开展有助于自觉地运用 TQM 理论、方法实施 GMP。反之,GMP 的实施使 TQM 的深入开展有一个扎实的基础。在抓好 GMP 普查教育的同时,要深化 TQM 的教育,使制药企业每个职工都能增强 GMP 的意识,把 GMP 看成是质量保证的核心,把 GMP 纳入质量保证体系的轨道,纳入企业工作方针目标,把 GMP 渗透、融合到企业所有部门的本职工作中。运用 TQM 的基本理论、方法和数理统计工具从“软件”入手,从质量管理的基础工作入手,对 GMP 的要求逐项加以落实,坚持下去,形成制度,落实硬件建设。在新的形势下,深化改革,搞活企业。在实施GMP 教育的同时,教育职工转变观念,确立适应市场经济的新的市场观、人才观、道德观、价值观、质量效益观。只有制药企业的员工都树立 GMP 意识,才能生产出立足于市场的质量好的产品。

GMP 与 TQM 的一致性主要体现在以下几个方面:

（1）GMP 实际上是 TQM 的重要组成部分。

（2）GMP 和 TQM 均遵循相同的原理，即朱兰质量螺旋曲线。

（3）GMP 与 TQM 的基本要求是一致的。即要求对产品质量的产生、形成和实现的全过程进行质量管理；要求全员参加质量管理；要求企业各部门承担质量责任；要求质量管理由企业领导人承担责任；要求把教育培训置于重要地位等。

（4）GMP 与 TQM 的指导思想是一致的。即系统管理的思想、为用户服务的思想、预防为主的思想、为质量形成的全过程进行控制的思想、技术与管理并重的思想、用事实与数据说话的思想、强调人员素质的管理思想等。根据药品生产的特点，GMP 还强调卫生管理、无菌管理、核对检查和验证制度等，这些与 TQM 的指导思想是一致的。

## 五、质量改善的意义

所谓全面质量管理，就是企业全体人员及各个部门同心协力，把经营管理、专业技术、数量统计方法和思想教育结合起来，建立起产品的研究与开发、设计、生产作业、服务等全过程的质量体系，从而有效地利用人力、物力、财力、信息等资源，提供符合规定要求和用户期望的产品和服务。美国著名质量管理专家戴明曾提出，在生产过程中，造成质量问题的原因只有 10%～15% 来自工人，而 85%～90% 是企业内部管理上的问题。由此可见，质量不仅取决于加工这一环节，也不只是局限于加工产品的工人，而是涉及企业各个部门、各类人员。

质量——企业的生命；质量管理——治标更要治本。抓好产品质量，首先就要增强质量意识，不重视产品质量的职工是不可能生产出好的产品的。关于企业如何抓好产品的质量管理，谈的人够多了，但是，不少听起来头头是道的理论运用到实际当中，收到的效果却不佳。质量管理如同医生看病，治标不能忘固本。

# 任务4  常见的药品管理规范

药品质量管理是一个复杂的体系，是一个大的系统工程。国家食品药品监督管理局依据《药品管理法》制定了一整套药品管理规范和制度，从药品研究开始，经过生产、经营、使用，最后是药品上市后的再评价，形成的 5 个子系统都有自己独立的阶段、内容和特点，但又是相互联系、互相依存、互相依赖的。

## 一、《药物非临床研究质量管理规范》( GLP )

《药物非临床研究质量管理规范》是为申请药品注册而进行的非临床研究必须遵守的规定。非临床研究是指为评价药品安全性，在实验室条件下用实验系统进行各种毒性试验，包括单次给药的毒性试验、反复给药的毒性试验、生殖毒性试验、致突变试验、致癌试验、各种刺激试验、依赖性试验及与评价药品安全性有关的其他毒性试验。

### （一）GLP 的由来

**案例 1：二硝基酚致眼及骨髓损害**

20 世纪 30 年代初期，美国流行"药物减肥"，在美国、欧洲、巴西等国家许多女性使用二硝基酚作为减肥药。到 1937 年，人们发现，这些国家的白内障患者大量增加，调查发现，很多白内障患者都使用过二硝基酚，二硝基酚致白内障失明占总用药人数的 1%，导致骨髓抑制 177 人，死亡 9 人。

**案例 2：磺胺酏引起严重的肾脏损害**

磺胺类药于 20 世纪 30 年代问世。1937 年秋天，美国一家公司用工业溶剂二甘醇代替乙醇和糖生产一种磺胺酏剂，供应南方的几个州，用于治疗感染性疾病。1937 年 9—10 月，这些地方忽然发现肾功能衰竭的病人大量增加。经调查，由于服用这种磺胺酏剂而发生肾功能衰竭的有 358 人，死亡 107 人。尸检表明，死者肾脏严重损害，死于尿毒症，究其原因，主要是二甘醇在体内经氧化代谢成草酸致肾脏损害所致。

**案例 3："反应停"事件**

20 世纪 60 年代，德国、加拿大、日本、欧洲等 17 个国家的妊娠妇女用"反应停"治疗妊娠呕吐造成 12 000 余例"海豹肢畸形"婴儿。该事件就是药物审批制度不完善的产物，这一悲剧增强了人们对药物毒副作用的警觉，从而进一步完善现代药物的审批制度。

1972—1973 年，新西兰、丹麦率先实施了 GLP 实验室登记规范。美国食品药品监督管理局（FDA）也于 1976 年 11 月颁布了 GLP 法规草案，并于 1979 年正式实施。1981 年，国际经济合作与发展组织（OECD）制订了 GLP 原则。20 世纪 80 年代中期，日本、韩国、瑞士、瑞典、德国、加拿大、荷兰等国也先后实施了 GLP 规范。GLP 逐渐成为国际通行的确保药品非临床安全性研究质量的规范。

1999 年，国家食品药品监督管理局发布施行《药品非临床研究质量管理规范》，是指对从事实验研究的规划设计、执行实施、管理监督和记录报告的实验室的组织管理、工作方法和有关条件提出的法规性文件。GLP 意为"良好实验室规范"或"标准实验室规范"，旨在严格控制化学品安全性评价试验的各个环节，确保试验结果的准确性，促进试验质量的提高，提高登记、许可评审的科学性、正确性和公正性，更好地保护人类健康和环境安全。

### （二）GLP 的目的与适用范围

**1.GLP 的目的**

（1）为了提高试验数据的质量，更好地评价被试验物对人类健康和环境的潜在危险。

（2）试验数据的质量大致相同，是国家之间相互承认试验数据的基础，可节省重复试验所产生的费用和时间。

（3）有助于避免生产技术上的贸易障碍。

**2.GLP 对"软件"的规定**

试验机构的组织及人员资格的规定；设置质量保证部门；制定试验操作标准化规程（SOP）；供试物、对照物取样规定；制订试验计划、方案及实施的规定；试验报告及记录保存的规定等。

**3.GLP 对"硬件"的规定**

对设施及设备的规定包括动物饲养、用品供给、取样设施、资料保管设施、试验操作区域等；对机器的规定包括配备适合的测定仪器、环境净化机器设备、试验物品收集、解剖等方面的机器和仪器。

### （三）我国 GLP 规范的历史及现状

我国的 GLP 工作起步较晚。1985 年以前，我国的新药申报要求有毒理学实验资料，1985 年 7 月 1 日，我国实施《药品管理法》，对毒理学评价做出了要求。直至 20 世纪 80 年代末，GLP 的概念才被引入中国。从 1990 年起，我国开始广泛讨论和进行详尽的国际考察（欧、美、日）。自 1993 年 12 月起，我国开始起草、试点实施 GLP 规范。《药品非临床研究质量管理规定（试行）》在 1993 年 12 月 11 日由中华人民共和国国家科学技术委员会（简称"国家科委"）颁布。1994 年 1 月 1 日开始实施。

随着经济的发展和人民卫生意识的加强，国内对 GLP 的认识有了很大的提高，在 GLP 体系的建立和完善上，也取得了一些可喜的进展，GLP 规范的国际互认也逐渐受到了人们的重视。原国家食品药品监督管理局不断吸取总结我国试行 GLP 数年来的基本经验，并参照发达国家和世界卫生组织的 GLP 原则，对 GLP 规范进行了 3 次修订。1999 年 10 月 14 日，国家食品药品监督管理局首次修改发布《药品非临床研究质量管理规范（试行）》，明确了各层次人员的职责、质量保证部门的职责，明确了 GLP 的监督、检查及认证部门。2003 年 8 月 13 日，经国家食品药品监督管理局局务会审议通过，再次修订 GLP 规范。2007 年 4 月 16 日，国家食品药品监督管理局第三次修订 GLP 规范，将 GLP 规范由试行改为正式实施。由此可见，国家正逐步加大推进实施 GLP 的力度，我国的 GLP 规范正迈向正规化、国际化。

近年来，国内外医药市场上频现药品安全性问题，给制药公司带来巨大损失的同时，新药的安全性问题成为人们关注的热点。1996 年，美国耶鲁大学研究发现，过量服用 PPA（苯丙醇胺）会使患者血压升高、肾功能衰竭、心律失常，严重的可能导致中风、心脏病而死亡。2000 年 11 月 16 日，中国宣布暂停销售含有 PPA 的 15 种药品。2004 年 8 月，美国默沙东公司生产的治疗关节炎的良药——万络，被指大剂量服用可大大增加诱发心脏病和中风的概率。9 月 30 日，美国默沙东公司将此药全球召回。2003 年 2 月，我国多家媒体报道龙胆泻肝丸中的关木通成分含马兜铃酸，而马兜铃酸可导致肾病。这些药品安全问题的涌现进一步揭示，真正危害最烈的毒副作用其实不是药物本身，而是制度和监管的缺失。为此，我国政府出台了一系列的政策法规,完善新药审批、药品不良反应监测、药品说明书监管等一系列制度,最大程度地确保药物的安全性,提高我国药品研究的质量和水平,参与国际合作和竞争,避免药害事件的发生。

2003 年 5 月 22 日,SFDA 公示了首批 4 家基本符合 GLP 要求的非临床研究机构的名单,由此开始了我国 GLP 认证的道路。2006 年 11 月 12 日,SFDA 发布通知,要求从 2007 年 1 月 1 日起,所有的新药安全性评价研究必须在经过 GLP 认证的实验室进行,这无疑将从根本上推动我国 GLP 认证,保障 GLP 规范的顺利实施。《药物非临床研究质量管理规范认证管理办法》(国家药监局公告 2023 年第 15 号),已于 2023 年 1 月 19 日发布,将于 7 月 1 日起施行。自 2023 年 7 月 1 日起,药物非临床研究质量管理规范认证和药物非临床安全性评价研究机构监督管理按照新《药物非临床研究质量管理规范认证管理办法》执行。对通过 GLP 认证的药物非临床安全性评价研究机构发给新版药物 GLP 认证证书,证书有效期为 5 年。

### (四) 我国 GLP 认证简介

GLP 认证是指国家药品监督管理局对药物非临床安全性评价研究机构的组织管理体系、人员、实验设施、仪器设备、实验项目的运行与管理等进行检查,并对其是否符合 GLP 做出评定。GLP 认证分为申请与受理、资料审查与现场检查以及审核与公告三大环节。

申请机构在按照规定提交申请资料后,经资料审查符合要求的,接受现场检查。GLP 认证的现场检查时间一般为 3~4 天,检查员为 3~5 人,机构的质量保证部门负责人应陪同检查组进行检查,负责检查组与机构间的沟通,能够回答或联系相关人员回答检查组提出的有关问题。GLP 现场检查的方式包括实地查看实验设施设备,对研究人员 GLP 等相关非临床试验知识和实验技能的考核,对 SOP 等文件系统的审查,以及对所承担试验项目是否遵循 GLP 的检查等。

检查组严格按照《药物非临床研究质量管理规范认证标准》进行检查,该标准共有 280 项检查项目,并根据问题的重要程度分为关键项目、重点项目和一般项目,其中关键项目 6 项,重点项目 30 项,一般项目 244 项。检查组对现场检查中发现的不符合 GLP 要求的问题进行评定,形成检查意见。经过分析汇总之后,由国家药品监督管理局做出通过、不通过或整改的审批决定。

为积极配合现场检查,申请机构应预先了解现场检查的程序和要求,熟悉现场检查方案,将检查所需的材料准备齐全,并尽量由专人统一保管。准备检查的一个有效方法是:在检查前由 QA(质量保证)人员对机构进行模拟检查,可以使相关人员了解检查的流程,发现存在的不足,提高应对的能力。某些机构在现场检查时,由于不能提供需要的材料,或者相关被检查人员不能到场,延误了检查的顺利进行。还有些研究人员由于过分紧张,导致表现失常,无法完成实验技术考核项目。这些问题可以通过精心的准备和反复的练习得到解决。

## 二、《药物临床试验质量管理规范》(GCP)

《药物临床试验质量管理规范》(GCP)是药物在人体进行生物医学研究的基本准则,也是临床试验全过程的标准规定,包括方案设计、组织、实施、监察、稽查、记录、分析总结和报告。其目的是保证药品临床试验过程规范,结果科学可靠,保护受试者的权益并保障其安全。药品进行各期临床试验,包括人体生物利用度和生物等效性试验均需按 GCP 执行。

为深化药品审评审批制度改革,鼓励创新,进一步推动我国药物临床试验规范研究和提升质量,国家药品监督管理局会同国家卫生健康委员会组织修订了《药物临床试验质量管理规范》(以下简称《规范》),自 2020 年 7 月 1 日起施行。

本《规范》下列用语的含义是:

(1)药物临床试验:指任何在人体(病人或健康志愿者)进行药物的系统性研究,以证实或揭示试验药物的作用、不良反应及(或)试验药物的吸收、分布、代谢和排泄,目的是确定试验药物的疗效与安全性。

(2)试验方案:指叙述试验的背景、理论基础和目的,试验设计、方法和组织,包括统计学考虑、试验执行和完成的条件。方案必须由参加试验的主要研究者、研究机构和申办者签章并注明日期。

(3)研究者手册:指有关试验药物在进行人体研究时已有的临床与非临床研究资料。

(4)知情同意:指向受试者告知一项试验的各方面情况后,受试者自愿确认其同意参加该项临床试验的过程,须以签名和注明日期的知情同意书作为文件证明。知情同意书是每位受试者表示自愿参加某一试验的文件证明。研究者需向受试者说明试验性质、试验目的、可能的受益和风险、可供选用的其他治疗方法以及符合《赫尔辛基宣言》规定的受试者的权利和义务等,使受试者充分了解后表达其同意。伦理委员会是由医学专业人员、法律专家及非医务人员组成的独立组织,其职责为核查临床试验方案及附件是否合乎道德,并为之提供公众保证,确保受试者的安全、健康和权益受到保护。该委员会的组成和一切活动不应受临床试验组织和实施者的干扰或影响。

(5)研究者:指实施临床试验并对临床试验的质量及受试者安全和权益的负责者。研究者必须经过资格审查,具有临床试验的专业特长、资格和能力。

(6)协调研究者:指在多中心临床试验中负责协调参加各中心研究者工作的研究者。

(7)申办者:指发起一项临床试验,并对该试验的启动、管理、财务和监察负责的公司、机构或组织。

(8)监查员:指由申办者任命并对申办者负责的具备相关知识的人员,其任务是监察和报告试验的进行情况和核实数据。

(9)稽查:指由不直接涉及试验的人员所进行的一种系统性检查,以评价试验的实施、数据的记录和分析是否与试验方案、标准操作规程以及药物临床试验相关法规要求相符。

(10)视察:指药品监督管理部门对一项临床试验的有关文件、设施、记录和其他方面进行官方审阅。视察可以在试验单位、申办者所在地或合同研究组织所在地进行。

（11）病例报告表：指按试验方案所规定设计的一种文件，用以记录每一名受试者在试验过程中的数据。

（12）试验用药品：指用于临床试验中的试验药物、对照药品或安慰剂。

（13）不良事件：指病人或临床试验受试者接受一种药品后出现的不良医学事件，但并不一定与治疗有因果关系。

（14）严重不良事件：指临床试验过程中发生需住院治疗、延长住院时间、伤残、影响工作能力、危及生命或死亡、导致先天畸形等事件。

（15）标准操作规程（SOP）：指为有效实施和完成某一临床试验中每项工作所拟订的标准和详细的书面规程。

（16）设盲：指临床试验中使一方或多方不知道受试者治疗分配的程序。单盲是指受试者不知治疗分配，双盲是指受试者、研究者、监查员或数据分析者均不知治疗分配。

（17）合同研究组织：指一种学术性或商业性的科学机构。申办者可委托其执行临床试验中的某些工作和任务，此种委托必须作出书面规定。

## （一）儿童作为受试者，应当满足的条件

儿童作为受试者，应当征得其监护人的知情同意并签署知情同意书。当儿童受试者有能力做出同意参加临床试验的决定时，还应当征得其本人同意，如果儿童受试者本人不同意参加临床试验或者中途决定退出临床试验时，即使监护人已经同意参加或者愿意继续参加，也应当以儿童受试者本人的决定为准，除非在严重或者危及生命疾病的治疗性临床试验中，研究者、其监护人认为儿童受试者若不参加研究其生命会受到危害，这时其监护人的同意即可使儿童受试者继续参与研究。在临床试验过程中，儿童受试者达到了签署知情同意的条件，则需要由本人签署知情同意之后方可继续实施。

## （二）知情同意书和提供给受试者的其他资料

（1）临床试验概况。

（2）试验目的。

（3）试验治疗和随机分配至各组的可能性。

（4）受试者需要遵守的试验步骤，包括创伤性医疗操作。

（5）受试者的义务。

（6）临床试验所涉及试验性的内容。

（7）试验可能致受试者的风险或者不便，尤其是存在影响胚胎、胎儿或者哺乳婴儿的风险时。

（8）试验预期的获益，以及不能获益的可能性。

（9）其他可选的药物和治疗方法，及其重要的潜在获益和风险。

（10）受试者发生与试验相关的损害时，可获得的补偿以及治疗。

（11）受试者参加临床试验可能获得的补偿。

（12）受试者参加临床试验预期的花费。

（13）受试者参加试验是自愿的，可以拒绝参加或者有权在试验任何阶段随时退出试验而不会遭到歧视或者报复，其医疗待遇与权益不会受到影响。

（14）在不违反保密原则和相关法规的情况下，监查员、稽查员、伦理委员会和药品监督管理部门检查人员可以查阅受试者的原始医学记录，以核实临床试验的过程和数据。

（15）受试者相关身份鉴别记录的保密事宜，不公开使用。如果发布临床试验结果，受试者的身份信息仍保密。

（16）有新的可能影响受试者继续参加试验的信息时，将及时告知受试者或者其监护人。

（17）当存在有关试验信息和受试者权益的问题，以及发生试验相关损害时，受试者可联系的研究者和伦理委员会及其联系方式。

（18）受试者可能被终止试验的情况以及理由。

（19）受试者参加试验的预期持续时间。

（20）参加该试验的预计受试者人数。

## （三）试验用药品的制备、包装、标签和编码应当符合的要求

（1）试验药物制备应当符合临床试验用药品生产质量管理相关要求；试验用药品的包装标签上应当标明仅用于临床试验、临床试验信息和临床试验用药品信息；在盲法试验中能够保持盲态。

（2）申办者应当明确规定试验用药品的贮存温度、运输条件（是否需要避光）、贮存时限、药物溶液的配制方法和过程，以及药物输注的装置要求等。试验用药品的使用方法应当告知试验的所有相关人员，包括监查员、研究者、药剂师、药物保管人员等。

（3）试验用药品的包装，应当能确保药物在运输和贮存期间不被污染或者变质。

（4）在盲法试验中，试验用药品的编码系统应当包括紧急揭盲程序，以便在紧急医学状态时能够迅速识别何种试验用药品，而不破坏临床试验的盲态。

## （四）临床试验的分期

临床试验分为Ⅰ、Ⅱ、Ⅲ、Ⅳ期。

（1）Ⅰ期临床试验：初步的临床药理学及人体安全性评价试验。其目的是观察人体对于新药的耐受程度和药代动力学，为制订给药方案提供依据。

（2）Ⅱ期临床试验：治疗作用初步评价阶段。其目的是初步评价药物对目标适应症患者的治疗作用和安全性，也包括为Ⅲ期临床试验研究设计和给药剂量方案的确定提供依据。此阶段的研究设计可以根据具体的研究目的，采用多种形式，包括随机盲法对照临床试验。

（3）Ⅲ期临床试验：治疗作用确证阶段。其目的是进一步验证药物对目标适应症患者的治疗作用和安全性，评价利益与风险关系，最终为药物注册申请的审查提供充分的依据。试

验一般应为具有足够样本量的随机盲法对照试验。

（4）Ⅳ期临床试验：新药上市后应用研究阶段。其目的是考察在广泛使用条件下的药物的疗效和不良反应，评价在普通或者特殊人群中使用的利益与风险关系以及改进给药剂量等。

生物等效性试验，是指用生物利用度研究的方法，以药代动力学参数为指标，比较同一种药物的相同或者不同剂型的制剂，在相同的试验条件下，其活性成分吸收程度和速度有无统计学差异的人体试验。

## 三、药品生产质量管理规范（GMP）

### （一）执行 GMP 的目的

执行 GMP 的核心目的是"三防"，即防污染、防混淆、防人为差错。污染是指当某物与不洁净物或腐坏物接触或混合在一起使该物变得不纯净或不适用时，即污染。简单地说，当一个产品中存在不需要的物质时，即受到了污染。混淆是指一种或一种以上的其他原材料或成品与已标明品名等的原料或成品相混，俗称混药。差错主要是指错误或意外的变化。质量事故中人为差错占 15% 左右，产生的原因主要是：人员心理、生理疲劳，精神不够集中等；工作责任心不够；工作能力不够；培训不到位。

空气、工艺用水的净化，设备设计选型、使用、维护、保养，清洁卫生管理是为了防止污染；物料的检验、生产、监督、复核与清场物料平衡，定制管理、明确的各种标志是为了防止混淆和差错。GMP 的核心主要体现在"三防"意识上，我们所做的一切都是为了保障能生产出来符合质量规定的产品，就要防止污染、防混淆、防人为差错，从而降低产品质量风险。

GMP 的中文含义是"生产质量管理规范"或"良好作业规范""优良制造标准"。GMP 是一套适用于制药、食品等行业的强制性标准，要求企业从原料、人员、设施设备、生产过程、包装运输、质量控制等方面按国家有关法规达到卫生质量要求，形成一套可操作的作业规范，帮助企业改善卫生环境，及时发现生产过程中存在的问题，并加以改善。简要地说，GMP 要求制药、食品等生产企业应具备良好的生产设备，合理的生产过程，完善的质量管理和严格的检测系统，确保最终产品质量（包括食品安全卫生）符合法规要求。

### （二）执行 GMP 的意义

（1）有利于企业新药和仿制药品的开发。

（2）有利于换发《药品生产企业许可证》。

（3）有利于提高企业和产品的声誉，提高竞争力。

（4）有利于提高科学的管理水平，促进企业人员素质提高和增强质量意识，保证药品质量。

### （三）新 GMP 注册

药品注册申请人（以下简称"申请人"），是指提出药品注册申请，承担相应法律责任，并在该申请获得批准后持有药品批准证明文件的机构。境内申请人应当是在中国境内合法登记的法人机构，境外申请人应当是境外合法制药厂商。办理药品注册申请事务的人员应当是相应的专业技术人员，熟悉药品注册管理法律、法规和技术要求。

公民以个人名义不能注册新药。国家药品监督管理局主管全国药品注册管理工作，负责对药物临床研究、药品生产和进口的审批。省、自治区、直辖市药品监督管理局受国家药品监督管理局的委托，对药品注册申报资料的完整性、规范性和真实性进行审核。

申请药品注册，申请人应当向所在地省、自治区、直辖市药品监督管理局提出，并报送有关资料和药物实样；申请新药注册所报送的资料应当完整、规范，数据必须真实、可靠；引用文献资料应当注明著作名称、刊物名称及卷、期、页等；未公开发表的文献资料应当提供资料所有者许可使用的证明文件。外文资料应当按照要求提供中文译本。

国家药品监督管理局对下列新药申请可以实行快速审批：

（1）未在国内上市销售的来源于植物、动物、矿物等药用物质制成的制剂和从中药、天然药物中提取的有效成分及其制剂；

（2）未在国内外获准上市的化学原料药及其制剂、生物制品；

（3）抗艾滋病病毒及用于诊断、预防艾滋病的新药，治疗恶性肿瘤、罕见病等的新药；

（4）治疗尚无有效治疗手段的疾病的新药。

申请人在提出药品注册申请时，应当承诺所有试验数据均为自行取得并保证其真实性。

申请人委托其他机构进行药物研究或者进行单项试验、检测、样品的试制、生产等，应当与被委托方签订合同。申请人应当对申报资料中的药物研究数据的真实性负责。

为申请药品注册而进行的药物临床前研究，包括药物的合成工艺、提取方法、理化性质及纯度、剂型选择、处方筛选、制备工艺、检验方法、质量指标、稳定性、药理、毒理、动物药代动力学等。中药制剂还包括原药材的来源、加工及炮制等；生物制品还包括菌毒种、细胞株、生物组织等起始材料的质量标准、保存条件、遗传稳定性及免疫学的研究等。

申请人应当对所申请注册的药物或者使用的处方、工艺等，提供在中国的专利及其权属状态说明，并提交对他人的专利不构成侵权的保证书，承诺对可能的侵权后果负责。药品注册申请批准后发生专利权纠纷的，当事人应当自行协商解决，或者依照有关法律、法规的规定，通过司法机关或者专利行政机关解决。

### （四）药品的 GMP 认证

《GMP 证书》有效期为 5 年。新开办药品生产企业的《GMP 证书》有效期为一年。药品生产企业应在有效期届满前 6 个月，重新申请 GMP 认证。新开办药品生产企业《GMP 证书》有效期届满前 3 个月申请复查，复查合格后，颁发有效期为 5 年的《GMP 证书》。

（五）GMP 认证流程

（1）申报企业到省药品监督管理局受理大厅提交认证申请和申报材料。

（2）省药品监督管理局药品安全监管处对申报材料形式审查（5 个工作日）。

（3）认证中心对申报材料进行技术审查（10 个工作日）。

（4）认证中心制定现场检查方案（10 个工作日）。

（5）省药品监督管理局审批方案（10 个工作日）。

（6）认证中心组织实施认证现场检查（10 个工作日）。

（7）认证中心对现场检查报告进行初审（10 个工作日）。

（8）省药品监督管理局对认证初审意见进行审批（10 个工作日）。

（9）报国家局发布审查公告（10 个工作日）。

## 四、药品经营质量管理规范（GSP）

《药品经营质量管理规范》是为加强药品经营质量管理，规范药品经营行为，保障人体用药安全、有效，根据《药品管理法》《药品管理法实施条例》制定的规范。2000 年 4 月 30 日以国家药品监督管理局局令第 20 号公布。2012 年 11 月 6 日，卫生部部务会议第 1 次修订，2015 年 5 月 18 日，国家食品药品监督管理局局务会议第 2 次修订，根据 2016 年 6 月 30 日国家食品药品监督管理总局局务会议通过、2016 年 7 月 13 日国家食品药品监督管理总局令第 28 号公布的《关于修改〈药品经营质量管理规范〉的决定》修正。自发布之日起施行。卫生部 2013 年 6 月 1 日施行的《药品经营质量管理规范》（中华人民共和国卫生部令第 90 号）予以废止。

2016 年 7 月 20 日，国家食品药品监督管理总局发布《国家食品药品监督管理总局关于修改〈药品经营质量管理规范〉的决定》，公布了新修改《药品经营质量管理规范》（以下简称"药品 GSP"）。现将修改内容解读如下：2015 年 12 月 30 日，国务院办公厅印发《关于加快推进重要产品追溯体系建设的意见》（国办发〔2015〕95 号，以下简称《意见》），对药品等产品追溯体系建设明确了坚持政府引导与市场化运作相结合，发挥企业主体作用，调动各方面积极性的基本原则。为贯彻《意见》精神，落实药品经营企业追溯管理责任，强化企业主体意识，促进建设来源可查、去向可追、责任可究的药品全链条追溯体系，需要对原药品 GSP 中电子监管相关规定进行修改。

2016 年 4 月 23 日，国务院发布《国务院关于修改〈疫苗流通和预防接种管理条例〉的决定》（国务院令第 668 号），取消了原条例关于药品批发企业经营疫苗的规定，改由疫苗生产企业直接向疾控机构销售和配送。需要对原药品 GSP 中关于疫苗经营的规定作出相应修改。

根据国务院办公厅印发的《关于加快推进"三证合一"登记制度改革的意见》（国办发〔2015〕50 号），原使用组织机构代码证、税务登记证办理相关事务的，一律改为使用"三证合一"后的营业执照，需要对原药品 GSP 中关于查验首营企业证件要求进行修改。

根据第十二届全国人民代表大会常务委员会第十四次会议《关于修改〈中华人民共和国药品管理法〉的决定》，新公布的《药品管理法》调整了部分条文序号，需要对原药品 GSP 中涉及引用《药品管理法》的相关条文序号进行修改。

（一）现行版 GSP 的特点

（1）现行版 GSP 是国家药品监督管理局发布的一部在推行上具有强制性的行政规章，是我国第一部纳入法律范畴的 GSP。过去的 GSP 是由国有主渠道的上级管理部门或医药行业主管部门发布的，具有明显的行业管理色彩，仅仅是一部推荐性的行业管理标准。

（2）现行版 GSP 管理的商品范围变为与国际接轨，与《药品管理法》管理范围完全一致的药品。在计划经济条件下，由于医药商业部门存在着医药商业和药材商业两大系统，GSP 由医药行业主管部门制定，自然而然地将 GSP 的管理范围确定为药品、医疗器械、化学试剂和玻璃仪器四大类医药商品。与国际惯例相比，一方面多出了后三类非药品的医药商品；另一方面，在药品的范围内又不能涵盖全部药品（即不包括中药）。后来，国家中医药管理局也曾制定过中药的 GSP 及其验收细则，但几乎没有推行开来。由国家药品监督管理局发布的 GSP 将其管理范围变为单纯而又外延完整的药品，既与国际 GSP 接轨，又与《药品管理法》中的药品概念完全一致。GSP 的中文名称由《医药商品质量管理规范》变为《药品经营质量管理规范》。

（3）现行版 GSP 在文件结构上对药品批发和药品零售的质量要求分别设章表述，便于实际执行。以往的 GSP 对药品批发和零售没有分别要求，给实际执行带来了一些概念上的模糊和操作上的不便。

（4）现行版 GSP 更加充分地吸收了现代质量管理学的理论成果，特别是对药品经营企业提出了建立质量体系，并使之有效运行的基本要求。在结构上将质量体系组成要素与药品经营过程密切结合起来，行文脉络非常清晰流畅。

（5）现行版 GSP 在具体管理内容上做了一些大胆的取舍，去掉了一些不切实际的要求，使之更具有实际指导意义。比如，删掉了原 GSP 中"综合性质量管理"（TQC）的有关内容。严格讲，TQC 的管理范围要比 GSP 大得多，且完全包含了 GSP，在 GSP 中要求推行 TQC 是不合逻辑的。同时，GSP 是一个具体的管理标准，而 TQC 是一套管理理论和方法，在具体管理标准中硬性推行一种管理理论和方法，也不十分妥当。在"舍"的同时，也新"取"了一些非常切合实际需要的要求，比如，关于"药品直调"的有关要求。

（6）现行版 GSP 与一些新发布的药品管理行政规章进行了较好的衔接。比如，体现了"处方药与非处方药分类管理办法""药品流通监督管理办法（暂行）""进口药品管理办法"等行政规章的有关管理要求。

（7）现行版 GSP 的监督实施主体成为药品行政执法部门，确保了 GSP 在全社会药品经营企业中全面推行。过去的 GSP 虽然要求在所有药品经营企业中推行，但由于监督实施的程度不够，只在国有药品经营企业得到了一定程度的推行，现行版 GSP 由药品监督管理部门监督实施，完全可以确保其在全社会药品经营企业中全面推行。此外，推行 GSP 的方式也由过去的 GSP 合格企业和达标企业变为实行更加科学、规范的 GSP 认证制度。

（8）现行版 GSP 是药品市场准入的一道技术壁垒。为加快推行 GSP 和体现推行 GSP 的强制性，推行 GSP 将与药品经营企业的经营资格确认结合起来，GSP 已经成为衡量一个持证药品经营企业是否具有继续经营药品资格的一道硬标准，成为药品市场准入的一道技术壁垒。由药品监督管理部门组织开展的药品经营企业换证工作所采用的换证验收标准，实际上就是实施 GSP 的一个最低标准。

### （二）企业应当配备符合资格要求的质量管理、验收及养护等岗位人员

（1）从事质量管理工作的，应当具有药学中专或者医学、生物、化学等相关专业大学专科以上学历或者具有药学初级以上专业技术职称。

（2）从事验收、养护工作的，应当具有药学或者医学、生物、化学等相关专业中专以上学历或者具有药学初级以上专业技术职称。

（3）从事中药材、中药饮片验收工作的，应当具有中药学专业中专以上学历或者具有中药学中级以上专业技术职称；从事中药材、中药饮片养护工作的，应当具有中药学专业中专以上学历或者具有中药学初级以上专业技术职称；直接收购地产中药材的，验收人员应当具有中药学中级以上专业技术职称。

（4）经营疫苗的企业还应当配备 2 名以上专业技术人员专门负责疫苗质量管理和验收工作，专业技术人员应当具有预防医学、药学、微生物学或者医学等专业本科以上学历及中级以上专业技术职称，并有 3 年以上从事疫苗管理或者技术工作经历。

（5）从事质量管理、验收工作的人员应当在职在岗，不得兼职其他业务工作。

### （三）企业与供货单位签订的质量保证协议应该至少包括的内容

（1）明确双方质量责任。
（2）供货单位应当提供符合规定的资料且对其真实性、有效性负责。
（3）供货单位应当按照国家规定开具发票。
（4）药品质量符合药品标准等有关要求。
（5）药品包装、标签、说明书符合有关规定。
（6）药品运输的质量保证及责任。
（7）质量保证协议的有效期限。

### （四）GSP 认证的硬件要求

根据国家药品监督管理局的部署，凡通过本次换证的药品经营企业，将在 3~5 年时间内进行 GSP 认证，未能取得 GSP 认证的企业，在下一轮药品经营企业换证时将取消其经营药品的资格。因此，推行 GSP 对改变药品经营企业过多过滥，药品经营秩序混乱的现状，促进药品经营企业提高管理水平，促进药品经营行业的经济结构调整将发挥重要作用。

1.仓库及环境要求

企业应有与其经营规模相适应的仓库。其面积(建筑面积)应达到下列规定要求:大型企业不低于 1 500 m²,中型企业不低于 1 000 m²,小型企业不低于 500 m²。

库区环境的要求:库区地面应平整,无积水和杂草,没有污染源。

仓库应能满足下列要求:库区选址及安全要求。

选址要求:药品储存作业区、辅助作业区、办公生活区应分开一定距离或者有隔离措施,装卸作业场所应有顶棚。库房建筑要求:仓库具有适宜药品分类保管和符合药品储存要求的库房。库房内墙壁、顶棚和地面光洁、平整,门窗结构严密。安全防火要求:库区应有符合规定要求的消防、安全措施。

仓库有合理的功能分区。仓库应划分成待验库(区)、合格品库(区)、发货库(区)、不合格品库(区)、退货库(区)等专用场所,经营中药饮片的还应划分零货称取专库(区)。各库区应设立明显的标志。

2.仓库设施与设备要求

(1)药品与地面之间有效隔离的设备。

(2)避光、通风、防潮、防虫、防鼠等。

(3)有效调控温湿度及室内外空气交换的设备。

(4)自动监测、记录库房温湿度的设备。

(5)符合储存作业要求的照明设备。

(6)用于零货拣选、拼箱发货操作及复核作业的区域和设备。

(7)包装物料的存放场所。

(8)验收、发货、退货的专用场所。

(9)不合格药品专用存放场所。

(10)经营特殊管理的药品有符合国家规定的储存设施。

3.营业场所的设施、设备与要求

药品零售企业应具有与经营规模相适应的营业场所和药品仓库,并且环境整洁、无污染物、有调节温湿度的设备。企业的营业场所、仓库、办公生活等区域应分开。

药品零售的营业场所和仓库的面积要求:大型零售企业的营业场所面积 100 m²,仓库 30 m²;中型零售企业的营业场所面积 50 m²,仓库 20 m²;小型零售企业的营业场所面积 40 m²,仓库 20 m²;零售连锁门店营业场所面积 40 m²。

药品零售企业营业场所和药品仓库应配置的设备:

药品零售企业和零售连锁门店的营业场所应宽敞、整洁,营业用货架、柜台齐备,销售柜组标志醒目;药品零售企业和零售连锁门店应配备完好的衡器以及清洁卫生的药品调剂工具、包装用品,并根据需要配置低温保存一切品的冷藏设备;零售企业和零售连锁门店销售特殊管理药品的,应配置存放特殊管理药品的专柜和保管用的设备、工具等;必要的药品检验、验收、养护设备;检验和调节温湿度的设备;保持药品与地面之间有一定距离的设备;药品防尘、防潮、防污染和防虫、防鼠、防霉变等设备；经营中药饮片所需的调配处方和临方炮制的设备。

药品零售连锁企业应设立与经营规模相适应的配送中心，其仓储、验收、检验、养护等设施要求与同规模的批发企业相同。零售连锁门店的品陈列、保管等设备要求与零售企业相同。

药品零售连锁企业应设置单独的、便于配货活动开展的配货场所。

### 4.药品检验室的设置与要求

药品经营部门有与经营规模、范围相适应的药品检验部门，并配置相应的检验仪器和设备。经营中药材和中药饮片的还应设置中药标本室(柜)。

药品批发和零售连锁企业设置的药品检验室应有用于仪器分析、化学分析、滴定液标定的专门场所，并有用于易燃易爆、有毒等环境下操作的安全设施和温、湿度调控的设备。药品检验室的面积，大型企业不小于 150 $m^2$；中型企业不小于 100 $m^2$；小型企业不小于 50 $m^2$。

药品检验室应开展化学测定、仪器分析等检测项目，并配备与企业规模和经营品种相适应的仪器设备。

小型企业——配置万分之一分析天平、酸度仪、电热恒温干燥箱、恒温水浴锅、片剂崩解仪、澄明度检测仪。经营中药材和饮片的，还应配置水分测定仪、紫外荧光灯和显微镜。

中型企业——在小型企业配置基础上，增加自动旋光仪、紫外分光光度计、生化培养箱、高压灭菌锅、高温台、超净工作台、高倍显微镜。经营中药材、中药饮片的还应配置生物显微镜。

大型企业——在中、小型企业配置基础上，增加片剂溶出度测定仪、真空干燥箱、恒温湿培养箱。

### 5.验收养护室

药品批发与零售连锁企业应在仓库设置验收养护室，其面积要求一般应达到：大型企业不小于 50 $m^2$；中型企业不小于 40 $m^2$；小型企业不小于 20 $m^2$；

设备要求：验收养护室应具有必要的防潮、防尘设备。如所在仓库未设置药品检验室或不能与检验室共用仪器设备的麻蝇培植千分之一天平、澄明度检测仪、标准比色液等。企业经营中药材、中药饮片的还应配置水分测定仪、紫外荧光灯、解剖镜或显微镜。

## (五) 实施 GSP 的工程落实

(1)GSP 认证"特事特办"，资金应首先满足 GSP 认证的需要。实施 GSP，领导是关键。领导不仅要有超前的意识，着眼于企业的发展本来，而且要亲身投入到各个细节，带领一批熟悉 GSP 认证的工作人员进行具体操作，解决实施中的实际问题。公司成立的各级 GSP 认证领导小组均由主要领导负责，其他领导配合而组成。

(2)实施 GSP 认证的过程即是全面质量管理过程的具体体现，只有通过全员参与才能实现。质量管理工作要靠企业的每一个职工来抓,企业全体员工的工作都和质量管理有关,从公司董事长、总经理到一般营业员,从化验员到仓库保管员都脱离不了质量管理。只有通过全体职工的共同努力,协调配合,企业的质量管理工作才有扎实的基础。具体来说,公司应把 GSP 认证要求的各条细则内容全部细化分解到各职能部门,落实到人头;公司 GSP 认证办公室是实施 GSP 的总指挥机构,主要负责认证工作的管理、督促、协调;公司质管部负责检查、考核、技术指导和资料收集、信息传递;各分公司质管部门对本单位经营品种进、存、销负全面责任,并负责本单位实施 GSP 的具体操作;储运部门负责药品的保管储存、在库养护、分类管理及运送药品;建设部门负责硬件设施改造;人事部门负责全公司员工教育培训、上岗资格审定及人员调配、健康档案建立;管理部门主管制度修订及制度执行情况考核。由于任务明确,责任清楚,措施落实,GSP 认证工作做到了项项人有抓,层层有人管,条条都落到实处。

如何提高职工的思想认识,提高职工的思想认识开展 GSP 认证?从大处来讲,关系到人民群众用药安全,从小处来讲,涉及企业及员工在市场竞争中的生存发展,企业发展离不开先进的现代化规范管理,而员工的生存离不开企业的发展。随着国家体制的不断健全,加入WTO 的实现,不能实现 GSP 认证的企业将面临被市场竞争淘汰的危险,这些都关系到每个职工的切身利益,通过学习使员工从认证初期的"要我认证"的消极态度转变成为后来的"我要认证"的积极行动,消除侥幸过关心理,提高职工的思想认识。

## (六) 实现 GSP 的强化管理

根据《药品管理法》和 GSP 认证的要求,结合我国医药企业的现状,应重点从以下 14 个方面强化管理:

(1)首营企业和首营品种的审核。

(2)药品入库质量验收管理。

(3)特殊药品及贵重药品的管理。

(4)效期药品的催、促销及管理。

(5)不合格药品的管理。

(6)退货药品的管理。

(7)药品缺药登记的管理。

(8)零售工作规范管理。

(9)质量信息的收集管理。

(10)零售连锁统一购进、配送的管理。

(11)药品的分类管理(处方药与非处方药的分类管理)。

(12)各种记录、台账及表格等凭证的管理。

(13)药店售后服务的规范管理。

(14)制度执行情况检查考核管理规定。

有了各种制度,并严格执行,促进了管理的硬化进程,有效地规范了运作程序,实现了各个质量环带都有制度可查,有章可循,在药品质量管理方面做到了一环紧扣一环,一环监督一环,各环相互连接,相互制约,相互监督,使药品质量得到了有力保证。在制度执行过程中做到了两个"严格"(严格要求,严格监督),以管理部为主,质管部配合,对制度的执行情况进行定期或不定期考核,并将考核情况记录在案,做得差的给予书面通报,要求定期整改;考核与奖金挂钩,质量与效益挂钩,严格奖惩,坚决执行质量一票否决制。

## 五、《中药材生产质量管理规范(试行)》(GAP)

GAP,直译为"良好的农业规范(因为中药材栽培或饲养主要属于农业范畴)",在中药行业译为"中药材生产质量管理规范"。它是我国中药制药企业实施的 GMP 重要配套工程,是药学和农学结合的产物,是确保中药质量的一项绿色工程和阳光工程。《中药材生产质量管理规范(试行)》于 2002 年 3 月 18 日经国家家食品药品监督管理局局务会审议通过,2002年 4 月 17 日以第 32 号局令发布,自 2002 年 6 月 1 日起施行。

实施 GAP 的目的是规范中药材生产全过程,从源头上控制中药饮片,中成药及保健药品,保健食品的质量,并和国际接轨,以达到药材"真实、优质、稳定、可控"的目的。中药标准化是中药现代化和基础化的基础和先决条件。而中药材的标准化是中药饮片和中成药标准化的前提,中药材的标准化有赖于中药材生产的规范化。

### (一)影响药材产量和质量的因素

药材是通过一定的生产过程而形成的。影响药材产量和质量的因素包括药用动植物的不同药材、不同生态环境、不同栽培和养殖技术、采收、加工方法。中国中药材生产存在的问题主要有:种质不清;种植、加工技术不规范;农药残留量严重超标;中药材质量低劣,抽检不合格率高;野生资源破坏严重。只有通过规范化的药材生产,才能提升整个中药材、中药饮片和中成药的质量。

### (二)GAP 的框架

生产、经营企业为了获得来源稳定、质量高、农药残留少的中药材,强烈要求在产地建立中药材基地,使中药材生产企业有章可循。实施 GAP,把中药材生产正式纳入药品监管体系,为药品监管部门实现中药有效监督管理提供法律保证。

GAP 内容广泛,涉及药学、生物学、农学及管理学等多种学科,是一个复杂的系统工程。GAP 的核心是规范生产过程以保证药材的质量稳定、可控。其内容紧紧围绕药材质量及可能影响药材质量的内外因素的调控而制定。中国野生药材占比较大,GAP 还包括了药用野生植物和动物。注重汲取国外先进经验,如生产技术和管理方法,也注重道地药材和传统的栽培技术、加工方法;允许施用农家肥,但强调应充分腐殖成熟达到无害化卫生标准。

GAP 共 10 章 57 条,涵盖了中药材生产的全过程,是中药材生产和质量管理的基本准则,适用于中药材生产企业生产中药材(含植物、动物药)的全过程。

## （三）GAP 主要内容简介

### 1.产地生态环境

生产企业按照中药材产地适宜性优化原则,因地制宜,合理布局。空气、土壤、药用灌溉水、药用动物饮用水等中药材产地的环境应符合国家相应标准。药用动物养殖企业应满足动物种群对生态因子的需求及生活、繁殖相适应的条件。

### 2.种质和繁殖材

对养殖、栽培或野生采集的药用动植物,应准确鉴定其物种,包括亚种、变种或品种,记录其中文名及学名。种子、菌种和繁殖材料在生产、储运过程中应实行检验和检疫制度以保证质量和防止病虫害及杂草的传播;防止伪劣种子、菌种和繁殖材料的交易与传播。应按动物习性进行药用动物的引种及驯化。加强中药材良种选育、配种工作,建立良种繁育基地,保护药用动植物种质资源。

### 3.药用植物栽培

根据药用植物生产发育要求,确定栽培适宜区域,并制定种植规程。根据药用植物的营养特点及土壤的供肥能力,确定施肥种类、时间和数量。根据药用植物不同生长发育时期的需水规律及气候条件、土壤水分状况,适时、合理灌溉和排水,保持土壤的良好通气条件,根据药用植物生长发育特性和不同的药用部位,加强田间管理,及时采取打顶、摘蕾、整枝、修剪、覆盖遮阴等栽培措施,调控植株生长发育,提高药材产量,保持质量稳定。药用植物病虫害的防治应采取综合防治策略,如必须施用农药时,应按照《中华人民共和国农药管理条例》的规定,采用最小有效剂量并选用高效、低毒、低残留农药,以降低农药残留和重金属污染,保护生态环境。

### 4.药用动物养殖管理

根据药用动物生存环境、食性、行为特点及对环境的适应能力等,确定相应的养殖方式和方法。根据药用动物的季节活动、昼夜活动规律及不同生长周期的生理特点,科学配制饲料,定时定量投喂。适时适量地补充精料、维生素、矿物质及其它必要的添加剂,不得添加激素、类激素等添加剂。养殖环境应保持清洁卫生,建立消毒制度,并选用适当消毒剂对动物的生活场所、设备等进行定期消毒。药用动物的疫病防治,应以预防为主,定期接种疫苗。禁止将中毒、感染疫病的药用动物加工成中药材。

### 5.采收与初加工

野生或半野生药用动植物的采集应坚持"最大持续产量"原则,应有计划地进行野生抚育、轮采与封育,以利生物的繁衍与资源的更新。确定适宜的采收期、采收年限和采收方法。采收机械、器具应保持清洁、无污染。药用部分采收后,经过拣选、清洗、切制或修整等适宜的加工,需干燥的应采用适宜的方法和技术迅速干燥。

鲜用药材可采用冷藏、沙藏、罐储、生物保鲜等适宜的保鲜方法,尽可能不使用保鲜剂和防腐剂。如必须使用时，应符合国家对食品添加剂的有关规定。道地药材应按传统方法进行加工。如有改动，应提供充分试验数据，不得影响药材质量。

6.包装、运输与贮藏

明确规定了包装操作、包装材料、包装记录的内容；对药材批量运输、药材仓库应具备的设施和条件提出了要求。

7.质量管理

生产企业应设质量管理部门，负责中药材生产全过程的监督管理和质量监控，并应配备与药材生产规模、品种检验要求相适应的人员、场所、仪器和设备。药品包装前，质量检验部门应对每批药材，按照中药材国家标准或经审核批准的中药材标准进行检验。检验项目应至少包括药材性状与鉴别、杂质、水分、灰分与酸性不溶性灰分、浸出物、指标性成分或有效成分含量。农药残留量、重金属及微生物限量均应符合国家标准和有关规定。不合格的中药材不得出厂和销售。

8.人员和设备

生产企业的技术负责人应有药学或农学、畜牧学等相关专业的大专以上学历，并有药材生产实践经验。质量管理部门负责人应有大专以上学历，并有药材质量管理经验。从事加工、包装、检验人员应定期进行健康检查，患有传染病、皮肤病或外伤性疾病等不得从事直接接触药材的工作。

生产企业生产和检验用的仪器、仪表、量具、衡器等其适用范围和精密度应符合生产和检验的要求，有明显的状态标志，并定期校验。

9.文件管理

生产企业应有生产管理、质量管理等标准操作规程。每种中药材的生产全过程均应详细记录，必要时可附照片或图像。所有原始记录、生产计划及执行情况、合同及协议书等均应存档，至少保存 5 年。档案资料应有专人保管。

10.本规范所用术语的解释

GAP 对中药材，中药材生产企业，最大持续产量，道地药材，种子、菌种和繁殖材料，病虫害综合防治，半野生药用动植物进行了解释。

## （四）中药材产地的环境标准

空气应符合大气环境质量二级标准；土壤应符合土壤质量二级标准；灌溉水应符合农田灌溉水质量标准；药用动物饮用水应符合生活饮用水质量标准。

## （五）对药用植物使用肥料的要求

根据药用植物的营养特点及土壤的供肥能力，确定施肥种类、时间和数量，施用肥料的种类以有机肥为主，根据不同药用植物物种生长发育的需要有限度地使用化学肥料。允许施用经充分腐熟达到无害化卫生标准的农家肥。禁止施用城市生活垃圾、工业垃圾及医院垃圾和粪便。

### （六）对包装材料的要求

包装前应检查并清除劣质品及异物。包装应按标准操作规程操作，并有批包装记录，其内容应包括品名、规格、产地、批号、重量、包装工号、包装日期等。所使用的包装材料应是清洁、干燥、无污染、无破损，并符合药材质量要求。在每件药材包装上，应注明品名、规格、产地、批号、包装日期、生产单位，并附有质量合格的标志。易破碎的药材应使用坚固的箱盒包装；毒性、麻醉性、贵细药材应使用特殊包装，并应贴上相应的标记。

### （七）质量管理部门的主要职责

（1）负责环境监测、卫生管理。

（2）负责生产资料、包装材料及药材的检验，并出具检验报告。

（3）负责制订培训计划，并监督实施。

（4）负责制订和管理质量文件，并对生产、包装、检验等各种原始记录进行管理。

### （八）对中药材生产全过程的记录的要求

每种中药材的生产全过程均应详细记录，必要时可附照片或图像。记录应包括：

（1）种子、菌种和繁殖材料的来源。

（2）生产技术与过程：

①药用植物播种的时间、数量及面积；育苗、移栽以及肥料的种类、施用时间、施用量、施用方法；农药中包括杀虫剂、杀菌剂及除莠剂的种类、施用量、施用时间和方法等。

②药用动物养殖日志、周转计划、选配种记录、产仔或产卵记录、病例病志、死亡报告书、死亡登记表、检免疫统计表、饲料配合表、饲料消耗记录、谱系登记表、后裔鉴定表等。

③药用部分的采收时间、采收量、鲜重和加工、干燥、干燥减重、运输、贮藏等。

④气象资料及小气候的记录等。

⑤药材的质量评价：药材性状及各项检测的记录。

# 实训项目 2：PDCA 循环

## 一、实训目的

1.学会使用 PDCA 循环方法完善合成工艺。

2.培养学生分析问题、解决问题的能力。

## 二、实训内容

使用 PDCA 循环方法分析、完善维生素 C 的合成工艺。

## 三、实训过程

1.分析现有工艺,发现存在产品纯度差、产率低的质量问题。

2.查阅文献资料,分析产品质量问题产生的原因:反应物配比、反应温度、催化剂、反应进行不完全、反应中引入杂质等。

3.找出影响质量的主要因素。

4.提出改进的具体实验方案。

5.检查计划执行结果(产品产率、纯度),发现不足之处。

6.总结产品产率、纯度提高的经验,为后续实验提供借鉴。

7.转入下一个 PDCA 循环解决遗留问题。

## 四、实训报告

学生每人完成一份详细的自己设计的实训报告。

# 项目检测 2

## 一、单项选择题

1.科学管理奠基人(　　)提出了在生产中应将计划与执行、生产与检验分开的主张,把产品质量检验的责任独立出来,形成初期的质量管理。

  A.道奇       B.休哈特       C.泰勒       D.罗米

2.1924 年,美国贝尔电话研究所的(　　)提出了控制和预防缺陷的概念——控制产品质量的"六西格玛"法则。

  A.道奇       B.罗米       C.泰勒       D.休哈特

3.最早提出全面质量管理概念的是美国通用电气公司的质量总经理(　　)。1961 年,他出版了《全面质量管理》一书。

  A.菲根堡姆      B.罗米       C.泰勒       D.休哈特

4.(　　)阶段的主要特点是利用数理统计原理,预防不合格品的产生并检验产品的质量。

  A.质量检验          B.统计质量管理

  C.全面质量管理         D.标准化质量管理

5.(　　)与传统的质量管理相比较,其特点是:把过去以事后检验为主转变为以预防为主,即从管理结果转变为管理因素。

A.质量检验阶段　　　　　　　　　　B.统计质量管理

C.全面质量管理　　　　　　　　　　D.标准化质量管理

6.下列表示《药物非临床研究质量管理规范》的是(　　)。

A.GLP　　　　　　B.GCP　　　　　　C.GSP　　　　　　D.GAP

7.下列表示《药物临床试验质量管理规范》的是(　　)。

A.GLP　　　　　　B.GCP　　　　　　C.GSP　　　　　　D.GAP

8.下列表示《药品经营质量管理规范》的是(　　)。

A.GLP　　　　　　B.GCP　　　　　　C.GSP　　　　　　D.GAP

9.下列表示《中药材生产质量管理规范》的是(　　)。

A.GLP　　　　　　B.GCP　　　　　　C.GSP　　　　　　D.GAP

## 二、多项选择题

1.药品质量是指该药品能满足规定要求和需要的特征和总和,药品的质量具有 5 个特征,即(　　)。

A.有效性　　　　　B.安全性　　　　　C.稳定性　　　　　D.均一性

E.经济性

2.质量管理主要研究对象是产品的产生,形成和实现过程的管理,近代质量管理是从 20 世纪开始的,它大体经历了(　　)。

A.质量检验阶段　　　　　　　　　　B.统计质量管理阶段

C.全面质量管理阶段　　　　　　　　D.标准化质量管理阶段

3.全面质量管理的特点有(　　)。

A.管理对象的全面性　　　　　　　　B.管理过程的全面性

C.参与人员的全面性　　　　　　　　D.管理方法的全面性

4.下列属于在开展全面质量管理活动中,用于收集和分析质量数据、分析和确定质量问题、控制和改进质量水平的常用 7 种方法的是(　　)。

A.统计分析表法　　　　　　　　　　B.排列图法

C.因果分析图法　　　　　　　　　　D.分层法

5.下列属于 PDCA 循环的质量管理阶段的是(　　)。

A.计划　　　　　　B.执行　　　　　　C.检查　　　　　　D.处理

## 三、填空题

1._____又叫特性要因图。按其形状,又被称为树枝图或鱼刺图,它是寻找质量问题产生原因的一种有效工具。

2.全面质量管理的思想基础和方法依据就是_____循环。其含义是将质量管理分为四个阶段，即_____、_____、检查和_____。

3.大力推行 GMP，是为了最大限度地避免药品生产过程中的 _____和 _____，降低各种差错的发生，是提高药品质量的重要措施。

4.企业应当在药品采购、储存、销售、运输等环节采取有效的 _____措施，确保药品质量，并按照国家有关要求建立 _____系统，实现药品的可追溯。

5.实施中药材 GAP 的目的是规范中药材生产全过程，从源头上控制中药饮片、中成药及保健药品、保健食品的质量，并和国际接轨，以达到药材"_____、_____、_____、_____"的目的。

# 项目 3  组织机构与人员

## 知识目标：

- 了解生产企业 GMP 机构设置的必要性。
- 掌握设置组织机构的原则。
- 掌握企业人员健康要求。
- 了解培训内容、体系、方法。

## 技能目标：

- 能绘制制药企业组织机构图。
- 根据制药企业岗位进行培训内容的设计。

## 素质目标：

- 培养学生对制药企业组织机构的初步设计能力；各岗位培训内容的设计能力。
- 培养学生的团队协作能力。

## 课前导案：

认识 GMP——甲氨蝶呤事件导致神经系统和行走功能严重损害

# 任务 1    组织机构设置

组织是指人们为实现一定的目标,互相协作结合而成的集体或团体。对于企业组织而言,各个机构是它最基本的组成部分。组织机构设置合理与否,直接关系到 GMP 实施的效率。

## 一、GMP 组织机构设置的原则

组织机构设置应把握"因事设人"的原则,并与企业规模相适应。就制药企业而言,这里所说的"事"主要是指 GMP,"人"是指人员和组织。同美国、欧盟等国家和组织的 GMP 法规一样,都没有规定制药企业应当有什么样的组织机构,采用何种管理模式。但都有一个共性的要求,就是企业应当建立一个独立而权威的质量管理部门。

组织机构的设置与企业的规模、人员素质、经营和管理方式相适应。根据产品品种、管理规模、资源等因素建立质量管理体系,明确各级管理职责并形成文件,加以实施和保持,并持续改进其有效性。功能和职责要能覆盖企业的所有常规活动,以保证事有人管、活有人干。层次要清楚,称谓要统一。一定要设置生产管理部和质量管理部(两部门要分设),质量管理部门一定要直属企业负责人领导,并下设质量保证和质量控制两个部门。

## 二、组织机构的制定

建立管理机构并具有明晰的组织机构图,是组织持续稳定地进行生产管理的基本保障。药品生产企业管理者负责建立适合的组织机构,赋予质量管理体系发挥职能的领导权,并明确相应的人员职责和授权,为生产出合格产品所需的生产质量管理提供保障。组织机构包括职能部门的职责以及各级职能部门之间的关系,要求形成书面文件,一般为组织机构示意图,如图 3-1 所示。组织机构图要分级制定,有公司级和部门级。

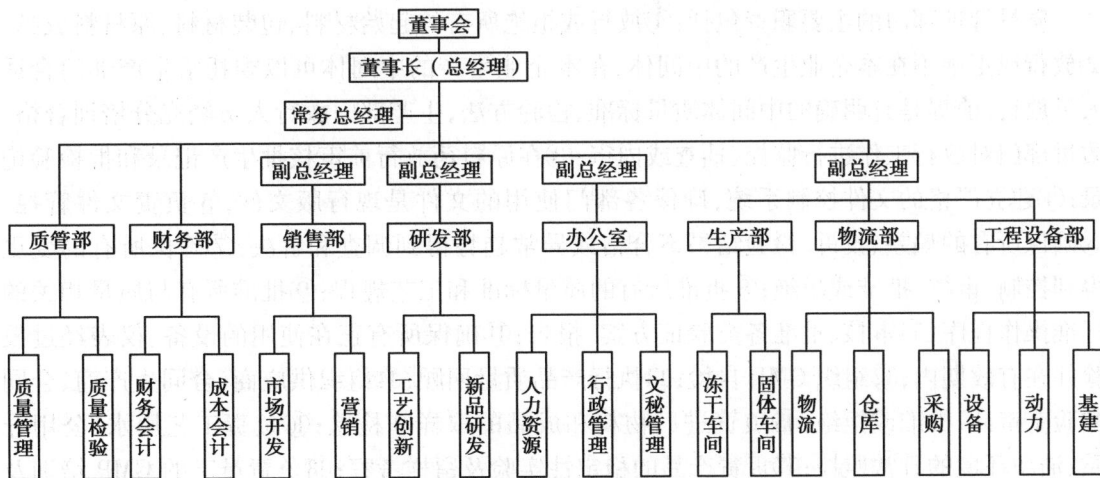

图 3-1    某制药企业组织机构示意图

### 三、人员配置原则

岗位设置合理,职责明确,人员配置足够,可以一岗多人,也可一人多岗;生产管理负责人与质量管理负责人不得互相兼任。质量部门负责人与质量受权人可以兼任;岗位要有岗位职责说明书;职责通常不得委托给他人。确需委托的,其职责可委托给具有相当资质的指定人员。

### 四、主要部门职能

CMP 的基本管理思想是由 4 个主要机构进行管理,即质量管理部门、生产管理部门、物料管理部门和工程管理部门。一家生产企业,无论其规模大小,至少要拥有上述 4 个部门。各企业可以根据发展规模及复杂程度在其基本的组织结构上进行增减。从上游的物料供应商到下游的产品销售商,只有各个部门全体人员共同参与,才能建立起一个完善的质量管理体系。

企业各级部门和人员的职责须按照制定的组织机构和企业的实际情况进行确定。各部门职责一般先由人事部门和企业负责人按 GMP 要求确定部门职责初稿,再由确定的部门负责人修改补充。

1.质量管理部门

质量管理部门是 GMP 规定企业必须建立的部门,并且为了保证质量管理部门对产品质量及质量相关问题能够独立抉择,企业应设立独立的质量管理部门,尽到质量保证和质量控制的职责。根据企业的实际情况,质量管理部门可以分别设立质量保证部门和质量控制部门。在企业的部门设置上,应保证质量管理部门运作快速有效。

质量管理部门独立于生产管理部门,同时参与与质量有关的所有活动和事务,部门责任更侧重于软件的制订和执行处理。质量管理部门示意图如图 3-2 所示。

质量管理部门的主要职责包括:①放行或拒绝所有的起始材料、包装材料、原材料成品;②放行或拒绝不在本企业生产的中间体,在本企业生产的中间体可以委托给生产部门合适人员放行,前提是有明确的中间体质量标准、检验方法,生产部门放行人员经充分培训合格,质量部门对放行工作进行监控、抽查或内审;③在原料药放行前审核批生产记录和批检验记录;④建立严格的文件控制系统,确保各部门使用的文件是现行版文件;⑤负责文件管控;⑥确保所有的偏差、投诉、检验结果不合格或异常趋势得到调查和解决;⑦确保所有的变更得到控制、审核、批准或拒绝;⑧批准所有的质量标准和工艺规程;⑨批准所有与质量相关的标准操作程序;⑩审核、批准各类验证方案、报告;⑪确保所有正在使用的设备、仪表经过校验并在有效期内;⑫组织 GMP 自检;⑬执行产品质量回顾;⑭组织供应商、合同生产商、合同实验室审计,批准或拒绝;⑮负责进厂物料和成品的取样和检验;⑯负责工艺用水、公用介质、洁净环境的日常监控;⑰负责产品的稳定性实验及留样考察;⑱负责员工的 GMP 培训及考核。

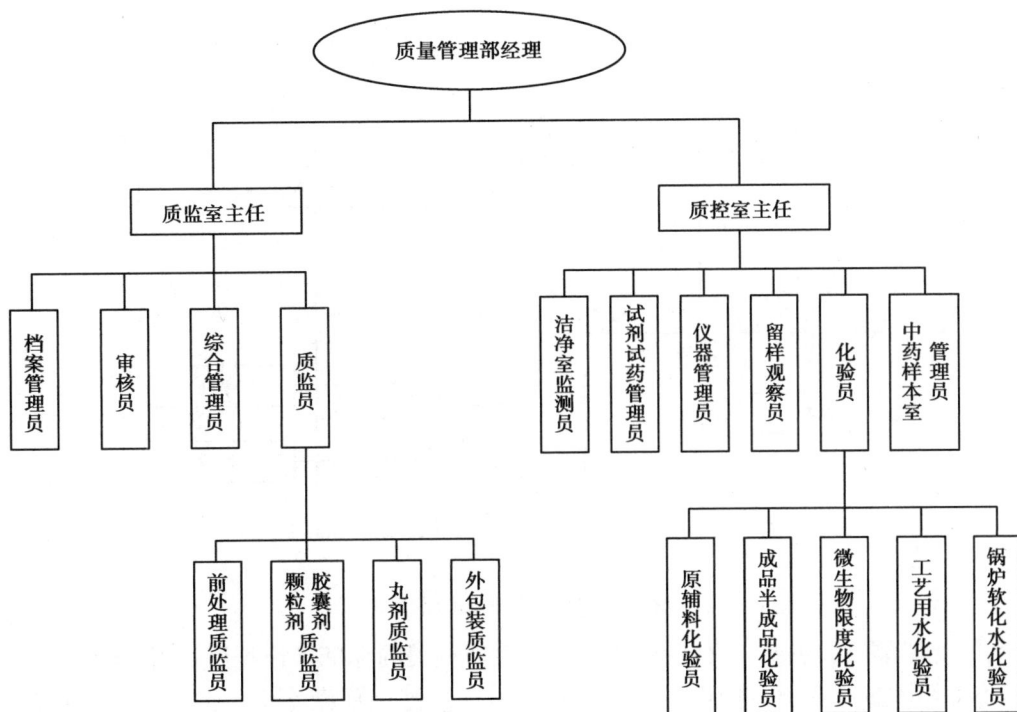

**图 3-2    质量管理部门示意图**

质量保证体系内容涉及与产品质量有关的各个方面，要求"只有在对质量进行评价后才有权做出对产品或物料放行的决定，而不是凭检验结果。"评价的内容除审核检验的结果是否符合注册标准外，还包括批生产记录、偏差及偏差调查、环境监控结果等。

欧盟 GMP 规定："制药企业必须在其生产许可证上注明质量代表，只有此人签发证书，证明药品的生产及检查符合法定标准及法规要求时，产品方可放行。"因为法人要对企业负责，包括质量，但他不具体从事企业质量运作，使他不能对具体批产品的质量是否合格做出决定，许可证上规定须注明有高素质及资格的质量代表，在法规中明确他的责任是强化管理工作的有效措施。质量管理部门及其负责人在质量保证中的地位和作用得到了充分体现和肯定。我国现行版 GMP 也规定只有企业的质量受权人才有权批准放行，这是我国 GMP 与发达国家 GMP 接轨的体现。

**2.生产管理部门**

生产过程是药品制造全过程中决定药品质量最关键、最复杂的环节。生产管理部门有时会遇到生产任务重、交货时间紧、品种更换多等压力，还会接受降本增效、提高收率、节约能源，加上有时动力、生产环境达不到要求，一切不利的因素加起来可能会导致产品质量低下，因此，需要生产、质量、设备、物料、人事等部门通力合作，克服困难，只为产品的质量要求绝对不能降低。生产管理部门示意图如图 3-3 所示。

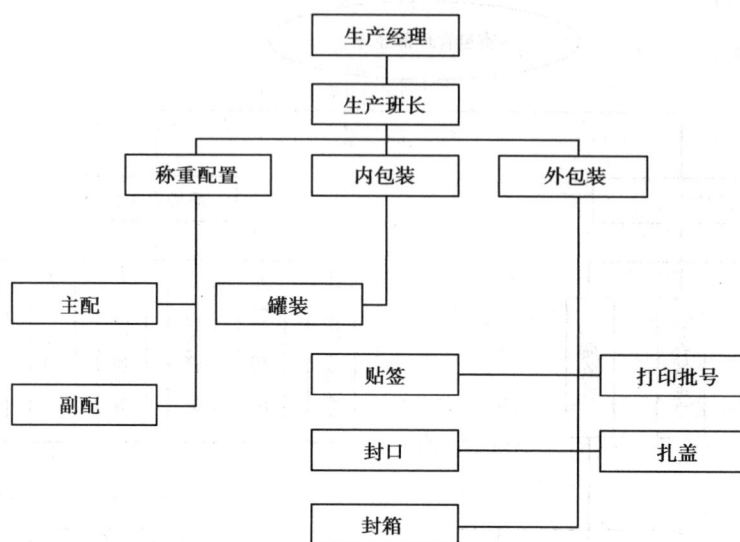

图 3-3　生产管理部门示意图

生产管理部门的主要职责包括：①起草与生产相关的标准操作程序；②根据批准的工艺规程、标准操作程序或岗位操作法组织生产；③及时、准确地做好生产记录，并经主管审核，及时上交给 QA 人员；④报告所有生产偏差，组织或参与偏差调整；⑤保持生产环境、设施或设备清洁，必要时进行消毒；⑥确保生产设备的仪表得到校准并在有效期内；⑦确保厂房和设备得到维护；⑧确保验证方案和报告得到审核和批准；⑨评估有关产品、工艺和设备的变更申请；⑩确保新的、变更后的厂房和设备得到确认。

从 GMP 管理角度来看，生产管理部门负责生产中的 GMP 实施，保证生产人员按规定的文件和规程操作，通过"照章办事"的方式保证生产过程受控；发生偏差时及时报告处理，确保做到不使生产过程失控。在"质量是生产出来的"原则指导下，生产车间承担了更多的符合 GMP 的责任，因此，在人员的结构上，技术人员的比例增高，技术人员及操作人员总体的素质要求也更高。其结果是促使质量管理在生产实践中的深化。为适应 GMP 的要求，生产管理部门要将 GMP 培训及岗位培训作为自己的重要职责。

3.物料管理部门

物料管理部门的工作目标有两点：保证为药品生产提供符合质量标准的足够的物料；将合格的药品发运至用户。这两点目标是连接市场营销体系和生产体系的枢纽，因此，物料管理部门是协调生产体系运作的指挥中心，质量管理部门应该与物料供应商签订质量协议，在协议中要求明确双方所承担的质量责任。物料管理部门要尽快采取措施获知与物料供应商和生产商的关键变更部分，例如，在质量协议中规定关键变更的预先通知时间变更、标签和包装材料变更等，有效地减少此类变更在药品生产过程中对企业带来的影响。

对批准采购的供应商和相关物料，物料管理部门要建立适当的控制系统，保证生产以及采购和使用的原辅料与包装材料的正确无误。控制系统要根据企业的类型、工艺手段和生产情况进行相应的调整。

物料管理部门的主要职责包括：①根据销售需求、生产能力和检验周期制订生产计划；②筛选供货商，报质量管理部门审核、批准；③制订物料采购计划，采购物料；④对物料和成品进行仓储管理，保证正确的、合格的、足够的原辅料投入生产；⑤仓储环境、条件的监控与维持；⑥将合格的产品准确无误地发送给客户。

理论上库存的物料和成品会积压流动资金，而且作为特殊商品的药品及其大部分物料有一定的保质期，库存不当可能导致过多物料超过有效期而被报废处理，这些都不利于企业获取良好的经济效益。企业应当尽可能降低物料和成品库存。同时 GMP 要求用于生产的物料必须经检验并经批准后才能使用，成品也必须通过所有质量检验和 QA 审查所有生产记录并经批准后方能投放市场，物料的采购和成品的生产及发运都有一定的周期，所有这些因素使得企业必须保持一定量的物料和成品的库存，以防市场变化。因此，物料管理部门起着确保物料质量和合理的库存量，避免过多积压流动资金以及失去良好商机的作用。

4.工程管理部门

设施、设备是药品生产所必需的硬件，是确保产品质量的基础。因此，企业的质量体系中应具备相应的措施对这些硬件进行控制和管理，确保它们始终处于稳定的受控状态。工程管理部门就是为了实现预期最高产能目标，有效利用资源，对硬件设施进行计划、采购、安装、测试、操作、维护、管理、变更，以及对使用设备的人员进行培训。

工程管理部门的主要职责包括：①制订、完善各项设备管理规章制度，建立并贯彻落实各项设备管理规章制度；②编制和审批公司项目施工计划，定期总结、分析项目施工任务完成情况，及时解决项目施工活动中遇到的问题；③及时、高效地诊断并解决设备故障，保证生产的顺利进行并做到预防为主；④设备的日常维护工作；⑤负责定期对工程部人员的调配和管理，做好技术培训等工作。

在项目管理的过程中，工程管理部门的工作直接影响项目工程的质量、安全、时间和成本，管理工作的好坏很大程度上决定项目的经济效益，因此，工程管理部门也要对工程项目的经济方面进行全面的管理。

# 任务 2　GMP 对人员的要求

药品是特殊的商品，其质量取决于过程质量，过程质量取决于工作质量，而工作质量取决于人的素质，其一切活动都决定着产品的质量。出于对药品质量负责的需要，GMP 对企业的管理人员和操作人员都提出了资质的要求：企业应配备足够数量并具有适当资质（包括学历、实践经验和所接受的培训）的管理和操作人员。我国 GMP 对关键人员的资质有明确的规定；对其他人员的资质没有严格限定要求，只提出企业除应根据其工作内容和职责自行规定相应的个人学历和工作经验外，还必须接受必要的培训。

# 一、关键人员

关键人员是指在药品生产与质量管理工作中,对企业的生产质量管理起关键作用、负主要责任的人员,至少包括企业负责人、生产管理负责人、质量管理负责人、质量受权人,并且应当是全职人员。这部分人员对药品质量及药品生产、质量管理起着举足轻重的作用,必须对这些人员进行更加严格的管理。企业应制订操作规程确保质量受权人独立履行职责,不受企业负责人和其他人员的干扰。

## (一)企业负责人

企业负责人是指《药品生产许可证》上载明的企业负责人。企业负责人作为企业的最高管理者,是药品质量的主要负责人,全面负责企业的日常管理。为确保企业实现质量目标并按照 GMP 要求生产药品,企业负责人应当负责提供必要的资源,合理计划、组织和协调,保证质量管理部门独立履行其职责。

企业负责人有资源配置的管理权和决定权,药品的质量责任由企业负责人承担,且质量管理体系的运行由企业最高管理者指挥,这是解决质量问题的关键。

血液制品生产企业负责人应具有血液制品相关法规及相关专业知识。

## (二)生产管理负责人

### 1.资质

生产管理负责人应至少具有药学或相关专业本科学历(或中级专业技术职务或执业药师资格),具有至少 3 年从事药品生产和质量管理的实践经验,其中至少有 1 年的生产管理经验,接受过与所生产产品相关的专业知识培训。

### 2.主要职责

①确保药品按照批准的工艺规程生产、储存,以保证药品质量;②确保严格执行与生产操作相关的各种操作规程;③确保批生产记录和批包装记录经过指定人员审核并送交质量管理部门;④确保厂房和设备的维护保养,以保持其良好的运行状态;⑤确保完成各种必要的验证工作;⑥确保生产相关人员经过必要的上岗前培训和继续培训,并根据实际需要调整培训内容。

## (三)质量管理负责人

在药品生产中,质量管理比生产管理难,所以对质量管理负责人的任职资格要求更高,职责更多。质量管理的所有内容,从最开始的供应商审核,到质量投诉;从质量标准的批准到变更申报;从厂房环境的监管到企业的全面验证,质量管理负责人都负有责任。

### 1.资质

质量管理负责人应当至少具有药学或相关专业本科学历(或中级专业技术职称或执业

药师资格),具有至少 5 年从事药品生产和质量管理的实践经验,其中至少 1 年的药品质量管理经验,接受过与所生产产品相关的专业知识培训。

**2.主要职责**

①确保原辅料、包装材料、中间产品、待包装产品和成品符合经注册批准的要求和质量标准;②确保在产品放行前完成对批记录的审核;③确保完成所有必要的检验;④批准质量标准、取样方法、检验方法和其他质量管理的操作规程;⑤审核和批准所有与质量有关的变更;⑥确保所有重大偏差和检验结果超标已经过调查并得到及时处理;⑦批准并监督委托检验;⑧监督厂房和设备的维护,以保持其良好的运行状态;⑨确保完成各种必要的确认或验证工作,审核和批准确认或验证方案和报告;⑩确保完成自检;⑪评估和批准物料供应商;⑫确保所有与产品质量有关的投诉已经过调查,并得到及时、正确的处理;⑬确保完成产品的持续稳定性考察计划,提供稳定性考察的数据;⑭确保完成产品质量回顾分析;⑮确保质量控制和质量保证人员都已经过必要的上岗前培训和继续培训,并根据实际需要调整培训内容。

### (四)生产管理负责人和质量管理负责人共同承担的质量责任

从事药品生产与质量管理的负责人应具有必要的技能、经验与知识。中药制剂生产企业主管药品生产与质量管理的负责人应具有中药专业知识;生物制品生产企业质量和生产负责人应具有相应的专业知识(生物学、分子生物学、生物化学、细菌学、病毒学、免疫学、药学等),并具有丰富的实践经验以及确保其在生产、质量管理中履行其职责;血液制品生产企业,生产管理负责人还应具有相应的专业知识(免疫学、医学、药剂学、细菌学、病毒学、化学、生物学、分子生物学、生物化学、药理学等),并具有丰富的实践经验。非药学专业的相关专业者须经中药专业知识的培训和学习,如药用植物学、中药鉴定学、中药制剂学、中药炮制学、中草药植物化学等。

药品的质量是通过生产而实现的。药品生产企业必须遵循专业人员管理专业事务的原则,保证从事药品生产管理的人员具有必要的知识与教育背景,以确保其有足够的能力履行职责。

药品生产质量管理是全面的质量管理,对于药品生产的关键生产质量文件、生产环境、验证实施、人员培训、物料管理、记录管理、生产过程控制等关键生产环节由生产和质量部门负责人共同承担控制。生产管理负责人和质量管理负责人通常有下列共同的职责:①审核和批准产品的工艺规程、操作规程等文件;②监督厂区卫生状况;③确保关键设备经过确认;④确保完成生产工艺验证;⑤确保企业所有相关人员都已经过必要的上岗前培训和继续培训,并根据实际需要调整培训内容;⑥批准并监督委托生产;⑦确定和监控物料和产品的储存条件;⑧保存记录;⑨监督 GMP 执行状况;⑩监控影响产品质量的因素。

### (五)质量受权人

质量受权人是指具有相应的专业技术资格和工作经验,经企业的法定代表人授权,全面负责药品质量的高级专业管理人员。药品生产企业法定代表人是药品生产企业的质量第一责任人,质量受权人是药品质量的直接责任人。企业通过制订相应的操作规程,确保质量受权人独立履行职责,不受企业负责人和其他人员的干扰。

1.资质

质量受权人应至少具有药学或相关专业本科学历(或中级专业技术职称或执业药师资格),具有至少 5 年从事药品生产和质量管理的实践验,从事过药品生产过程控制和质量检验工作。质量受权人应当具有必要的专业理论知识,并经过与产品放行有关的培训,方能独立履行其职责。

2.主要职责

①参与企业质量管理体系建立、内部自检、外部质量审计、验证以及药品不良反应报告、产品召回等质量管理活动;②承担产品放行的职责,确保每批已放行产品的生产、检验均符合相关法规药品注册要求和质量标准;③在产品放行前,质量受权人必须按照上述第 2 项的要求出具产品放行审核记录,并纳入批记录。简而言之,质量受权人的职责有 3 项:放行审核、记录审核、参与质量管理活动。

企业法定代表人确定受权人,并与受权人签订授权书;企业将授权书和备案材料报食品药品监督管理局,并得到备案确认书;企业变更受权人,企业和原受权人均应书面说明变更的原因,并重新履行受权程序;企业变更法定代表人后,法定代表人应与受权人重新签订授权书。

质量管理负责人和生产管理负责人不得相互兼任,质量管理负责人和质量授权人可以兼任。药品质量受权人经培训后方能上岗履行其相应职责,并应主动参加所在地药品监督管理部门组织的各项培训。药品质量受权人的培训由所在地省级药品监督管理局组织,国家药品监督管理局统一编制培训教材并为各省药品监督管理局培训师资。药品质量受权人暂行报告制度。血液制品类、疫苗类、注射剂类和重点监管特殊药品类药品生产企业应将确定的药品质量受权人的相关情况,向企业所在地省级药品监督管理部门报告。企业因故变更药品质量受权人的,应及时将变更情况及相关问题向报告部门予以说明。各省药品监督管理局应将企业提交的药品质量受权人情况报告纳入企业监管档案,作为日常监管的依据。

## 二、一般人员

企业为完成日常的生产、质量管理工作,除关键人员外,还需配备足够数量的一般人员,GMP 对其资质无严格限定,企业可根据具体情况确定他们的学历和实践经验,但必须接受必要的培训,包括上岗前培训和继续培训。

### (一)中层管理人员

中层管理人员如设备部门负责人、营销部门负责人、车间主任、化验室主任等,一般企业要求具有相关专业本科学历和一定的职称,并具有相应的实践经验,如某药品生产企业要求车间主任,必须具有药学或相关专业本科学历,并从事药品生产管理工作 3 年以上;其他中层管理人员一般需有大专以上学历,但并不绝对,可根据实际情况进行调整。

### (二)其他人员

(1)直接从事生产的人员(指直接接触药品的操作人员、制水及仓库管理人员)应具有高中以上文化程度并经本岗位技术培训合格,能熟练地进行生产操作。

(2)中药材、中药饮片验收人员应经相关知识培训,具有至少 3 年相关经验和中药鉴别技能。

(3)从事药品生产辅助性工作的人员应具有初中以上文化程度并经本岗位培训。

(4)专职从事质量检验的人员应具有中专以上(或高中)文化程度并经相应的专业技术培训。

(5)特殊工作要有相应的上岗证,如电工、锅炉工、电梯工、叉车工等。

# 任务 3  人员培训

药品是特殊的商品,药品的质量问题是一个严肃的原则问题,保证药品质量、提高药品疗效、保障用药安全、维护人们身体健康是所有药品法规的宗旨。人员培训是提高企业员工素质和质量保障的手段,通过培训可以明确岗位职责,让员工清楚自己的岗位具体做什么;掌握必要的岗位技能,可以让员工清楚本岗位工作怎么做,如何能安全、符合要求、保证质量地做;通过培训可以提高员工素质,能准确无误地、更好地做好本职工作。目前知识更新十分迅速,员工需要掌握的知识和技能也处于快速变化中,规章制度因法规变化而更新,设备更新带来操作的变化,观念、操作和要求方面会随着新技术和新系统的应用而发生变化。

为保证员工的知识和技能能够符合环境的变化,制药企业不仅要对员工进行培训,而且要进行继续培训。通过培训使员工认识到药品生产、经营、使用等各个方面都已进入法治化管理阶段,药品是防病治病的物质基础,保证人民群众用药安全、有效是药品监督管理工作的宗旨,也是药品生产、经营活动的目的。这是社会主义药品生产、经营活动的基础。

## 一、培训的要求

企业应当指定部门或专人负责培训管理工作,应当有经生产管理负责人或质量管理负责人审校或批准的培训方案和计划,培训记录应当予以保存;与生产、质量有关的所有人员都应当经过培训,培训的内容应当与岗位的需求相适应;高风险操作区(如高活性、高毒性、传染性、高致敏性物料的生产区)的工作人员应当接受专门的培训。

企业应建立相关的培训管理操作程序,以确保从事影响产品质量工作的人员达到所必要的能力(知识、技能、经验);让所有人员明确并理解自己的职责,熟悉与其职责相关的GMP 要求;提供培训或采取其他措施以满足这些能力要求和岗位要求;评价所采取措施的有效性;确保员工认识到所从事活动的相关性和重要性,以及如何为实现质量目标做出贡献;继续培训以保持教育、培训、技能和经验,并有记录。

## 二、培训的作用与意义

培训是提高人力资源素质的需要,是知识管理的需要,是为适应外界环境变化的需要,是适应组织变革的需要。培训要做到业务教育与德育教育并举,理论学习与实践运用并重。培训数量不是目的,培训质量是根本,最终的培训结果十分重要。现代制药企业培训刻不容缓,其重要的作用与意义,主要表现在:有利于员工知识更新;有利于减少内部管理成本,提高管理效率;有利于提高企业竞争力;有利于稳定职工队伍,调动其积极性;有利于塑造企业形象,提高服务质量;有利于制药企业提高药品质量,更好地为人类健康事业服务。

## 三、培训的原则

制药企业的培训是法规的规定,是企业发展的需求,也是企业人力资产增值的重要途径,企业通过培训可以强化员工的质量意识,提高员工的工作技能,改变不良的卫生习惯,增强遵守各项规程的自觉性,制药企业的管理者应当按照组织过程、人员的发展以及组织文化,满足效率的期望安排提供教育和培训。有效的培训应贯彻以下原则。

(1)实现企业近期与远期战略的原则。中国制药企业除考虑实施 GMP 并通过认证,开发市场,形成规模经济的近期战略外,还应从长远发展的战略考虑,在培训方面投入足够的人力、物力和财力。企业最高管理层对培训的支持是培训成功与否的关键。

(2)系统性原则。制药企业的员工培训是一个由各种培训要素组成的系统工程,它包括全员培训、全程培训、全方位培训;培训主体、培训客体、培训媒介;培训的计划系统、组织系统、教学系统、法规与制度系统、评估系统;需求分析、确立目标和标准、实施培训、信息反馈等培训开发过程。不仅全员都是受训者,而且全员都是培训者。全方位培训不仅要求内容丰富广泛,而且要满足不同层次的需求。全程性体现在培训过程,贯穿于员工职业生涯的始终。

(3)理论联系实际、学以致用的原则。GMP 培训和专业技术培训是制药企业质量保证的需要,有着十分明显的实践性。企业发展需要什么、员工缺少什么,企业就培训什么。理论与实践相结合就是要根据生产经营的实际状况和受训者的特点开展培训工作,既讲授专业技能知识和一般原理,提高受训者的理论水平和认识能力,又解决企业发展中存在的实际问题。实现企业的培训目的,符合成年人的学习规律,发挥学员的学习主动性。

(4)培训与提高相结合的原则。指全员培训和重点提高相结合,组织培训与自我提高相结合。在知识、技能逐步提高的同时,要逐步加强对态度的培训,实际上也是企业文化、企业精神、价值观的人格素质的培训。

(5)专业对口的原则。GMP 培训教师可以是某专业领域中最富有经验与学识,并掌握培训技巧的人,也可以利用组织外的培训资源,制药企业每个部门的负责人都有对新员工和组织成员培训的责任,而且符合专业对口的原则。

(6)多层次分级培训的原则。制药企业的有效运作,需要不同层次的人员以团队精神相互配合协作。分层次分级培训是为了适应工作需要,打造高效率的团队。对于高层管理人员主要是法规(注意新法规)和意识的培训,方式可以是自学、外出或请老师讲课;中层管理人员主要是一些技术进展、法规变化等深化培训:员工的培训主要放在操作和意识上,也可包含一些相关知识的培训。

(7)促进人员全面发展与因材施教的原则。人员培训工作就是要培养高素质的、全面发展的人才。制药企业应从管理组织与方法上,从技术系统和支撑保证方面最大限度地发挥员工的积极性与创造性,并对员工进行技术培训与继续教育。所以,制药企业在实施分层施教的同时,也要注意因材施教。因材施教的前提是尊重和承认个体差异,这对制订适宜的学习计划是相当重要的。制药企业培训要有计划、有步骤,分清主次先后和轻重缓急进行规划,并根据不同对象(如有经验与无经验、管理与非管理)选择不同的内容和方式。

(8)人员培训"三个面向"的原则:面向企业、面向市场、面向时代。培训首要的任务是满足制药企业生存与发展的需要,那就是实施 GMP 并通过认证。制药企业的基础培训是GMP 培训,培训工作应服务于企业的总体经营战略,有助于优秀企业文化的塑造和形成,有助于企业管理工作的有序和优化。同时,对人员进行 GMP 培训和专业技术培训,以及经营战略、企业文化等方面培训的过程,实质上是检验制药企业在管理上是否有效有序的过程,有文件记录与证实的过程,是 GMP 一个方面的认证。制药企业的人员培训必须面向市场,这是由于制药企业要面向市场,满足顾客的需要,保证药品的质量。面向市场的培训,可激发员工的主动性、积极性和创造性,从而带来企业各方面的改善。面向市场的培训,也可使训练有素的员工以其高品位的服务,获得顾客的满意。制药企业的人员培训还要面向时代。进入 21 世纪,人类社会走向了知识经济的时代、经济全球化的时代、人本管理的时代,中国要想成为世界上的制药强国,就应为员工提供最先进资讯的培训和学习,掌握时代发展最前沿的知识与管理。

## 四、培训职责

制药企业要有专门的人员或部门承担培训的管理职责和履行培训的实施职能:生产管理负责人或质量管理负责人承担培训计划审批以及调整本部门培训内容和保证本部门员工参与必要的培训的职责。培训是全员参与的工作,培训的要求、内容和执行涉及各个不同的岗位和部门,各部门的积极参与和大力支持才能保证培训的顺利实施。因此,除 GMP 中所规定的培训负责人或部门,以及生产管理负责人或质量管理负责人的培训职责外,其他人员或部门在培训活动中的责任也需要明确。所有与产品生产和质量相关的人员有责任参与企业组织的培训并按照培训计划完成培训。部门负责人有责任确认本部门员工的培训需求并保证本部门员工参与相应的培训。

## 五、培训范围

药品生产企业各级管理人员,生产、检验、设备维修人员以及与生产活动、药品质量有关的其他人员均应接受培训教育。其中,中高层管理人员、关键技术人员、质量管理人员以及业务骨干等应作为重点培训对象。确定培训对象还需要根据人员对培训内容进行分组或分类,把同样水平的人员放在一组进行培训,这样可以避免培训浪费。

## 六、培训内容及类型

### (一)培训内容

#### 1.基础性培训内容

基础性培训内容是一般性的 GMP 要求、《药品管理法》《药品注册管理办法》等法律法规和企业自身的基本信息,是制药企业员工应知应会的基础知识,适用于企业的全体员工,企业负责人、财务、营销人员、综合管理人员都包括在内。基础培训内容可以由熟悉 GMP、法律法规和企业情况的培训师进行培训。

#### 2.针对性培训内容

针对性培训内容是具体的专业操作、专业知识和特殊工种的资质培训,如岗位职责、操作方法、操作规程、工艺卫生、安全防护等。适用于各专业岗位以及与此岗位相关的岗位人员,如机修人员、卫生清洁人员、工作服清洗人员、空调机管理人员、空压机管理人员等。针对性培训内容一般需要由相关方面的专家(包括来自企业内部和外部的专家)或有资质的培训机构进行培训。

### (二)培训类型

(1)公司培训。公司培训形式包括公司内部培训、外派培训和员工自我培训。内部培训又分为员工职前培训、岗位技能培训和员工态度培训。

(2)职前教育。公司新入职员工均应进行职前教育,使其了解公司的企业文化、经营理念、发展历程、管理规范、经营业务等方面内容。职前教育由各公司人事行政部门统一组织、实施和评估。

(3)岗位技能培训。根据公司的发展规划及各部门工作的需求,按专业分工不同对员工进行岗位技能培训,并可视其实际情况合并举办。岗位技能培训由人事行政部协同其他各部门共同进行规划与执行。由各部门提出年度岗位技能培训计划,报人事行政部门,再将其汇总报人力资源部,由人力资源部根据需求统筹制订培训方案,呈报董事长核准后,由人力资源部会同公司人事行政部门共同安排实施。

(4)部门内部培训。部门内部培训由各部门根据实际工作需要,对员工进行小规模的、灵活实用的培训。同时,各部门经理应经常督导所属员工以增进其处理业务能力,充实其处理业务应具备的知识,必要时应指定所属员工限期阅读与专业有关的书籍。部门内部培训由各部门组织,定期向人事行政部门汇报培训情况。

(5)外派培训。外派培训是指培训地点在公司以外,包括参加各类培训班、管理人员及专业业务人员外出考察等。由公司出资外培的,公司应与参培人员签订培训合同。

(6)个人出资培训。由员工个人参加的各类业余教育培训,均属个人出资培训。公司鼓励员工在不影响本职工作的前提下,参加各种业余教育培训活动。员工因考试需占用工作时间,持准考证,经部门负责人批准办理请假手续。

(7)临时培训。各级管理人员可根据工作、业务需要随时设训,人事行政部门予以组织和配合。

## 七、培训形式、方法、记录和考核

制药企业可以根据培训的内容,采取适合的培训方法实施培训,要考虑到成年人在学习时需要自主参与及实用导向的特点,让员工多做多说,使他们身心参与,获得最佳的学习效果。

### (一)培训形式

(1)课堂学习。课堂学习是一种培训者讲解,受训者学习的培训形式。以单向沟通为主,学员处于被动学习状态。课堂学习适用于基础培训。

(2)岗位实际操作学习。岗位实际操作学习是一种培训者讲解、演示,受训者模仿、完成操作,同时可接受培训者的指导和纠正的培训形式。这种方法实用性强,效果较好,但只适用于需要深度学习的专业操作和技能。

(3)团队学习。团队学习是一种以小组讨论的形式完成的培训形式,适用于对新法规、新动态的团队讨论形式的学习和交流。

(4)自学。自学是指员工自行完成相应的培训内容。适用于简单的培训内容和有自学能力的员工。

(5)专业机构的专项培训。对于有法规规定的特种作业,如电工及焊接、压力容器的操作工等,必须经过有资质的培训机构的培训并获得相应的资质证书。

### (二)培训方法

(1)讲授法。教师讲,学员听,以单向沟通为主,学员处于被动地位,例如,聘请外单位老师介绍国外药事法规尤其是 GMP 的概括等,以扩大员工的视野和知识面,这种培训并不以直接解决企业集体问题为目的。

(2)讨论法。以讨论的形式达到传授知识和技能的目的,讨论是否热烈、深入有赖于教师的引导及学员的素质和兴趣。

(3)案例法。针对某种情况,就引起状况的原因进行分析、讨论,并提出解决方法。

(4)视听法。利用幻灯片、电影、录像等教学,可交替使用。

(5)实际作业法。受训者一边进行作业,同时还接受培训者的指导和纠正的培训方法。

这种方法实用性强,效果较好,但只适用于基层操作人员。

### (三)培训记录

培训的整个流程都需要有文件记录。培训的文件一般包括培训教材、培训计划、培训方案、培训记录、测试卷、培训总结等。我国现行版 GMP 对培训记录的保存时限没有规定,企业可以根据自身实际情况合理规定保存时限,但至少应留存至员工离开企业前最后参与生产的产品有效期后 1 年,以保证企业能够对产品在其生命周期内进行相关调查。同理,员工的健康档案、设备档案等文件的管理也可照此执行。

### (四)培训考核

培训结束后,应进行评估和追踪。首先,在课程刚结束时,通过员工对课程内容授课方式、培训指导者等的评价评估课程质量;其次,通过考试、讨论、实地操作等方法进行考核;最后,通过公司日常的考核观察受训员工的行为改变程度,或者是相关部门、同事的评价确认培训的效果。建立企业和个人的培训档案,包括人员的基本情况和考核结果,根据考核结果随时调整培训计划。

## 八、培训效果评估和总结

为保证员工的培训达到相应的效果,制药企业需要对员工的培训进行评估。培训的评估可以针对每次的具体培训,也可以针对全员的 GMP 素质。评估可以采取以下方式:通过每次培训时的提问或测验评估员工对培训内容的掌握情况;通过组织全员性的 GMP 考试评估企业员工的 GMP 素质。

评估结果的分级,可以采用百分制或十分制,也可以采用通过或不合格等方式。无论采取哪种评估方式,都需要明确员工是否达到了相应的培训效果,当效果确认不符合要求时,应重新进行培训、考核。每年要对员工的培训情况进行总结,总结应包括培训完成情况和培训结果的评估情况,以确定员工是否按照培训计划完成了相应的培训,并且是否所有的培训均达到了相应的效果。

## 九、培训要求

#### 1.培训要有计划

除临时培训外,各种培训都要有计划,包括年度计划或补充计划。一般是利用设备年度大修的时间进行培训。培训计划一般包含 3 个重要的因素:培训对象、培训内容、培训周期。企业需要设置包括所有培训内容的培训周期。循环的周期培训可以保证员工得到持续的培训。培训周期可根据企业的实际需要设置,但是需要有企业的文件规定。

#### 2.培训要有记录

培训的整个流程都需要有记录。培训的记录一般包括:培训计划、培训方案、培训教材、培训记录(记录员工参与培训情况,包括培训日期、培训时间、培训内容、课时、培训人、被培训人、培训结果以及负责培训的部门等)、测试卷、培训总结等。培训记录要进行归档。

3.培训要有结果

对每次的培训结果要有考评,对学习的内容、效果,讲授的方式进行评估,并对下次的培训提出建议。对于培训结果的评估应根据不同的培训内容,采取课中考核、课后评估、工作阶段性评估等多种评价方式,以确认培训效果。

# 任务4　人员健康与卫生管理

污染是影响药品质量安全的最重要因素,人是药品生产中最大的污染源和最主要的传播媒介。在药品生产过程中,生产人员总是直接或间接地与药物接触,对药品质量发生影响,一方面是人员的身体状况产生的;另一方面,是由个人卫生习惯造成的,因此,必须加强人员的卫生管理和监督,为保证药品质量提供必要条件。人员卫生这一概念的内容包括:人员从事生产操作时所穿的服装、个人卫生、行为准则、手部的清洗和消毒、人员健康要求以及相关培训。其中人员的着装要求与所生产药品的种类,以及员工工作环境的要求相一致。

我国现行版 GMP 人员卫生重点强调制药企业要建立人员卫生管理制度和清洁卫生规程,明确了药品生产环境以及操作人员个人的清洁卫生要求,特别是对洁净室(区)的人员控制和化妆污染的控制,强调健康档案和定期体检的重要性;洁净室(区)内人员数量应严格控制,对其工作人员(包括维修、辅助人员)应定期进行卫生和微生物学基础知识、洁净作业等方面的培训及考核;对进入洁净室(区)的临时外来人员应进行指导和监督。

## 一、人员健康管理

1.入职体检

人员的健康状况对药品质量、安全存在隐患。因此,药品生产企业在招收员工时,要对其进行健康检查,确保新员工不患有急、慢性传染病,还要根据员工安排的具体岗位性质再确定其他具体检查项目。

2.健康要求

任何患有传染病或传染病的健康带菌者,均不得从事药品生产;任何有外部伤口的人员不得从事处理暴露的原料、中间体和散装成品的工作。如发现职工患皮肤病、传染病或有外伤,应马上调离与药品直接接触的生产岗位。因病暂时离开岗位的人员,康复以后必须持盖有医院印章的医生开具的合格证明,方可考虑重新上岗。如人员身体不适,应主动报告,经核实不符合要求后,调离岗位。

有些工种对从业人员有特殊的健康要求,具体的要求见健康要求,例如:

①传染病(包括隐性传染病)、精神病、皮肤病、体表有伤口者,不适合的工种:直接接触

药品的生产人员。

②传染病（包括隐形传染病）、精神病、皮肤病、体表有伤口者及对制品质量有潜在不利影响者，不适合的工种：进入生物制品生产区操作或质量检验人员，实验动物工作人员。

③裸视力 0.9 以下者，不适合的工种：灯检工、化验员、质管员。

④色弱者不适合的工种：化验员、仓管员、验收员、发料员、质管员、领料员、包衣工、压片工、灯检工。

3.日常管理

药品生产企业要制定员工体检规程，明确职工体检的时间、项目，对药品的质量和安全有直接影响的人员要有专门的要求，直接接触药品的生产人员应每年至少接受一次体检，体检不合格者，应调离工作岗位。

对员工建立个人健康档案，以便于检查、了解、追踪个人健康的状况。人员的健康档案要对职工患病情况进行详细记录，以便及时检查、了解职工的健康变化情况。健康档案应包括人员健康档案表、人员体检表等。

## 二、人员卫生管理

### 1.手的卫生控制

手是工作时所使用的最重要的工具之一。从事药品生产过程中必须勤洗手、勤剪指甲，保持手的清洁。生产人员在进入不同级别的洁净室前，应使用流动水和液体皂洗手，液体皂应放在洗手池上方专用的装置里。手在洗涤后要消毒，应规定消毒剂的有效期。手消毒后，不再接触与生产无关的物品，并避免裸手直接接触药品。

### 2.身体其他部位的卫生控制

人的体表经常排出很多物质，如汗液、鼻屎、耳内分泌物、眼泪等，会间接污染药品。因此，药品生产人员必须定期洗澡、勤理发、不留胡须。药品生产过程中还必须对身体尤其是口、鼻、头发进行覆盖，在敞口产品附近不可讲话，不打喷嚏、不咳嗽，防止对药品产生污染。

### 3.个人在工作场所的卫生管理

任何人员进入生产区必须按规定更衣和着装，当生产人员离开工作场所（包括吃饭、上厕所）时，也必须更衣。进入洁净生产区的人员不得化妆，佩戴饰物和手表，工作时不携带个人物品进入生产区，不在生产区内吃东西，休息室要干净、整齐，对生产不造成污染。参观人员和未经过培训的人员以及特殊情况确实需要进入生产区的人员，应当事先对个人卫生、更衣等事项进行指导。人员的现场数证要按经验证的人数限度进行控制。

## 三、工作服装管理

药品生产所用的工作服装包括帽子、手套、口罩、鞋和衣裤。工作服装的工材、式样及穿戴方式因药品生产企业、生产区域的不同而异。工作服装的功能：一是保护人员不受生产环境不良因素的危害；二是保护药品不受人员的污染；三是表明所从事的活动。

### 1.选材

工作服的材质要发尘量少，不脱落纤维和颗粒性物质，不起球、不断丝、不黏附粒子，质地光滑，洗涤后平整、柔软、穿着舒适。洁净室的工作服材质还需要具有良好的过滤性，保证人体和内衣的尘粒不透过，同时耐腐蚀，对洗涤和消毒处理及蒸汽加热灭菌有耐久性。不易产生静电、粒子，并且能滞留身上散发的粒子。一般生产区工作服可选用棉材料，洁净区工作服必须使用优质100%涤纶长丝+导电纤维且通过相应密度的织造。

### 2.式样和颜色

企业可自定工作服的式样及颜色，应线条简洁、色彩淡雅；各区域的工作服装式样、颜色分明，易于区分不同的生产和洁净级别区域，并有编号；不同空气洁净度级别的工作服不能混用。洁净服不设口袋，接缝处无外露纤维，领口、袖口、裤口等处要加松紧口，不应有纽扣；生产人员与非生产人员，维修人员、质量人员与操作人员，参观人员的服装式样和颜色应有所区别。

### 3.穿戴

根据各生产区域的规定穿戴工作服装，并遵守净化程序。穿戴工作服装后要对着镜子检查穿戴工作服装的情况，要求帽子要包盖全部头发，口罩要罩住口鼻，衣服要拉好，鞋子要穿好等。离开生产场地时，必须脱掉所有工作服装。

### 4.清洗

药品生产企业的工作服清洗或消毒应根据不同洁净区要求制订规程。

一般生产区的工作服及工作鞋需要定期清洗，以保证工作服及工作鞋的洁净。例如，在D级空气洁净度级别的洁净区工作，至少每天洗一次洁净衣、裤、帽和口罩；更换品种时，必须换洗工作服装；工作鞋每周至少洗2次。洁净工作服装清洗后的存放周期，应经验证。

清洗工作服的方法中应明确洗涤剂的种类、用量、洗衣程序等，洗涤剂一般需采用固定的洗衣液，并对其洗涤效果进行确认。洗衣用水可使用饮用水。为防止再污染，干燥后的工作服要逐套装入衣物袋内存放。

## 四、进入生产车间人员卫生管理制度

建立进入生产车间人员的卫生管理制度，减少和防止人员对产品的污染。所有进入生产车间的人员必须经过批准后方可按照更衣规程进入相应区域。一般情况下，未经更衣及卫生培训的人员不得进入生产区和质量控制区。不可避免时，应对个人卫生、更衣等要求进行指导后，方可准许进入。生产人员在进入生产区时应保持双手清洁，如双手有可见污迹，应洗手后方可进入。洗手按照相应级别更衣规程中的方法进行。进入生产现场的所有人员不得佩戴手表、戒指、耳环等饰物，不得化妆、涂指甲油，如有化妆者，在更换一般区工作服之前必须彻底清洗干净。

清洁区的操作人员应经常剪指甲、刮胡须和洗头,保证无长指甲、长胡须,保持头发清洁。不得将个人生活外衣带入生产区。不得在生产区内说笑、弹唱,不得做与工作无关的事情。生产区内禁止吸烟和饮食,禁止存放食品、饮料、香烟和个人药品等非生产用物品。在生产区内人员动作应轻柔,不得随意靠墙、设备、门等,随手关门,开关门动作要轻缓。在生产区内,以平稳轻盈的步伐行走,非紧急情况不得跑动或拖地行走。操作人员应避免裸手直接接触药品及与药品直接接触的包装材料和设备的内表面。不得在生产区内串岗和脱岗,非生产时间不准随意进出车间,如必须进出时,应遵守洁净区、非洁净区的更衣规程。不准将生产时穿戴的服装、鞋帽、口罩等带出生产区。

健康的生产人员在工作期间如发现身体不适,应按照《员工身体不适主动报告管理制度》的要求主动汇报,并按相关规定处理。各岗位生产人员卫生管理由各岗位班组长负责监督检查,对不符合要求的岗位人员告知其本人并应立即整改。

## 五、洁净区着装要求

人员进入洁净区时要了解更衣程序,与相关操作规程核对两者是否一致。所有进入生产区的人员均应按照相应的更衣操作规程进行更衣后方可进入相应区域。

A/B 级洁净区:帽子应能完全遮盖头发、胡须,头罩下沿应藏到领口中;应戴经灭菌的口罩(必要时戴防护目镜)、无颗粒物(如滑石粉)散发的橡胶或塑料无尘手套,穿经灭菌或消毒的鞋套;裤腿应塞入鞋套内,袖口应塞入手套中;无菌衣不能脱落纤维和颗粒物(应为灭菌的连体工作服),并能滞留人体散发的尘粒。

C 级洁净区:头发、胡须等相关部位应全部遮住,应当戴口罩;应穿手腕处可收紧的连体服或衣裤分开的工作服,腰部扎紧;穿合适的鞋子或鞋套;工作服不能脱落纤维和颗粒物。

D 级洁净区:头发、胡须等相关部位应全部遮住;穿一般的防护工作服(宜采用塞入型);穿合适的鞋子或鞋套;有适当措施防止带入来自洁净区外的污染。

# 实训项目 3:七步洗手法操作

## 一、实训目的

1.掌握人员进入洁净区的洗手方法和操作规程。
2.培养学生严谨、认真的工作态度。

## 二、实训内容

按照七步洗手法洗手。

## 三、实训过程

1.检查水槽、非接触式自来水龙头、干手器、消毒器是否完好。

2.手部无伤口,剪平指甲,收好袖口,去掉手上饰品。

3.观看七步洗手法视频;学生分组,每组4~6人,在GMP仿真实训车间准备进行洗手、手消毒操作。

4.洗手。

(1)洗手掌。将双手润湿,取适量洗手液,掌心相对,手指并拢,相对搓洗。

(2)洗背侧指缝。手心对手背沿指缝相互揉搓,双手交换进行。

(3)洗掌侧指缝。掌心相对,双手交叉沿指缝相互揉搓。

(4)洗指背。弯曲各手指关节,半握拳把指背放在另一手掌心旋转揉搓,双手交换进行。

(5)洗拇指。一手握另一手大拇指旋转揉搓,双手交换进行。

(6)洗指尖。弯曲各手指关节,把指尖合拢在另一手掌心旋转揉搓,双手交换进行。

(7)洗手腕、手臂。揉搓手腕、手臂,双手交换进行。

(8)冲洗双手及腕部,至无滑腻感。

5.烘干:双手伸至干手器下方,翻转,直至烘干。

6.消毒:干燥的双手伸到自动感应式手消毒器下口,接住适量消毒液,均匀涂布各个部位,保证消毒液在手上停留一段时间后自然晾干或用干手器吹干。

## 四、实训报告

1.简述七步洗手法操作步骤。

2.总结本次实训的收获与不足。

# 项目检测3

## 一、单项选择题

1.(　　)作为企业的最高管理者,是药品质量的主要负责人,全面负责企业日常管理。

A.企业负责人　　　　　　　　　　　B.质量管理负责人

C.生产管理负责人　　　　　　　　　D.质量受权人

2.对质量管理负责人描述正确的是(　　)。

A.由企业任命　　　　　　　　　　　B.经药品监督部门培训考核合格备案

C.资质要求比质量受权人高　　　　　D.承担产品放行

3.药品质量的直接责任人是(　　)。

A.企业负责人　　　B.质量负责人　　　C.生产负责人　　　D.质量受权人

4.药品质量的第一责任人是(　　　)。

A.企业负责人　　　　B.质量负责人　　　　C.生产负责人　　　　D.质量受权人

5.质量受权人资质要求错误的是(　　　)。

A.至少具有药学或相关专业本科学历

B.具有至少 3 年从事药品生产和质量管理的实践经验

C.中级专业技术职称或执业药师资格

D.具有至少 5 年从事药品生产和质量管理的实践经验

6.基础培训内容不包括(　　　)。

A.GMP 要求　　　　　　　　　　　B.药品管理法及其实施条例

C.分析方法、分析仪器操作　　　　　D.企业自身的基本信息

7.生产管理负责人的资质要求错误的是(　　　)。

A.生产管理负责人应至少具有药学或相关专业本科学历(或中级专业技术职务或执业
药师资格)

B.具有至少 5 年从事药品生产和质量管理的实践经验

C.至少有 1 年的生产管理经验

D.接受过与所生产产品相关的专业知识培训

8.对直接接触药品的生产人员要求错误的是(　　　)。

A.传染病的健康带菌者,可从事药品生产　　B.上岗前需要进行健康检查

C.有传染病者不得从事药品生产　　　　　　D.每年至少接受 1 次体检

## 二、多项选择题

1.工作服及工作鞋洗涤要求正确的是(　　　)。

A.不同区域的清洗周期一致　　　　　　B.不同区域的需要在各自的区域洗涤

C.最好用液体洗涤剂　　　　　　　　　D.洗衣用水可使用饮用水

2.GMP 的基本管理思想是由(　　　)主要机构进行管理。

A.质量管理部门　　　B.生产管理部门　　　C.物料管理部门　　　D.工程管理部门

3.关键人员至少包括(　　　)。

A.质量管理负责人　　　B.生产管理负责人　　　C.质量受权人　　　D.企业负责人

4.对关键人员描述正确的是(　　　)。

A.对企业的生产质量管理起关键作用、负主要责任的人员

B.可以不是企业全职人员

C.包括企业负责人、生管管理负责人、质量管理负责人、质量受权人

D.应当是企业全职人员

5.生产管理负责人应当具有(　　　)。

A.药学或相关专业本科学历

B.至少 2 年从事药品生产和质量管理的实践经验

C.至少 3 年从事药品生产和质量管理的实践经验

D.至少有 1 年生产管理经验

6.质量管理负责人应当具有（　　　）。

A.药学或相关专业本科学历（或中级专业技术职称或执业药师资格）

B.至少 3 年从事药品生产和质量管理的实践经验

C.至少 5 年从事药品生产和质量管理的实践经验

D.至少有 1 年药品质量管理经验

7.质量受权人应当（　　　）。

A.经过与产品放行有关的培训

B.具有至少 5 年从事药品生产和质量管理的实践经验

C.从事过药品生产过程控制和质量检验工作

D.药学或相关专业本科学历（或中级专业技术职称或执业药师资格）

8.质量受权人的职责有（　　　）。

A.放行审核　　　　　　B.记录审核　　　　　C.参与质量管理活动　D.调查信息

9.专业培训包括（　　　）。

A.工艺卫生　　　　　　B.特定的技能培训　　C.安全防护　　　　　　D.企业文化培训

10.GMP 培训的原则包括（　　　）。

A.系统性原则　　　　　B.制度化原则　　　　C.随机性原则　　　　　　D.实用性原则

11.生产管理负责人和质量管理负责人通常有下列哪些共同的职责？（　　　）

A.审核和批准产品的工艺规程、操作规程等文件

B.评估和批准物料供应商

C.确保关键设备经过确认

D.确保完成生产工艺验证

12.工作服选材正确的有（　　　）。

A.发尘量少,不脱落纤维和颗粒性物质,不起球、不断丝

B.在一般生产区可选用棉材料

C.控制区可选用棉材料和尼龙材料

D.洁净区必须选用防静电的材料

三、填空题

生产部门负责人与质量部门负责人不得互相兼任,质量部门负责人与＿＿＿＿＿可以兼任。

阅读材料三

附件三

# 项目4　厂房、设施与设备

🎯 **知识目标：**

- 掌握药厂选址环境要求、厂区布局要求。
- 掌握洁净区建筑要求、洁净区环境参数值。
- 掌握设备的选择原则、清洁要求、防污染措施、设备状态标识。
- 掌握HVAC系统组成及功能、工艺用水制备及用途。

🎯 **技能目标：**

- 能规划厂区总体布局。
- 了解进入一般生产区更衣、洁净区的更衣要求，能对物料进入洁净区、洁净室环境进行参数控制。
- 能辨识设备防污染措施的适宜性、辨识设备状态标识等。
- 能辨识HVAC系统类型、送风形式。

🎯 **素质目标：**

- 培养学生认真、细致的从业精神，对于制药企业的选址要严格按照GMP中的有关规定慎重筛选。
- 培养学生严谨的科学态度。

🎯 **课前导案：**

课前导案4

# 任务 1　厂址、厂区布局

## 一、厂址的选择

我国现行版 GMP 规定："厂房的选址、设计、布局、建造、改造和维护必须符合药品生产要求,应当能够最大限度地避免污染、交叉污染、混淆和差错,便于清洁、操作和维护。应当根据厂房及生产防护措施综合考虑选址,厂房所处的环境应当能够最大限度地降低物料或产品遭受污染的风险。"制药厂因为厂址选择不合适,"三废"不能治理被迫关停或限期停产治理整顿或限期搬移的例子很多,造成人力、物力和财力的严重损失。因此,在选择厂址时,必须认真、全面地调查研究,采取科学、慎重的态度,确定适宜的厂址。

厂址选择的原则有以下几点:

(1)药品生产企业的厂址应选择大气含尘、含菌浓度低,无有害气体,自然环境好的区域。

(2)药品生产企业的厂址应选择远离铁路、码头、机场、交通要道以及散发大量粉尘和有害气体的工厂、仓储、堆场等严重空气污染、水质污染、振动或噪声干扰的区域。如不能远离严重空气污染区,则应位于全年最大频率风向上风侧(或全年最小频率风向下风侧)。

(3)药品生产企业的厂址应选择无水土污染的地区,水源要充足而清洁,能保证制出的纯水或注射用水符合药典规定的质量标准。

(4)药品生产企业的厂址应选择供电充足、通信方便、交通运输便利的区域。

药品是一种防治人类疾病、增强人体体质的特殊产品,其质量好坏直接关系到人体健康、药效和安全。为保证药品质量,药品生产必须符合 GMP 的规定,在严格控制的洁净环境中生产。因此,选择厂址时必须充分考虑药厂对环境因素的特殊要求。

## 二、厂区总体布局原则

1.区域划分

厂区应按生产、行政、生活和辅助等功能合理布局,不得互相妨碍。

2.卫生要求

洁净厂房应布置在厂区内环境整洁,人流、物流不穿越或少穿越的地方,并考虑产品工艺特点,防止生产的交叉污染,合理布局,间距恰当。

制药企业洁净厂房周围应绿化。可铺植草坪或种植对大气含尘、含菌浓度不产生有害影响的树木,但不宜种花。尽量减少厂区内的露土面积。

3.人流、物流

厂区主要道路应贯彻人流、物流分流的原则。洁净厂房周围道路路面应选用整体性好、发尘少的材料,不应对药品生产造成污染。

**4.配套设施**

必须有保证生产所需的水、电、气、热、冷等公用设施,且靠近负荷中心,使各种公用系统介质的输送距离最短,以便节省能耗。废气、废水、废渣(以下简称"三废")处理、锅炉房等有严重污染的区域,应置于厂区全年最大频率风向的下风侧。兼有原料药和制剂生产的制药企业,原料药生产区置于制剂生产区全年最大频率风向的下风侧。

**5.特殊要求**

动物房的设置应符合国家标准《实验动物环境及设施》(GB 14925—2010)等有关规定,并有专用的排污和空调设施,与其他区域严格分开。青霉素类生产厂房的设置,应考虑防止与其他产品的交叉污染。

# 任务 2  厂房的设计与布局

生产厂房布局是根据生产工艺流程、设备、空调净化、给排水、各种设施及各种重点与难点规范、规章要求的综合设计结果,体现设计的规范性、技术性、先进性、经济厂房设计性和合理性,是 GMP 硬件的重要组成部分。药品生产环境分为一般区和洁净区,控制生产环境的途径是靠洁净区和其管理实现的。

## 一、厂房设计原则

药品生产企业可分为原料药生产和药物制剂生产两大部分。在原料药生产中除成品工序外,其他各工序基本与化学工业类似,这里不再赘述。原料药的成品工序(精制、烘干、包装)和药物制剂生产都必须按照 GMP 的规定进行,要求药品生产企业必须创造一个控制微粒及微生物的环境,使药品安全、可靠。这个环境就是洁净厂房,是指制剂、原料制成品工序、药用辅料和药用包装材料生产中有空气洁净度要求的厂房。

GMP 的核心是防止生产中药品的混批、混杂、污染、交叉污染,厂房设计的原则是依据 GMP 的规定创造合格的布局,科学合理的生产场所。

药品生产企业洁净厂房的设计必须符合国家的有关政策,执行现行有关的标准、规范,符合实用、安全、经济的要求,节约能源和保护环境。厂房设计时,在可能的条件下,积极采用先进技术,既满足当前生产的需要,也适当考虑今后发展规律的需要,对于利用原有建筑进行洁净技术改造时,可从实际出发,充分利用已有的技术、设施和设备。厂房设计总原则主要包括以下 6 个方面。

(1)企业应当有整洁的生产环境;厂区的地面、路面及运输等不应当对药品的生产造成污染;生产、行政、生活和辅助区的总体布局应当合理,不得互相妨碍;厂区和厂房内的人、物流走向应当合理。

（2）应当对厂房进行适当维护,并确保维修活动不影响药品的质量。应当按照详细的书面操作规程对厂房进行清洁或必要的消毒。

（3）厂房应当有适当的照明、温度、湿度和通风,确保生产和贮存的药品质量以及相关设备性能不会直接或间接地受到影响。

（4）厂房、设施的设计和安装的设施应当能够有效防止昆虫或其他动物进入,应采取必要的措施,避免所使用的灭鼠药、杀虫剂、烟熏剂等对设备、物料、产品造成污染。

（5）应当采取适当措施,防止未经批准人员的进入。生产、贮存和质量控制区不应当作为非本区工作人员的直接通道。

（6）应当保存厂房、公用设施、固定管道建造或改造后的竣工图纸。

## 二、厂房布局要求

制药车间的工艺布局应当遵循"三协调"原则,即人流、物流协调,工艺流程协调,洁净级别协调。新建药品生产企业的厂房设计,必须按照 GMP 的要求,依据"三协调"原则考虑工艺布局与设备选型,进行科学、合理的设计。厂区总体可以划分为生产、行政、生活、辅助四大功能区,不得相互妨碍。

### （一）人流

人流是指人员进出洁净室（区）及在其内部的流动。物流是指药品生产所需的物料与所产生的中间体、半成品等物资出入洁净室（区）并在其内部进行的流动。人流、物流协调是指厂房设计中流通路径做到"顺流不逆",人流、物流分开。人员和物料进出生产区域的出入口应分别设置,交叉和折回是不允许的;物料传递路线要尽量短,极易造成污染的物料应设置专用出入口。人员和物料进入洁净区应有各自的净化用室和设施、输送电梯宜分开。

原辅料和成品的出入口宜分开。极易造成污染的物料和废弃物,必要时可设置专用出入口,洁净厂房内的物料传递路线要尽量缩短。生活用室包括厕所、淋浴室、休息室,可根据需要设置,宜设在洁净区外,不得对洁净区产生不良影响。

涉及的主要人员有生产人员、参观人员、维修人员、管理人员。人员从一般区进入洁净区必须先经人员净化系统,按相应的净化程序净化,防止污染。不同洁净级别人员使用各自的净化房间或措施,不可混用。人流净化措施主要有更衣室、风淋门和缓冲室。

1.更衣室

更衣室应有足够的功能用空间及更换专用洁净服的设施,依洁净室的级别而异,还可包括洗涤和消毒设施等。更衣室不能用于在区域之间运送产品、物料或设备。更衣室应有足够的换气次数,更衣室后段的静态级别应与其相应洁净区的级别相同。通常情况下,更衣室应按性别分别设置。

（1）一更:员工从室外区进入生产区内一般区需进行第一次更衣（一更）,脱掉外衣和鞋子,更换统一的工衣和工鞋。通常在一更更衣室为每位员工设置专用的衣柜,员工脱外衣和鞋子与穿统一的工服和工鞋可在同一个区域内依次进行。一更更衣室没有空气洁净度的要求,保持通风、干燥、洁净即可。一更后,人员可进入一般区,如外包装区、储存区、办公室等。一更的工衣和工鞋没有特殊要求,通常需要穿着舒适,耐磨防潮,便于工作,颜色和样式由企业自行决定。一更流程示意图如图 4-1 所示。

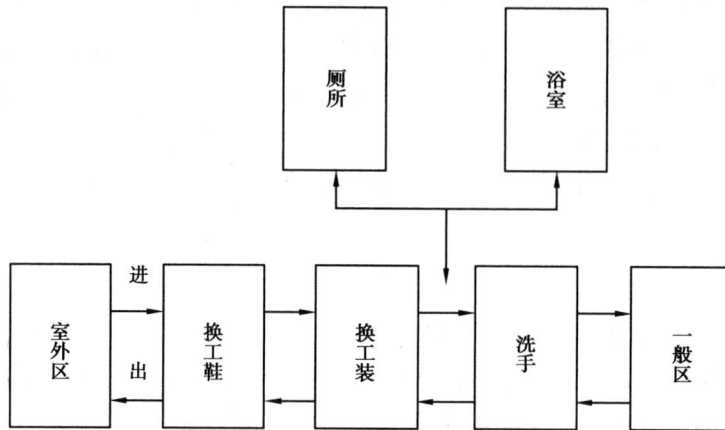

**图 4-1　一更流程示意图**

(2)二更:员工从一般区进入洁净区需进行第二次更衣(二更),其目的是保护产品不受操作人员的污染,如操作人员脱落的皮屑、头发等;保护产品不受洁净区外部环境的污染,主要污染源来自工鞋、衣服;防止洁净区外空气的进入;保护操作人员不受产品影响;减少不同物料或产品之间的交叉污染,防止在离开洁净区时带出吸附在衣服上的产品和物料。

二更更衣室通常分为两个区域,非洁净更衣区和洁净更衣区,员工在非洁净更衣区脱下一更的工装和工鞋,洗手或消毒后,通过一物理障碍物(标志线、凳、房间门),进入洁净更衣区,更换洁净衣和洁净鞋,手部消毒后,进入洁净生产区。更衣室的两个区域可以设置在两个房间内,也可以在同一房间内,气流方向从洁净更衣区到非洁净更衣区。更衣室的两扇门应设计为互锁,防止两扇门同时打开,造成空气污染。这种互锁在火灾报警时应自动禁用。更衣室内应设置必要的镜子、标志和图标,以确保人员能正确着装;以及配套自动感应水龙头、干手器和手消毒器等设施。二更流程示意图如图 4-2 所示。

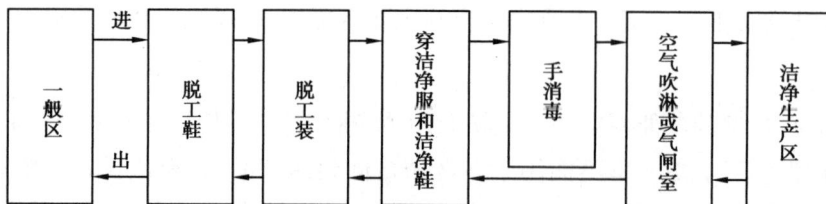

**图 4-2　二更流程示意图**

(3)三更:员工从洁净区进入无菌区,需进行第三次更衣(三更)。进入和离开无菌区宜采用不同路线通过更衣室,避免对无菌环境和无菌衣的污染。在无菌更衣的整个过程不用水作为洗手剂,避免微生物的污染。无菌更衣室后段的静态级别应与其相应洁净区的级别相同。三更流程示意图如图 4-3 所示。

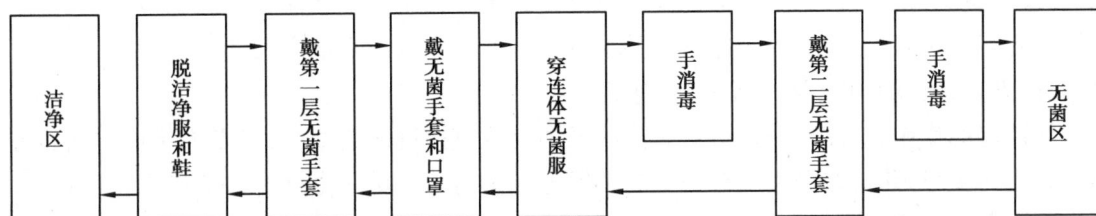

图 4-3 三更流程示意图

**2. 风淋门**

风淋门也称为风淋室,是人员进入洁净室前进行身体除尘的常用净化设备,可与所有的洁净室和洁净厂房配套使用。风淋室是一种通用性较强的局部净化设备,安装于洁净室与非洁净室之间。当人与货物要进入洁净区时需经风淋室吹淋,其吹出的洁净空气可去除人与货物所携带的尘埃,能有效地阻断或减少尘源进入洁净区。风淋室/货淋室的前后两道门为电子互锁,又可起到气闸的作用,阻止未净化的空气进入洁净区域。智能语音风淋室带有语音提示系统,在吹淋时由自动语音系统提示让人有秩序地完成整个吹淋除尘过程,达到有效的净化效果,经高效过滤器过滤后的洁净气流由可旋转喷嘴从各个方向喷射至身上,有效而迅速地清除尘埃粒子,清除后的尘埃粒子再由初、高效过滤器过滤后重新循环到风淋区域内。风淋门如图 4-4 所示。

图 4-4 风淋门

风淋室是人进入洁净室所必需的通道,它可以减少进出洁净室所带来的污染问题,减少由于人、货进出带来的大量尘埃粒子。在洁净室的入口处安装功能齐全的"气闸室"可以减少空气污染微粒的数量,当人、货通过风淋室时,污染微粒被经过高效过滤的高度洁净空气射掉,25 m/s 以上的高风速确保了有效的喷射和飘移微粒经过初效和高效两级过滤器基本过滤掉。为了保持风淋的安全使用,维持洁净室环境的洁净度,应注意的是,进入洁净无尘室时应在外更衣室脱去外衣,除下手表、手机、饰品等物品;进入内更衣室,穿戴净化无尘衣、帽、口罩、手套;拉开不锈钢风淋门进入风淋室后,风淋门立即自动关闭外门,红外线感应,风淋自动启动,吹淋 15 s。

**3. 缓冲室**

缓冲室是为保持洁净室内的空气洁净度和正压控制而设置的房间。缓冲室两侧的门不应同时打开,可采用互锁系统,互锁两侧门可采用相互可视或配备指示装置的方式提示操作人员是否可开启互锁门。

缓冲室结构和风淋室大致相同，主要体现在内外箱体的构成和尺寸空间方面，与风淋室相比，缓冲室不带吹淋，因此，内部也少了风淋室的主要控制系统和净化过滤器及风机，它的主要作用就是带有电子互锁，缓冲室人员或物料自非洁净区进入洁净区的必然通道，其气压是自外(非洁净区)向内(洁净区)梯度递增。

缓冲室的作用有两个：一是防止非洁净区的气流直接进入洁净区；二是人员或物料自非洁净区进入洁净区时，在缓冲室有一个"搁置"进行自净(主要是物料)，以免进入洁净区后，对洁净区造成污染。

### (二)物料

物料自身的状态、物料流动的载体、物料使用时的变化、物料性质的改变等因素都会引起洁净室(区)内空气洁净度的变化。一是物料与载体自身附着的尘埃粒子和微生物；二是物料的流动、物料的转化过程等都会产生尘埃粒子；三是物料的运动会导致空气流动的变化。因此，物料成为洁净室(区)乃至药品生产的又一主要污染源。

#### 1.传递窗

传递窗主要用于洁净室之间或洁净室与非洁净室之间传递物料和物品，两门不能同时开启，避免相邻两个房间空气的串通，并保证两个房间之间的封闭，以减少污染。通常，传递窗内设有紫外杀菌灯，开启一定时间，对传递的物料及物品进行杀菌消毒。

#### 2.缓冲室

缓冲室也可用于物料的净化，同时保持备料室的洁净度和正压，例如，在缓冲室去除物料的外包装，将物料表面的微粒稀释后，再转移至洁净室。药品生产的物流净化系统采用带有互锁设施的缓冲室或传递窗，不得作为人流通道。

### (三)生产工艺流程

生产工艺流程协调主要体现在房间布置中，房间布置要有一个科学的区域概念，即把重要生产区域放在内核的中央区域，应遵守同心圆原则，同心圆原则中心是为了防止污染和混淆。中央区域为无菌灌装室，而且只有经过灭菌的物品才允许进入。这个核心为辅助区域所包围，最外面的区域有办公室、实验室以及其他控制要求较低的房间。

(1)生产区域的布局要顺应工艺流程，布局紧凑、合理，减少生产流程的迂回、往返，以利于物料迅速传递，便于生产操作、管理和最大限度地防止差错和交叉污染。

(2)应有与生产规模相适应的生产区和储存区。生产区内设置必要的工艺设备，不允许放置与操作无关的物料。储存区不得用作非区域内工作人员的通道。

(3)同一厂房内以及相邻厂房之间的生产操作不得相互妨碍。

(4)制剂生产车间除应具有生产的各工序用室外，还应配套足够面积的生产辅助用室，如原辅料暂存室(区)、称量室、备料室，中间产品、内包材料等各自的暂存室(区)，工器具与周转容器的洗涤、干燥、存放室,清洁用具的洗涤、干燥、存放室,工作服的洗涤、整理、保管室,并按需配置制水间、空调净化机房、车间检验室等。

（5）卫生要求。行政和生活区不得对车间或生产区产生污染,以免影响产品质量。

制药企业的洁净厂房应布置在厂区内环境整洁,人流、物流不穿越或少穿越的地方,尽量远离交通主干道,并考虑产品工艺特点和防止生产时的交叉污染,合理布局,间距适当。洁净厂房周围道路宽敞,能通过消防车辆。

洁净厂房周围应绿化,种植树木（如常青树）,不宜种花,避免对生产造成污染;宜铺植草坪,厂房与草坪间有水泥隔离带;绿化有利于保护生态环境,改善小气候,净化空气,起到滞尘、杀菌、吸收有害气体和提供氧气的作用。绿化面积的比例应适宜,要尽量减少厂区内的露土面积,不能绿化的道路应铺成不起尘的硬化路面,暂时不能绿化的空地也应采取措施,杜绝尘土飞扬。

（6）工艺要求。特殊区域应考虑风向问题,以减少生产污染。洁净厂房（区）应处于最多风向（主导风向）的上风侧。严重空气污染源应处于最多风向的下风侧。例如,锅炉"三废"处理、废渣及垃圾临时堆放点应处于最多风向的下风侧。实验动物房布置应该在生产区、生活区、行政区的下风侧,以利于动物生活,同时不对生产和人的活动造成污染或影响。青霉素类高致敏性药品的生产厂房或放射性药品的生产厂房应处于厂区的下风侧。

（7）合理配套设施。必须有保证生产所需的水、电、气、热、冷等公用设施,且靠近负荷中心,使各种公用系统介质的输送距离最短,以便节省能耗。配套相应的"三废"处理系统,设置废渣及垃圾堆放点等。

### （四）防虫、防鼠措施

常见的防虫措施包括风幕、灭虫灯、粘虫胶。常见的防鼠措施包括灭鼠板、超声波驱鼠器、捕鼠笼、外门密封条、挡鼠板等,尽量不要使用灭鼠药,以防给物料和产品带来影响。企业需要建立防虫、防鼠的管理制度,对防虫、防鼠设施的选择和布置进行规划。有专业负责人对防虫、防鼠设施进行定期检查和维护,及时清理捕获物,保证设施运行正常、有效,并追踪记录,一旦发现异常情况,要及时报告质量控制部门,分析原因,采取应对措施。

在虫害严重的季节,应对制药车间建筑物周边环境的虫害进行治理。建筑物内部墙面和地面出现裂缝,要及时修补,避免形成虫害藏匿地。

## 三、洁净区

随着生产的不断发展,洁净技术已经成为目前制药行业中的一门新技术。洁净技术最早出现于欧洲,通常被广泛地运用于手术室和工作室内部,实际覆盖的面也很窄。但是,在经过长时间的发展之后,洁净技术本身的概念已经发生了较大的变化,其使用的范围也变得越来越广泛,最终被有效地运用于制药、医疗设备生产和其他不同的领域。药品和人们的生命安全有着直接的关系,如果制药过程中的环境不太干净,最终就会对药品的质量产生直接的影响。因此,多数发达国家都非常重视洁净技术在化学制药企业中的应用。

洁净区是指需要对环境中尘粒及微生物污染进行控制的房间(区域),其建筑结构、装备及其使用均具有防止该区域内污染物的引入、产生和滞留的功能。洁净区是需要对环境中尘粒及微生物污染进行控制的房间(区域),其建筑结构、装备及其使用均具有防止该区域内污染物的引入、产生和滞留的功能。洁净度是指洁净环境中空气含尘埃、活微生物多少的程度,单位体积中含尘埃粒子数和细菌数多则洁净度低,反之则洁净度高。

## (一)建筑要求

### 1.墙体与地面

洁净室内墙与墙、墙与地面、墙面与天棚连接处应形成弧度,做到平整、光洁、无裂缝、接口严密、无颗粒物脱落,达到不易积灰、便于清洁的效果。

### 2.门窗

洁净室的门窗表面应光洁,不要求表面抛光,但应易于清洁并密封。典型材料有涂漆钢门窗、不锈钢门窗、铝合金门窗,不宜采用木质材料,以免发霉或变形;腐蚀性区域,可使用玻璃钢、增强塑料。对外应急门要求密封并具有保温性能。厂房内门如需满足风平衡漏风要求,则不需要完全密封。洁净级别不同的区段间的联系门要紧密、平整、造型简单。洁净室的门应由洁净度级别低的区域向洁净度级别高的区域开启,其门框不应设门槛。

外墙窗户要求密封,不能开启,防止空气的渗漏和水汽的结露,并具有保温性能。窗与墙面应平整,不留窗台;如有窗台时宜呈斜角,防止积灰并便于清洁。洁净室与参观走廊相邻的玻璃窗应采用大玻璃窗,便于参观和生产监测。

### 3.顶棚与技术夹层

洁净室的顶棚要求密封无缝、整洁、无脱落物产生,可承受室内压力,顶棚材料可选用聚酯材料、增强塑料、金属板、石膏板等易于清洁的无孔材料。根据工艺和整体厂房设计需要,在洁净室的顶棚之上设置技术隔层(或称技术吊顶),以铺设水、气管路及空调管道和电力管线等。技术隔层可采用硬吊顶或软吊顶两种形式。硬吊顶为钢筋混凝土结构,可承载较大的荷重,安装检修方便,维修费用低;也可采用拉杆吊顶,自重轻,拉杆最大距离可达 2 m,载荷完全可以满足安装要求。软吊顶系采用铝合金轻钢龙骨为基本结构,下面用石膏板、石棉石膏板、塑料板等封闭,此结构用料经济,但维修麻烦。生产车间的层高为 2.8~3.5 m,技术层净高不应低于 0.8 m(具有横梁而影响夹层中工作的应扣除计算),一般应留出 1.2~2.2 m。

给排水支管及消防喷淋管道穿过洁净室棚顶处应设置套管,管道与套管之间必须有可靠的密封措施,如使用橡皮泥、硅胶填充的方法以预防不同区域间的交叉污染。

### 4.电气照明设施

洁净区内的配电设备,应选择不易积尘、便于擦拭、外壳不易锈蚀的小型暗装配电箱及插座箱;电气管线管口,以及安装于墙上的各种电气设备与墙体接缝处均应有可靠密封。洁净区内的电气管线宜暗敷,电气线路保护管宜采用不锈钢管或其他不宜腐蚀的材料。接地线宜采用不锈钢材料。对于易燃易爆岗位则应设有报警信号及自动切断电源措施。

洁净区内应选用外部造型简单、不易积尘、便于擦拭、易于消毒杀菌的照明灯具。一般照明灯具宜明装,采用吸顶安装时,灯具与顶棚接缝处应采用可靠的密封措施。如需要采用嵌入顶棚暗装时,除安装缝隙应可靠密封外,其灯具结构必须便于清扫,便于在顶棚下更换灯管及检修。对照度有特殊要求的生产部位可设置局部照明。厂房内应设置供人员疏散用的应急照明。在安全出口、疏散口和疏散通道转角处应按现行国家标准设置疏散标识。在专用消防口处应设置红色应急照明灯。灯具开关应设在洁净室外,室内宜配备比第一次实用数多的插座,以免临时增添造成施工上的困难。

### (二)洁净级别

洁净级别协调是按照药品生产要防止污染和交叉污染、降低人为差错、适应药品质量管理体系的要求。洁净等级高的洁净室宜布置在人员最少到达的地方,并宜靠近空调机房;洁净等级相同的洁净室宜相对集中;不同洁净等级的房间之间相互联系并有防止污染的措施,宜按空气洁净度等级的高低由里及外布置。

洁净度以相应的净化级别表示。各洁净级别对空气悬浮粒子和微生物有严格要求,其标准见表 4-1。

表 4-1　各洁净级别空气悬浮粒子标准

| 洁净度级别 | 悬浮粒子最大允许数/$m^3$ | | | |
| --- | --- | --- | --- | --- |
| | 静态[①] | | 动态[②] | |
| | ≥0.5 μm | ≥5 μm | ≥0.5 μm | ≥5 μm |
| A 级 | 3 520 | 20 | 3 520 | 20 |
| B 级 | 3 520 | 29 | 352 000 | 2 900 |
| C 级 | 352 000 | 2 900 | 3 520 000 | 29 000 |
| D 级 | 3 520 000 | 29 000 | 不作规定 | 不作规定 |

①静态是指所有生产设备均已安装就绪,但没有生产活动且无操作人员在场的状态。
②动态是指生产设备按预定的工艺模式运行并有规定数量的操作人员在现场操作的状态。

### (三)主要类别药品的生产操作环境

药品生产区的洁净度控制极为重要,生产必须严格在经验证的场地进行,而不能依赖任何形式的最终处理或成品检验。厂房应按生产工艺流程及相应洁净级别要求进行合理布局。不宜以提高洁净级别为借口,合并两个原本洁净级别不同的功能分区,增加高级别区域负担,从而导致生产成本增加。

口服液体和固体制剂、腔道用药(含直肠用药)、表皮外用药品等非无菌制剂生产的暴露工序区域及其直接接触药品的包装材料最终处理的暴露工序区域,参照 D 级洁净区的要求设置。在固体制剂生产工序中,如物料粉碎过筛和称量过程,往往物料容器会敞口,使其暴露在洁净区的空气环境中,故该工序应按照 D 级洁净区的要求。

无菌产品是指法定药品标准中列有无菌检查项目的制剂和原料药,主要有注射剂、粉针剂、角膜创伤和手术用滴眼剂、无菌原料药等。

### (四)环境参数控制

**1.温度和湿度**

洁净室的温度与相对湿度应与药品生产要求相适应,并保证药品的生产环境和操作人员的舒适感。当药品生产无特殊要求时,洁净室的温度可控制在 18~26 ℃,相对湿度控制在 45%~65%。A 级和 B 级洁净区可设计温度 20~24 ℃,相对湿度 45%~60%。当工艺和产品有特殊要求时,如粉剂产品有吸湿性,可降低相对湿度控制值;生物制品的质量受温度影响较大,可对温度实施严格限定。

**2.静压差**

洁净区与非洁净区之间、不同级别洁净区之间的压差也应当不低于 10 Pa。必要时,相同洁净度级别的不同功能区域(操作间)之间也应当保持适当的压差梯度,并应有指示压差的装置。一般情况下,洁净室(区)的空气必须维持一定的正压。易产生粉尘的生产区域,如固体口服制剂的配料、制粒、压片等工序的洁净室(区)的空气压力,应与其相邻的室(区)保持相对负压。

**3.新风量**

新风量即新鲜空气量,是指空调系统单位时间内送入室内的新鲜空气总量。洁净区内应保持一定的新风量,其数值应取下列风量中的最大值。

①单向流洁净室总送风量的 2%~4%;乱流洁净室总送风量的 10%~30%;

②补偿室内排风和保持室内正压值所需的新鲜空气量;

③保证室内每人每小时的新鲜空气量不小于 40 m$^3$。

**4.噪声**

洁净室动态测试时不宜超过 75 dB。当超过时,应采取隔声、消声、隔震等控制措施。

**5.照明**

洁净室主要工作室的温度不低于 300 lx;辅助工作室、走廊、气闸室、人员净化和物料净化室可低于 300 lx,但不低于 150 lx。

### (五)管理要求

依据产品质量要求,各生产区域的洁净级别设置要合理。非无菌原料药精制、干燥、粉碎、包装等生产操作的暴露环境应按照 D 级标准设置。口服液体和固体制剂、腔道用药(含直肠用药)、表皮外用药品等非无菌制剂生产的暴露工序区域及其直接接触药品的包装材料最终处理的暴露工序区域,应当按照 D 级洁净区的要求设置。

　　洁净室(区)内安装的水池、地漏不得对药品产生污染。A 级洁净室(区)内不得设置地漏。B 级、C 级洁净室(区)应少设置地漏,必须设置时,地漏材料不易腐蚀,内表面光洁,易于清洗,有密封盖,并应耐消毒灭菌。洁净室(区)内不宜设电梯,以减少空气的污染。空气洁净度 B 级、C 级的洁净室(区)不应设水沟。排水立管不应穿过 A 级和 B 级洁净室(区),穿过其他医药洁净室(区)时,不得设置检查孔。

　　各洁净区内,洁净服清洗、灭菌房间的洁净级别应与使用房间尽量保持一致,洁具存放间的洁净级别也应与使用房间保持一致,不同洁净级别的洁具不能混用,避免交叉污染。

### (六) 气流组织

#### 1.洁净室(区)气流组织分类

　　使空间内的空气按预先要求的方向进行流动称为气流组织。适当的气流组织有助于较快地满足环境的温湿度和洁净分级要求,有利于防止有害环境污染物对产品产生不利影响和产品间交叉污染,减少操作人员与产品间的相互污染。洁净室(区)内的气流组织形式取决于送风口和回风口的位置、送风口和回风口的气流量、洁净室(区)本身的形态以及内部设施设备的形状与摆放。

　　洁净室(区)内气流形式分为单向流、非单向流(乱流)、混合流。按气流流型洁净室分成如下几种。

　　(1)单向流洁净室(区)。单向流是指通过洁净室(区)整个断面、风速稳定、大致平行的受控气流,气流朝着同一个方向以稳定均匀的方式和足够的速率流动。单向流能够持续消除关键操作区域的颗粒。单向流洁净室(区)的净化原理是活塞挤压原理,是洁净气流将室(区)内产生的粒子由一端向另一端以活塞形式挤压出去,用洁净气流充满洁净室(区),单向流洁净室(区)又可分为垂直单向流洁净室(区)和水平单向流洁净室(区)。

　　①垂直单向流(图 4-5)洁净室(区)是在其吊顶上布满(≥80%)高效空气过滤器(HEPA)(或风机过滤机组),经其过滤的洁净气流从吊顶用活塞式以一定的速度把室(区)内的污染粒子向地面,被挤压的污染空气通过地板格栅排出洁净室(区),这样不断地进行循环运行,实现洁净室(区)的高洁净度。垂直单向流洁净室(区)可创造最高的洁净度,用于 A 级洁净室(区)。但是,它的初投资高、运行费高。同时由于采用地板格栅可能带来清洗的死角问题,不利于抑制菌落数,因此,在电子工业上采用的地板格栅在制药净化车间极少使用。垂直送下的空气一般在接近地面处混入房间空气,靠房间的排风带走。

　　②水平单向流(图 4-6)洁净室(区)是其一面墙上布满(≥80%)高效空气过滤器(HEPA),经其过滤的洁净空气以一定的速度以活塞形式将污染粒子挤到对面的回风墙,由回风墙排出洁净室(区),这样不断循环实现高的洁净度级别。起初投资和运行费用均低于垂直单向流洁净室。水平单向流洁净室(区)和垂直单向流洁净室(区)比较,其最大的区别是垂直单向流洁净室的气流是由吊顶天花板流向地面,所有工作面全部被洁净的气流覆盖,而水平单向流洁净室(区)的气流是由送风墙流向回风墙,气流在垂直工作台第一截面洁净程度比后面的截面高。

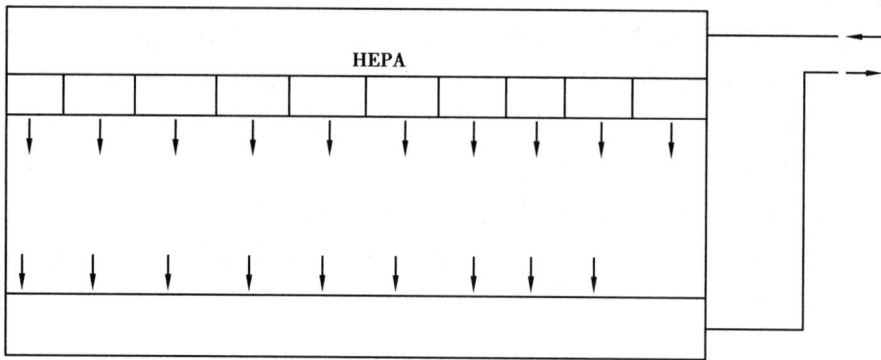

图 4-5　垂直单向流

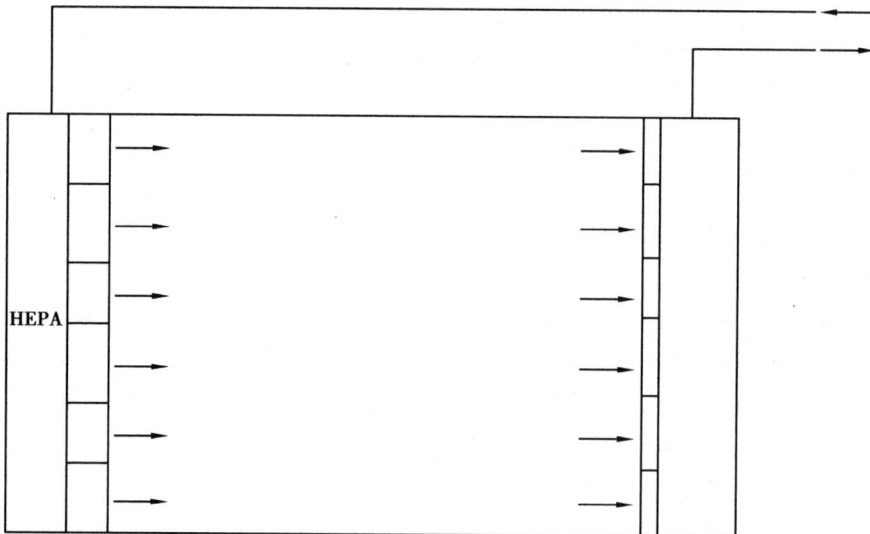

图 4-6　水平单向流

单向流系统在预定的被保护工作面的面风速应为 0.36~0.54 m/s,而且应做烟雾试验确认流型。为保证单向流的效果,一般设置局部围挡。

(2)乱流洁净室(区)。乱流是指送入洁净室(区)的空气以诱导方式与区内空气混合的一种气流分布。如图 4-7 所示,从送风口经散流器进入洁净室(区)内的洁净空气气流迅速流向四周扩散,与洁净室(区)内空气混合,稀释洁净室(区)内污染的空气,并与之进行热交换,在正压作用下从下侧回风口排走,洁净室(区)内气流因扩散、混合作用而非常杂乱,有涡流,故有乱流洁净室(区)之称。乱流洁净室(区)兼顾洁净室(区)内温湿度均匀性等洁净送风的要求及工作人员的舒适要求。乱流洁净室(区)自净能力较低,只能达到相对较低的空气洁净级别,用于 B 级、C 级和 D 级洁净室(区),其初投资与运行费用均较低。乱流洁净室(区)的基本要求是:①送入空间的空气必须比需要保持的房间空气条件更干净;②按设定的换气次数送入的洁净空气的体积必须足以带走空间所产生的微粒,以保持动态的环境条件;

· 106 ·

③必须使房间空气和送入的洁净空气充分混合以达到稀释的作用;④应采用顶送侧下回方式,在 D 级洁净室(区)局部特殊区域可采用顶送顶回。以上①~③ 3 个基本条件都必须在房间空气换气次数计算时得到反映。

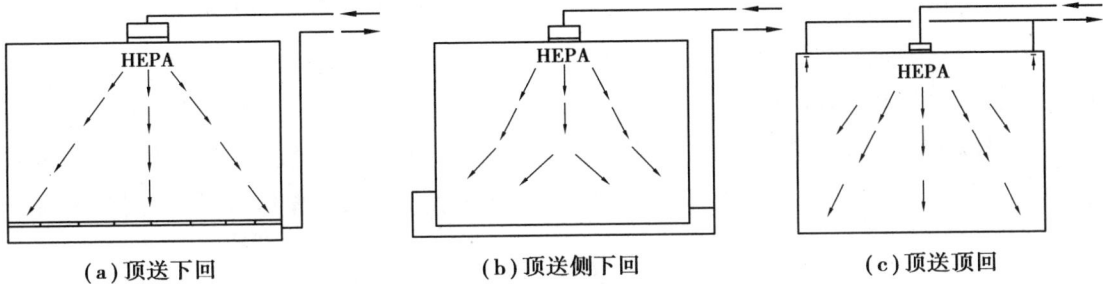

(a)顶送下回　　　　　(b)顶送侧下回　　　　　(c)顶送顶回

图 4-7　乱流洁净室

　　尽管都是乱流洁净室(区),但对于 B 级、C 级和 D 级洁净室(区)的气流设计还是有差异的。例如,送入房间的空气,B 级和 C 级洁净室(区)是经过送风口处设置的高效过滤器过滤,而 D 级洁净室(区)现在普遍使用亚高效过滤器。同时决定空气洁净度的一个重要指标即换气次数也相差很大,D 级洁净室(区)一般 15~20 次/h,C 级洁净室(区)一般 20~40 次/h,B 级洁净室(区)一般应大于 60 次/h(指导值)。结合生产实际情况对高洁净区域进行仔细核算,确定适宜的换气次数,对于节能降耗有很大帮助。FDA 无菌工艺指南要求 ISO 8 级的换气次数最小为 20 次/h。理论上,换气次数越大越有利于系统的自净,但换气次数又与能耗成正比,因此,根据实际情况设定合理的换气次数也是一个关键点。

　　(3)混合流洁净室(区)。混合流是指单向流和非单向流组合的气流。从降低运行成本的角度考虑,有的洁净室(区)应用"混合流",也就是局部单向流。由非单向流(乱流)加局部单向流组成的洁净室或洁净工作台,将乱流与单向流在同一洁净室(区)内组合使用,关键部位处于单向流型下,其他部位处于乱流流型下。单向流营造局部 A 级环境,非单向流营造局部 B 级/C 级的背景洁净环境。这种洁净室(区)也就是常说的在 B 级背景下的局部 A 级洁净室(区)或在 C 级背景下的局部 A 级洁净室(区)。例如,青霉素分装操作、冻干粉针剂灌装操作都需要 A 级洁净环境,而周边只需要 B 级洁净环境。这种洁净室保证了动态时的 A 级环境,也是一种具有节能意义的洁净室(区),体现了洁净度按需营造的节能思想。如果这样,洁净室(区)除按洁净级别不同划分为高低有序的各级洁净室(区)外,又可分为全面净化和局部净化两种洁净室(区)。由于洁净室(区)建设成本较高,对于生产企业而言,只要能满足生产和 GMP 要求,一般会尽可能地缩小洁净室(区)面积,能采用低洁净级别的洁净室(区)就不采用高洁净级别的洁净室(区)。同时,尽量采用局部净化方式,当只用局部净化方式不能满足生产和 GMP 要求时,可采用局部净化与全面净化相结合的方式或采用全面净化方式。

　　2.洁净室(区)送排风方式

　　洁净室(区)送风方式有顶送和侧送两种,回风方式按形式分为顶回、底回和侧回 3 种。

如果只从最大限度排除洁净室(区)污染物的效果来看,以顶送、底回或侧回的单向流形式为最好。对于非单向流洁净室(区),也以顶送侧回的送排风方式为好。只有在碍于层高无法从顶部送风时,才考虑侧送侧回的送风方式。对于固体物料的粉碎、称量、配料、混合、制粒、压片、包衣等工序,为防止室内气流的二次污染,应避免使用顶送顶回的送排风方式。

洁净室(区)净化系统的空气大多是循环使用的。但是下列场合的空气不能循环使用:①生产过程中散发粉尘的工序,当空气经处理仍不能避免交叉污染时;②生产过程中产生有害物质、异味、大量热湿或挥发性气体的工序;③生产中使用有机溶剂且因气体积聚可构成爆炸或火灾危险的工序;④三类危害程度以上(含三类)病原体操作区;⑤放射性药品生产区。

送风口应靠近洁净室(区)内洁净要求高的工序;回风口均匀布置在洁净室(区)下部。易产生污染的工艺设备附近应设回风口;回风口不宜设在洁净室(区)工作区高度范围以上。例如,洁净室(区)的排风排向走廊,由走廊集中回风,这种排风方式能维持该洁净室(区)的洁净度,但在走廊发生交叉污染的可能性较大。洁净室(区)各自设回风系统。一般来说,如果洁净室(区)的压差大于走廊,这种排风方式仍然能够维持该洁净室(区)的洁净度,而走廊仍是容易发生交叉污染的场所。但是,如果走廊的压差设置大于该洁净室(区),这种回风方式可保证该洁净室(区)内的粉尘在原地回风排走,避免在走廊发生交叉污染。这些方式可在不同的产品生产中灵活运用。

3.风速

除了选择合适的送风方式,洁净室(区)气流速度应满足空气洁净级别和人体健康两方面的要求。人体对气流速度比较适应的范围是 0.1~0.25 m/s,单向流洁净室空气流速为 0.36~0.54 m/s(指导值)。

## (七)压差

压差是指相邻空间的空气压力差。压差是控制气流方向的一种方法,可以保证洁净室(区)在正常工作或空气平衡暂时受到破坏时,气流都能从空气洁净度高的区域流向空气洁净度低的区域,使洁净室(区)的洁净度不会受到污染空气的干扰。

洁净室(区)的压差就是使洁净室(区)与周围的空间必须维持的静压差。使厂房外环境、洁净度不同的洁净室(区)之间,或洁净室(区)与一般房间之间保持适当的压差值。其目的是保证洁净室在正常工作或空气平衡暂时受到破坏时,洁净室(区)的洁净度免受邻室的污染或污染邻室。洁净室(区)与相邻洁净室(区)维持正的静压差(简称"正压")是较为常见的情况,实际工程中的工业洁净室和一般生物洁净室都是采用维持正压。不是所有药品生产洁净室(区)都要保持正压,某些特殊药品的生产区域应与相邻洁净室(区)保持负压。洁净室(区)静压差的作用:①洁净室(区)门窗关闭时,防止周围环境的污染由门窗缝隙渗入洁净室;②洁净室(区)门窗开启式,保证足够的气流速度尽量减少门窗开启和人员进入时瞬时进入洁净室的气流,保证气流方向,以便把进入的污染减少到最低程度。

医药工业洁净室(区)中如下房间(或区域)对同级别的相邻房间应保持相对负压,以有效防止污染物、有毒物质等的扩散,保护周围环境和人员的安全:①生产过程中散发粉尘的医药洁净室,如物料的称量、取样等房间,以及固体制剂车间中的混合、筛粉、制粒压片、胶囊填充等房间;②生产过程中使用有机溶剂的医药洁净室;③生产过程中产生大量有害物质、热湿气体和异味的医药洁净室,如清洗间、洗瓶间等;④青霉素类等特殊性质药品的精制、干燥、包装室及其制剂产品的分装室;⑤三类危害程度以上(含三类)的病原体操作区;⑥放射性药品生产区。

这些房间(或区域)既要防止室外未经净化的空气对它的污染,又要防止该房间(或区域)空气扩散污染其他房间或其他产品,于是这些产品制造或分装的洁净室(区)必须保证正压以抵制外来空气污染,同时为了不让这些产品逸出,又必须提高相邻洁净室(区)的压力,使得生产这些产品的洁净室(区)成为相对负压。

要实现室内正压,必须使送风量大于室内回风量、排风量、漏风量的总和。其正压值可通过调节送风量、回风量和排风量加以控制。出于如门窗的启闭、室内排风系统的间歇运行等原因,室内正压还受到外界因素影响,不能保持恒定值,可通过安装压差式自动风量调节阀达到控制压差恒定的目的。调节进风量与回风量、排风量、漏风量之间的压差值,通过室内压差显示仪表反映,也可设差压变送器检测室内压力,该信号通过转换器控制电动风阀,调节送入室内新风量的大小,达到控制室内正压的目的。国内外许多企业已采用计算机程控系统对各洁净室(区)的进风和回风进行控制。

我国现行版GMP规定:"洁净区与非洁净区之间、不同级别洁净区之间的压差应当不低于10 Pa。必要时,相同洁净度级别的不同功能区域(操作间)之间也应当保持适当的压差梯度。"

压差可以建立洁净(无菌)室内外空气隔离保护屏障。洁净室增压的设计通常采用洁净度从高到低的梯级区域布置,即气流由高洁净级别流向低洁净级别(注意,活性或特药灌装区的洁净区采用双缓冲措施)。当门处于正常关闭的位置时,在不同级别洁净区(包括气锁室)之间测量得到的设计压差应保持在10 Pa。对于复杂的设施设计,如果存在许多不同的增压水平,则应考虑防止绝对压力超过40 Pa,否则有可能导致大量空气泄漏、建筑结构失效及开(关)门困难等。

防止交叉污染或污染相对大的区间对污染相对小的区间的影响,或者便于污染物排放的统一处理等,相邻两个相同洁净级别的洁净室(区)之间也必须控制压差。如果操作区属于同一洁净级别,通常较关键操作区的压力略高于次关键操作区的压力。我国和各国法规、标准、工程指南都没有对该类压差值提出具体要求。虽然低至1.2 Pa的压差可以控制气流的流向,但洁净室之间易于测量和控制的压差大约为5 Pa。

不同洁净级别区域之间如不存在气锁室,则当它们之间的门打开时,很快它们之间的压差就会消失,此时通过使用闭门器维持压差。车间内部的气锁、前室等,只需要保持与毗邻房间总压差不小于10 Pa即可。

# 任务 3   仓储区、质量控制区与辅助区

## 一、仓储区

### (一) 区域划分

仓储区域通常分为一般贮存区、不合格品区、退货区、特殊贮存区和辅助区域等,辅助区域通常分为接收区、发货区、取样区、办公/休息区。仓储区应有足够的空间用于待验品、合格品、不合格品、退货的存放,并在包装容器上有明确的状态标识,对于不合格品及退货物料采用物理隔离方式贮存。非 GMP 相关物料(如办公用品、劳保用品、促销用品等)建议单独设置,以减小 GMP 库房建设规模,降低库房管理成本。对于贮存条件或安全性(特殊的温度、湿度要求,或毒、麻、精、放)有特殊要求的物料或产品,仓储区应有特殊贮存区域以满足物料或产品的贮存要求,并有技防设施。在原辅料、包装材料进口区应设置取样间。取样间内同时操作只允许放一个品种、一个批号的物料,以免物料混淆。仓储区的取样区洁净级别应与生产要求一致。仓库的接收、发放和发运区域应当能够保护物料和产品免受外界天气影响。

### (二) 设施设备

仓储区的设计和建造应当确保良好的仓储条件,能够满足物料或产品的贮存条件(如温、湿度,避光)和安全贮存的要求,并进行检查和监控。有通风、照明和消防设施的仓库一般采用全封闭式设计,可采用灯光照明和自然光照明,对光照有一定的要求。仓库周围一般设置窗户,做好纱窗之类的防护,防积尘,也防鼠类、虫类进入。有窗部位外面要安装铁栅栏,以保证物品安全。配置合适的空调通风设施,以保持仓库内物料对环境的温、湿度要求。根据产品及物料的贮存条件选择合适的温度范围进行贮藏。库房空间较生产房间大,宜通过当地最热和最冷季节的温、湿度分布验证,以确认空调通风设施的性能。仓库内不设地沟、地漏,目的是不让细菌滋生。仓库内应设洁具间,放置专用的清洁工具,用于地面、托盘等仓储设备的清洗。仓库的地面要求平整,尤其是高位货架和高位铲车运作区。仓库地面结构要考虑承重。

### (三) 温度环境

常温保存的环境,其温度应为 10~30 ℃;阴凉保存的环境,其温度应不高于 20 ℃;凉暗保存的环境,其温度应不高于 20 ℃,并应避免直射光照;低温保存的环境,其温度应为 2~10 ℃。贮存环境的相对湿度为 35%~75%。如物品有特殊要求,应按物品性质确定环境的温、湿度参数。

## 二、质量控制区

药品质量控制实验室是质量控制活动的主要场所,其规模和布局可根据企业主要质量控制内容和检测项目等进行设置。

根据 GMP 中的相关要求,即"质量控制实验室通常应与生产区分开",制药企业质量控制区的设置通常应与生产区相对独立,但考虑到企业生产中的实际效率和管理,如抽取样品的方便,质量控制区又不应与生产区太远。按照以上原则,企业总体平面布局中质量控制区临近生产区,可用连廊等方式和生产车间相连。

因制药企业的规模、仪器装备的水平、检测的方法以及企业管理制度和操作习惯等不同,每个企业质量控制区的建筑布局也会不同,而且随着法规的发展,药品的质量检测也在不断引进新方法、新技术以及先进的仪器设备,对质量控制区布局的要求也在不断发展。

考虑到质量控制区内会放置大量精密仪器设备以及未来发展的灵活性,从建筑设计的角度,建议采用钢筋混凝土框架结构,使建筑既有良好的抗震性能,又能方便未来改造。考虑到质量控制实验室涉及高压灭菌锅、培养箱等大型设备,如设置在二层或二层以上楼层,还应根据设备重量准确计算建筑楼面载荷,以确保安全。

质量控制实验室应有足够的空间以满足各项实验的需要,每一类分析操作均应有单独的、适宜的区域。设计中根据产品检验的实际需求建议遵循布置原则:干湿分开便于防潮,冷热分开便于节能,恒温集中便于管理,天平集中便于称量取样。

质量控制区一般有如下主要功能房间或区域。

1.送检样品的接收/储存区

送检样品的接收/储存区用于接收和储存送检样品。

2.试剂、标准品的接收/储存区

质量控制区内可设置独立的试剂存放间。试剂存放间的设计应满足相关化学品存放的要求,对于易燃、易爆试剂的存放应符合相关安全规范,并有防爆和防止泄漏的设施。从安全品的角度考虑,质量控制区内设置的试剂存放间所存放的化学品为满足日平均使用量,不可存放大量化学试剂。试剂存放应具备良好的通风设施,普通化学试剂和毒性化学试剂应分开存放。对照品或标准品、基准试剂应按规定存放,并有专人管理,使用及配制应有记录。有温度储存要求的场所应有温度、湿度记录装置。

3.清洁洗涤区

清洁洗涤区用于实验用器皿如试管等的清洗。清洁洗涤区的设置应靠近相关实验室,以便于清洗容器的送洗和取用。

4.特殊作业区(如高温实验室)

高温实验室用于放置干燥箱、烘箱、马弗炉等,一般应远离试剂存放间及冷藏室。考虑到散热和安全,应在房间内设置温感、烟感报警器及机械排风。高温设备离墙应有一定距离,建议不得少于 15 cm。

5.分析实验区

分析实验区一般分为化学分析实验室和仪器分析实验室。分析实验区建议具备必要的通风设施和避光设施,对于某些仪器建议安装局部通风设施。

(1)分析实验室。实验台应防滑、耐酸碱、表面易于清洁,并且具备一定的缓冲作用,不易造成玻璃容器破碎。考虑健康安全方面的影响,通风橱内部不应有电源插座、开关,使用有机溶剂的还应该配备防爆电机和开关。在正常使用位置通风橱的面风速>0.5 m/s,为保证使用安全,通风橱最好配有面风速实时显示面板。洗刷池应耐酸碱,表面易于清洁。

(2)化学分析实验室。化学分析实验室是对原料、中间品、成品进行化学测试和检验、试剂配制、滴定分析等的工作场所,是主要的分析检测场所,占地面积可相对较大。为了方便操作,建议与天平室、仪器室等邻近。

(3)仪器分析实验室。仪器分析实验室通常包括天平室、普通仪器室、精密仪器室等。天平室建议单独设置,天平室送风口应远离操作台。其他各室可根据企业检验需要进行设置,应尽可能远离震源、高温,并靠近化学分析实验室。仪器的布局应与内部设施和仪器的要求相适应,其空间能满足仪器摆放和实验空间的需求。对于某些需要使用高纯度气体的仪器,建议设立独立的气体存储间,并符合相关的安全环保规定。普通仪器室主要放置溶出仪、气相色谱仪、液相色谱仪等。精密仪器室中的高灵敏度仪器(如红外光谱仪、原子吸收光谱仪等)易受静电、震动、潮湿或其他外界因素干扰,建议设置独立的实验室,房间应远离震源,防止气流和磁场的干扰。为方便使用,建议精密仪器室布置在质量控制区的中央。天平台要牢固防震,并有适合的高度与宽度,室内要干燥,明亮。

6.微生物实验室

微生物实验室一般由微生物检测室及配套的培养间、准备间、清洗间、灭菌间等构成。无菌室(或半无菌室)是洁净区域,人员出入应设置更衣及缓冲间,物料或物品出入也应设置缓冲间(或传递窗),培养皿、培养基等均须进行灭菌后方能进入。无菌室应设置在能直接被外界观察到的地方,建议设置观察窗,以方便对操作人员的安全进行观察。

(1)微生物检测室。微生物检测室是进行微生物学质量检测的场所。微生物检测室一般应包括无菌检查室、微生物限度检查室和阳性对照室、生物效价室等有洁净级别要求的实验室,应与其他实验室分开设置,有独立的人员进出通道和物料进出通道,空调系统独立。检测室的内部应简洁、无杂物,易于清洁和消毒。对无菌制剂及非无菌制剂的微生物检测,无菌检测洁净级别是 B 级+A 级,其他是 C 级+A 级。目前都在相应背景下设置超净工作台实现。另外,阳性对照室在微生物检测室的布置中又希望相对独立。

(2)微生物准备间。微生物准备间应有足够的空间放置高压灭菌器和其他压力容器,并与无菌操作间之间应有传递窗等相连的物流通道。

(3)微生物灭菌间。为避免物流交叉污染,应设置独立灭菌间,废物处理与培养基的准备应有物理上的隔离。

#### 7.实验动物房

如有实验动物房的需求,应与其他区域严格分开。其设计、建造应符合国家相关规定,如《实验动物设施建筑技术规范》(GB 50447—2008);实验动物房内的设施应符合《实验动物环境及设施》(GB 14925—2010)的要求。应有独立的空气处理设施以及动物专用通道,实验动物的饲养、实验、清洗、消毒、废弃物等各室应分开。

#### 8.留样观察室

留样观察室是质量控制区中实施留样(包括原辅料、包装材料及成品的留样)观察的场所,其场地应能满足留样的要求,有足够的样品存放设施,有温、湿度监测装置和记录,可分开、分区设置,室内应注意通风和防潮设计,有阴凉储存要求的还应设置阴凉室。留样观察室的存放条件与产品规定的储存条件一致,设计需考虑可放置检测温度、湿度的相关装置。

留样观察室主要有常温留样观察室、阴凉留样观察室、冷冻(冷藏)留样观察室。建议将留样观察室设置在人员走动较少的区域,设置阴凉留样观察室和冷冻(冷藏)留样观察室时还要从节能方面考虑,如应避免西晒。

加速/长期稳定性考察室宜与留样观察室分开设置。进行加速/长期稳定性考察宜采用恒温恒湿箱进行样品储存,房间满足一般区域要求即可。

#### 9.其他

质量检验中涉及大量文件记录,可设置单独办公室,用于文件记录和存放。质量控制区内可设置更衣室和休息室。

## 三、辅助区

辅助区包括多个功能间(区域),如更衣间(含人员气锁间)、物料气锁间、休息室、组洗室、维修间等。更衣间(含人员气锁间)已在前面的人流净化内容中介绍,以下重点介绍盥洗室和洗衣房的设计。

#### 1.盥洗室

盥洗室(厕所、淋浴室)可根据需要设置,应当方便人员进出,并与使用人数相适应。盥洗室不得与生产区及仓储区直接相连,要保持清洁、通风、无积水。

盥洗室可设置在总更衣间外;也可设置在总更衣间区域内,与之相连;还可设置在总更衣间后的一般区内,以方便外包装区域及仓储区人员进出。后两种情形,设计盥洗室时都应采取必要的防污染措施,如设置缓冲间、排风等。

若采用人员从室外区直接进入洁净区,通常应单独设置一个脱外衣和脱鞋的房间,盥洗室也可设置在人员脱外衣间的区域内,与之相连,应采取必要的防污染措施,如设置缓冲间、排风等。

#### 2.洗衣房

生产过程中用到的工作服,尤其是在洁净区用到的工作服,其洗涤、干燥、整理、存放、必要时的灭菌必须在特定的环境中进行。对于有洁净级别要求的工作服,其洗涤、干燥、整理、存放、必要时的灭菌的区域洁净级别与该工作服使用所在房间的洁净级别相同。工作服使用所在房间的洁净级别如果是要求较低的洁净区域,如 C 级、D 级洁净室(区),其洗涤、干燥、整理、存放、必要时的灭菌等活动可放在本区域内;工作服使用所在房间的洁净级别如果是要求较高的洁净区域,如 B 级洁净室(区),则其洗涤、干燥、整理、存放、必要时的灭菌等活动宜设置在本区域外。

# 任务 4　设备管理

生产工艺是通过设备实施完成的,设备直接接触原材料、辅助材料、半成品、成品,很容易造成药品的生产差错和污染。因此,制药设备是实施 GMP 和保证生产过程中药品质量不可或缺的硬件条件。

设备是药品生产中物料投入其中转化成产品的工具或载体。药品质量的最终形成是通过生产而完成,无论药品生产的质量保证还是数量需求都需要获得设备系统的支持。设备的管理是全过程、全方位的,包括从选型、采购到安装、试车;从验证、使用到清洁、维修与保养;从现场管理到基础管理等。随着 GMP 在制药企业的实施,对药品生产及设备管理提出了更高的要求。在药品的生产过程中,设备管理人员及使用者应注重设备的使用、清洁及维护等过程,以充分发挥设备技术性能、延长设备使用寿命,从而确保设备经济效益最佳。

GMP 对制药设备进行了指导性的规定,从风险管理角度对工艺设备的设计与安装、维护与维修、使用和清洁、校准和校验提出了具体要求。我国现行版 GMP 对药品生产企业的工艺设备提出了基本要求,在各个附录中,针对不同产品(如无菌产品、原料药、生物制品、血液制品、中药制剂等),对各自的工艺设备也作了相应的规定。

## 一、设备的选择

1.材质要求

直接接触药品的设备多选用超低碳奥氏体不锈钢 316L 材质,不接触药品的重要部位选用 304 不锈钢。非金属材料多采用聚四氟乙烯、聚偏氟乙烯、聚丙烯等。橡胶密封材料多采用天然橡胶、硅橡胶等化学特性比较稳定的材料。凡与药物直接接触的设备、容器、工具、器具应不与药物反应、不释放微粒、不吸附药物,内表面平整光滑无死角及砂眼,易清洗、消毒或灭菌,设备消毒或灭菌后不变形、不变质;禁止使用含有石棉的过滤器材及易脱落纤维的过滤器材,过滤器材不得吸附药液中的组分或向溶液释放异物而影响药品质量;设备所用润滑剂、冷却剂等不得对药品或容器造成污染。

2.生产要求

设备选择要考虑其性能满足生产工艺流程、各项工艺参数的要求。设备最大生产能力应大于设计工艺要求,避免设备长期在最大能力负荷下运行。设备的最高工作精度应高于工艺精度要求,对产品质量参数范围留有调节余量。

设备结构设计应尽可能简单,以便于操作和维修。操作人员活动距离尽量缩短,活动空间适当,不易发生操作错误;有足够的维修空间拆装零部件,易损零件应便于拆装,有逻辑关系的传动系统零位有明确标记;模具更换和需清洗的部件,应易拆、易装、耐磨损并且定位准确,零件上和安装部位有清晰可见的零件号和定位标记,以保证零件安装正确,避免错位。

用于生产和检验的仪器、仪表、量具、衡器等,其适用范围和精密度应符合生产和检验要求,有明显的合格标识。

3.安全要求

生产中发尘量大的设备,如粉碎、过筛、混合、制粒、干燥、压片、包衣等设备,应设计或选用自身除尘能力强、密封性能好的设备,必要时局部加设防尘、捕尘装置设施。对产生粉尘、易燃挥发性气雾的设备环境须充分考虑设计防爆、防静电装置。生产尾气除尘后排空,出风口应有防止空气倒灌的装置。

易燃、易爆、有毒、有害物质的生产设备、管道需有安全卸压装置、防腐防泄漏装置、防爆防静电装置、困境通信装置、紧急故障切断功能。用于加工处理活生物体的生产设备应便于清洁和去除污染,能耐受熏蒸消毒。灭菌柜宜采用双开门,并具有对温度、压力、蒸汽自动监控、记录的装置,其容积应与生产规模相适应。

## 二、设备的安装

药品生产设备的安装,应符合生产要求,易于清洗、消毒和灭菌,便于生产操作和维修保养,并能预防、减少污染(交叉污染)和差错。

设备的安装布局要与生产工艺流程、生产区域的空气洁净级别相适应,并做到安装整齐、流畅、有效;同一台设备的安装如穿越不同的洁净区域,两区域间则应保证良好的密封性,并根据穿越部位的功能与运转方式进行保护、隔离、分段分级单独处理;与设备连接的管道要做到排列整齐、牢固,标识正确、鲜明,并指明内容物和流向,预防差错;需要包装的设备或管道,表面应光滑平整,不得有物质脱落的现象出现,可采取以合适材料再包装的方式使其得到保证;设备的安装要考虑清洁、消毒、灭菌的可操作性与效果,如合适的位置、相应的配套设施等;设备的安装应从方便操作和安全保护方面考虑,保持控制部分与设备的适当距离,有利于工艺执行和生产过程的调节与控制,预防差错;设备的安装应考虑维修和保养的方式与位置。设备之间、设备与墙面之间、设备与地面之间、设备与顶面之间都要保持适当的距离;设备的安装还应考虑相关的安全、环保、消防等方面的法律法规与专业要求,并予以遵守。

## 三、设备的除尘和防污染措施

药品生产过程中,发尘量大的称量、粉碎、过筛、压片、充填、原料药干燥等岗位,若不能做到全封闭操作,要设计必要的捕尘、除尘装置,还应考虑设计缓冲室(气锁间),以避免对邻室或共用走道产生污染。尤其是固体物料,产生的粉尘会造成污染和交叉污染。因此,需要采取适当的措施,控制这种污染。

(1)尽量使用密闭式固体加料系统,在不打开反应罐的情况下加料,通常适用于原料药的干燥及包装生产、不同制剂的配料过程。

(2)在配料称量区,根据称量物料的暴露等级设置专门的称量间。在向下的层流装置中进行配料称量或使用手套箱等,以控制粉尘扩散。

(3)磨粉经常是开放性操作,粉尘很大。对高活性物料的磨粉,可在层流罩下或隔离器内进行,以降低产品暴露和员工接触的风险,并可以降低对外周房间区域的污染。

(4)制粒操作是发尘量较大的过程,操作时尽量保持密闭,同时房间应保持相对负压。

(5)固体制剂在干燥完毕后,如果是手工从干燥床的卸料口中转移物料,操作者容易接触大量粉尘。流化床采用真空卸料,保证操作过程中无粉尘暴露。配备在线清洗功能,保证清洁过程中操作者不会接触大量粉尘。

(6)粉料以不同的方式加入到压片机和胶囊机上,压片机和胶囊机的填充区会有暴露的药品粉尘,设备内应配有除尘器,设备操作时开启除尘器,以除去机器上积累的药粉。

## 四、设备的使用

设备操作人员需要先接受岗位培训,然后才能正确使用设备,使用时应及时填写记录,并进行及时有效的清洁,防止污染与交叉污染。针对设备的功能、关键结构、工作原理、操作过程、清洁方法及要求、注意事项等内容对设备使用人员进行培训,在实际操作训练考核合格后,方可上岗操作设备。正常操作设备过程中,依据设备标准操作规程,正确使用、清洗和维护。

### (一)标准操作规程

在设备使用过程中要推行 SOP 管理,以规范工作流程,减小或者避免操作人员技能的差异对药品质量的影响,而且便于追踪管理。例如,设备各种运行记录的填写、汇总、分析的 SOP 化,便于掌握设备完好状态,从而合理安排生产任务。

### (二)设备状态标识

#### 1.设备卡

每台设备上都需要有设备卡,卡上的信息主要有设备名称、设备型号、设备生产厂家、设备编号和设备负责人(一台设备如由多人操作,可以只填写设备的负责人;如果只有一个人操作,可以填写设备的使用人)。

#### 2.设备状态标识

药品生产中,不同功能的设备所处的状态也不尽相同,有性能完好正在运行的设备,也有待修停止运转的设备,需要有明显的状态标识准确表明设备的性能及状态,可避免生产人员的错误操作。常见的状态标识如下。

(1)生产中、运行中:表示设备正在进行生产操作,状态卡应注明产品名称及批号。

(2)待清洁:表示性能完好尚未清洁的设备,如更换产品、批号,或产品连续生产至规定时间需要清洗,或设备维修、试机后尚未清洁时使用的标识。

(3)已清洁:表示性能完好已清洁合格的设备,可以进行生产活动,标识应写明清洁日期,如超过有效期,需重新进行清洁。

(4)待修:表示设备出现故障,尚未修理的设备,不能启动使用。

(5)维修中:表示设备正在维修状态下。维修结束后,生产设备状态为"待清洁"。维修人员应及时通知相应的生产人员及时进行清洁,使该设备及时恢复到"已清洁"状态。

(6)试机:表示设备正在进行生产设备或物料的调试,试机结束后,生产设备状态为"待清洁"。生产人员应及时进行清洁,使该设备及时恢复到"已清洁"状态。

(7)停用、备用:表示因更换品种或技术原因一定时间内不需要使用的设备,如长期不用,可移出生产区。

状态标识应挂在明显的位置,也可以用不同的颜色进行区别,如"生产中""运行中""已清洁"使用绿色;"待清洁""待修""维修中""试机"使用黄色;"停用""备用"使用红色。生产设备状态标识卡更换后即由操作人员销毁处理,不进行存档。

### (三)设备使用日志

用于药品生产或检验的设备和仪器应当有使用日志,其记录内容包括设备的使用、清洁、维护和维修情况,以及日期、时间,所生产及检验的药品名称、规格和批号等。制订设备使用日志的管理规程,设置设备使用日志的配置表,规定配置日志的设备、设施的位置、编号、房间号及名称等,并由规定人员定期对内容进行检查,对其中的异常情况进行跟踪或处理。设备使用日志应由指定部门进行发放及存档。

## 任务 5  设备的清洁、维护、维修

## 一、设备的清洁

### (一)要求

当更换生产品种或同一品种更换批号时,一定时间内生产结束时,或新设备在安装、调试结束后,需进行设备的清洗。设备的清洁过程:确定需清洁的污染物性质和类型→清除所有前→批次残留的标识、印记→预冲洗→清洗剂清洗→冲洗、消毒→干燥→记录→正确存储和使用。主要生产和检验设备都应当有明确的清洁操作规程,规定具体而完整的清洁方法、

清洁用设备或工具、清洁剂的名称和配制方法、去除前→批次标识的方法、已清洁设备在使用前免受污染的方法、已清洁设备最长的保存时限、使用前检查设备清洁状况的方法等。清洁操作规程使操作者能以可重现的、有效的方式对各类设备进行清洁。如需拆装设备,还应当规定设备拆装的顺序和方法;如需对设备消毒或灭菌,应当规定消毒或灭菌的具体方法、消毒剂的名称和配制方法,以及设备生产结束至清洁前所允许的最长间隔时限。维修工作结束后,要对设备进行清洁,必要时进行消毒或灭菌。

## (二)工具

清洁设备使用的容器和工具应不脱落纤维和微粒,可以洗涤、消毒和干燥;不同洁净级别的工具应有明显的状态标识,不可混放、混用;特殊药品生产区的清洁工具应单独存放;清洁工具应能防潮、防腐、不易滋生微生物,不可使用竹、木质、铁质、含棉等材料。已清洁的生产设备应当在清洁、干燥的条件下存放,防止设备清洁后被污染。

## (三)方法

制药设备的清洁方式一般分为人工清洁和自动清洁两种。两种方式相较而言,自动清洁的效率更高,但是设备的某些区域必须用人工清洁的方式才可以。人工清洁前需要先将设备拆卸下来,到专门的清洗场所进行清洁,主要是通过人来清洗设备。而自动清洁是由专门的设备来完成的,按照设定好的程序对设备进行清洁。需要注意的是,如果生产间的清洁方法和更换产品时的方法不一样,需要将两种清洁方式分开。水溶性的残留物和不溶性的残留物的清洁方式也要分开,明确不同的清洁方式的应用范围。清洁设备时需要注意的是,零部件清洗以后防止碱性溶液腐蚀零件的表面,需要用热水进行冲洗,待干燥后为了防止生锈,要在表面涂抹机油。清洗时,时间要充足,保证清洗干净,对于精密的零部件以及铝金属材质的部件不宜使用碱性的清洁剂。

这两种清洁方式在实际生产中应用很广。清洁方式的选择应当全面考虑设备的材料和结构、产品的性质、设备的用途及清洁方法能达到的效果等各个方面。通常,如果设备体积庞大且内表面光滑无死角、生产使用的物料和产品易溶于水成一定的清洁剂,这种情况下比较适合采用自动或半自动的在线清洁方式,清洁剂和淋洗水在泵的驱动下以一定的温度、压力、速度和流量流经待清洗设备的管道,再通过专门设计的喷淋头均匀喷洒在设备内表面,从而达到清洗的目的。大容量注射剂的配制系统多采用这种方式。如果生产设备死角较多,难以清洁,生产的产品易黏结在设备表面易结块,则需要进行一定程度的拆卸,并用人工或专用设备清洗。大容量注射剂的溫装机,小容量注射剂的灌装机、胶囊填充机及制粒机、压片机等,一般可采用人工清洗方式。

## (四)步骤

### 1.预洗/检查

清洁规程往往不是专用的,需要适用于生产多种产品和浓度或剂量规格的通用设备以简化管理及操作,因此需进行预洗。预洗的目的是除去大量的(可见的)残余产品或原料,为此后的清洁创造基本一致的起始条件,以提高随后各步操作的重现性,比较简单而切合实际的方法是让操作者检查是否还有可见的残留物,让他们持续喷淋设备直至可见残留物消失,以此作为预洗的终点。

2.清洗

清洗的目的是用清洁剂以一定的程序(如固定的方法、固定的清洗时间等)除去设备上看不到的产品。这种一致性是进行验证的基础。在预洗后,下一步即对设备或部件进行实际的清洗。如果清洁程序中要使用专用的清洁剂,即在本步骤使用。为获得稳定的结果,减小偏差,必须明确规定清洁剂的名称、规格和使用的浓度以及配制该清洁溶液的方法。明确清洁剂的组成,以便验证时检查是否有残留的清洁剂。

必须规定温度控制的范围、测量及控制温度的方法。为提高清洗效率,可采用多步清洗的方式,在这种情形下两步清洗之间可加入淋洗操作。配制清洁溶液的水可根据需要采用饮用水或纯化水或更高级别的水。

3.淋洗

用水以固定的方法和固定的时间淋洗设备表面,以除去设备上看不到的清洁剂,是本操作的目的。为保证清洗程序的重现性,必须在清洗程序中明确规定淋洗的次数及其他相关参数,如淋洗水的压力、流速,淋洗持续时间及水温等。应根据产品的类型采用符合药典标准的纯化水或注射用水。

4.干燥

根据需要决定是否进行干燥,以除去设备表面的残留水分和防止微生物生长。水膜有可能掩盖残留物,一定程度上有碍检查,因此,对于须暴露保存的设备应进行干燥。但对于经过验证的清洁程序,如果设备淋洗后要进行灭菌处理,或是采用高温、无菌的注射用水淋洗后并保持密闭的设备,则不一定要进行干燥处理。

### (五) 清洁剂的选择

清洁剂应能有效溶解残留物,不腐蚀设备,而且本身易被清除。人用药品技术要求国际协调理事会(ICH)在"残留溶剂指南"中将溶剂分为3个级别。ICH"残留溶剂指南"规定:一级溶剂、二级溶剂仅在不可替代的情况下用于药品生产,但不能用作清洁剂;在无法避免时,三级溶剂可作为清洁剂,其在下批生产中允许的溶剂残留浓度不应超过初始溶剂浓度的0.5%。随着环境保护标准的提高,还要求清洁剂应对环境尽量无害或可被无害化处理。在满足以上要求的前提下应尽量廉价。根据这些标准,对于水溶性残留物,水是首选的清洁剂。从验证的角度来看,不同批号的清洁剂应当有足够的质量稳定性。因此,不提倡采用一般家用清洁剂,因其成分复杂、生产过程中对微生物污染不加控制、质量波动较大且供应商不公布详细组成。使用这类清洁剂后还会带来另一个问题,即如何证明清洁剂的残留达到了标准,应尽量选择组成简单、成分确切的清洁剂。根据残留物和设备的性质,企业还可自行配制成分简单、效果确切的清洁剂,如一定浓度的酸溶液、碱溶液等。企业应有足够灵敏的方法检测清洁剂的残留情况,并有能力回收或对废液进行无害化处理。从广义上来说,采用有机溶剂、酸和碱以及合成清洁剂三种类型的清洁剂用于 GMP 工艺。

### (六)清洁周期与人员培训

药厂设备在清洁时应当有明确规定,两次清洁间隔时间应当获得验证,也需要针对设备连续生产时间从生产结束到开始清洗时间,以及设备下次生产的存放时间有明确规定。对于制药企业来说,清洁人员的工作态度、操作技能以及对设备生产加工的熟悉程度等对于设备最终清洁效果是十分重要的,因此,制药企业工作人员需要高度重视对清洁人员的培训教育。

### (七)清洁验证

(1)药厂在设备清洁方案的准备阶段。首先要验证清洁剂,清洁剂验证主要包含设备和清洁剂,适应性设备和管道密封圈是否能够实现清洁剂吸收,在清洁的过程中是否需要进行消泡处理以及清洁后如何清除清洁剂等问题。一般清洁剂最好使用已验证过的。

(2)取样及检验。针对生产设备在清洗时如何选择取样点,通常选择具有代表性且不易清洗位置,结合取样复杂性决定这种取样量,取样方法包括淋洗和直接取样,直接取样是在设备表面进行取样,进而判断设备清洁度,典型的取样方法为擦拭法,是直接取样法中常用的方法之一,要求设备内保持清洁干燥。在不存在其他不溶物的基础上可采用擦拭法,但需要注意的是,使用该方法前需要对取样材料进行清洁水平检查,确认该材料是否能够影响取样结果,但采用该方法时需要多次拆卸设备才能够接触被测试位置。淋洗取样法主要适用于一些无法直接接触、表面较大或者不能经常拆卸的系统。通常淋洗样品选取最后一次结果分析,该方法的缺点是无法应用于沉积在设备某些位置的不溶残留物,结合设备使用情况,通常可联合使用两种方法进行评价。在取样时需要通过验证,再次分析验证回收率及重要性,在设备清洁验证时给出残留物污染物检测方法,必要时能够针对分析方法专属性、灵敏度进行验证。

(3)确定残留物的限度。针对制药企业需要结合产品生产设备使用情况,产品质量,制订切实可行合理的检测方法,以对残留物的标准限度进行检验。当前全球普遍接受的限度标准原则如下:采用一定的检测方法可达到客观浓度、限度;正常治疗剂量的限度,一般为 $1/1\ 000$;以目检测为依据。

(4)验证方案。通常验证方法包括目的明确,准备验证所需的设备以及清洁方法;确定清洁规程;列出验证人员名单以及参与单位;确定限度标准和参照物;详细阐述取样的方法、工具,所需的容器、溶剂、方法验证等相关问题;用文字及示意图等形式标明取样计划和具体位置。

## 二、设备的维护与维修

药品质量关系到人民的生命安全,关系到企业的生死存亡,意义重大。医药企业要想得到长足的发展,就必须重视制药设备的管理和维护工作。对于制药企业来说,设备管理工作就是对制药设备进行正确而全面的维护管理,尽最大可能保障设备的使用功能和使用寿命,保障制药设备的综合性能可以全面发挥。随着制药行业的发展和新版 GMP 的实行,对制药设备管理和维护也提出了更高的要求。为了促进制药设备企业的管理更加规范化,企业对其生产质量以及相关管理部门的要求更为严格,制药企业的设备维护也越来越受到企业的关注。

设备故障可分为先天性故障、使用性故障两类。先天性故障受设计制造者的水平、责任心影响及科学技术发展水平的制约,可以通过改进设计避免。使用性故障则是由于设备安装调试、运行操作、日常保养、维修检修以及自然磨损和劣化等因素所造成的故障,是设备后期管理所带来的故障。

设备维修助力药企精益求精,设备在使用过程中会逐渐磨损,产生材料性能与强度的变化,其加工精度和功能也会受到影响,甚至产生故障,带来安全隐患。设备维护的目的就是降低设备发生故障的概率,为设备可以持续生产出高质量的产品提供保证。设备的维护分为预防性维修和故障维修。预防性维修是指进行日常的检查和后续的跟踪过程,故障维修是指设备一旦发生故障或存在隐患而采取的纠正措施。企业的设备维护人员或使用人员应定期对设备与工具进行维护保养,防止设备故障或污染对药品质量的影响。企业应对主要设备制定预防性维修计划及维修操作规程,规定维修项目和维修频次,由专人或专门的部门定期进行设备保养,并做记录,记录按 GMP 文件要求进行存档和管理。

制药企业所用的设备按照使用需求基本上可以分为两大类:一类是生产用设备,另一类是动力供给及保障用设备。生产用设备种类繁多,不同制药企业生产的制品不同,所用的设备也不尽相同,但是有一些设备是普遍使用的,如灭菌类设备、分装设备、包装设备、冻干设备、罐类设备、离心类设备等。动力供给及保障用设备则基本一致,包含净化空调系统、水系统、净化压缩空气系统、蒸汽供给系统、供电系统等。以上设备出现小的故障,如管道、阀门泄漏,高效过滤器、回风口损坏、堵塞,配电柜电气元件的损坏,设备上轴承损坏都会使设备停机,甚至造成生产的全面停产而导致不必要的经济损失。因此,对设备进行维护保养是十分必要的。

### (一)设备故障

制药企业使用设备的故障基本可分为两大类:一类是机械故障,另一类是电气故障。

1.机械设备的劣化进程

(1)Ⅰ期:磨合期。指的是新设备设计、装配后的跑合阶段,这个阶段故障率较高。故障率与零部件的设计、制造、装配质量密切相关。这个阶段一般需持续 1~3 个月,维修人员和操作人员在此阶段要尽可能地熟悉、了解设备。

（2）Ⅱ期：正常使用期。指的是机器在经过第Ⅰ期后，已经处于稳定状态，进入正常使用阶段。这个阶段故障率明显较低。

（3）Ⅲ期：耗损期。指的是机器由于磨损疲劳等原因已处于生命中的老年阶段，其故障率逐渐升高。通过对机器进行必要的检测和诊断，可以及时发现设备在某一阶段处在哪一期，避免设备提前进入耗损期或发生故障。

2.常见的机械故障

（1）损坏型故障：如电机皮带断裂、开裂，高压内胆龟裂，水泵机械密封损坏等。

（2）退化型故障：如冻干机内室密封胶条老化、变质、剥落，离心机主轴轴承异常磨损等。

（3）松脱型故障：如齿轮传动机构松动、脱落等。

（4）失调型故障：如空压机压力过高或过低、包装联动线装盒机推杆行程失调、说明书进纸机构间隙过大或过小等。

（5）堵塞与渗漏型故障：如冷水机组蒸发器堵塞、循环水管道漏水、蒸汽管道漏气、液压传动机构渗油等。

（6）性能衰退或功能失效型故障：如功能失效、性能衰退、过热等。

3.电气故障

常见的电气故障主要有以下几种。

（1）电气线路故障及其预防性维护。电气线路的常见故障往往是由电路虚接造成的短路、过热，灰尘过多造成的短路，电气元件频繁动作造成的虚接等引起的。这些故障使设备无法正常工作，甚至会由于过热引起火灾等造成财产的巨大损失。采取的预防维护措施如下：定期对接线端子进行复合、校紧，如交流接触器端子；定期检验漏保、空气开关、相序保护等电气的性能；实行定期巡检制度，检查。

（2）开关柜故障及其预防性维护。开关柜一旦发生短路或触电事故，会造成比较严重的后果。对于开关柜可以做以下预防性维护工作：每日巡视，查看柜内连接螺栓是否松动；防水、防潮、警示牌等安全设施是否完好；周期性紧固导线的连接。

（3）低压配电柜故障及其预防性维护。加强控制柜、控制箱的预防性维护，有助于大幅度提高生产效率。①定期清理环境卫生。如空调机房因环境问题常造成电器的故障，变频器过热报警造成停机，甚至损坏，给企业造成损失；②定期紧固螺丝。接触器机械振动易造成接线端子坚固螺丝松动，引起打火、控制失灵等各种故障。例如，某公司配电柜曾因接线端子排螺丝松动，引起发热，导致设备损坏；③检查接触器等电磁元件是否良好，如果接触不好，则产生噪声；④检查有无异味，电气元件温度过高会使绝缘材料发出焦煳或其他气味。可用简易红外测温仪检测元件温度，发现异常应及时处理；⑤检查柜内元件是否有机械损伤。

（二）设备维修发展经历的 4 个阶段

（1）事后维修阶段。

（2）预防维修阶段。

（3）生产维修阶段。

（4）全员生产维修（Total Productive Maintenance，TPM）阶段。

全员生产维修又称为全员生产维修体制，基本思路在于通过提升人和设备的素质改善企业的素质，从而最大限度地提高设备的综合效率，实现企业的最佳经济效益。就目前我国绝大多数制药企业的现状来说，推行 TPM 无法全部实现，但是我们可以根据企业自身的情况，借鉴 TPM 系统中可以利用的部分，融入企业的维修体系中。

# 任务6　制药用水

制药用水通常是指制药工艺过程中用到的各种质量标准的水，参与整个生产工艺过程，包括原料生产、分离纯化、成品制备、洗涤过程、清洗过程和消毒过程等，是制药生产过程的重要原料。制药用水在制药行业中是应用最广泛的工艺原料。

制药用水的制备从系统设计、材质选择、制备过程、储存、分配和使用等均应符合 GMP 的要求。制药用水系统应经过验证，并建立日常监控、检测和报告制度，有完善的原始记录备查。制药用水系统应定期进行清洗与消毒，消毒可以采用热处理或化学处理等方法，采用的消毒方法以及化学处理后消毒剂的去除应经过验证。

## 制药用水的分类和使用

以质量标准为准，比较科学的制药用水分类包括以下类型。

（1）饮用水：属于国家层面的强制标准。

（2）药典水：属于药典层面的质量标准。药典水按其质量标准和使用用途的不同分为纯化水（国际上准确定义应该为散装纯化水）和注射用水（国际上准确定义应该为散装注射用水）。

（3）非药典水：属于企业或区域的质量标准。典型的非药典水为反渗透水、软化水或其他形式的制药用水。因为分类原则的不同，也可以将饮用水归为非药典水。

我国现行版 GMP 制药用水第九十六条规定："制药用水应当适合其用途，并符合《中国药典》的质量标准及相关要求。"药品生产企业应确保制药用水的质量符合预期用途的要求，一般应根据各生产工序或使用目的与要求选用适宜的制药用水。例如，固体制剂车间的终淋用水和最终配料用水需使用药典纯化水，冻干制剂车间的终淋用水和最终配料用水需使用药典注射用水。需要注意的是，我国现行版 GMP 第九十六条只强调了"制药用水和最终配料用水"要符合（中国药典）的质量标准及相关要求，并没有强调前处理部分的制药用水（如洗手、CIP 预冲洗、洁具等）一定要满足药典要求，企业可以采用饮用水或非药典水实施。

以使用形式为准，制药用水分为散装水与包装水。在欧美，包装制药用水用于制药工艺过程是习以为常的事情，制药企业可以从外面买到被药典收录的包装好的纯化水，企业可直接用于药品生产环节。而在美国,灭菌纯化水是美国药典(USP)收录的一种产品药典水,是指包装并灭菌的纯化水,主要用于非肠道给药制剂以外的制剂配料,同时灭菌纯化水还可用于分析应用领域。

我国药典暂没有收录任何形式的包装纯化水,结果导致很多小型研发或生产企业需要被动安装复杂而庞大的纯化水系统,而无法像国外企业那样去市场上采购这个重要的原料。纯化水系统的初期投资、管理与运行成本变相增加了这一类企业的经营负担。

(一)饮用水

饮用水是指不经额外净化处理、可直接供给人体饮用的水。饮用水分为散装饮用水与包装饮用水。散装饮用水包括由用户自行取用的天然泉水、井水、河水和湖水,或者由饮用水输送装置输送到用户端的管道直饮水;包装饮用水有瓶装水(如矿泉水、纯净水)与桶装水等形式,包装饮用水完全可以用于需要饮用水的工艺岗位,尤其是想用饮用水但直供水又达不到的工艺场合,它是完全符合 GMP 要求的。

自来水是一种可以管道直供的散装饮用水,是指通过自来水处理厂净化、消毒后生产出来的符合相应标准的供人们生活、生产使用的水。生活用水主要通过水厂的取水泵站汲取江河湖泊及地下水、地表水,由自来水厂按照《生活饮用水卫生标准》(GB 5749—2022)。经过沉淀、消毒、过滤等工艺流程的处理,最后通过配水泵站输送到各个用户。在我国,很多人认为自来水本身就是与饮用水有着不同质量属性的水,允许自来水达不到饮用水标准,这本身就是一个行业认知误区。很明显,如果按照自来水的名词解释和质量控制要求,自来水本身就属于散装饮用水,它具有管道直饮水的特性,与纯化水系统一样,自来水系统同样具有制备、储存与分配单元操作,最后输送至各个用户,其用水点水质必须满足《生活饮用水卫生标准》(GB 5749—2022)。

与我国制药行业药典水(散装纯化水、散装注射用水)已经达到的普及程度不同。目前,除香港等少数地区外,基于环境污染与市政管网建设等诸多原因,截至 2019 年,我国绝大部分地区的自来水还无法实现真正意义上的直接饮用,同时其 106 项质量检测指标的国家强制规定也加剧了企业或个人自建饮用水系统的难度,这个客观现状不仅是我国普通大众健康饮水的障碍,也成了制药行业科学发展与节能减排的阻力。少数企业将"国产自来水"直接用于制药工艺过程,这实际上是严重违反 GMP 的,因为我国现行版 GMP 第九十六条规定药品生产用水应适合其用途,应至少采用饮用水作为制药用水。需要注意的是,并不是国家市政管网管辖的水系统就是自来水系统的全部范畴,自来水作为散装饮用水,在城市市政管网系统无法时刻满足饮用水质量标准的现实状况下,企业需结合实际情况采用各种灵活措施确保使用的是符合国家标准的饮用水。例如,结合市政管网系统,企业可采用终端预处理工艺保证饮用水质量,或者地方政府或工业园区统筹设计规划饮用水工程,它本身也是一种符合规定的散装饮用水系统设计。

(二)纯化水

普通的水含有多种离子,如钠离子、氯离子等,一些在化学或物理领域需要极其纯净的不能含任何离子的水,普通水无法满足一些化学反应的需要,于是通过一些设备将水中的离子去掉,所得产物就是纯化水。

《中国药典》(2015 年版)规定:纯化水为符合官方标准的饮用水经蒸馏法、离子交换法、反渗透法或其他适宜的方法制备的制药用水。其质量应符合纯化水项下的规定。

纯化水属于一种用于药品生产的原料水。纯化水可作为配制普通药物制剂用的溶剂或试验用水;可作为中药注射剂、滴眼剂等灭菌制剂所用饮片的提取溶剂,口服、外用制剂配制用溶剂或稀释剂,非灭菌制剂用器具的清洗用水;也可用作非灭菌制剂所用饮片的提取溶剂。纯化水不得用于注射剂的配制与稀释。纯化水是一种药典水,作为制药企业最为重要的原料及清洗剂,广泛应用于制药行业的药品配制工艺及清洗工艺。

2020 年 12 月 30 日,新版《中国药典》正式实施。对比 2015 年版《中国药典》,2020 年版《中国药典》纯化水相关内容没有实质性的变化,企业可根据原有的文件继续执行。

2020 版《中国药典》分四部出版,规定了纯化水质量应符合二部中关于纯化水的相关规定。纯化水可作为配制普通药物制剂用的溶剂或实验用水;可作为中药注射剂、滴眼剂等灭菌制剂所用药材的提取溶剂;口服、外用制剂配制用溶剂或稀释剂;非灭菌制剂用器具的清洗用水;也可用作为非灭菌制剂所用药材的提取溶剂。纯化水不得用于注射剂的配剂与稀释。纯化水有多种制备方法,应严格检测各生产环节、防止微生物污染、确保使用点的水质。

### (三)注射用水

我国药典规定注射用水为纯化水经蒸馏所得的水。它属于散装药典注射用水的范畴,其质量应符合注射用水项下的规定。与纯化水的要求不同,注射用水应符合细菌内毒素试验等具体要求,必须在防止细菌内毒素产生的设计条件下生产、贮藏及分装。需要注意的是,美国药典规定注射用水为饮用水经合适的工艺进行制备,并没有要求采用纯化水为原水,也没有强调只允许用蒸馏法。注射用水属于一种用于药品生产的原料水。注射用水可作为配制注射剂、滴眼剂等的溶剂或稀释剂及用于容器的清洗。

注射用水的微生物控制手段可以参考无菌操作进行管理,但注射用水作为原料或清洗用水本身不需要是无菌水,其微生物限度为 10 CFU/100 mL(其中,我国药典与欧洲药典为强制检测项,美国药典为观察项),注射用水仅需要控制微生物负荷,它不是"无菌原料药"。

### (四)灭菌注射用水

灭菌注射用水为注射用水按照注射剂生产工艺制备所得。灭菌注射用水属于一种包装药典注射用水,也是我国药典唯一收录的包装药典水。灭菌注射用水不含任何添加剂,主要用作注射用灭菌粉末的溶剂或注射剂的稀释剂,其质量应符合灭菌注射用水项下的规定。灭菌注射用水罐装规格应与临床需要相适应,避免大规格、多次使用,以免造成污染。

我国药典收录了灭菌注射用水这种包装注射用水,而且在描述中明文规定是 30001 规格,可以用于冲洗。

### （五）非药典水

非药典水是指没有被药典收录但满足制药生产工艺且质量可控的制药用水,如软化水、蒸馏水和反渗透水等。饮用水也可以看作是一种特殊的非药典水。

非药典水至少要符合饮用水的要求,通常还需要进行其他加工以符合工艺要求,非药典水中可能包含一些用于微生物负荷控制的物质,因而它无须符合所有的药典要求。非药典水可根据其所采用的最终操作单元或关键纯化工艺命名,如反渗透水;在其他情况下非药典水还可以用水的特殊质量属性命名,如低内毒素水。需要注意的是,非药典水的质量不一定比药典水差,事实上,如果应用需要,非药典水的某个质量属性可能比药典水规定的更高。常见的非药典水包括以下几种。

1.饮用水

饮用水是指天然水经净化处理所得的水,其质量必须符合官方标准,是可用于制药生产的最低标准的非药典水。饮用水可作为药材净制时的漂洗及制药用具的粗洗用水。除另有规定外,饮用水也可作为药材的提取溶剂。

2.软化水

软化水是指饮用水经过去硬度处理所得的水。人体长期饮用的水必须是软化水,将软化处理作为最终操作单元或最主要操作单元,以降低通常由钙和铁等离子污染物造成的硬度。

3.反渗透水

反渗透水是指将反渗透作为最终操作单元或最重要操作单元的水。反渗透水通常质量相对较高,可以广泛应用于制药工艺的各个岗位。

4.超滤水

超滤水是指将超滤作为最终操作单元或最重要操作单元的水。超滤水的内毒素和微生物控制水平相对较高。

5.去离子水

去离子水是指将离子去除或离子交换过程作为最终操作单元或最重要操作单元的水。当去离子过程是用特定的电去离子法时,则称为电去离子水。

6.蒸馏水

蒸馏水是指将简单蒸馏作为最终单元操作或最重要单元操作的水。这类水在实验室环节应用非常广泛。

7.实验室用水

实验室用水是指经过特殊加工的饮用水,使其符合实验室用水要求。它是以使用的特定场所命名的。

通过合理的选择,非药典水可应用到整个制药工艺操作中的多个岗位,包括生产设备的清洗、实验室应用以及作为原料药生产或合成的原料。需要注意的是,GMP 车间药典制剂的配制必须使用药典水。无论是药典水还是非药典水,用户均应制订适宜的微生物限量企业内控标准,应根据产品的用途、产品本身的性质以及对用户潜在的危害评估微生物在非无菌制剂中的重要性,并期望企业根据所用制药用水的类型制订适当的微生物数量的警戒线和行动线。这些限度的制订应基于工艺要求和讨论系统的历史纪录,这一方面在过程监控技术的普及下已经得到了很好的响应。

《生活饮用水卫生标准》(GB 5749—2006)的 106 项质量检测指标增加了制药企业自建饮用水系统的困难,采用其他形式的非药典水将是一个有效的解决途径。例如,行业内可以通过民间组织或企业自身定义出公认的"反渗透水、软化水"等质量标准,这个工作对我国制药行业非常重要。这个质量标准可以由民间机构、企业或地方组织沟通确认,但前提必须设计合理且水质指标须不低于饮用水质量标准。国外类似 ISPE(国际制药工程协会)这样的民间组织起草的一些行业公认的规范或指南虽然不是国家强制法规,但也得到了全行业的普遍接受。因为我国不鼓励非药典水的应用,同时我国又没有真正的散装饮用水,绝大多数企业选择需要投入大量的人力、物力、财力采购并验证的药典散装纯化水作为预冲洗用水。而在欧美,无菌或生物制品车间可以采用"饮用水+注射用水"或"非药典水+注射用水"等多种柔性模式。

药品生产过程离不开水,而且水用量极大,严格水系统的设计,加强工艺用水的制备、储存和使用等管理,确保工艺用水的质量,是保证药品质量的关键因素。工艺用水是指药品生产中使用并符合国家标准的水,主要分为饮用水、纯化水、注射用水。饮用水为天然水经净化处理所得的水,其质量必须符合国家标准。

制药用水最低应符合饮用水标准,以饮用水为原料,采用过滤、反渗透、离子交换、电渗析及大孔树脂法或化学方法制得纯化水,纯化水的电解质几乎完全去除,水中不溶解的胶体及微生物、溶解气体、有机物等也已去除至很低程度,其质量应符合《中国药典》(2020 年版)纯化水项下的规定。再经过蒸馏法,则生成注射用水。注射用水必须在防止细菌内毒素产生的设计条件下生产、储存及使用。其质量应符合《中国药典》(2020 年版)注射用水项下的规定。纯化水和注射用水的主要区别在于细菌内毒素的限制,注射用水要求严格,而纯化水没有要求。

# 任务 7　制药企业净化空调

采暖通风与空气调节(Heating, Ventilation and Air Conditioning, HVAC)系统,在我国 GMP 中称为空调净化系统,是制药厂的一个关键系统,它对制药厂能否实现为患者提供安全有效的产品目标具有重要的影响。现行版 GMP 第四十八条规定:"应当根据药品品种、生产操作要求及外部环境状况等配置空调净化系统,使生产区有效通风,并有温度、湿度控制和空气净化过滤,保证药品的生产环境符合要求。洁净区与非洁净区之间、不同级别洁净区之间的压差应当不低于 10 Pa。必要时,相同洁净度级别的不同功能区域(操作间)之间也应当保持适当的压差梯度。"为达到这一要求,制药企业生产必须设置 HVAC 系统。

如果药品生产环境得到妥善的设计、建造、调试、运转和维护,则有助于确保产品的质量,提高产品的安全性,同时降低工厂初期的投资成本和后期的运转成本。制药企业 HVAC 系统是保证药品质量的关键系统之一,而压差控制在制药企业净化空调系统中是一个关键的环节。只有保证合理的气流组织和对压差的有效控制,才能达到 GMP 规定的洁净度要求和工艺要求。

## 一、HVAC 系统的构成

(1)HVAC 系统的原理:通过科学的计算设计,使空气经过多级过滤,将空气中的悬浮微粒及微生物清除,起到除菌作用,再经专用管道输送到洁净室。

(2)HVAC 系统的任务:保证洁净室的空气参数达到所要求的状态,通常由通风系统、空气处理设备、冷/热源、空调水系统及自控系统组成。

①通风系统:包括送风系统、回风系统及排风系统。

②空气处理设备:利用物理方法对空气进行各种处理(如净化、加热、冷却、加湿、除湿等),以达到规定状态。

③冷、热源:通常是各类冷水机组等制冷设备,为空气处理设备提供 7~12 ℃低温水;热源通常包括电加热器、锅炉、热水及热泵机组等,为空气处理设备提供热量。

④空调水系统:包括循环水泵及其管路系统。

⑤自控系统:包括空气净化、温湿度控制、压差控制及安全、节能方面的自动控制和调节装置。

## 二、洁净室压差控制

### (一)压差控制的目的

为保证洁净室在正常工作或空气平衡暂时受到破坏时,气流能从空气洁净度高的区域流向空气洁净度低的区域,使洁净室的洁净度不会受到污染空气的干扰,因此,洁净室必须保持一定的压差。

### (二)洁净室压差值的选择

洁净室压差值的选择应适当,选择过小,洁净室压差易被破坏,洁净度受到干扰;选择过大,HVAC 系统新风量增大,负荷增加,过滤器寿命缩短。因此,洁净室压差值大小应合理确定。

洁净室压差是由送入新风量的大小保持的,即压差建立的基本原理是送风量大于回风量、排风量、漏风量之和,其中,漏风量大小取决于建筑物维护结构的密封程度,如门缝、窗缝、壁板拼缝、各种管线接口等缝隙,这些将影响漏风量的大小,使室内压差很难维持或不稳定。无论是全新风空气系统,还是循环空气系统,通过洁净室的送入风量与排风量和压差风量(余风量)之间达到平衡便建立了压差。

### (三)洁净室压差风量的确定

对于洁净室压差风量的确定一般采用换气次数法和缝隙法两种方法,因缝隙法既考虑洁净室围护结构气密性又考虑维持室内压差控制值所需风量,因此,比换气次数法更合理准确。

## 三、洁净室使用的净化空调系统的特征

### 1.洁净室净化空调系统是一个多参数、高精度的控制系统

洁净室净化空调系统除控制一般空调系统的室内温度、湿度参数外,还要控制房间的洁净度和压力等参数,并且温度、湿度的控制精度要求较高,有的洁净室要求温度控制在±0.1 ℃范围内等。净化空调系统控制的洁净度等参数需要根据该系统所服务的生产环境或洁净室的洁净度具体计算和设定。例如,生产青霉素的车间、生物实验室、手术室等,因其各自工作时所要求的环境不同,所以参数也不同。

### 2.洁净室净化空调系统是一个过滤系统

洁净室净化空调系统的空气处理过程除热、湿处理外,还必须对空气进行预过滤、中间过滤、末端过滤等。有的高级别的洁净室为了有效、节能地对送入洁净室的空气进行处理,采用集中新风处理,仅新风处理系统便设有多级过滤,当有严格要求需去除分子污染物时,还应设置各类化学过滤器。在生产某些甾体类药物、青霉素等强效致敏性药物、高活性药物、有毒害药物时,排风口应安装高效空气过滤器,将这些药物引起的污染危险降低到最低限度。

### 3.洁净室净化空调系统是一个气流组织更有序的系统

一般的空调系统多采用乱流形式达到温、湿度的均匀。而在洁净室的气流分布、气流组织方面,要尽量限制和减少尘粒的扩散,减少二次气流和涡流,使洁净的气流不受污染,以最短的距离直接送到工作区。因此,经常采用一般空调系统不用的层流形式。

### 4.洁净室净化空调系统是一个有室内压力控制要求的系统

为了确保洁净室不受邻室或室外环境的污染,洁净室与邻室或室外必须维持一定的压差(正压或负压),压差在5 Pa以上,为此需要一定的正压风量或一定的排风。为保证洁净室在正常工作或空气平衡暂时受到破坏时,洁净室的洁净度免受邻室污染或污染邻室,厂房外环境与洁净室之间、洁净室与一般房间之间、洁净度不同的洁净室之间应保持适当的压差值。工业洁净室和一般生物洁净室都采用维持正压。如果使用有毒、有害气体或使用易燃、易爆溶剂或有高粉尘操作的洁净室,以及生产致敏性药物、高活性药物的生物洁净室及其他有特殊要求的生物洁净室则应维持负的静压差(负压)。不同等级的洁净室及洁净区与非洁

净区之间的压差、洁净区与室外的压差不小于 10 Pa。

**5.洁净室净化空调系统是一个风量、能耗均很大的昂贵系统**

洁净室净化空调系统的风量较大（换气次数一般在 10 次至数百次），相应的能耗也很大，系统的造价和运行费用也较高。

**6.洁净室净化空调系统是制作复杂、清洁要求高的系统**

洁净室净化空调系统的空气处理设备、风管材质和密封材料根据空气洁净度等级的不同而有不同的要求；风管制作和安装都必须严格按规定进行清洗、擦拭和密封处理等。从经济角度及不影响空气净化效果两个方面综合考虑，净化空调系统风管的制作材料是随着输送空气净化程度的高低而变化的。洁净度低选用产尘少的材料，洁净度高选用不易发尘的材料。排风系统风管的制作材料是根据输送气体腐蚀性程度的强弱而定的。风管使用的不燃材料是指各种金属板材；难燃材料是指氧指数≥32 的玻璃钢。用于风管保温和消声的不燃材料多是玻璃棉、岩棉等；难燃材料是指氧指数≥32 的聚氨酯（或聚苯乙烯）泡沫塑料、橡塑海绵等。穿越防火墙及变形缝防火隔墙两侧各 2 000 m 范围内的风管和电加热器前后 800 mm 范围内的风管的保温材料、胶黏剂、垫片等，均须采用不燃材料。

**7.净化空调安装**

净化空调安装后应按规定进行调试和综合性能检测，达到所要求的空气洁净度级别，对系统中的高效过滤器及安装质量均按规定进行检漏等。

# 实训项目 4：人员进出洁净室的更衣操作

## 一、实训目的

1.掌握人员进入一般生产区和清洁区的更衣操作流程。
2.能够按照更衣标准操作规程，更衣进入一般生产区和洁净区。

## 二、实训内容

穿一般区工作服；穿洁净区工作服；脱洁净区工作服；脱一般区工作服。

## 三、实训过程

1.进入一般生产区更衣。

（1）进入更鞋室，坐在门口换鞋凳（鞋柜）上脱鞋，将鞋放进鞋柜。

（2）坐着转身 180°，取出换鞋凳（鞋柜）下面的一般生产区工作鞋，穿上。整个过程双脚不能着地。

（3）进入更衣室，戴工作帽，穿工衣和工裤，对镜整理衣帽。进入洗手室，按照"七步洗手法"进行手部清洁并烘干。

（4）更衣结束，进入一般生产区。

2.出一般生产区。

（1）按照进入一般生产区更衣相反流程，脱去一般生产区工作服，挂在指定位置。

（2）进入更鞋室，坐在换鞋凳（鞋柜）上脱下一般生产区工鞋，放入规定鞋架，坐着转身180°，穿上自己的鞋子，整个过程双脚不能着地。最后离开一般生产区。

3.进入 D 级洁净区更衣。

（1）在一更更衣室的非洁净区域，脱去一般生产区工作衣帽，挂在指定位置。

（2）坐在换鞋凳（鞋柜）上脱下一般生产区工鞋，放入非洁净区域鞋柜。

（3）坐着转身 180°，从朝向洁净区的鞋柜内取出洁净区工鞋，穿上。

（4）按照"七步洗手法"进行手部清洗并烘干。

（5）进入二更衣室，穿洁净区工作服。戴口罩（遮住口鼻）、穿洁净衣，戴洁净帽（遮住全部头发和双耳）。拉上拉链，扣好粘扣。穿洁净裤，并把上衣塞在工裤里，工裤不要拖蹭地面。

（6）按照"七步洗手法"进行手部清洗并烘干。进入手消毒室，用 75% 乙醇溶液喷淋手部，双手搓擦，自然晾干。

（7）更衣结束，进入洁净区。在洁净区内注意保持手部清洁，不再接触与工作无关的物品。

4.出洁净区。

（1）按照进入洁净区更衣相反流程，脱去洁净区工作服，放入有状态标识的桶内，盖上盖子，穿上一般生产区工作服。

（2）进入更鞋室，坐在换鞋凳（鞋柜）上脱下洁净区工鞋，放入规定鞋架内。坐着转身180°，穿上一般生产区工作鞋，整个过程双脚不能着地。将一次性口罩等杂物放进垃圾桶。离开 D 级洁净区，进入一般生产区。

5.实训组织。

（1）观看一般生产区更衣流程和洁净区更衣流程视频。

（2）班级学生分组，每组 3～5 人，每人练习从室外进入一般生产区，再进入洁净区的更衣操作。

（3）练习从洁净区到室外的更衣操作。

（4）组长归纳本组组员更衣操作训练的收获和存在的问题，在班级进行发言讨论。

（5）教师答疑，总结。

## 四、实训报告

1.画出人员进出一般生产区更衣流程图。

2.画出人员进出洁净区更衣流程图。

3.总结本次实训的收获与不足。

# 项目检测 4

## 一、单项选择题

1.中国 GMP（2010 年版）将洁净室划分为（      ）个空气洁净度级别。

A.1            B.2            C.3            D.4

2.非无菌制剂生产的暴露工序区域及其直接接触药品的包装材料最终处理的暴露工序区域,参照（      ）级洁净区的要求设置。

A.A 级         B.B 级         C.C 级         D.D 级

3.洁净区与非洁净区之间、不同级别洁净区之间的压差也当不低于（      ）。

A.5 Pa        B.10 Pa        C.15 Pa        D.20 Pa

4.洁净室动态噪声测试时不宜超过（      ）,当超过时,应采取隔声、消声、隔震等控制措施。

A.65 dB        B.75 dB        C.85 dB        D.95 dB

5.垂直单向流洁净室可创造最高的洁净度,用于（      ）级洁净室（区）。

A.A 级         B.B 级         C.C 级         D.D 级

6.对于复杂的设施设计,如果存在许多不同的增压水平,则应考虑防止绝对压力超过（      ）,否则有可能导致大量空气泄漏、建筑结构失效及开（关）门困难等。

A.10 Pa        B.20 Pa        C.30 Pa        D.40 Pa

7.（      ）不含任何添加剂,主要用作注射用灭菌粉末的溶剂或注射剂的稀释剂,其质量应符合灭菌注射用水项下的规定。

A.纯化水        B.注射用水        C.灭菌注射用水     D.饮用水

## 二、多项选择题

1.厂址选择的原则有（      ）。

A.大气含尘、含菌浓度低,无有害气体,自然环境好的区域

B.远离铁路、码头、机场、交通要道以及散发大量粉尘和有害气体的工厂、仓储、堆场等严重空气污染、水质污染、振动或噪声干扰的区域

C.无水土污染的地区,水源充足且清洁,能保证制出的纯水或注射用水符合药典规定的质量标准

D.供电充足、通信方便、交通运输便利的区域

2.制药车间的工艺布局应遵循"三协调"原则,即（      ）。

A.人流、物流协调            B.工艺流程协调

C.洁净级别协调             D.物料产品协调

3.人流、物流协调是指(　　　)。

A.厂房设计中流通路径做到"顺流不逆"、人流、物流分开

B.人员和物料进出生产区域的出入口应分别设置,交叉和折回是不允许的

C.物料传递路线要尽量短,极易造成污染的物料应设置专用出入口

D.人员和物料进入洁净区应有各自的净化用室,同时设施、输送电梯宜分开

4.关于洁净级别要求的描述正确的有(　　　)。

A.洁净等级高的洁净室宜布置在人员最少到达的地方,并宜靠近空调机房

B.洁净等级相同的洁净室宜相对集中

C.不同洁净等级的房间之间相互联系应有防止污染措施

D.宜按空气洁净度等级的高低由里及外设置

5.中国 GMP(2010 年版)对洁净室划分的空气洁净度级别有(　　　)。

A.A 级　　　　　　　　B.B 级　　　　　　　　C.C 级　　　　　　　　D.D 级

6.无菌产品是指法定药品标准中列有无菌检查项目的制剂和原料药,主要有(　　　)。

A.注射剂　　　　　　　　　　　　B.粉针剂

C.角膜创伤和手术用滴眼剂　　　　D.无菌原料药

7.洁净室(区)内气流形式分为(　　　)。

A.单向流　　　　　　　　　　　　B.非单向流(乱流)

C.混合流　　　　　　　　　　　　D.垂直流

8.设备维修发展经历的阶段有(　　　)。

A.事后维修阶段　　　　　　　　　B.预防维修阶段

C.生产维修阶段　　　　　　　　　D.全员生产维修阶段

9.常见的非药典水包括(　　　)。

A.饮用水　　　　　　B.软化水　　　　　　C.反渗透水　　　　　　D.超滤水

三、填空题

1.厂房的选址、设计、布局、建造、改造和维护必须符合药品生产要求,应能最大限度避免_____、_____、_____,便于清洁、操作和维护。

2.人流净化措施主要有_____、_____和_____。

3.状态标识应挂在明显的位置,也可以用不同的颜色进行区别,如"生产中""运行中""已清洁"使用_____;"待清洁""待修""维修中""试机"使用_____;"停用""备用"使用_____。

4._____不得用于注射剂的配制与稀释。

5._____可作为配制注射剂、滴眼剂等的溶剂或稀释剂及用于容器的清洗。

# 项目 5  物料与产品管理

🎯 **知识目标:**

- 掌握物料分级,物料供应商审计内容。
- 掌握物料验收内容,物料储存要求,物料养护措施,物料放行审核项目,物料放行原则。
- 掌握印刷包装材料管理内容。
- 掌握产品返工,重新加工,放行,出库原则,药品召回分类分级,药品召回流程。

🎯 **技能目标:**

- 能填制接收记录、取样记录,能进行物料储存,物料养护,物料放行审核。
- 能进行物料发放,辨识药包材类别,标签发放,成品放行审核,药品出库操作,药品运输操作,执行模拟召回标准 SOP。

🎯 **素质目标:**

- 培养学生认真、科学的从业精神,对于生产前物料的准备,要按照国家有关规定规范操作。
- 培养学生药品生产职业道德。

🎯 **课前导案:**

课前导案 5

# 任务 1  物料管理系统

## 一、物料和产品

药品生产涉及很多物料,除了药品原料,其他物料由于生产厂家行业分布广、品种规格多,所依据的标准也各种各样。

物料是指原料、辅料和包装材料。原料一般是指用来加工的物质。在药品生产中,原料是指药品生产过程中除辅料外使用的所有投入物。原料、辅料是指除包装材料之外药品生产中使用的任何物料,它是药品生产的物质基础,也是药品生产过程的第一关,其质量直接影响制药企业最终产品的质量。就药品制剂而言,化学药品制剂的原料是指原料药,生物制品的原料是指原材料,中药制剂的原料是指中药材、中药饮片和外购中药提取物;就原料药而言,原料是指用于原料药生产的除包装材料之外的其他物料。

辅料是指生产药品调配处方时所用的赋形剂和附加剂。在制剂中,辅料不仅赋予药物合适临床用药的一定形式,还可以影响药物的稳定性、药物作用的发挥以及药物的质量等。辅料是构成药物制剂必不可少的组成部分,是药品构成的重要部分,为保证药物制剂的质量,在生产中应将辅料与主药做同样认识和要求,并进行同样的管理。

产品包括药品的中间产品、半成品、待包装产品和成品。中间产品是指完成部分加工步骤的产品,但仍需要进一步加工方可成为待包装产品。半成品是指已经过一定生产过程,并已检验合格,但尚未最终制造成为成品的中间产品。待包装产品是指尚未进行包装但已完成所有其他加工工序的产品。成品是指已完成所有生产操作步骤并最终包装的产品。

包装材料是指药品包装所用的材料,包括与药品直接接触的包装材料和容器、印刷包装材料,但不包括发运用的外包装材料。印刷包装材料是指具有特定式样和印刷内容的包装材料,如印字铝箔、标签、说明书、纸盒等。

## 二、物料管理系统

物料管理系统是指药品生产所需物料的购入、储存、发放和使用过程中的管理,所涉及的物料是指原料、辅料、中间产品、待包装产品、成品(包括生物制品)、包装材料。对物料和产品的管理是项系统工程,包括供应商审计与物料采购、生产过程管理、产品控制与放行、产品售后管理几个方面,形成一个系统的质量管理体系。

采用符合质量标准的物料进行药品生产是保证药品质量的基本要求。物料管理系统的工作标准和目标就是保证为药品生产提供符合质量标准的足够的物料,同时将合格的药品发送给用户。总体而言,对物料和产品的管理是一项系统工程,从物料输入到生产加工过程再到产品从生产加工过程输出,整个物流过程要做到全程可追溯。

物料管理系统的功能有 3 项,一是采购和生产计划的功能。负责供应商的选择、物料采购计划的制订与实施、生产计划的制订与下达。二是物料管理的功能。负责原料、辅料和包装材料的接收、储存、发放及销毁。三是成品管理的功能。负责成品的接收、储存、发放及销毁。从 GMP 要求来看,物料管理的重心是预防污染、交叉污染、混淆和差错,并确保储运条件,最终保证药品质量。

对物料管理系统的要求有以下几点:

(1)使物料的流转具有可追溯性。从供货单位采购的原料到成品销售给用户,其中任何环节的偏差都能从物料管理系统中得到可靠的信息。

(2)仓库的物料管理核心是做到账、物、卡相符。物料要有固定的企业统一编号标识,实行定位管理,有条件的单位可实行计算机自动化管理。

(3)生产部门领用物料的科学管理。生产部门领用物料,要计算物料平衡,必要时写出偏差调查报告;领用物料要与物料检验的质量相符,与仓库发放的来料批号、数量相符;要落实物料主要流转程序的工作职责,实现物流现代化。

# 任务 2　物料管理

对于制药企业而言,物料管理是重要、关键的一个环节。物料管理可以为制药企业的物料的各个环节(如采购、生产等)提供一个管理监督的有效方式,如此一来,制药企业的产品质量和产品成本就能得到有效的控制。同时,物料管理还可以依靠相关的供应商管理系统,让物料的供应得到保障,避免制药企业的经济体系受到市场环境的不良影响。物料管理的基本流程为:物料购入→物料接收→物料取样、检验→物料放行→物料储存、养护→物料发放。

## 一、物料购入

### (一) 物料分级

药品生产企业根据物料对产品质量影响的风险程度,确定物料的安全等级,通常将物料分为 A、B、C 3 类。

A 类是指对药品质量和用药安全有重要影响的物料,如药品组成成分(原料药、部分辅料)、对药品质量有直接影响的工艺辅助剂、直接接触药品的包装材料,为风险较高的物料。

B 类是指对药品质量及用药安全有影响但程度非常有限的物料,如辅料、锅炉用盐、内包材等,为风险中等的物料。

C 类是指对药品质量基本没有影响的物料,如外包材等,为风险较低的物料。

### (二)供应商审计

首先由质量管理部门对品种涉及的物料进行风险评估,确定物料的安全级别,再由质量管理部门制定不同级别物料供应商需审计的内容和标准。供应商审计方法为基于现有信息的基础信息评审,进行资质审计与现场审计。审计合格后签署购货合同及质量协议,在协议中应明确双方所承担的质量责任,并建立供应商质量档案。

如果供应商的生产处方工艺、生产条件等发生变化,必须及时通知生产企业,企业根据供应商的变化,对采购的物料进行风险评估,如有必要,可再次组织对供应商进行现场质量体系审计。如发生供应变更,则要重新进行供应商质量体系审计。

供应商管理是药品生产企业的一项非常重要的工作。企业质量管理部门必须对主要物料供应商质量体系进行评估并建立供应商档案,这也是 GMP 认证的重点检查内容。细致、有效的供应商管理可以筛选和培育优秀的供应商。优秀的供应商所供应的物料符合国家有关标准且能达到药品生产企业的内控标准,物料质量稳定均一,为药品生产企业生产安全有效、质量稳定的药品奠定了基础。接下来通过供应商管理中的两个重点环节:供应商资质审查和现场审计讨论各类物料供应商应具备的资质条件、审查注意事项以及现场审计的内容和一般过程。

1.供应商资质审查

此处的资质是指从事某种工作或活动应具备的条件、资格、能力等。能证明供应商可供应某种物料的条件、资格、能力等的一系列证明性文件,就是供应商的资质证明文件。不同类型的供应商会提供一系列不同的资质证明性文件。我们要认真审查挑选出合法且符合企业要求的供应商。

(1)所有物料供应商应具备的共同资质证明文件:《企业法人营业执照》《税务登记证》《组织机构代码证》。

(2)审查注意事项:《企业法人营业执照》《组织机构代码证》应有年检,年检一年一次并应盖有年检印章;《企业法人营业执照》登记的经营范围中必须包括其所供应的物料生产或经营类别。

2.各类物料供应商应具备的其他资质证明文件

(1)中药材供应商。

中药材供应商应具备的资质证明文件:《药品经营许可证》《药品经营质量管理规范认证证书》。审查注意事项:证书必须在有效期内;《药品经营许可证》的经营范围和《药品经营质量管理规范认证证书》的认证范围中必须包含有中药材;若供应毒性中药材,须取得省级药品监督管理部门认定的医疗用毒性药品经营资格;若供应进口药材,每次供货时均须提供该药材《进口药材批件》和口岸药品检验所的检验报告单,并须在有效期内;口岸药品检验所的检验报告单标明的进口药材批件编号应与《进口药材批件》证书的编号一致。

(2)中药饮片供应商。

中药饮片生产企业直接供货应具备的资质证明文件:《药品生产许可证》《GMP 证书》。审查注意事项:证书必须在有效期内;《药品生产许可证》的生产范围和《GMP 证书》的认证范围中必须包含所供应中药饮片的类别;若供应毒性中药饮片,其《药品生产许可证》和《GMP 证书》中还必须包含有毒性中药饮片的范围。

药品经营企业供货应具备的资质证明文件:《药品经营许可证》《药品经营质量管理规范认证证书》;所供应中药饮片生产企业的《药品生产许可证》和《GMP 证书》。审查注意事项:证书必须在有效期内;《药品经营许可证》的经营范围和《药品经营质量管理规范认证证书》的认证范围中必须包含中药饮片。《药品生产许可证》的生产范围和《GMP 证书》的认证范围中必须包含所供中药饮片的类别;若供应毒性中药饮片,所提供的《药品生产许可证》和《GMP 证书》中还须包含毒性中药饮片的范围。

（3）化学原料药供应商。

原料药生产企业直接供货应具备的资质证明文件:《药品生产许可证》《GMP 证书》《药品注册证》。审查注意事项:证书必须在有效期内;所供应原料药的名称必须和《药品生产许可证》《GMP 证书》《药品注册证》中注明的原料药名称一致。

药品经营企业供货应具备的资质证明文件:《药品经营许可证》《药品经营质量管理规范认证证书》;所供化学原料药生产企业的《药品生产许可证》《GMP 证书》和《药品注册证》。审查注意事项:证书必须在有效期内;《药品经营许可证》的经营范围和《药品经营质量管理规范认证证书》的认证范围中必须包含所供应物料类别。所供原料药的名称必须和《药品生产许可证》《GMP 证书》《药品注册证》中注明的原料药名称一致。

（4）辅料供应商。

辅料生产企业直接供货应具备的资质证明文件:《药品生产许可证》、辅料品种生产批准证明文件。审查注意事项:证书必须在有效期内;所供应辅料的名称必须和《药品生产许可证》、辅料品种生产批准证明文件中注明的辅料名称一致。

药品经营企业供货应具备的资质证明文件:《药品经营许可证》《药品经营质量管理规范认证证书》;所供辅料生产企业的《药品生产许可证》和辅料品种生产批准证明文件。审查注意事项:证书必须在有效期内;《药品经营许可证》的经营范围和《药品经营质量管理规范认证证书》的认证范围中必须包含所供应物料类别。所供应辅料的名称必须和《药品生产许可证》、辅料品种生产批准证明文件中注明的名称一致;若供应进口辅料,每次供货时均须提供该辅料的《进口药品注册证》和口岸药品检验所的检验报告单并在有效期内;口岸药品检验所的检验报告单标明的进口药品注册证编号应与《进口药品注册证》证书的编号一致。

（5）直接接触药品的包装材料供应商。

不印字直接接触药品的包装材料应具备的资质证明文件:《药品包装用材料和容器注册证》（Ⅰ类）。审查注意事项:证书必须在有效期内;所供应包装材料的名称必须和《药品包装用材料和容器注册证》注明的名称一致。

印字直接接触药品的包装材料应具备的资质证明文件:《药品包装用材料和容器注册证》（Ⅰ类）、《印刷经营许可证》。审查注意事项:证书必须在有效期内;所供应包装材料的名称必须和《药品包装用材料和容器注册证》注明的名称一致。

（6）外包装材料供应商应具备的资质证明文件:《印刷经营许可证》《商品条码印刷资格证书》（对于彩盒等带有条码的印刷品）。审查注意事项:证书必须在有效期内。对于彩盒等带有条码的印刷品供应商还应具有《商品条码印刷资格证书》。

3.供应商现场审计

供应商资质审查通过后,下一步最重要的就是进行现场审计,这是供应商管理中非常重要的工作。

(1)成立现场审计小组。根据审计对象由质量部门负责组织企业内部相关专业技术人员组成供应商现场审计小组,一般以 3 人为宜,一名组长,两名组员。组长负责全面审计,两名组员根据审计内容和各自的专长进行适当的分工。

(2)准备审计文件。审计前由审计组长负责组织审计小组成员准备审计需要的文件。

①与审计对象相关的法律法规学习。准备与审计对象相关的法律法规等,如《关于推进中药饮片等类别药品监督实施 GMP 工作的通知》(国食药监安〔2004〕514 号)、《关于加强中药饮片生产监督管理的通知》(国食药监办〔2008〕42 号)、《进口药材管理办法(试行)》(局令第 22 号)、《药品经营质量管理规范》(局令第 20 号)等。组织审计小组成员学习掌握相关的法律法规及必需的专业知识,为现场审计打好基础。

②审计记录。供应商现场审计记录至少应包括人员、厂房与设施、设备、物料管理、生产管理、质量管理、售后服务、生产规模、仓储能力、已有供户等。

③现场审计。按照审计记录的内容,逐项进行核对,如实填写记录。一般审计为 1~2 天,时间较紧张,应合理安排查看路线,务必使需要查看的内容能全面看到。必要时,应现场询问操作人员了解供应商对有关法律法规、标准、管理程序等的执行情况,以及质量管理体系是否健全。

④审计报告。结合审计记录和现场查看的情况,由审计小组做出现场审计是否合格的报告。

资质证明文件是证明供应商有合法供货能力的基本文件,通过资质证明文件的审查,在供应商初选阶段,一般会将不符合供货要求的供应商剔除掉。

供应商的现场审计是一项非常复杂的工作,涉及面广,工作量大。实际审计工作中,所做工作比笔者前述更详细和细致,其中也有很多具体的工作方法、技巧值得探讨。另外,供应商现场审计不只是在选择供应商时进行一次,对于重要的供应商,每年至少进行 1~2 次现场审计,以确保掌握供应商的动态情况。并可根据物料在本企业的使用情况,对供应商提出相应的改进要求,促使供应商的生产质量管理水平和产品质量不断提高,满足药品生产企业药品质量不断提高的要求。

供应商的资质审查和现场审计,是供应商管理的重点工作,作为药品生产企业质量管理人员必须掌握各类物料供应商资质审查的内容和注意事项,以及现场审计的内容、方法、技巧等。这样,在供应商的初选阶段才能选择到优秀的供应商,并在以后的供应商管理中,通过持续不断审计等工作,使供应商保持良好的状态,能够持续供应优良的物料。

根据供应商物料合格率、优良率、供货及时性、物料使用情况、售后服务等,结合现场审计情况,可将供应商分为 A、B、C 3 类。A 类为优秀供应商,可在订货量、价格、付款等方面给予优惠;B 类为良好供应商,正常进行管理;C 类为合格供应商,为重点管理对象,应加强现场审计等管理工作,必要时在技术、管理上给予帮助,促使其向 B 类转变。对发展潜力不大、改进不及时或改进无望的 C 类供应商应及时淘汰,另选新的供应商替代。

### (三)物料供货合同签订和运输

药品生产企业在采购物料时,应按规定向物料生产或经营企业索取产品检验合格证、检验证书。同时,在签订合同时,除按合同规定要求,如买卖双方、标的、数量、价格、规格、交货地点等一般内容外,还应特别注明物料质量标准要求和卫生要求。

由于药品物料质量要求的严格性,配货与运输条件应能满足药品特性要求,根据物料的理化性质、生物学特性等,对运输条件,如温度、湿度、光照等严格限定,确保物料的质量。

## 二、物料接收

物料接收是储存管理的关键环节,能够防止伪劣物料入库,保证物料的质量。因此,在物料运输到达药品生产企业后,对其质量和数量必须进行严格的检查验收,按批核查。

### (一)验收

#### 1.书面凭证检查与核对

物料到库后,仓储管理人员首先核实送货单是否与采购订单一致,是否具有检验报告等。除中药材外的物料每批都要有厂家的检验报告,一些特殊物料,如有协议,其他相关证明也可被接受。特别注意核查物料是否来自经批准的供应商。

#### 2.外观检查

对到货的每个或每组包装容器进行外观检查,是否有污染、破损、渗漏、受潮、水渍、虫咬等。确认包装容器的完整性,封签是否完整,是否有人为的破坏、损坏等。如果发现外包装损坏或其他可能影响物料质量的问题,及时向质量管理部门报告,并启动相关调查。

#### 3.标识信息核对

核实物料名称、规格、数量、供应商。清点物料数量是否与采购订单相符,如果不符,核实数量是否在合理偏差范围内。

#### 4.填写接收记录

接收后及时填写接收记录。每次接收均应当有记录,内容包括:①交货单和包装容器上所注物料的名称;②企业内部所用物料名称和(或)代码;③接收日期;④供应商和生产商(如不同)的名称;⑤供应商和生产商(如不同)标识的批号;⑥接收总量和包装容器数量;⑦接收后企业指定的批号或流水号;⑧有关说明(如包装状况:包装容器是否封闭,是否破损等)。

记录要及时,信息真实准确,注明接收结论,并由负责人签名。

接收的物料放入仓储区货位时,要按品种、批号码放整齐,仓库管理人员填写货位卡。内容主要包含:物料名称、物料编号、货位号、企业内部编号、规格、供应商、入库数量和时间、发出数量、结存数量、收发人和日期等。货位卡是用于标识一个货位一单批物料的名称、规格、批号、数量和来源去向的卡片,是识别货垛的依据,能记录和追溯货位的来源和去向。

如接收物料属于难以按批号分开的大批量、大宗原料、溶剂等,在与已入库物料混合前,应按规定验收检验,合格后才能入库。

（二）物料暂存、待检

**1.物料暂存**

经过接收环节的物料,无论合格与否,放进仓库暂存。仓库管理员根据物料储存条件的要求放入相应的仓库或区域内,按批号码放整齐。在仓库物料管理规程中建立"五防"(防火、防爆、防盗、防鼠虫害、防潮)的具体实施措施,如一些防火基本知识和技能,能熟练操作消防设施等。

**2.物料待检**

物料入库暂存后,即处于待检隔离状态。隔离方法可以根据企业物料管理的实际情况安排,可采用物理隔离区域或计算机控制物料系统。同时,仓储部门填写请验单,送交质量管理部门。

## 三、物料取样检验

企业质量管理部门在接到仓储部门的请验单后,通知质量检验部门进行检验,质量检验部门接到质量管理部门通知后,立即派人员按规定的方法取样检验,企业应设立单独的物料取样区。取样区的空气洁净度级别应与生产要求一致。如在其他区域或采用其他方式取样,应能够防止污染或交叉污染。

取样的合理性直接影响检验结果的真实性,抽取的样品要代表物料的整体状况,需全面考虑其科学性、真实性与代表性,经过培训的取样人员根据企业制订的取样规程取样,取样后,取样人员在包装容器上贴上取样标签,表明已被取过样,然后再密封容器。样品需要有取样标签标明所取样品的相关信息,最后填写取样记录。无论是原辅料、中间体、包装材料还是成品的取样都不能在取样后放回物料容器中。某药品生产企业取样记录见表5-1。

表 5-1　某药品生产企业取样记录

| 年 | | 品名 | 批号 | 规格 | 总件数/件(箱) | 取样件数/件(箱) | 取样总量 | 分样量 | | | 取样编号 | 取样地点 | 供应商厂家 | 取样人 | 备注 |
|---|---|---|---|---|---|---|---|---|---|---|---|---|---|---|---|
| 月 | 日 | | | | | | | 理化 | 微生物无菌 | 留样 | | | | | |
| | | | | | | | | | | | | | | | |
| | | | | | | | | | | | | | | | |
| | | | | | | | | | | | | | | | |
| | | | | | | | | | | | | | | | |
| | | | | | | | | | | | | | | | |
| | | | | | | | | | | | | | | | |

注:取样过程中未涉及的项目,画"—"。

样品经检验后,质量检验部门将检验结果报质量管理部门审核。

## 四、物料放行

物料放行是指对一批物料进行质量评价,做出批准使用或其他决定的操作。

### (一)物料的放行要求

物料的质量评价内容应当至少包括生产商的检验报告,物料包装完整性和密封性的检查情况和检验结果。物料的质量评价应当有明确的结论,如批准放行、不合格或其他决定。物料应当由指定人员签名批准放行。

### (二)物料放行的审核批准

在决定一个批次的物料是否放行之前,需要对规定内容进行审核并作出评估,各项内容均符合要求后,质量受权人可以批准该批次物料的放行。根据企业的规模及生产品种的不同,物料放行工作的具体落实情况可以有不同的处理方式。例如,有些企业生产品种多,原辅料、包装材料等复杂多样,质量受权人没有精力或时间对企业生产所使用的各种物料逐一进行放行前相关情况资料的审查。质量受权人根据指定人员的审查结果,可以进行转授,将物料的放行。某药品生产企业物料放行审核单见表5-2。

表 5-2　某药品生产企业物料放行审核单

| 品名 | | 规格 | | 批号 | | |
|---|---|---|---|---|---|---|
| 数量 | | 物料编码 | | 报告单编号 | | |
| 供货单位: | | | | | | |
| | 审核项目 | | | | 审核结果 | |
| QA 审核员 审核 | 物料是否由有资质的供应商提供,关键物料的供应商是否经过企业内部审计合格 | | | | 是□　否□ | |
| | 物料进库验收情况说明,包括品名、规格、批号、数量、有效期等是否与原厂检验报告单一致,包装完好且符合合同规定的内容 | | | | 是□　否□ | |
| | 原厂检验报告单、送货单等随货凭证齐全,原厂检验报告单、检验项目、检验结果是否符合本企业的内控采购标准 | | | | 是□　否□ | |
| | 待验物料的储存条件是否符合该物料储存条件的要求 | | | | 是□　否□ | |
| | 请验程序正确,取样操作过程及取样环境是否符合取样相关 SOP 要求,取样是否科学、合理且具有代表性;取样数量能否满足全检及留样的要求 | | | | 是□　否□ | |
| | 取样样品在进行检验前,其储存条件是否符合该物料储存条件的要求 | | | | 是□　否□ | |
| | 检验项目齐全,检验结果符合企业内部物料质量标准的规定 | | | | 是□　否□ | |
| QA 审核员签名: | | | | | 年　　月　　日 | |
| 结论 | 同意放行□　不同意放行□ | | QA 主任签名: | | 年　　月　　日 | |
| 备注 | | | | | | |

经过批准放行的生产物料,由质量管理部门发放检验合格报告书、合格标签和物料放行单,并将结果通知仓储管理部门。仓储管理部门根据结果对物料进行处理,除去原来的标签和标识,对合格的物料将物料状态由"待检"变为"合格",挂上绿色标识,移送至合格品区储存。不合格的物料将物料状态由"待检"变为"不合格",挂上红色标识,移送至不合格品区,按规定程序进行处理。

## 五、物料储存养护

原辅料应按照有效期或复验期储存,并在规定使用期限内使用。仓储区应当有足够的空间,确保有序存放各类物料和产品。

### (一) 物料储存

#### 1.分类储存

物料须按类别、性质、储存条件分类储存,避免相互影响和交叉污染。GMP 的分类原则是:①常温、阴凉、冷藏及低温等分开;②固体、液体原料分开储存;③串味的、挥发性原料避免污染其他物料;④炮制、整理加工后的净药材与未加工、炮制的药材严格分开;⑤特殊管理物料按相应规定储存和管理,并立明显标志;⑥印刷性包装材料要单独存放;⑦危险品应专库储存;⑧贵细原料药应单库存放,采取双人双锁核发制。

#### 2.储存条件

物料应按其性质在规定的储存条件下储存:

温度　冷藏:2～10 ℃;阴凉:20 ℃以下;常温:10～30 ℃。

相对湿度　一般为 45%～75%,特殊要求按规定储存,如空心胶囊(0～25 ℃,35%～65%)。

储存要求　遮光、干燥、密闭、密封、通风等。

#### 3.码放原则

①一个货位上只能存放同一品种、同一规格、同一批号、同状态的物料。

②高架库一个单元只能储存一种规格的物料。

③同一仓库内不同物料应有明显标识,除有一定距离外,最好有物理隔断。

#### 4.状态标识

物料质量状态标识通常要求合格、不合格和已取样物料进行逐个包装标识。

物料的质量状态有待验、已取样、合格、不合格,使用黄、绿、红 3 种不同颜色色标区分。①待验、已取样——黄色,标识物料在允许投料或出厂前所处的搁置、已取样等待检验结果的状态;②合格——绿色,标识被允许使用或被批准放行;③不合格——红色,标识不能使用或不准放行。

### (二) 日常养护

物料在储存期间的质量依靠养护工作提供充分的保障。仓储管理部门应建立专业养护组织或设立专职养护人员,在质量管理部门的指导下,具体负责物料储存中养护质量检查工作,并对保管人员进行技术指导和监督。

**1.养护方案**

根据"以防为主"的原则,制订符合企业实际的养护方案,内容包括:①确定养护人员;②确定各种物料的储存条件和方式;③确定重点养护品种;④确定定期和不定期盘存的周期和方式;⑤确定储存环境的环境因子的控制程序和仪器设备的检测;⑥确定养护记录和档案的格式、填写和检查程序;⑦确定发现、报告、处理养护中出现的问题等。

**2.养护措施**

(1)避光。物料应储存在通风、干燥的环境中,不宜存放在阳光直射的地方。对光敏感的物料除包装用是避光容器或其他遮光包装材料外,应置于阴暗处,对门窗、灯具等采取相应措施进行遮光。

(2)温度控制。如果物料对储存条件没有特殊要求,可室温储存,但需规定储存的极限条件。例如,南方地区夏季气温高达 40 ℃以上,可能会对物料质量产生不良影响,应说明对物料的处置措施。库内温度较高时,可开门窗通风或启用通风设备进行降温。怕潮解、对湿度敏感的物料,可置冰箱、冷藏库内储存。气温较低时,采取保温措施,如采用空调或暖气片保温。

(3)湿度控制。在阴雨季节或气候潮湿的地区,仓库需采取降湿除潮措施。如无特殊规定,仓库内的湿度一般应不大于75%,可采用通风、密封与人工降温相结合的方法进行控制。通风防湿要注意室内外湿差,把握正确的通风时间。密封是指将仓库门窗封严,防止湿气的进入。人工降湿可使用吸潮剂(生石灰、氯化钙、硅胶等)、除湿机等。

(4)防鼠虫害。可放置鼠夹、鼠笼、粘鼠板、电猫等工具;定期进行库房及周围环境的检查,保持环境清洁。虫害多分为两类:飞虫和爬虫。飞虫以蚊子、苍蝇、飞蛾等为主;爬虫以蜘蛛、蟑螂、蚂蚁等为主。在夜晚和繁殖季节,容易形成虫害。可放置灭蝇灯、驱虫器,安装挡虫网;采用密闭效果良好的门窗设计;也可采用化学试剂进行灭虫,但考虑到人员和物料安全,原则上主要使用物理防控。

(5)防火防爆。建立严格的防火防爆管理制度,在合适位置配备一定数量的消防用具和灭火器等,对相关人员进行相应的安全教育,熟练掌握消防器材的使用,对器材定期进行检查和保养。

**3.质量检查**

(1)检查内容。物料的堆放是否符合规定要求;物料包装是否破损;外观性状是否正常;库房的环境和储存条件是否适合等。重点检查:质量不够稳定的物料、包装易破损及接近有效期的物料。

(2)检查方法。定期对库存物料逐个进行全面检查,尤其对易受外界环境变化影响的物料要加强检查。在特殊时期,如高温、雨季、严寒或者外界环境变化会对物料质量产生较大影响时,组织对个别或所有物料进行检查,发现问题及时处理。

(3)定期复验。物料储存应制订储存期限,储存期限不得超过物料的有效期或使用期限。储存期满后应复验。复验期是指原辅料、包装材料储存一定时间后,为确保其仍适用于预定用途,由企业确定的需重新检验的日期。检验合格的原辅料在仓储区内要定期复验。

4.养护记录

日常质量检查要及时填写养护记录,记录检查的时间、地点、方法及检查物料的类别、品种等。对养护设备,除在使用过程中随时检查外,每年应进行一次全面检查,并做好使用记录。从物料入库起,到投入生产,养护组织或人员对全部物料质量负有养护责任,要把物料出现质量问题的可能控制在最低限度,及时发现、报告、处理质量不合格物料。

## 六、物料发放

### (一) 发放原则

物料经批准放行后方可发放。物料应根据其性质有序、分批储存和周转,发放时遵循"先进先出"和"近效期先出"的原则,减少物料的储存期限。实际操作过程中还应执行"零头先发"原则。"零头"即上一次产品生产后,退回仓库的剩余物料。通常零头多为开封的物料,为避免长时间储存可能带来的质量风险,原则上应最先使用。

### (二) 发放程序

生产车间按照生产需要填写"领料单"送仓库,物料保管员依照"领料单"所列内容,将所需物料备齐。领料员逐件核对所备物料,在"领料单"上签字后,将物料送到车间指定位置。

操作要点:依据生产、包装指令发放;发放、领用需要复核,防止差错;及时登记卡、账,便于追溯,使账(物料账)、卡(货位卡)、物(实物)相符;物料拆零环境应与生产环境相适应,防止污染。

# 任务 3　包装材料管理

药品包装是指采用适当的材料或容器、利用包装技术对药物制剂的半成品或成品进行分(灌)、封、装、贴签等操作,为药品提供品质保证、鉴定商标与说明的一种加工过程的总称。对药品包装本身可以从两个方面理解:从静态角度来看,包装是用有关材料、容器和辅助物等材料将药品包装起来,起到应有的作用;从动态角度来看,包装是采用材料、容器和辅助物的技术方法,是工艺及操作。

包装是指待包装产品变成成品所需的所有操作步骤,包括分装、贴签。药品包装材料是指用于制造包装容器、包装装潢、包装印刷、包装运输等满足产品包装要求所使用的材料,既包括金属、塑料、玻璃、陶瓷、纸、竹本、野生蘑类、天然纤维、化学纤维、复合材料等主要包装材料,又包括涂料、黏合剂、捆扎带、装潢、印刷材料等辅助材料。

在药品生产、储存、运输、销售等各环节中,无论是原材料还是成品,都离不开包装,包装所使用的材料在保护药物免受光、空气、水分、微生物等外界因素影响而变质或管理外观改变等方面起着决定性作用。药品包装材料特别是直接接触药品本身的包装材料,对于保证药品存放的特殊要求,保持药品的活性成分和药效等发挥着重要的作用。药品包装材料会对药品使用效果造成影响,因此,药品管理人员要加强对药品包装材料的审核和管理,确保药品包装材料的安全性,以免对人体造成伤害。药品包装管理人员需要对药品的生产、包装等各个环节负责任,保证人们的用药安全。

# 一、包装材料的性能、分类

## (一) 包装材料的性能

(1)一定的机械性能。包装材料应能有效地保护产品。因此,应具有一定的强度、韧性和弹性等,以适应压力、冲击、振动等静力和动力因素的影响。

(2)阻隔性能。根据对产品包装的不同要求,包装材料应对水分、水蒸气、气体、光线、芳香气、异味、热量等具有一定的阻挡。

(3)良好的安全性能。包装材料本身的毒性要小,以免污染产品和影响人体健康;包装材料应无腐蚀性,并具有防虫、防蛀、防鼠、抑制微生物等性能,以保护产品安全。

(4)合适的加工性能。包装材料应宜于加工,易于制成各种包装容器;应易于包装作业的机械化、自动化,以适应大规模工业生产;应适于印刷,便于印刷包装标志。

(5)较好的经济性能。包装材料应来源广泛、取材方便、成本低廉,使用后的包装材料和包装容器应易于处理,不污染环境,以免造成公害。

## (二) 包装材料的分类

药品包装材料包括与药品直接接触的包装材料和容器、印刷包装材料,不包括发运用的外包装材料。

1.按与所包装药品的关系程度分类

(1)内包装材料。内包装材料是指用于与药品直接接触的包装材料,也称为直接包装材料或初级包装材料,如注射剂玻璃瓶、铝箔、油膏软管等。内包装应能保证药品在生产运输、储存及使用过程中的质量,并便于医疗使用。

(2)外包装材料。外包装材料是指内包装以外的包装,按由里向外分为中包装和大包装,如纸盒、木桶、铝盖等。外包装应根据药品的特性选择不易破损的包装,以保证药品从流通到使用过程中的质量。

(3)印刷性材料。印刷性材料是指具有特定式样和印刷内容的包装材料,如印字铝箔、标签、说明书、纸盒等。这类材料可以是外包装材料,也可以是内包装材料。

2.按监督管理的方便和要求分类

(1)Ⅰ类包装材料。Ⅰ类包装材料是指直接接触药品且直接使用的药品包装用材料、容器,如药用 PVC(pol-yvinyl chloride,聚氯乙烯)硬片、塑料输液瓶(袋)等。

(2)Ⅱ类包装材料。Ⅱ类包装材料是指直接接触药品,但便于清洗,在实际使用过程中,经清洗后需要并可以消毒灭菌的药品包装用材料、容器,如安瓿、玻璃管制口服液瓶、抗生素瓶、天然胶塞等。

（3）Ⅲ类包装材料。Ⅲ类包装材料是指除Ⅰ类、Ⅱ类以外其他可能直接影响药品质量的药品包装用材料、容器,如口服液瓶铝盖(合金铝)、铝塑组合盖,输液瓶铝盖(合金铝)、铝塑组合盖等。

## 二、药品包装材料的要求

药品无论是治疗用药、保健用药或是消毒剂等,其质量不仅关系到患者的治疗效果,甚至是生死,而且直接影响公众的健康。影响药品质量安全的因素除药品本身的品质外,药品包装也是一个非常重要的因素。这是因为药品包装材料特别是直接接触药品本身的包装材料,起着保证药品存放的特殊要求、保持药品的活性成分和药效等重要作用,因此,对于药品包装材料的要求也非常严格。除了一般外包装材料所必需的一定的强度和韧性等物理机械性能,对水分、光线、气味等外环境良好的阻隔性能,直接接触药品的包装材料还必须拥有较高的安全性、稳定性、密封性、易操作性以及其他的特殊要求。

### (一) 药品包装操作的环境和工艺对药品质量的影响

药品包装的操作环境必须洁净整齐,空气尘埃颗粒大小和数量必须达标,同时必须保证药品包装的内外环境干燥无菌,密封性良好。这些要求可以保证药品不接触到空气、水分和微生物,防止药品发生吸潮结块或是霉变,以维持药品在其说明书有效期内的药效成分。

先进的工艺水平则是药品有效性和有效期的良好保证。例如,近年来广泛应用的易折安瓿,如果折断力过小,在针剂灌装的高温环境中安瓿内部会形成高压,折断处就容易出现肉眼不易察觉的裂纹,导致药品和空气发生接触,受到污染或发霉。但如果折断力太大,使用时难以折断,又容易发生细微玻璃碎屑进入药品,同样影响药品质量。

### (二) 药品包装材料的材质和稳定性对药品质量的影响

直接接触药品的包装原材料和材料都应该安全无毒,性质稳定,不仅是对人体没有毒性作用,也必须与药品没有相互作用,更不能生成任何有害的成分。直接接触药品的包装材料在药品存放和使用过程中,不应与其所接触的药品发生相互反应,分解或吸附药品成分,或加速药品的降解,导致药品有效成分含量降低,甚至生成有害的降解产物,产生毒副作用。同时药品包装材料应长期保持性质稳定,不易被药品溶出或溶解,而存留在药品表面,影响药品的质量,使药品失效甚至是产生有毒害的物质。

以安瓿为例,在我国仅有少数大型药品包装材料企业具有中性硼硅玻璃安瓿和高硼硅玻璃安瓿的生产能力,出于工艺水平的限制或是成本因素的考虑,很多中小型企业均采用低硼硅玻璃安瓿。低硼硅玻璃安瓿的稳定性远不及中性硼硅玻璃安瓿和高硼硅玻璃安瓿,耐水性和耐酸性较差,其内表面与药品直接接触,易被药品吸附,析出氧化钠脱片,而出现玻璃脱片现象,影响药品质量,并且在常规药检时一般不易被发现,而且低硼硅玻璃安瓿比中性硼硅玻璃安瓿和高硼硅玻璃安瓿容易破损。

### (三) 药品包装的选择应遵循药品的特性、质地和存放要求

药品包装包括泡罩包装、袋包装、安瓿、软质塑料瓶等多个种类和形式,制药企业应根据

药品的特性、质地选择药品包装材料和形式,以满足药品本身存放的特殊要求,保证药品的性状和疗效在有效期内不发生改变。一般来说,大多数片剂和胶囊剂均可采用泡罩包装;而一些剂型较大、对光敏感、吸湿性较强、有效期长的药品可选用条形包装;双铝包装则有良好的防湿性、气密性和遮光性,主要用在要求密封或遮光的固态药品等的包装;袋包装是药品常用的软包装形式,通常情况下,片剂、粉剂、颗粒剂、丸剂、散剂和输液用制剂都可以采用袋包装;注射用水针剂可以采用塑料安瓿和玻璃安瓿;输液、口服液和外用制剂可以采用软质塑料瓶(袋)包装;外用软膏通常可采用内涂层铝管、塑料管和复合管。

### (四)药品包装材料和流程应符合卫生标准和质量标准

我国有关部门对药品包装材料的企业和生产都做出了大量的标准和规范,药品生产企业从厂区环境、厂房设施、仪器配置,到人员设置、操作流程、厂区管理都应遵循我国颁布的有关制度规范实施和设置。另外,药品包装和包装材料都必须通过阻隔性能、机械性能、摩擦系数、厚度、溶剂残留、密封性能、瓶盖扭力、顶空气体分析、印刷质量等一系列的检测指标,以保证药品的质量和安全。

药品的包装材料选择不当,包装形式不当,都会影响药品的质量,轻则降低药效,重则使药物变质失效,甚至是肉眼不易察觉的成分和效果的改变。在药品生产过程中一般会采用不同的包装,而有些药品包装所使用的材料会对药品使用效果造成影响,严重时甚至会危害人体健康。经过大量的市场调查,发现药品的实际质量安全监管不严,药品包装材料不符合国家的严格规定。因此,药品管理人员要加强对药品包装材料的审核和管理,确保药品包装材料的安全性,以免对人体造成伤害。药品包装企业应加强质量监管,加大技术投入,致力于研制生产专业配套的新型药品包装,与特定药品特性相匹配,更好地保证药品的质量和安全,加快技术和产品革新,建立健全良好的市场竞争机制,引导药品包装行业健康发展。

## 三、包装材料的管理

包装材料具有保护药品的作用,但如果选用不当,或者受到污染,会严重危及药品质量。例如,出于工艺水平的局限或成本考虑,个别企业采用低硼硅玻璃安瓿,其与中性、高硼硅玻璃安瓿相比,耐水性和耐酸性较差,其内表面与药品直接接触,易被药品吸附,出现玻璃脱片现象,进而影响药品质量,同时在常规检查时一般不易被发现,而且更容易破损。包装材料的采购、储存、发放与使用等均可按原辅料管理,此外,还须注意以下几个方面的问题。

### (一)注册管理

我国对药包材实行注册管理制度。国家药品监督管理部门制定注册药包材产品目录,并对目录中的产品实行注册管理。药包材须经药品监督管理部门注册并获得《药包材注册证》后才可生产。未经注册的不得生产、销售、经营和使用。

首次进口的药包材(国外企业、中外合资境外企业生产),须取得国家药品监督管理部门核发的《进口药包材注册证》,并经国家药品监督管理部门授权的药包材检测机构检验合格后,方可在中华人民共和国境内销售、使用。

　　申请生产药包材的企业需具备生产所注册产品的合理工艺、与所包装药品生产相同清洁度等级的洁净厂房、设备、检验仪器、人员、管理制度等质量保证的必备条件。国家药品监督管理部门对符合规定的,核发《药包材注册证》。

### (二)使用管理

　　药品生产企业在使用包装材料时,要确保其正确无误、质量可靠。包装材料应当由专人按照操作规程和需求量发放。凡直接接触药品的内包装材料、容器(包括黏合剂、衬垫、填充物等)必须无毒,与药品不发生化学反应、不发生组分脱落或迁移到药品中,以保证安全用药。凡直接接触药品的内包装材料、容器(包括盖、塞、内衬物等)除抗生素原料药用的周转包装容器外,均不准重复使用。

## 四、印刷包装材料的管理

　　药品生产中使用的印刷包装材料,包括标签、说明书、直接印刷的包装材料、内包装容器说明物、封签、装箱单、合格证、外包装容器说明物等。印刷包装材料直接给用户和患者提供使用药品所需要的信息。因此,对印刷包装材料必须进行严格管理。

### (一)标签的设计与印制

　　(1)标签设计与印制应与药品监督管理部门批准的内容一致,并符合《药品包装管理办法》规定。

　　(2)印有文字的包装材料(如复合袋、铝箔等)的制订程序应与标签、说明书、印有标签内容的包装材料相同。

　　(3)企业质量部门对标签、说明书、印有标签内容的包装材料的设计是否符合产品质量标准的要求,国家政策、法规等要求及文字内容、颜色、样式、材质等的正确性负责。

　　(4)在订制标签时应与供应商签订合同,防止标签外流,印制过程中的废品应受控销毁。

　　(5)将批准后的标准样稿送印刷厂进行印制,标准样稿必须有质量部门的审核签字。

　　(6)印刷厂制版后将初印的小样寄回药品生产企业,经企业质量部门审核签字确认后再进行批量印制。

　　(7)印刷厂按数印刷,每包/件的包装数量固定。对印刷中产生的废标签、说明书、印有标签内容的包装材料或需要报废的标签、说明书、印有标签内容的包装材料应按照批准及严格受控的规程销毁,并有记录,有效防止标签的外泄。

### (二)标签和说明书的变更

　　(1)标签和说明书在生产使用中,如有新版药典或国家药监部门有新的规定颁布,该品种内容有所变更时,标签和说明书也须及时进行相应的变动。

　　(2)变更标签、说明书、印有标签内容的包装材料应由质量部门审核确定。

　　(3)标签、说明书、印有标签内容的包装材料更改后,原模版向印刷厂方收回销毁或者印刷厂按照批准且受控的规程销毁,并保存好销毁记录。

### （三）标签的验收储存

（1）质量部门应对每批标签检查是否注明生产单位、注册商标、批准文号、品名、规格、生产批号、装量、用法、剂量、生产日期、效期等内容。剧毒等特殊药品应按规定明显标志，并按企业所定标准样本要求核对内容，还应检查印刷质量，符合要求后，签发检验合格证。

（2）印刷质量的检查：标签进厂后，按照标准样检查外观、尺寸、式样、颜色、文字内容，查看是否污染、破损。对不符合要求的，点数封存，经审批后指定专人及时销毁，做好记录，并由监销人审查签字。

（3）标签必须按品种、规格、批号分类专柜存放，并上锁由专人管理。

（4）每批新印的标签必须留样存档并注明印刷单位、印刷日期、印刷数量和验收入库日期。

### （四）标签的发放使用

（1）各种药品标签应按计划由车间专职人员领取，仓库保管员按车间填写的领料单发放，并填写标签发放记录。领、发料人均应在领料单上签字。

（2）车间专职领取人员核对品名、规格或批号、数量，并检查印刷质量，做好验收记录并负责保管。

（3）包装工序填报实用数量。如果实用数与领用数发生差额时，应查明差额原因，并做好记录。

（4）标签不得改作他用或涂改后再用。

（5）计数：标签用量不大时可以逐张清点；标签在喷码过程中，喷码机自动计数；对于批数量较大且没有自动计数装置的包装工艺，可以先计数一定数量后称重，计算出每张的平均重量，然后再称取每批领用量，用领用量除以每张均重，即可得到每批的领用张数。

### （五）标签的退库与销毁

（1）车间剩余的没有打印批号且完好的标签和说明书、印有标签内容的包装材料退库应清洁、完整、整齐，经仓库保管员核对无误后，由车间标签保管员填写退料单，办理退库手续。

（2）车间或贴签工序剩余的印有批号的标签，不得退回仓库，指定两人核对数量后销毁，并做好销毁记录。

（3）由印刷厂印好批号的标签，发剩时或该批号取消时，仓库指定专人及时销毁，做好记录，并由监销人审查签字。

## 五、实施注册管理的药包材产品分类

《药品包装用材料、容器管理办法》（暂行）于 2000 年 3 月 17 日经国家药品监督管理局局务会审议通过，现予发布，自 2000 年 10 月 1 日起施行。

### （一）实施 I 类管理的药包材产品

（1）药用丁基橡胶瓶塞；

（2）药品包装用 PTP 铝箔；

（3）药用 PVC 硬片；

（4）药用塑料复合硬片、复合膜（袋）；

（5）塑料输液瓶（袋）；

（6）固体、液体药用塑料瓶；

（7）塑料滴眼剂瓶；

（8）软膏管；

（9）气雾剂喷雾阀门；

（10）抗生素瓶铝塑组合盖；

（11）其他接触药品直接使用的药包材产品。

## （二）实施Ⅱ类管理的药包材产品

（1）药用玻璃管；

（2）玻璃输液瓶；

（3）玻璃模制抗生素瓶；

（4）玻璃管制抗生素瓶；

（5）玻璃模制口服液瓶；

（6）玻璃管制口服液瓶；

（7）玻璃（黄料、白料）药瓶；

（8）安瓿；

（9）玻璃滴眼剂瓶；

（10）输液瓶天然胶塞；

（11）抗生素瓶天然胶塞；

（12）气雾剂罐；

（13）瓶盖橡胶垫片（垫圈）；

（14）输液瓶涤纶膜；

（15）陶瓷药瓶；

（16）中药丸塑料球壳；

（17）其他接触药品便于清洗、消毒灭菌的药包材产品。

## （三）实施Ⅲ类管理的药包材产品

（1）抗生素瓶铝（合金铝）盖；

（2）输液瓶铝（合金铝）、铝塑组合盖；

（3）口服液瓶铝（合金铝）、铝塑组合盖；

（4）除Ⅱ、Ⅲ类管理以外其他可能直接影响药品质量的药包材产品。

# 任务 4　产品管理

产品的概念包含中间产品、待包装产品、成品。产品管理的理念和程序与物料管理基本相同。

## 一、中间产品的管理

质量管理部门根据药品生产过程及结果评价中间产品是否正常，是否符合企业内控质量标准，并决定是否流转和使用。

### （一）生产过程控制

中间产品的质量取决于生产过程中的质量控制，包括产品是否按批准的生产工艺生产；人员培训是否到位；机器设备有无对中间产品产生影响；厂房环境、尘粒、微生物是否达标等。生产部门应在生产过程中采取合理措施确保中间产品符合企业内控标准。

### （二）流转过程控制

生产部门应依据中间产品的特性确保包装容器的清洁度和密封性，保证中间产品在运输、传递过程中不受尘粒或微生物的污染。

### （三）储存管理

为防止发生混淆和差错，仓储区域要有足够的空间保证产品的存放；中间产品和待包装产品，应做好标识，至少标明名称、企业内部代码、批号、数量或重量、生产工序、产品的质量状态（如待检、合格、不合格、已取样等）。

## 二、产品的返工、重新加工与回收管理

### （一）返工

返工是指将某一生产工序生产的不符合质量标准的一批中间产品或待包装产品、成品的一部分或全部返回到之前的工序，采用相同的生产工艺进行再加工，以符合预定的质量标准。

不合格的中间产品、待包装产品和成品一般不得进行返工。只有不影响产品质量、符合相应质量标准，且根据预定、经批准的操作规程以及对相关风险进行充分评估后，才允许返工。例如，在颗粒剂的生产中，在制粒过程中，主药含量发生重大偏差，不得返工；但若是水分含量超标，则可以返工。返工应当有相应的记录。

### （二）重新加工

重新加工是指将某一生产工序生产的不符合质量标准的一批中间产品或待包装产品的

一部分或全部,采用不同的生产工艺进行再加工,以符合预定的质量标准。重新加工虽然采用了不同于正常生产工艺的其他工艺,但这个工艺也必须是正式的工艺,必要时也须经过工艺验证。

### (三) 回收

回收是指在某一特定的生产阶段,将以前生产的一批或数批符合相应质量要求的产品的一部分或全部,加入到另一批次中的操作。产品的回收需经过预先批准,并对相关的质量风险进行充分评估,根据评估结论决定是否回收。回收应当按照预定的操作规程进行,并有相应的记录。回收处理的产品应当按照回收处理中最早批次产品的生产日期确定有效期。

对返工或重新加工或回收合并后生产的成品,质量管理部门应当考虑进行相关项目的检验和稳定性考察。

## 三、产品放行的管理

产品放行是指对一批产品进行质量评价。做出批准使用或投放市场或其他决定的操作。企业应建立产品批准放行的操作规程,明确批准放行的标准、职责,并有相应的记录。

### (一) 产品放行的要求

(1)在批准放行前,应当对每批药品进行质量评价,保证药品及其生产符合注册和 GMP 要求,并确认主要生产工艺和检验方法经过验证。

(2)已完成所有必需的检查、检验,并综合考虑实际生产条件和生产记录。

(3)所有必需的生产和质量控制均已完成并经相关主管人员签名。

(4)变更已按照相关规程处理完毕,需要经药品监督管理部门批准的变更已得到批准。

(5)对变更或偏差已完成所有必要的取样、检查、检验和审核。

(6)所有与该批产品有关的偏差均已有明确的解释或说明,或者已经过彻底调查和适当处理。

(7)如偏差还涉及其他批次产品,应当一并处理。

(8)疫苗类制品、血液制品、用于血源筛查的体外诊断试剂以及国家药品监督管理部门规定的其他生物制品在放行前还应当取得批签发合格证明。

### (二) 成品放行的审核

在批准放行一个批次成品之前,质量受权人必须检查与生产相关的主要方面是否符合规定。质量受权人对成品批放行的审核工作,是建立在前期批生产记录审核和批检验记录审核基础之上,即质量受权人对相关记录的再评估审核工作完成做出审核结论,决定一批产品是否可以放行。

质量受权人在批记录审核后,对产品的处理做出判断,做出审核结论,并签署放行或报废文件。该批放行文件应包含在批记录中,包括签署日期和姓名及对产品的判断,即同意放行或复验或不同意放行。做出判断后,产品质量状态标识随之发生变化,可以通过改变标签的形式,也可以使用经验证合格的计算机系统。所有报废的产品应立即隔离,单独放置。

对于需要做出重新返工或回收处理决定的物料和(或)产品,应标以待验状态标识,由质量受权人重新审核新的操作、新的记录后再做决定。某药品生产企业成品放行审核单见表5-3。

**表 5-3 某药品生产企业成品放行审核单**

| 品名 | | 规格 | | 批号 | |
|---|---|---|---|---|---|
| 数量 | | 生产车间 | | 报告单编号 | |
| | 审核项目 | | | | 审核结果 |
| 生产审核 | 1.生产指令及主配方 | 起始物料有合格证,物料领用数量符合指令要求,生产配方与工艺规程相符 | | | |
| | 2.生产所用物料 | 生产所使用的物料合格证<br>投料量与配料单要求一致,投料次序正常,工艺参数合适 | | | 是□ 否□ |
| | 3.批生产指令 | 记录齐全、书写正确、数据完整,有操作人、复核人签名,生产符合工艺要求,生产状态、清场合格证等均符合要求,中间产品有检验报告或 QA 确认,结果符合内控标准 | | | 是□ 否□ |
| | 4.批包装指令 | 所用说明书、书签、合格证均正确,打印批号及有效期正确,记录齐全、书写准确、数据完整,操作人、复核人签名 | | | 是□ 否□ |
| | 5.物料平衡 | 物料平衡计算公式正确,各工序物料平衡收率结果符合标准 | | | 是□ 否□ |
| | 结论 | 符合规定□    不符合规定□<br>审核人:   年   月   日 | | | 是□ 否□ |
| | 审核项目 | | | | 审核结果 |
| 质量审核 | 1.批生产记录 | 记录齐全、书写正确、数据完整,有操作人、复核人签名,清场记录及清场合格证有 QA 签字,中间产品按规定取样、检验,检验结果符合要求 | | | 是□ 否□ |
| | 2.批包装记录 | 记录齐全、书写正确、数据完整,有操作人、复核人签名,清场记录及清场合格证有 QA 签字,所用说明书、标签、合格证均正确,打印批号及有效期正确 | | | 是□ 否□ |
| | 3.物料平衡 | 物料平衡计算公式正确,各工序物料平衡收率结果符合标准 | | | 是□ 否□ |
| | 4.监控记录及取样记录审核 | 记录齐全、书写正确、数据完整,有监控人签名,监控项目齐全,结果符合规定,取样单及取样单数量正确 | | | 是□ 否□ |
| | 5.偏差 | 生产偏差执行偏差处理程序,处理结果符合要求,检验偏差执行 OOS 调查程序,处理结果符合要求 | | | 是□ 否□ |
| | 6.批检验记录 | 记录齐全、书写正确、数据完整,有检验人、复核人签名,检验报告单项目及结果符合内控标准,检验报告单有批准人签字并盖有"检专用章" | | | 是□ 否□ |
| | 结论 | 符合规定□    不符合规定□<br>审核人:   年   月   日 | | | 是□ 否□ |
| 符合规定,同意放行□                        不符合规定,不同意放行□<br>质量授权人:              年   月   日 | | | | | |

## 四、不合格产品、退货产品、废品的管理

### 1.不合格产品

不合格产品的处理流程通常为"不合格品的标识—存放—处置"。不合格产品的每个包装容器上均应有清晰醒目的标识,存放在有明确标识的隔离区域,并且人员的进出和不合格品的出库均应严格遵守相应的流程规范操作。不合格品的处置应由质量管理部门批准,并做处置记录。

### 2.退货产品

企业应建立药品退货操作规程,并有相应的记录,内容至少包括名称、批号、规格、数量、退货单位和地址、退货原因和日期、最终处理意见。同一产品、同一批号、不同渠道的退货应当分别记录、存放和处理。

接收退货后应立即单独隔离存放在符合储存条件的退货区域,并标识为待验状态,直到经质量管理部门评估、确定处理意见后进行处理。其储存同常规的产品一样进行管理。

只有经过检查、检验和调查,有证据证明退货产品质量未受影响,且经质量管理部门根据操作规程评价后,方可考虑将退货重新包装、重新发运销售。评估的因素应至少包括药品的性质、所需的储存条件及药品的现状、历史以及发运与退货之间的间隔时间等。

不符合质量标准、储存和运输要求的退货,应在质量管理部门的监督下予以销毁。对退货质量有怀疑时,不得重新发运。

### 3.废品

药品生产企业中废品的来源通常为:生产工序的废料尾料、验证物料、实验室的废弃物、工程的废弃物等。

废品的收集可根据不同部门、来源及性质分开收集。对废品应进行清晰明确的标识,随后及时转移至相对独立的区域。废品的转移和存放应防止对其他物料和产品的污染和交叉污染,可分库存放。

废品的处置主要分为可回收与销毁。可回收的一般为废弃的纸质包装材料和包装容器、废弃金属、废弃塑料。销毁的一般为含药品的废弃物、实验室的废弃物、工程的废弃物等。最为有效、同时兼具经济和环保的方式为通过废品回收以达到废品的再利用,同时从源头上控制废品产生。整个处理过程应有相关记录。

# 任务5　产品的发运与召回

近年来,随着国家对药品安全工作的逐步重视,安全有效用药的理念越来越深入人心。现代医药技术的发展促进了制药企业研发能力的不断提升,新研发的药品数量逐年递增,这对提高人类抵御疾病的能力、提升生活品质具有重要意义。但是,药品的复杂性与危险性也与日俱增,缺陷药品给消费者造成损害的可能性也随之大增。在药品市场中,消费者的不确

定性和广泛性决定了国家必须对药品市场实施严格监管。药品召回作为一种强化企业责任的预警措施,在保障公众安全用药、维护社会公共利益方面发挥着重要作用。

## 一、产品的发运管理

药品生产完成经检验合格放行后,通过发货运输进入流通环节,再经过销售进入使用环节。药品发运是指药品生产企业将产品发送到经销商或用户的一系列操作,如配货、运输等。其中药品出库、运输是关系到药品质量的重要环节。

### (一) 药品出库管理

药品生产企业要制订药品出库检查与复核管理制度,制订科学合理的药品出库、复核程序,明确相关人员的质量责任。明确药品出库的原则、药品出库的质量检查与校对的内容、出库复核记录及其管理、相关人员的责任等。

1. 出库原则

药品出库应遵循"先产先出""近期先出"和"按批号发货"的原则。"先产先出""近期先出"以保证药品在有效期内使用;"按批号发货"以保证出库药品的可追踪性。

2. 过程控制

(1)药品出库时必须进行复核和质量检查。复核和质量检查时,应按发货凭证对实物进行质量检查和数量、项目的核对,做到出库药品质量合格且货单相符。麻醉药品、一类精神药品、医疗用毒性药品等特殊管理药品出库时应双人复核。

(2)药品发运的零头包装只限两个批号为一个合箱,合箱外应当标明全部批号,并建立合箱记录,以确保每批药品都可以追踪。

(3)每批产品均应当有发运记录。发运记录内容应包括产品名称、规格、批号、数量、收货单位和地址、联系方式、发货日期、运输方式等。根据发运记录,应能够追查每批产品的销售情况,必要时应当能够及时全部追回,发运记录应当至少保存至药品有效期后一年。

(4)不能出库发运的情况:药品包装内有异常响动和液体渗漏;外包装出现破损、封口不牢、衬垫不实、封条严重损坏等现象;包装标识模糊不清或脱落;药品已超过有效期等。如果发现以上问题应停止发运,并报企业质量管理部门处理。某制药公司成品药接收、入库、发货管理制度见表5-4。

**表 5-4 某制药公司成品药接收、入库、发货管理制度**

| 文件名称 | 成品药接收、入库、发货管理制度 | | 编码 | |
|---|---|---|---|---|
| 制订人 | | 审核人 | 批准人 | |
| 制订日期 | | 审核日期 | 批准日期 | |
| 制订依据 | | | 页数 | |
| 制订部门 | 营销部 | | 版本号 | |
| 分发部门 | 成品仓库、质管部、生产部 | | 实施日期 | |

续表

| |
|---|
| 目的:规范成品药的接收、入库、发货管理。<br>范围:成品仓库管理。<br>责任:成品仓库管理员对制度的执行负责,仓库主管对本制度的执行承担监督检查责任。<br>内容:<br>1　药成品的接收及贮存<br>1.1　包装好的成品交仓库待验库,仓库管理员核对车间填写的《成品进仓单》中的品名、规格、数量、批号,包装与实际是否相符,检查产品外包装是否清洁、完好无损。<br>1.2　待验库的成品应存放在待验区中,并挂上黄色待检牌,按《物料定置管理规定》存放。<br>2　成品药的入库<br>2.1　仓库管理员根据化验室出具的成品检验报告单及质管部签发的《成品放行审核单》办理入库或退库手续。<br>2.2　合格的成品移入成品合格区域,仓库管理员填写库存货位卡和《进销存账》。<br>2.3　不合格的成品移至成品不合格区域,按《不合格品管理制度》的有关规定执行。<br>3　成品药的出库<br>3.1　药品出库遵循先产先出、近期先出和按批号发货的原则。<br>3.2　仓库管理员审核销售部门签发的提货单,核对产品名称、数量、规格、收货单位、收货地点、开票人员签名,确认准确无误后,准予提货。<br>3.3　根据提货单位所需的品种、规格、包装规格及数量,在合格品区域找出应发运品种的批号及货位。<br>3.4　每次发货后要在库存货位卡上做好发货记录。<br>3.5　填写销售记录,做到账、物、卡相符 |

## (二) 药品运输管理

药品的运输应遵循"及时、准确、安全、经济"的原则,遵照国家有关药品运输的各项规定,规范药品运输行为,合理地组织运输工具和力量,实现物流的畅通,确保药品运输质量,把药品安全及时地运达目的地。

### 1.运输要求

运输机构或人员必须具备一定的资质,运输人员应当经过有关药品以及药事法规知识的培训。应具备保证药品质量的条件,尤其是对于冷藏药品,应具有防雨、避光、防高温高湿、防冻、防干燥、防颠簸、防偷盗等装置。对有温度要求的药品运输,应根据季节的温度变化和运程在运输途中采取必要的保温或冷藏措施。

### 2.过程控制

在药品运输时,根据药品流向、运输线路条件和运输工具状况、时间长短及运输费用高低,进行综合研究,在药品能安全到达的前提下,选择最快、最好、最省的运输办法,努力压缩待运期。针对运送药品的包装条件及道路状况,采取相应措施,防止药品的破损和混淆。特殊管理药品和危险品的运输应按国家有关规定办理。

(1)药品发运前必须检查药品的名称、规格、单位、数量是否与随货同行发票相符;有无液体药品与固体药品合并装箱的情况,包装是否牢固和有无破漏;衬垫是否妥实,包装大小重量等是否符合运输部门的规定。

（2）填制运输单据，做到字迹清楚，项目齐全，发运药品按每个到站（港）和每个收货单位分别填写运输交接单，也可用发货票的随货同行联代替。拼装整车必须分别给各收货单位填写运输交接单，在药品包装上应做明显标识以示区别。

（3）药品在装车前需按照发运单核对：发送标志和药品标志有无错漏，件数有无差错，运输标志选用是否正确，然后办好运输交接手续，做出详细记录，并向运输部门有关人员讲清该批药品的搬运、装卸注意事项。

（4）搬运、装卸药品应轻拿轻放，严格按照外包装图示标志要求堆放和采取保护措施。药品包装为玻璃容器的情况下，易碎，怕撞击和重压，所以搬运、装卸时必须轻拿轻放，防止重摔，液体药品不得倒置。如发现药品包装破损、污染或影响运输安全时，不得发运。

（5）各种药品在途中运输和站台堆放时，应注意防止日晒雨淋，以免药品受潮湿、光、热的影响而变质。

（6）定期检查发运情况和待运药品情况，防止漏运、错运，保持单据完备。对规定发运期限的药品，单据上要作明显的标志。

## 二、药品召回管理办法

2022 年 10 月 26 日，国家药监局发布新修订的《药品召回管理办法》，2022 年自 11 月 1 日起施行。新版《药品召回管理办法》包括总则、调查与评估、主动召回、责令召回、附则等 5 章共 33 条。新版《药品召回管理办法》结合行业发展实际，坚持风险管理、全程管控原则，围绕及时控制质量问题或者其他安全隐患，优化调查评估和召回实施程序，科学完善召回药品处理措施，落实药品上市许可持有人（以下称持有人）责任，从而督促持有人主动将可能的药品安全隐患消除在萌芽或初始阶段，更好地保障公众用药安全。

## 三、药品召回

药品召回是指药品生产企业按规定的程序收回已上市销售的存在安全隐患的药品。药品召回制度是药品上市后安全监管的一项风险管理措施，是针对存在质量问题或者其他安全隐患药品的一种风险管理措施，通过将市场上可能具有潜在危及人体健康风险的药品进行收回或采取矫正措施，将药品可能对公众造成的潜在不良影响最小化，避免质量问题或者安全隐患扩散而产生更大的危害。

药品召回在实际工作中具体表现为由于药品存在缺陷或该药品被报告有严重的不良反应等原因，需从市场或临床试验中收回一批或者几批药品。根据召回活动发起主体的不同，药品召回分为企业主动召回和监管部门责令召回两类。

主动召回是指药品生产企业通过信息的收集分析、调查评估，根据产品质量事件的严重程度，在没有官方强制的前提下主动对存在安全隐患的药品作出召回。

责令召回是指药品监督管理部门通过调查评估，认为存在潜在安全隐患，企业应当召药品而未主动召回的，药品监督管理部门责令企业召回药品。

药品召回以持有人主动召回为主，监管部门责令召回为辅。持有人是控制药品风险和消除隐患的责任主体,主动召回是持有人履行药品全生命周期管理义务的重要组成部分。持有人应当收集药品质量和安全的相关信息,对可能存在的质量问题或者其他安全隐患进行调查评估,发现存在问题和隐患的,应当主动召回。药品生产企业、药品经营企业、药品使用单位应当积极协助。各级药品监督管理部门履行相应监管职责。省级药品监督管理部门根据《药品管理法》,对持有人依法应当召回而未召回的,应当责令其召回。

根据药品的安全隐患、危害的严重程度,药品召回分为以下三级。

(1)一级召回:使用该药品可能引起严重健康危害的。

(2)二级召回:使用该药品可能引起暂时的或者可逆的健康危害的。

(3)三级召回:使用该药品一般不会引起健康危害,但出于其他原因需要召回的。

药品生产企业应建立药品召回系统和召回程序,明确召回相关人员、药品及记录等要求。建立和完善药品召回制度,收集药品安全的相关信息,对可能具有安全隐患的药品进行调查、评估,召回存在安全隐患的药品。在发现药品质量问题后,在尚无任何质量事故或药害事件发生时,在公众和药监部门尚未获得任何信息时,应当主动召回对患者健康存在风险的药品。

召回流程的制订要根据制药企业的实际情况,为保证召回流程的顺利执行,制药企业需明确各部门在召回流程中的职责,召回流程一般至少包含以下几个因素。

## (一)召回决策

召回决策由药品生产企业高层管理者(包括质量管理负责人)在相关领域专家的支持下进行。召回决策应当基于对药品安全隐患的调查与评估。一般情况下,调查和评估应包括以下内容。

(1)药品质量是否符合国家标准,药品生产过程是否符合 GMP 等规定,药品生产工艺与批准的工艺是否一致。

(2)药品储存、运输是否符合要求。

(3)药品主要使用人群的构成及比例。

(4)可能存在安全隐患的药品批次、数量及流通区域和范围。

(5)对客户是否有不利影响,是否遵守对客户的承诺。

(6)该药品引发危害的可能性,以及是否已经对人体健康造成了危害。

(7)对主要使用人群的危害影响。

(8)对特殊人群,尤其是高危人群的危害影响。

(9)危害的严重与紧急程度。

(10)危害导致的后果(短期与长期)。

各药品生产企业可以根据实际情况及所生产的药品的具体特点,对不同级别的召回进行具体的、有针对性的工作。

## (二)召回准备

在做出药品召回决策后,药品生产企业应立即成立召回任务小组,制订并组织实施召回计划。必要时召回任务小组可要求任何部门提供协助。召回计划应当包括：药品生产销售情况及拟召回的数量；执行召回的具体内容，包括实施的组织、范围和时限等；召回信息的公布途径与范围；召回的预期效果；药品召回后的处理措施；联系人的姓名及联系方式。

召回计划需上报省级药品监督管理部门备案（一级召回在 1 日内，二级召回在 3 日内，三级召回在 7 日内），上报的召回计划变更时，应立即通知药品监督管理部门。

### （三）召回启动

在规定时限内通知客户（包括药品经营企业、药品使用单位、药品使用者等）召回相关药品，一级召回在 24 小时内，二级召回在 48 小时内，三级召回在 72 小时内通知完成。同时向所在地省、自治区、直辖市药品监督管理部门报告。

实施召回的过程中，召回任务小组应该：一级召回每 1 日，二级召回每 3 日，三级召回每 7 日，向药品监督管理部门报告药品召回的进展情况。召回过程中药品生产企业应对公司仍有库存的相关药品立即封存，隔离存放，设置清晰醒目的标志。召回过程中做好相关记录，包括通知客户的记录，客户反馈的记录，召回药品到货记录，并及时对召回情况进行评估等。

召回通知应当包括：召回药品的具体情况，包括名称、规格、批次等基本信息；召回原因；召回等级；召回要求，如立即暂停生产、放行、销售、使用，转发召回通知等；召回处理措施，如召回药品外包装标识、隔离存放措施、储运条件、监督销毁等。

### （四）召回药品的接收与处理

接收召回药品时，需要有相应的记录，包括客户的名称/地址，召回药品的品名、批号、数量、召回日期和召回原因，应召回和实际召回数量的平衡关系等。接收的召回药品应隔离存放，设置清晰醒目的标识。召回任务小组还应对召回药品的情况进行及时总结，对本次召回药品的质量是否受到影响进行评估，提出召回药品的具体处理方案并报请召回决策小组批准。药品召回处理决定需要同时报告药品监督管理部门进行备案或批准。必须销毁的药品，应在药品监督管理部门的监督下销毁。

### （五）召回总结、报告、文件

召回完成后，召回任务小组应提出完整的召回总结报告，包括售出药品及召回药品之间的数量平衡计算；对召回活动、召回效果、召回药品的处理情况等做出评价，并向药品监督管理部门提交召回总结报告。召回行动正式完成后，应当对所有相关的文件进行归档，并长期保存。

### （六）召回系统的有效性评估

为了使召回行动在必要时能够及时有效的启动，应定期对召回系统进行评估，确保其有效性。评估可以通过模拟召回的方式进行演练，演练的过程和结果应进行记录。用于评价药品召回系统有效性的模拟召回演练与真实的药品召回可采用相似的流程图，区别仅在于召回的启动原因以及与外界的沟通活动都是虚拟的。

### (七)召回药品的处理

持有人应当明确召回药品的标识及存放要求,相关标识、存放措施等应当与正常药品明显区别,需要特殊储存的,还应当在储存和转运中保证符合要求。

召回药品需要销毁的,应当在持有人、药品生产企业或者储存召回药品所在地县级以上药品监督管理部门或者公证机构监督下销毁。即持有人可以根据自身实际,选择在当地药品监督管理部门或者公证机构监督下销毁,不必将全国范围流通的药品统一收回到持有人所在地销毁,以降低不必要的储运成本等。

原则上,召回的药品不能再上市。但是,对通过更换标签、修改并完善说明书、重新外包装等方式能够消除隐患的,或者对不符合药品标准但尚不影响安全性、有效性的中药饮片,且能够通过返工等解决问题的,可采取适当方式处理后再上市。相关处理操作应当符合相应药品质量管理规范等要求,不得延长药品有效期或者保质期。某制药公司药品召回管理制度见表 5-5。

表 5-5　某制药公司药品召回管理制度

| 文件名称 | | 药品召回管理制度 | | 编号: | |
|---|---|---|---|---|---|
| 制订人 | | 审核人 | | 批准人 | |
| 制订日期 | | 审核日期 | | 批准日期 | |
| 颁发部门 | | 颁发日期 | | 生效日期 | |
| 分发部门 | | | | 制作份数 | |
| 修订号 | | 修订日期 | | 版本号 | |

目的:规范药品召回的管理,便于公司召回任何一批已发运销售的药品。
范围:适用于本公司所有已发售的药品。
责任人:质量受权人、质量管理部人员、生产技术部人员、物料管理部人员及产品发运和销售相关人员。
内容:
1　药品召回是指药品生产企业按照规定的程序收回已上市销售的存在安全隐患的药品。
2　指定质量受权人为公司药品召回负责人,负责组织协调药品召回工作。并配备其他适当人员协助药品召回工作,包括生产技术部经理、QA 主管、负责质量投诉和不良反应的 QA 员等相关人员。
3　召回的范围
3.1　药品发售后,经各级药品检验机构检验确认药品质量不合格的批次。
3.2　药品发售后,药品经销商或用户质量问题投诉,经公司复核确认,存在药品非包装质量问题或有可能给患者带来不良影响的药品批次。
3.3　药品发售后,公司留样药品在有效期内出现异常,经检验其质量不符合药品注册要求和质量标准的批次;或长期稳定性考察药品在有效期内,检验其质量不符合药品注册要求和质量标准的批次。
3.4　药品发售后,出现较严重的不良反应,经公司进行风险评估后确认需要召回批次。
3.5　国家法律法规或其他特殊情况需要召回的药品品种及批次。

续表

| |
|---|
| 4　药品存在质量问题或安全隐患,公司确认需要从市场召回药品时,应当立即停止销售或使用该药品,并及时向市药品监督管理部门报告。 |
| 5　公司应当建立和保存完整的药品发运和销售记录,保证销售药品的可追溯性。质量受权人应当能够迅速查阅到药品的发运记录。 |
| 6　公司应当建立完整的批记录和其他相关记录,应当能够追溯批药品的完整历史,并妥善保存,便于查阅。 |
| 7　公司应当能够迅速启动,并迅速实施。 |
| 8　已经召回的药品应当有标识,并单独、妥善储存,等待最终处理决定。 |
| 9　公司应当对召回的药品进行质量原因分析和质量风险评估,并考虑召回产品相邻批次的影响,最后,根据风险评估的结果决定药品的最终处理结果。 |
| 10　因为质量原因退货和召回的产品,均应当按照规定监督销毁,有证据证明退货产品质量未受影响的除外。 |
| 11　药品召回的进展过程应当有记录,并有最终报告。药品发运数量、召回数量以及数量平衡情况应当在报告中予以说明。 |
| 12　公司应当定期对药品召回系统的有效性进行评估。每年模拟一次药品召回,以验证召回系统的有效性 |

# 实训项目 5:原辅料管理模拟实训

## 一、实训目的

1.掌握原辅料的接收、取样、存储、检验过程。

2.掌握原辅料的质量状态标识的控制。

3.学会原辅料的接收、取样、检验等记录。

## 二、实训内容

1.模拟制药企业的物料管理过程,指导老师为供货方,学生为企业购买方,模拟原辅料的接收、取样、存储、检验。

2.对所管理的物料进行质量状态标识,并将各种物料放置在相对应的区域。

3.填写各步骤记录。

实训仪器设备:取常见盐类 10 种共 20 个样品(包括合格和不合格品);其他分析仪器。

## 三、实训过程

1.分组。

班级为单位进行分组,每组 6 人,指定 1 名组长。

2.原辅料的接收、存储、取样、检验。

（1）接收：老师将已经经过质量检验的且有标号的 20 个样品发放给每个组，每组 2 人，其中一人进行接收，另外一个人进行复核，接收、复核结束后，填写接收记录。

（2）存储：对所接收的物料进行放置管理。在实训室划出一定的区域作为模拟仓储区，把所接收物料存放于相应的区域，而且在仓储区内的原辅料应有适当的标识。

（3）取样：对接收样品按照 GMP 要求进行全部取样，每组 2 人，一人取样一人复核，结束后填写取样记录。

（4）检验：依据国家有关质量标准，对所取样品进行检验，每组 2 人，一人检验一人复核，结束后给出检验报告并写出检验记录。

3.原辅料的质量状态标识。

（1）标识指定的物料名称和企业内部的物料代码。

（2）标识接收时设定的批号。

（3）标识物料质量状态。

（4）标识有效期或复验期。

4.检查和确认。

指导老师按照每组负责人的实训汇报，根据制订好的检查程序和标准进行检查和确认。

（1）接收过程的合理性，是否有两个人进行接收，且是否有接收记录。

（2）取样过程的合理性，是否有两个人进行取样，且是否有取样记录。

（3）检验过程的合理性，是否有两个人进行检验，且是否有检验报告和检验记录。

（4）是否对物料质量状态进行标识；如果有标识，是否正确；是否将原辅料存放于对应的质量标识区域。

（5）是否标识有效期或复验期。

（6）是否标识质量负责人。

## 四、实训报告

1.原辅料的接收、取样、存储、检验过程。

2.各种原辅料的质量状态标识。

3.原辅料的接收、取样、存储、检验等报告和记录。

4.对模拟实训过程中存在的问题进行总结分析。

# 项目检测 5

## 一、单项选择题

1.药品组成成分（原料药、部分辅料）、对药品质量有趋势影响的工艺辅助剂、直接接触药品的包装材料,风险较高的物料,物料级别为（　　）。

　　A.A 级　　　　　　　B.B 级　　　　　　　C.C 级　　　　　　　D.D 级

2.供应商审计首先由质量管理部门对品种涉及的物料进行风险评估,确定物料的安全级别,再由( )制订不同级别物料供应商需审计的内容和标准。

A.质量管理部门　　　　B.生产管理部门　　　　C.技术部门　　　　D.工程部门

3.仓储部门根据结果对物料进行处理,除去原来的标签和标识,对合格的物料将物料状态由"待检"变为"合格",挂上( )色标识,移送至合格品区储存。

A.红色　　　　B.绿色　　　　C.黄色　　　　D.蓝色

4.物料应按其性质在规定的储存条件下储存,阴凉存储的温度要求是( )以下。

A.18 ℃　　　　B.20 ℃　　　　C.22 ℃　　　　D.24 ℃

5.在阴雨季节或气候潮湿的地区,仓库需采取降湿除潮措施。如无特殊规定,仓库内的湿度一般应不大于( )。

A.65%　　　　B.70%　　　　C.75%　　　　D.80%

6.直接接触药品且直接使用的药品包装用材料,容器,如药用 PVC(聚氯乙烯)硬片、塑料输液瓶(袋)等,属于( )类包装材料。

A.Ⅰ类　　　　B.Ⅱ类　　　　C.Ⅲ类　　　　D.Ⅳ类

7.安瓿、玻璃管制口服液瓶、抗生素瓶、天然胶塞等属于( )类包装材料。

A.Ⅰ类　　　　B.Ⅱ类　　　　C.Ⅲ类　　　　D.Ⅳ类

8.根据药品的安全隐患、危害的严重程度,使用该药品可能引起暂时的或者可逆的健康危害的召回属于( )。

A.一级召回　　　　B.二级召回　　　　C.三级召回　　　　D.四级召回

二、多项选择题

1.物料管理系统的功能有( )。

A.采购和生产计划　　　　　　　　B.物料管理

C.成品管理　　　　　　　　　　　D.中间产品的管理

2.物料管理的基本流程( )。

A.购入　　　　B.接受　　　　C.检验　　　　D.储存和发放

3.所有物料供应商应具备的共同资质证明文件( )。

A.《企业法人营业执照》　　　　　　B.《税务登记证》

C.《组织机构代码证》　　　　　　　D.《药品生产许可证》

4.在仓库物料管理规程中建立"五防"具体措施指的是( )。

A.防火、防爆　　　　B.防盗　　　　C.防鼠虫害　　　　D.防潮

5.物料的质量评价内容应当至少包括( )。

A.生产商的检验报告

B.物料包装完整性和密封性的检查情况

C.检验结果

D.物料的接收程序

6.物料的质量状态有( )。

A.待验                  B.已取样                  C.合格                  D.不合格

7.药品包装材料的性能包括( )。

A.一定的机械性能、隔性能                  B.良好的安全性能

C.合适的加工性能                            D.较好的经济性能

8.药品的运输应遵循"( )"的原则,遵照国家有关商品运输的各项规定。

A.及时                  B.准确                  C.安全                  D.经济

9.2022 年 10 月 26 日,国家药监局发布新修订的《药品召回管理办法》,包括( )内容。

A.总则                            B.调查与评估

C.主动召回                            D.责令召回、附则

### 三、填空题

1.物料管理的对象包括物料、_____、_____、_____。

2.物料的质量状态有待验、已取样、合格、不合格,使用_____、_____、_____ 3 种不同颜色色标区分。

3.物料应根据其性质有序,分批储存和周转,发放时遵循"_____"和"_____"的原则,减少物料的储存期限。

4.对返工或重新加工或回收合并后生产的成品,_____应当考虑进行相关项目的检验和稳定性考察。

5.废品的处置主要分为_____与_____。

6._____在实际工作中具体表现为由于产品存在缺陷或该产品被报告有严重的不良反应等原因,需从市场或临床试验中收回一批或者几批产品。

7.使用该产品一般不会引起健康危害,但由于其他原因需要召回的属于_____。

8.召回计划需上报省级药品监督管理部门备案(一级召回在_____日内,二级召回在_____日内,三级召回在_____日内),上报的召回计划变更时,应立即通知药品监督管理部门。

9.召回药品需要销毁的,应当在持有人、药品生产企业或者储存召回药品所在地县级以上_____或者_____监督下销毁。

阅读材料五          附件六          附件七

# 项目 6　生产管理

🎯 **知识目标:**

- 掌握清场要求、清场内容及批号的确定原则、批号编码方式、状态标识。
- 掌握物料平衡、污染来源、防污染措施。
- 掌握生产过程关键质量控制要求。
- 掌握委托生产委托方与受托方要求,委托检验要求。

🎯 **技能目标:**

- 能够识别状态标识,计算物料平衡和收率,制订防污染措施。
- 能够判断委托生产合法性,判断委托检验合法性。

🎯 **素质目标:**

- 培养学生认真严谨、科学规范的从业精神,对于生产的要求,要按照国家有关规定和 GMP 要求严格规范操作。
- 培养学生药品生产职业道德。

🎯 **课前导案:**

"梅花 K"事件

# 任务 1 批次管理

## 一、批的定义

批是药品生产的基本单元。企业应建立药品批次管理,明确批次划分,应能够通过批号追踪追溯该批药品的生产全过程和生产历史。其定义是:经一个或若干加工过程生产的,具有预期均一质量和特性的一定数量的原辅料、包装材料或成品。为完成某些生产操作步骤,可能有必要将批产品分成若干亚批,最终合并成为一个均一的批。在连续生产的情况下批必须与生产中具有预期均一特性的确定数量的产品相对应,批量可以是固定数量或固定时间段内生产的产品量。例如,眼用制剂、软膏剂等以同一配制罐最终一次配制生产的均质产品为一批,口服或外用的固体制剂在成型或分装前使用同一台混合设备一次混合生产的均质产品为一批。

## 二、批号和生产日期

每批药品均应当编制药品批号和确定生产日期,除另有法定要求外,生产日期不得迟于产品成型或灌装前经最后混合的操作开始日期,不得以产品包装日期作为生产日期。根据批号,应能查明该批药品的生产时间及批记录,可追溯该批药品的生产历史。批号应明显标于批记录的每个部分,以及药品的标签、说明书和包装物上。在规定限度内具有同一性质和质量,并在同一连续生产周期中生产出来的一定数量的药品为一批。生产的每批药品均应指定产品批号。

## 三、批的确定原则

在药品生产中,由于剂型不同,生产情况不一,为确保生产的每批药品达到均一的要求,GMP 中规定了确定批号的原则。

(1)连续生产的原料药,在一定时间间隔内生产的在规定限度内的均质产品为一批。间歇生产的原料药,可由一定数量的产品经最后混合所得的在规定限度内的均质产品为一批。中间体的批号可与最后原料药的批号相一致,也可互相独立。

(2)大(小)容量注射剂以同一配液罐最终一次配制的药液所生产的均质产品为一批;同一批产品如用不同的灭菌设备或同一灭菌设备分次灭菌的,应当可以追溯。

(3)粉针剂以一批无菌原料药在同一连续生产周期内生产的均质产品为一批。

(4)冻干产品以同一批配制的药液使用同一台冻干设备在同一生产周期内生产的均质产品为一批。

(5)口服或外用的液体制剂以灌装(封)前经最后混合的药液所生产的均质产品为一批。

（6）生物制品的批号按《生物制品分批规程》确定。

（7）口服或外用的固体、半固体制剂在成型或分装前使用同一台混合设备一次混合所生产的均质产品为一批。

（8）眼用制剂、软膏剂、乳剂和混悬剂等以同一配制罐最终次配制所生产的均质产品为一批。

## 四、批号的编制

批号的定义是：用于识别一个特定批的具有唯一性的数字和（或）字母的组合，如140903、140905 等。批号编制以简单识别为原则，确保生产批次的可追溯性和唯一性。

批号可用以追溯和审查该批次药品的生产历史和信息。批记录就是用于记述每批药品生产、质量检验和放行审核的所有文件和记录，可追溯所有与成品质量有关的历史信息。

根据批号形成的批记录，能查到该批药品的生产日期直至相关的生产、检验、销售等记录，查到药品生产的操作员工、生产检验使用的软硬件以及工作现场的情况等。

应建立编制药品批号的规程，每批药品应编制唯一的批号。

批号的编码通常为年月日或流水号，通常为 6 位数，前面两位为年份，中间两位为月份，后面两位为日期或流水号。例如，190605 可理解为 2019 年 6 月份生产的第 5 批该药品，190605（1）可理解为 2019 年 6 月 5 日生产的第一批产品。

一般而言可有以下两种批号形式。

正常批号：如 190712，即 2019 年 7 月生产的第 12 批药品。

返工批号：返工后原批号主干不变，可在原批号后加一符号以示区别，如 190712R 表示2019 年 7 月生产的第 12 批药品的返工批。

## 五、批次的管理要求

要求药品的每一次生产都有指定的唯一永久批号，不得随意更改。应确定批号编制规则，明显标记于批记录的每一页和药品的标签与包装物上。生产企业要严格按照批划分生产，以确保药品的均一性。根据批号，应能查明该批药品的生产日期、时间、班次、人员以及批记录，可追溯该批药品的完整生产历史。在每个品种生产批号的各关键生产工序的批生产和包装记录中都需明确规定物料平衡的计算方法以及根据检验结果确定的物料平衡合格范围，以防止生产过程偏离工艺，或者发生混药、混料、错投料等事故。

# 任务 2　物料平衡管理

## 一、物料平衡管理的目的

物料平衡是防止混药、差错和低限投料的一个指标。同时防止药品生产过程中潜在的异常情况或者差错给药品质量带来的影响,判断每个生产步骤是否正常,进而为是否需要进行偏差分析提供依据。物料平衡是产品或物料实际产量或实际用量及收集到的损耗之和与理论产量或理论用量之间的比较,并考虑可允许的偏差范围。收率是一种反映生产过程中投入物料的利用程度的技术经济指标。在药品生产过程的适当阶段,计算实际收率和理论收率的百分比,能够有效避免或及时发现药品混淆事故。

## 二、物料平衡管理的要求

生产中所用的物料和生产的每批产品应当检查产量和物料平衡,确保物料平衡符合设定的限度。如有差异,必须查明原因,确认无潜在质量风险后,方可按照正常产品处理。物料平衡必须在批生产记录中反映出来。通过工艺验证确定物料平衡率。药品生产企业根据生产实际情况、产品工艺验证、生产消耗确定适当的百分比范围。各关键工序都必须明确收率的计算方法,根据验证结果确定收率的合格范围。各工序的物料平衡和收率原则上不允许超过规定的平衡范围,凡超过必须查明原因,在得出合理的解释,确认无潜在质量事故后,经批准方可按正常产品处理或继续下一步的生产,并按生产过程偏差处理规程进行处理,将处理记录附入批生产记录中。

## 三、物料平衡和收率的计算方法

$$物料平衡 = \frac{合格数 + 报损数}{领用数 + 上批结余数 - 本批结余} \times 100\%$$

$$收率 = \frac{合格数}{领用数 + 上批结余数 - 本批结余} \times 100\%$$

中间产品,成品的物料平衡和收率计算公式:

$$物料平衡 = \frac{实际产量(用量) + 收集到的损耗之和}{理论产量(用量)} \times 100\%$$

$$收率 = \frac{实际产量}{理论产量} \times 100\%$$

收集到的损耗量包括尾料、废品量、样品量、丢弃的不合格量。

# 任务 3　污染控制

近年来,人们对药品质量关注程度越来越高,国内外对药品污染问题都作了严格的规定,尽管如此,药品生产过程中的污染问题严重影响药品质量,给人民带来安全隐患,为此寻求导致污染的成因与防范措施势在必行。药品生产过程的质量控制,对影响药品质量的物料、环境进行有效控制等是防止污染的重要措施。实施的目的之一是要采取有效措施防止生产中的污染、交叉污染、混淆和差错的产生。污染是药品质量的最大威胁者。药品从原料到成品的每一个生产环节和过程中,任何一个细节上的疏忽,都可能造成药品的污染,生产出不合格药品。受污染的药品不仅给企业在经济上造成损失,而且会对使用该药品的患者健康构成严重威胁。

## 一、污染的概念和来源

2011 年 3 月 1 日实施的《药品生产质量管理规范(2010 年修订)》中对污染和交叉污染有明确的定义:"在生产、取样、包装或重新包装、贮存或运输等操作过程中,原辅料、中间产品、待包装产品、成品受到具有化学或微生物特性的杂质或异物的不利影响。"也可将污染理解为药品(物料或中间体)中混入不需要的物质,并且其含量超过规定的限度。交叉污染定义为:不同原料、辅料及产品之间发生的相互污染。

药品常见的污染形式有物理污染、化学污染和生物或微生物污染 3 种。在药品生产过程中,常经一种污染形式或多种污染形式造成药品的污染,甚至交叉污染。交叉污染是指药品生产过程中,两个或两个以上产品的生产活动,如人流、物流或环境区划,未能很好区分,造成彼此相互污染的情况。按照污染的情况一般可分为以下 3 个方面。

(1)由微生物引起的污染。

(2)原料或产品被另外的物料或产品引起的污染,如生产设备中的残留物操作人员的服装引入或散发的尘埃、气体、雾状物。

(3)由其他物质或异物等对药品造成的污染。混淆是指一种或一种以上的其他原材料或成品与已标明品名等的原材料或成品相混,俗称"混药"。如原料与原料成品与成品、标签与标签、有标识的与未标识的、已包装的与未包装的混淆等。交叉污染是指不同原料、辅料及产品之间发生的相互污染。

## 二、污染的传播形式和传播途径分析

药品污染传播的方式主要有 3 种:直接污染、交叉污染、多次污染。这 3 种污染方式发生的时间往往一致。直接污染是指污染物通过传播媒介直接进入生产环境造成的污染。多次污染是指在污染物进入生产环境后,在化学、物理以及生物因素的影响下,使药品再次被污染,生成新的污染物,不仅如此,对产品的生产环境也在一定程度上造成新的污染。多次污染形成的机制复杂,且可控性较差,因此,防范工作具有一定难度。交叉污染是指一个产品在生产中产生的污染物质污染另一产品,或两者彼此间相互进行污染。交叉污染形式多样,但可控性较高。

污染传播有三大途径,即物流通道、人流通道以及空调通道。物流通道主要是指污染物随着生产使用的工艺用水、物料以及包装或容器等对药品造成污染;人流通道是指污染物随人的进入造成的污染,如随洁净服、人体表面、携带的工具等;空调通道是指污染物随着滋生有细菌的空调管道、通风管道,以及净洁厂房接口或者缝隙进入,对药品造成的污染。

### 三、污染的防范

在药品生产中,预防污染比其他行业具有更深层次的意义。由于受到各种要素(制药厂房环境的空气、制药用水、操作人员、物料、设备等)的影响,都可能导致药品的微生物污染。控制制药工厂污染及交叉污染的"良药"非 GMP 莫属,它的每一项条款都是围绕"防止污染、交叉污染和混淆、差错"而实施。药品生产过程中预防污染的有效措施如下。

#### (一) 建立质量控制体系

做好质量控制工作是有效防范药品污染、保证药品质量的重要方法,首先要根据药品生产企业的具体情况,建立完善的质量保证体系;其次要建立可行的质量控制体系文件。具体工作如下:第一,建立完善的质量保证体系,有效防范药品生产过程中所受到的污染。药品生产过程的检验和质量管理等工作都应由药品质量管理部门负责,质量管理部门负责对药品生产过程进行检查和管理,以及对其他与之相关的部门起监督作用。

第二,质量控制体系文件的建立必不可少,建立科学、可行的质量控制体系文件是个复杂的工作,需要注意四大问题。

(1)健全的质量标准建立。国家对药品生产质量有一定的要求,建立一套健全的质量标准是保证药品质量的一项重要措施,药品生产企业生产的产品规格必须高于国家法定标准,在药品生产的物料、成品或中间品方面都有一定的法定标注,企业内控标注中也有明确指明,企业对药品生产、销售以及使用等阶段承担责任。

(2)工序质量控制点的建立。关键工序和一般工序是工序质量控制点对工序过程进行的两大分类,操作限值是关键质量控制点制定中必须考虑的一大因素,操作限值能保证药品在有效期内的质量,且对下一工序的生产起推动作用。

(3)物料管理制度的建立。主要是对物料的检验、发放、采购和库存进行管理。

(4)成品管理制度的建立。我国相关法律条文明确规定,药品必须通过质量检测人员的产品审核与检验,两者均合格后才能发行。

#### (二) 药品生产中各项防范措施的有效控制

##### 1.环境控制

药品生产质量受到药品生产环境的影响,空气质量良好、水土污染指数低,以及水资源丰富的区域是药品生产首选的地区。洁净的环境是企业考虑的首要条件,其次,药品生产对空气和水质量的要求比较高,均要通过物理方式进行处理,处理的原理是:①生产技术无法控制小于 0.1 μm 的粒子,由此可知,对于生产过程中产生的化学污染的去除更为艰难;②药品生产过程中形成的污染物具有一定浓度,污染物必须加以适当处理,然而需处理的污染物浓度与处理后残留在药品中的污染物浓度成正比。所以,企业在生产原料药或多个产品时要区分生产区域,避免出现相互污染的现象。

2.空气通道洁净控制

空气无处不在,外界环境空气必然存在污染,但洁净厂房的空气要与此接触,形成对流,难免会被污染,外界空气可通过人流通道、厂房漏风、空调通道以及物流通道对药物生产造成污染,为了使进出洁净厂房的空气污染得到有效控制,可对 4 个空气通道实施洁净处理措施。针对厂房漏风问题采取的措施是,首先要确保厂房的密闭性,在规定的日期对其做相应的检测工作,此外,还要对功能房的各项指标进行检测,最后要注意厂房表面的卫生。

物流通道进行处理的具体方案是:为了避免污染,物流通道需要安装连锁门,气闸也是必不可少的装置,要建物料外包装处理室、清洁室与缓冲室,而且清洁室与缓冲室的空间要充足,从内向外的空气气压差至少维持在 10 Pa。与此相似的是人流通道的控制,气压差同样要保持在 10 Pa 以上,也要安装连锁门和气闸,为工作人员设置更衣室、洗手消毒室以及缓冲室,人员可随时进行消毒处理,前室环境不可忽视,也要定期或不定期地做灭菌工作。空调系统通道的控制包括 3 类:①定期对动力设备做性能检测;②管道定期检修工作务必落实;③空调系统各部分部件都可能是细菌滋生地,要对其做消毒、清洗,必要时进行更换。

3.物料使用控制

药品生产用到的物料要进行严格的控制,确保药品在进入生产前没有与污染物质接触,达到无污染状态,物料的洁净控制包括使用前控制、物料传送和物料配料的洁净控制。

物料使用前控制的途径包括运输条件的控制、存储环境的控制以及企业的检查审计。生产企业需对药品生产现场环境进行检查,并且根据规定对连续生产出的三批药品进行产品检验工作,运输物料的包装、运输设备等也要进行全面检查。

(1)物料传送控制。物料运送到生产车间时,一般由包间、缓冲间和传递窗进入生产区域,且要做一系列的消毒杀菌工作。在环境受控的脱外包房间里物料要脱外包,同时可消毒杀菌,物料脱外包房间和生产间设置缓冲房间,物料若是从传递窗口进入,传递窗口要设置消毒灭菌设备,便于物料卫生控制。

(2)物料配料的洁净控制。物料进入生产区域后就是物料配料的存放和配料,为了使之不受污染,存放在专门的配料间,一种产品在一个配料间,不可在一个配料间存放两种或两种以上的配料。操作和配好的物料、消毒后的物料以及所用的包装材料都要在规定时间内使用完,杀菌消毒工作也要在固定的时间内完成。此外,配料后必须及时进行清场,配料中使用到的工具都要按规定灭菌和消毒。

4.人员控制

对员工的洁净进行有效控制,员工个人卫生、生产服装的卫生和操作卫生不可忽视。提高工作人员的素质、责任心和卫生意识对药品安全生产来说相当重要。企业应定期给员工做相关培训,如技能培训、微生物知识培训等,以提高工作效率与产品质量。生产人员控制着药品生产过程质量,每一个细节都必须谨慎,包括生产服装的卫生和生产所用的器械器具的卫生,必须定期做消毒杀菌,必要时建立卫生检查部门,时刻对生产中各项工作卫生进行监督检查。生产人员个人卫生以及操作卫生等得到良好控制,产品质量才有所保障。

# 任务 4 混淆防范和清场管理

## 一、混淆防范

混淆是指一种或一种以上的其他原材料或成品与已标明品名的原材料或成品相混,造成混淆的原因多种多样,例如,原辅料、包装材料、中间体等物料无明显标志,放置混乱,未严格核对种类或数量;使用的设备或容器无状态标识;清场不彻底;员工工作责任心不强,管理制度不健全等。

通过对生产全过程的管理以及加强每次药品生产后的清场管理,可减少并防止混淆的发生。

## 二、清场管理

清场是指每次生产结束后确保设备和工作场所没有遗留与本批生产有关的物料、产品。下次生产开始前,应对前次清场情况进行确认。清场的目的是防止混淆和污染。清场分为大清场和小清场,大清场是指换品种时或连续生产一定批次后进行的清场,小清场是指同品种生产的批间清场和生产完工后的每日清场。

清场的范围包括生产操作的整个区域及生产设备,清场的内容包括各种物料、生产文件、各种状态标识、清洁卫生等。

清场的基本要求为:

①转移完成的产品到指定的区域存放。

②收集所有设备上、集尘装置中或操作间内的报废物料,转移至指定的区域存放。

③清除或转移所有剩余的物料到指定的区域存放。

④将与本批生产有关的各种标签放入批生产记录中,待全部清扫结束后送到指定的位置。

⑤包装工序更换品种时,多余的标签和包装材料应全部清点退库或销毁。

⑥根据相关的清洁规程清洁操作间和设备。

⑦更换现场所有操作间、设备、容器的状态标识。

⑧完成清场和清洁记录,该记录可与清扫记录为同一表格。

清场结束后,清场记录需双人复核。检查结束后在清场记录上签字,合格后发给"清场合格证"或其他合适的证明记录,附入生产记录。清场未合格,不得进行另一品种或规格药品的生产。

# 任务 5　生产全过程管理

制药企业与其他行业企业相比,生产过程有其自身的特殊性,国家对其质量体系有特殊的要求。药品生产环节的质量管理是决定药品生命力的重要因素,是整个制药企业生产管理系统的关键一环。我国 GMP(2010 年版)、2023 年新发布的《药品 GMP 指南》,均对制药企业生产流程中的一系列生产步骤提出了更高的要求。

生产全过程管理是建立在工艺规程的基础上,虽然不同药品剂型涉及的生产和过程控制的要求不同,但总的生产全过程管理的原则是一致的。应该对生产环境、人员卫生、生产现场、物料、设备和过程工艺操作等方面严格管理,以保证生产出符合质量标准的产品。

在生产全过程管理中,不同的部门承担不同的管理职责。生产管理部门负责参与制订工艺规范,负责实施生产、过程检验及监控;生产工艺部门从技术角度对工艺规范进行审核;工程维修部门负责按要求为生产提供适宜的环境,负责测量设备校验及设备预防维修管理工作;质量保证部门从质量保证角度对工艺规范进行审核并检查其实施情况,参与偏差过程的处理,审核批生产记录及相关记录,负责各类生产文件的控制及批记录存档工作;质量控制部门负责中间体、半成品及成品的检验工作。

生产全过程管理在生产前、生产过程中和生产结束后,分别针对不同的控制重点进行管理。

## 一、生产前准备

在生产操作开始前,操作人员需检查上批清场情况及与本批生产品种相适应的指令、文件等。经 QA 人员确认后方可进行生产。通过生产前的检查确认,能有效预防上次遗留及清洁的污染、混淆与差错。

①车间各工序向仓库、中间站或上一工序领取所需的原辅料、中间产品、包装材料时,应有专人验收、记录登账并办理交接手续。同时核对名称、代码、批号、标识和数量等,确保生产所用物料或中间产品正确且符合要求。

②检查生产场所是否符合该区域清洁卫生要求;检查设备、工具、容器清洁等状况,检查是否有"已清洁牌"和是否在有效期内。

③准备与生产品种相适应的指令(批生产指令、批包装指令)、文件(工艺规程、质量标准、岗位 SOP、清洁规程、中间产品质量监控规程及记录等文件)、空白生产记录复制件一份。检查文件是否为现行文件。

④更换生产品种及规格前应清场,清场者及检查者应签字,清场合格证应在有效期内,未取得清场合格证或不在有效期内不得进行另一个品种的生产。

⑤检查生产用计量器具、度量衡器以及所用仪器、仪表是否在检定周期内,超过检定周期的不得使用。

## 二、生产中管理

生产过程应严格依法操作,按规定方法、步骤、顺序、时间和操作人严格执行,并对生产过程控制点及项目按照规定频次和标准进行控制和复核。

①应定期对生产现场、环境、物料、生产设备及工艺参数进行再确认,以确保以上生产条件始终符合生产工艺要求。

②定期对所生产的产品质量特性进行检查和监控。检查结果应符合过程控制标准及产品质量标准,以确保工序始终处于稳定状态。

③不得在同一生产操作间同时进行不同品种和规格药品的生产操作,除非没有发生混淆或交叉污染的可能。

④生产期间使用的所有物料、中间产品或带包装产品的容器及主要设备、必要的操作时应当贴签标识或以其他方式标明生产中的产品或物料名称、规格和批号,如有必要,还应当标明生产工序。

⑤生产设备应当有明显的状态标识,标明设备编号和内容物,没有内容物的应当标明清洁状态,主要固定管道应当标明内容物名称和流向。

⑥物料、产品等应当标明质量状态(如待验、合格、不合格、已取样)。

⑦保证生产所使用的物料流向正确,并对所使用的原辅料、中间产品(半成品)、成品及有印刷文字的包装材料数量进行物料平衡计算,计算结果应符合企业规定。

⑧生产现场要求整洁、有序,标识完整、清晰,记录填写完整、清晰、及时,行为符合岗位SOP 的规定。

## 三、生产结束后

生产结束后,应进行清场、物料平衡的工作,完成生产文件的记录,将剩余或废弃物料按规定移出生产现场,按标准清洁程序对生产现场及设备及时进行清洁。现场做到四清:清洁、清物料、清文件(清记录)和清状态。特别关注重点工序,如配灌、轧盖、灯检、包材准备、包装、打码等工序,防止药品的污染、混淆和差错。

保证生产所使用的物料流向正确,生产结束后将原辅料、中间体、半成品、成品及有印刷文字的包装材料数量进行物料平衡,结果应符合规定。关注各工序对特殊物料的处理,特别是对不合格品和尾料的处理等。

如有生产偏差,应根据程序由生产和质量等相关部门共同完成相关调查,形成整改和预防措施,最后形成调查报告送交质量管理部门。

及时完成批生产记录的填写和相关标签的整理,并送交审核。根据规定安排样品抽样和质量检验,由质量受权人完成批记录的审核,决定产品的放行。

## 四、清场管理

各生产工序在当日生产结束后,更换品种、规格或换批号以及停产检修结束后必须由生产操作人员清场。

### （一）清场范围

清场范围包括生产操作的整个区域、空间，包括生产线上、地面、辅助用房等。

### （二）清场内容

清场内容包括物料清理、现场和生产设备容器的清洁消毒以及记录填写，清场结果需另一个人复查。

### （三）清场记录

清场记录包括操作间编号、产品名称、批号、生产工序、清场日期、检查项目及结果、清场负责人及复核人签名。清场结束后由 QA 人员检查，并在清场记录上注明检查结果，合格后发给"清场合格证"。此证作为下次生产的（下一个班次、下一批产品、另一个品种或同一品种不同规格产品）生产凭证，附入生产记录。未领得"清场合格证"不得进行另一个品种或同一品种不同规格的生产。清场记录应当纳入批生产记录。

### （四）清场要求

①生产结束后，填好清洁状态标识，取下生产状态标识，挂上未清洁的清洁状态标识。

②无原辅料、中间产品、包装材料、成品、剩余的材料、印刷的标识物的生产残留物。

③无生产指令、生产记录等书面文字材料。

④无生产状态标识，清洁状态标识挂牌正确。

⑤地面无积尘、无结垢，门窗、室内照明灯、风管、墙面、开关箱外壳无积尘，室内不得放与生产无关的物品。

⑥使用的工具、容器清洁无异物，无前次产品的残留物。

⑦设备内外无前次生产遗留物的药品，无油垢。

⑧非专用设备、管道、容器、工具应按规定进行清洗消毒或灭菌。

⑨凡直接接触药品的设备、管道、工具、容器应每天清洗。

⑩不再使用的原辅料、包装材料、标签、说明书要及时返回库里。印有批号的标签、包装材料不得涂改使用，由专人负责及时销毁，并做好记录。

⑪清场结束后，填好清洁状态标识，取下"未清洁"的清洁状态标识，挂上"已清洁"的清洁状态标识。

## 五、状态标识管理

状态标识是防止混淆、差错的有效工具。生产过程中每一房间或设备、容器的识别状态标识应有标明产品或物料名称、批号、数量的状态标识。标识应当清晰明了，标识的格式应当经企业相关部门批准。除在标识上使用文字说明外，还可采用不同的颜色区分被标识物的状态(如待验、合格、不合格或已清洁等)。

(1)物料标识。物料标识包括物料信息标识和质量状态标识。如每件物料的物料签,生产现场和中间站的每件物料都必须有标识,包括残损物料;质量状态有待验、合格、不合格,分别为黄色、绿色、红色。

(2)生产状态标识。生产状态标识包括操作间正在操作产品信息或是上批产品信息及清场结果。如生产状态卡、清场合格证。

(3)设备标识。设备标识包括 3 个部分,设备能否使用(如完好、检修、待用、停用);设备是否运行中(如运行)并有明显状态标识,标明设备编号和内容物(如名称、规格、批号等);没有内容物应当标明清洁状态(如已清洁、未清洁)。

(4)清洁标识。清洁标识是用来标识设备、容器或房间、工具等是否清洁可以使用。如已清洁、待清洁。已清洁应符合有效期规定。

(5)计量标识。计量标识是用来标识计量器具是否合格,允许使用标识,有效期限。

(6)主要固定管道应当标明内容物名称和流向。如蒸汽、纯化水、注射用水、废水、回水、物料管中药液、氮气、压缩空气等。

(7)文件、记录标识有效版本控制。

## 六、包装管理

包装产品变成成品所需的所有操作步骤,包括分装、贴签等。但无菌生产工艺中产品的无菌灌装,以及最终灭菌产品的灌装等不视为包装。

(1)状态标识。对经检验合格的产品可下达批包装指令。每一包装操作场所或者包装生产线,应当有标识标明包装中的产品名称、规格、批号和批量的生产状态。有数条包装线同时进行包装时,应当采取隔离措施。

(2)包装前检查。有专人对待包装产品和包材的品名、规格、数量、包装要求等与批包装指令进行核对。

(3)包装过程控制。包装期间应对包装外观、包装是否完整、产品和包装材料是否正确、打印信息是否正确、在线监控装置的功能是否正常等产品的中间控制进行检查。单独打印或包装过程中在线打印的信息(如产品批号或有效期)均应当进行检查,并记录。样品从包装生产线取走后不再返还,防止产品混淆或污染。

(4)合箱要求。药品发运的零头包装只限两个批号为一个合箱,合箱外应标明全部批号,并应建立合箱记录。

(5)成品寄库。某些已包装的制剂产品,因检验周期长,在未取得检验结果前需进行包装,则按成品寄库规定办理寄库手续,收到检验合格报告书后,再办理入库手续。

(6)剩余包材处理。包装结束时,已打印批号的剩余包装材料应当由专人负责全部计数销毁,并记录。如将未打印批号的印刷包装材料退库,应当按照操作规程执行。

(7)重新包装。因包装过程出现异常情况而需要重新包装产品的,必须经专门检查、调查,并由指定人员批准。重新包装应有详细记录。

# 任务6　无菌药品的生产操作

药品生产是产品的实现过程,为贯彻药品设计的安全、有效和质量可控,必须严格执行药品注册批准的要求和质量标准。对药品生产全过程进行控制,能够实现药品生产制造过程的有效和适宜的确认、执行和控制。在药品执行和监控过程中应设定关键的要点控制参数和可接受的控制范围,实现生产条件受控和状态可重现。从原材料、设备生产工艺、工艺过程控制、质量检验、质量保证体系控制不良产品的产生。所有药品的生产和包装均应按照批准的工艺规程和操作规程进行操作并有相关记录,以确保药品达到规定的质量标准,并符合药品生产许可和注册批准的要求。

"无菌"从定义上来说是一个绝对的概念,但在科学技术高度发展的今天,药品的绝对无菌是做不到的,也无法加以证实。然而无菌制剂的安全性要求人们设定无菌的相对标准。美国和欧洲制药工业界将百万分之一微生物污染率作为灭菌产品的"无菌"相对标准,它和蒸汽灭菌后产品中微生物存活的概率为 $10^{-6}$(即产品的无菌保证值为6)是同一标准的不同表示法。这一标准于1980年起收录于美国药典中,如今已为世界各国普遍接受和采用。

## 一、无菌药品及无菌制剂工艺流程概述

无菌药品是指法定药品标准中列有无菌检查项目的制剂和原料药,包括无菌制剂和无菌原料药。无菌药品的生产工艺通常分为最终灭菌工艺和非最终灭菌工艺。按生产工艺可分为两类:采用最终灭菌工艺的为最终灭菌产品;部分或全部工序采用无菌生产工艺的为非最终灭菌产品。采用最终灭菌工艺的产品常见的包括大容量注射剂、小容量注射剂等;采用非最终灭菌工艺的产品常见的包括无菌灌装制剂、无菌分装粉针剂和冻干粉针等。

最终灭菌生产工艺流程通常包括容器及器具的清洗、原辅料配制(浓配、稀配)、过滤、灌装、封口或加塞和轧盖、灭菌、检漏、灯检、包装等工序。非最终灭菌生产工艺流程通常包括容器及器具的清洗灭菌、原辅料配制(浓配、稀配)、除菌过滤、灌装、加塞、冻干、轧盖、目检、贴签、包装等工序。

无菌制剂的生产工艺不尽相同,通常根据产品的特性进行选择。无菌产品应在灌装到最终容器后进行最终灭菌,如果产品处方对热不稳定不能进行最终灭菌则应采用除菌过滤和(或)无菌生产工艺,所以其工艺通常分为最终灭菌工艺和非最终灭菌工艺(无菌生产工艺)。

### (一)最终灭菌工艺

采用最终灭菌工艺的产品常见的包括大容量注射剂和小容量注射剂等,一般大容量注射剂为 50 mL 以上,小容量注射剂为 20 mL 以下。最终灭菌药品的主要工艺包含如下部分。

1.清洗和准备

直接接触药品的包装材料(如胶塞、玻瓶)通常存在 4 种污染:微生物污染、内毒素污染、外部微粒污染和外部化学污染。清洗工艺可以将污染控制在规定的范围内,然后经灭菌在 C 级洁净保护下冷却后待用。物料的清洗和灭菌工艺应经过验证。

应选用化学性质稳定、物理强度高、易熔封的玻璃安瓿。胶塞应富有弹性及柔软性,能耐受多次穿刺而无碎屑脱落;可耐受高温灭菌,无毒性,无溶血作用。工器具的准备同物料有相似的要求,与产品物料和内包装材料相接触的零部件按规定进行清洗灭菌。

2.药液的配制过滤

备料和药液配制的相关洁净区级别应根据产品的生产工艺确定。一般而言,按照工艺要求,原辅料的质量标准需对微生物和内毒素进行一定的控制,在外清洁后在 D 级洁净区称重、浓配和过滤。

物料称重应确保投料量符合指令要求,标识清晰,采用双人复核,及时打印或记录称量数据。使用容易产尘的物料时应采取物理隔离、除尘或其他装置,以降低污染。

药液配制前应对配制容器和附属系统进行在线或人工清洁灭菌,以防止源自上一批产品的残留污染。配液结束后应对溶液的含量等指标进行监控。

除菌过滤可以降低灌装前的药液微生物的污染水平。过滤后的滤器完整性应该进行检查,必要时,过滤前的滤器完整性也应该进行检查。同时过滤器和产品成分的相容性应在最差条件下得到确认,通常使用两只过滤器串联过滤。建议配液后直接过滤至专用缓冲罐,以缩短除菌过滤前的药液存放时间。

3.灌装、熔封或压塞

灌装是高风险生产工序,采用自动灌装机和压塞机完成灌装和压塞过程,并缩短灌装和密封时间以降低污染,液体装量控制一般使用计量活塞泵或时间压力系统。

一般采用联动灌封机进行 1~20 mL 小容量安瓿的生产。应避免药液粘壁焦化,易氧化药液用氮气驱氧保护。在生产时应对灌封环境进行动态监控。

4.轧盖

轧盖工序主要是防止胶塞脱落,为产品提供长期的密封保证。对于最终灭菌产品,可在 D 级洁净区进行。该过程容易产生金属微粒或胶塞脱落现象,应设置单独的轧盖区域,并有适当的抽风装置。

5.灭菌

应结合产品的特性和要求选择合适的灭菌工艺,保证无菌,保证水平$\leqslant 10^{-6}$。如产品处方对热不稳定,则应选择无菌生产工艺。采用湿热灭菌方法进行最终灭菌的,通常标准灭菌时间 $F_0$ 值应大于 8 min。灭菌设备性能和灭菌工艺应完成验证。

6.最终处理

对无菌产品而言,包装工序不是产生污染的主要风险,但仍需要关注以下方面:确认产品的密封性;缺陷检查(如可见异物、破损)和控制;最终包装前,应对容器、包装材料、标签和打印内容(如批号、有效期)等进行确认,以减少产品的包装差错和混淆风险。

### (二)非最终灭菌工艺

采用非最终灭菌工艺的产品常见的包括无菌灌装制剂、无菌分装粉针剂和冻干粉针剂等。由于产品的热不稳定性,采用非最终灭菌工艺生产的产品,在洁净区的级别要求上比最终灭菌产品高。

在冻干产品的生产工序中,除洁净级别有更高的要求之外,在无菌过滤工序,需采用0.22 μm的无菌过滤器彻底除去微生物和内毒素;同时从灌装到冻干应采取充分的保护措施,在无菌条件下进行半压塞后,通过冷冻、升华和解吸附 3 个阶段彻底除去水分;然后根据要求进行真空压塞或充氮压塞,真空压塞需在干燥结束后立即进行,如果是充氮压塞则可以通入除菌过滤的氮气到设定的压力再压塞。

非最终灭菌产品的工艺要求在洁净级别、微生物和内毒素控制方面比最终灭菌产品高。在完成轧盖工序后,同样需进行产品密封性、缺陷检查,并防止产品的包装差错和混淆。

## 二、环境监控和消毒

GMP 规定,药品必须在一定级别的洁净环境下生产,特别是无菌药品(包括生物制品),一般采用无菌工艺生产。为确保药品质量安全,必须对洁净区的环境质量进行监控。

为了使洁净区的环境质量能得到客观评价并有效控制,生产环境监控项目应包括空气悬浮粒子、空气浮游菌、沉降菌、设施和设备表面的微生物以及操作人员的卫生状况等方面。

### (一)洁净区洁净级别的确认

洁净区的洁净级别确认是厂房设施验证的一部分,并需要定期进行再确认。例如,在初始分级阶段,对于 A 级洁净区建议每 6 个月测一次空气流速、过滤器完整性以及压差,对于其他洁净级别,一般每年进行一次确认。

### (二)监控方案

所有洁净区应制订环境监控方案。其目的在于通过获得代表性的微粒和微生物数据对清洁消毒措施的效果以及人员本身对环境中微生物的影响做出合理评价,并证明洁净区在处于良好的受控状态下运行。监控方案应包括监测方法和设备、监测频率、取样位置、取样数量、警戒限度与纠偏限度、结果超标应采取的纠偏措施、文件记录、数据分析等内容。

#### 1.监测方法和设备

在监测洁净区的空气悬浮粒子和微生物分布时,可选择多种不同类型的监测方法及监测设备。无论采取何种方法,所获得的测试结果必须具有准确性和重现性,以保证被监测区域的环境状况确实处于受控状态。

（1）空气悬浮粒子监测。目前，用于洁净环境中空气悬浮粒子监测的仪器多为光散射粒子计数器和激光粒子计数器。通常一台仪器可同时测定多个粒径通道的粒子。用于洁净室（区）空气悬浮粒子测定的仪器设备均应在有效校验期内。为掌握整个生产过程中的空气悬浮粒子状况，通常需进行动态监测，即监测生产操作开始前、生产操作进行中及生产操作结束后 3 个阶段。

监测中的注意事项如下：①确认洁净区通风系统运行平稳后，方可进行取样。监测单向流时，宜将计数器取样口正向对着气流方向；监测紊流时，宜将取样口垂直朝上。②取样时，每次取样量不得少于一定的规定量。例如，为了确定 A 级洁净区的级别，每个取样点的取样量不得少于 1 m³。

（2）空气微生物监测。生产洁净区的微生物污染是生产环境最重要的因素，与最终药品的微生物污染水平控制密切相关。一般可采用沉降菌和空气浮游菌的测试方法。

（3）表面微生物监测。生产区域表面以及设备表面的微生物监测的基本方法主要有接触法、擦拭法以及表面冲洗法，但这些监测方法必须考虑取样的准确性和代表性。

（4）人员卫生监测。人员是无菌生产中主要污染源。人员卫生监测方法与表面微生物监测方法中的接触碟法相同。

（5）培养基及培养条件。环境监测用培养基的类型和培养条件取决于选用的检测方法，但必须具有广谱性。环境监测用微生物培养基必须进行灵敏度检查试验，验证其在适当的时间和温度条件下检出真菌（包括酵母菌和霉菌）和细菌的能力。

通常，营养琼脂（NA）或大豆胰蛋白胨琼脂（TSA）培养基属于全能型培养基。用于环境监控的培养基，所有配好的培养基批号均应进行培养基灵敏度检查试验。

2.取样计划

环境监测的取样计划在各生产企业各不相同，主要考虑产品的类型、生产过程、设施/工艺的设计、生产密度、人为干扰、环境监测历史数据等因素。取样计划应随取样频率的变化而变化，根据趋势分析对取样点数量做出相应的增加或减少。例如，对于无菌工艺产品的 A 级洁净区取样频率可设为每批一次，D 级洁净区的非关键辅助区取样频率可设为每季度一次。

3.取样点及取样量的设置

取样点的选择很大程度上取决于洁净室的设计和生产过程。在选择取样点时，应对每个程序仔细认真地评估。取样点应设在如果取样点受到污染则产品很可能受到污染的位置。确保取样点靠近产品但不接触产品。对反映产品的微生物污染水平有代表性的取样点必须取样和进行环境监测。

确立一个合适的取样点需要考虑很多因素，如厂房设施、生产线的设定、验证数据、生产过程、历史数据、测试方法等。洁净室（区）监测中的取样点和取样量可以比洁净级别验证时的取样点和取样量少，应该通过正式的风险分析研究和对监测结果的分析（至少要有 6 个月的运行数据作为分析基础）确定监测频次和限度。同时，监测频次和限度的确定也要考虑到生产工艺因素,监测限度及取样点应定期进行回顾验证,以保证监测行为的有效性。

在遵循最低取样点数的同时,还须执行以下环境取样规则。

(1)空气悬浮粒子测试。

①任何洁净区内取样点应不少于两个。

②除受洁净区的设备限制外,取样点应在整个洁净区内均匀布置。

③在一个区域内应最少取样 5 次,每个取样点的取样次数可多于一次,不同取样点的取样次数可以不同。为了确定 A 级洁净区的级别,每个取样点的取样量不得少于 1 m³。

④取样点一般布置在距地面 0.8~1.5 m 或操作平台的高度。

⑤尽量避免在回风口附近取样,而且测试人员应站在取样口的下风侧。

(2)空气浮游菌测试。

①除受洁净区的设备限制外,取样点应在整个洁净区内均匀布置。

②日常监控时,与产品相邻近的区域、可能与产品直接接触的空气以及设备附近均应考虑增加取样点和取样次数。

③人员活动频繁或人员较集中的区域也应视为关键区,需加强监控。

④取样点一般布置在距地面 0.8~1.5 m 或操作平台的高度。

⑤取样时,取样设备会对气流产生干扰,因此,动态测试空气浮游菌取样时应避免可能对气流组织的干扰。

⑥应根据被测区域的浮游菌控制限度和取样方式确定取样量,一般每个点取样一次。

⑦尽量避免在回风口附近取样(距离 1 m 以上)。测试人员应站在取样口的下风侧,并尽量少走动。

(3)沉降菌测试。

①取样点的分布及取样位置与空气浮游菌测试相同。日常监控可以根据风险分析结果,沉降菌与浮游菌交替或混合取样。

②沉降时间至少为 0.5 h,但不得超过 4 h。

(4)表面微生物测试。

根据洁净区内设施设备等表面对产品和洁净室环境的影响程度,通常将表面分为关键表面(与产品直接接触或暴露于产品的表面)、一般表面(如设备的外表面、墙壁等)和地板 3 类,并且分别设定不同的微生物限度要求。表面微生物的每点取样面积宜控制在 25 cm²。为避免干扰,宜在生产活动结束后取样。

表面微生物监测的取样点数应按照下列因素确定:

①洁净区(室)的大小。

②设备、管路等的复杂程度。

③生产活动中易受污染的部位等,应考虑包含门、门把手、地板(至少两点)、墙壁(不易被清洁/消毒的部位,至少两点)、公用介质的管路(不易被清洁/消毒的部位)、生产设备的关键性部位(如灌装针、易与人员接触的塑料帘膜、胶塞筒及传输带等)。

（5）人员监测。

①对无菌生产工艺的无菌生产区（例如 A/B 级洁净区）的每位工作人员进行每班测试，甚至要对每次更衣进行监测。

②取样部位应包括手套、操作服的易遭污染部位，有时（人员更衣确认时）还应包括头罩、口罩和脚套等。

③手套和操作服表面的微生物监测是人员卫生监测的关键。手套取样应包括双手的手指和手掌，操作服表面取样主要是前臂的袖管部位、肩前下部等，鞋套取样部位宜在套筒的上侧面（此部位在穿戴时易被污染）。

④人员卫生监测时每点取样面积宜控制在 25 cm²。

⑤为避免干扰，宜在生产活动结束时取样（在人员离开无菌生产区时取样）。

4.警戒限度与纠偏限度

根据不同洁净区域的级别标准和历史数据，可设定环境控制区域的警戒限度和纠偏限度，但纠偏限度不得高于相应洁净级别下的参照性限度标准（GMP、国标规定的环境控制标准）。

对新厂房而言，可根据以前的类似设施或工艺制订这些限度，并且要进行一段时间的环境监测，根据监测数据评价事先确立的警戒限度是否合适，并做出相应调整。如采用数理统计（正态分布法）的方法，可将平均值加上 2 倍的标准差作为警戒限度，加上 3 倍的标准差作为纠偏限度。但通常环境控制区域的污染并不属于正态分布，可评估环境监测的实际数据，以确定合适的方法设定限度值。警戒和纠偏限度设定后，应定期回顾评价，如每个季度或年度。如果历史性数据表明环境有所改善，则限度也应做出相应调整，以反映出实际的环境状况。

## （三）超标处理

当发生偏差时，数据可能会高于设定限度，就必须调查发生问题的原因以及纠偏和预防措施。发现偏差及其纠偏措施都必须有记录。

为建立处理偏差的方法，必须预先制订调查和纠偏措施的步骤。连续或多个超标情况比单次超标更需采取严格的调查/纠偏措施，当超出警戒和纠偏限度时，可以采用以下程序：①通知相关的管理层；②经过调查判断超标的原因和导致的结果；③根据实际情况制订相应的纠正措施并执行以解决问题；④后续的回顾，评价纠偏措施的有效性。

一个适当的纠偏措施取决于每个工厂和工艺过程的设计，所有列出的纠偏措施都应评估其对产品的影响，需对纠偏限度进行常规总结回顾。

## （四）数据分析

常规的回顾和日常环境监测数据的分析是必不可少的。应当由有经验的专业技术人员进行定期的数据分析。基于大量的取样数据，可使用经验证的电脑系统跟踪记录数据。

监测数据格式至少包括监测日期、取样地点、取样方法、微生物数或悬浮粒子数、监测形式、产品批号和目前的纠偏限度。每个区域(或不同洁净级别)和相应的数据必须单独处理。通过数据的收集和分析,总结和评估生产环境受控状况,评估所采取的纠偏措施是否合适,评估目前的警戒/纠偏限度是否需要修订。

在对环境监测数据的评价中应对环境监测数据进行趋势分析,一旦超过纠偏限度,应进行调查。应考察环境监测过程的稳定性,如果实际监测结果一直高于设定的纠偏限度,应回顾生产和监测过程,重新考虑合适的限度。

### (五)环境微生物的鉴别

企业应开展微生物鉴别的相关工作。对检出的微生物进行鉴别,能为环境监测计划提供至关重要的信息。例如,在失败的培养基灌封或无菌检查中分离到的污染菌通常会与环境监控中的分离菌密切相关,由此建立的微生物数据库能为调查提供有价值的信息。对关键区、周围洁净区以及人员的监控,应包括将微生物鉴定到属(或必要时鉴定到种)的常规试验。适当的传统生化和表型鉴定技术可用于各种分离菌的常规鉴别,但以基因/遗传特征为基础的方法比传统生化和表型鉴定技术更为准确和精确。这些方法尤其适用于失败的调查,如无菌检查、培养基灌封污染。

### (六)环境的清洁消毒

药品生产必须保持清洁的卫生环境,不同洁净区对生产环境、设备和人员等有不同的清洁卫生要求。在日常生产管理中,除严格对生产环境监控、设置警戒和纠偏限度外,还必须建立有效的清洁消毒体系,确保生产环境的洁净要求,及时、安全、有效地对生产环境清洁消毒,确保药品质量。

清洁是指将物体上细菌污染的数量降低到公共卫生规定的安全水平以下的过程。常指清洗无生命的物体,主要是指清洗操作,有时清洗和抗菌相结合。消毒是指用化学性试剂或物理方法杀灭致病微生物的过程。

1.消毒方法及周期

一般来讲,根据消毒方法的作用方式和性质不同,消毒方法可分为化学消毒方法和物理消毒方法两类。

应结合洁净区实际使用情况制订同洁净区相对应的消毒周期,以满足实际使用需要。消毒周期的制订必须综合考虑实际环境监测趋势结果、消毒剂效力测试结果(如实验室硬面法和洁净区现场效力测试等),同时必须满足 GMP 的最低要求。消毒剂应经常更换,通常情况下,交叉使用消毒剂。每次清洁消毒完成后,应在相应日志或者记录上进行记录,注明日期、清洁消毒区域、所用消毒剂、消毒方法和操作人员姓名。

2.消毒剂的使用

(1)通常在选择消毒剂时需要把握的一些原则。消毒剂的固有特性,消毒表面与消毒剂的适应性;产品的适应性,消毒对象的理化特性和使用价值;人员的安全性、消毒剂的使用方法和使用频率;环境中微生物的菌群,污染微生物的种类、数量和存在状态。

(2)使用消毒剂时需要把握的原则。首先,确定选用消毒剂的种类必须基于消毒剂效力测试结果以及洁净区控制的实际环境情况;其次,现场测试时应考虑评估消毒剂残留物和回收测试。在现场条件加入特定环境挑战微生物,然后进行测定,检查被加入的微生物能否定量回收,以判断分析过程是否存在系统误差的方法。所得结果常用百分数表示,称为百分回收率,简称回收率。防止环境中的微生物对同一种消毒剂产生抗性影响实际的消毒效果;消毒剂使用后有残留,并能不断积累,所以应该注意残留物的问题;不得将不同种类的消毒剂联合或混合使用,否则很可能会引发危险的或致命的化学反应并产生有毒化合物;交替使用消毒剂时必须进行有效清洗,如季铵盐类化合物和苯酸类化合物交替使用。

对于空调管道、设备间隙等洁净区内卫生死角的微生物污染,必要时可采用臭氧等熏蒸的方法,同时应建立监测熏蒸剂残留水平的方法并进行验证,以及制订日常监测规程和方法。在建立的消毒方法投入实施一定阶段后,应对洁净区的环境监测结果数据进行回顾,以确认消毒方法的有效性。

(3)消毒剂储存和进行效期管理参照的原则。应该有明确规程规定如何监测和检查消毒剂的微生物污染状况。对于盛放消毒液的容器,应制订清洗消毒的规程,并在容器上标明有效期。遵循现配现用原则,使用新鲜配制的消毒剂。配制及分装后,相关人员需及时在相关容器上的贴签标明使用有效期。同时应根据消毒剂的特性制订消毒剂存放期,存放期不得超过相应消毒剂的最长规定时限。消毒剂如需稀释和分装使用,在稀释配制和分装前需检查母液的有效期,不得使用已超出有效期的消毒剂。

3.实例

在制药企业进行清洁消毒以维持有效的污染控制体系时,一般需要遵循"三步消毒法",步骤和原理如下。

第一步:清洁。目标表面清洁是非常重要的,它能够通过去除污垢(有机物)的方式避免消毒剂失效;在污垢被尽可能去除后,消毒剂与微生物的充分接触才有保障;同时应考虑所用清洁剂与消毒剂的兼容性,避免两者之间发生反应;尽可能在清洁过程中将清洁剂冲洗干净,以免对消毒剂作用效果产生干扰。

第二步:消毒。将消毒剂施用于目标表面,通常采用的方法有拖洗法和擦拭法(适用于平整表面、易于到达的表面)、喷洒或喷雾法(适用于高处、管道、复杂设备)。简单来说,一个有效的消毒过程即是将消毒剂安全地分布于目标表面并保持特定的有效作用时间。

第三步:清除残留。清除残留在实际运用中易被忽视,但是这一步骤对于保证消毒效果和避免再次污染很重要。如果使用消毒剂后至清除之间间隔太短,则难以确保充分的接触时间,以致影响消毒的有效性。如果去除残留不够彻底,可能会引起二次污染或者影响工艺过程。应该有措施保证残留彻底清除,避免产生二次污染。对于清除残留程序的有效性可以通过验证确认,如清除开始前在待清除表面涂抹荧光性染料,在清除后用紫外灯对相应表面进行检查,所清除表面没有荧光则表明已彻底清除残留。

### 三、灭菌工艺和方法

在无菌药品的生产中,防止微生物和内毒素污染一直是生产企业和监管机构关注的重点。灭菌不仅要杀灭或除去所有微生物繁殖体和芽孢,最大限度地提高药品的安全性,同时必须保证制剂的稳定性及临床疗效,因此,选择适宜的灭菌方法对保证产品质量具有重要意义。

灭菌方法可分为两大类:物理灭菌法和化学灭菌法。物理灭菌法是指利用蛋白质与核酸具有遇热、射线不稳定的特性,采用加热、射线和过滤方法杀灭或除去微生物的方法,包括干热灭菌法、湿热灭菌法、除菌过滤法和辐射灭菌法等。化学灭菌法是指用化学药品直接作用于微生物将其杀灭的方法。

#### (一) 灭菌决策

灭菌方法的选择受灭菌对象的稳定性、使用目的和具体条件等限制,可以选择不同的方法。比如,环境设施宜使用化学灭菌法处理,玻璃容器一般使用干热灭菌法处理,衣物、橡胶制等多使用湿热灭菌法处理,模拟分装用乳糖等粉剂则可以选择辐射灭菌法处理。

制剂产品的灭菌方法通常根据产品特性进行选择。无菌产品应在灌装到最终容器内后进行最终灭菌。如果因产品处方对热不稳定不能进行最终灭菌,则应考虑除菌过滤和(或)无菌生产。根据特定的处方选择最佳的灭菌方法后,再选择包装材料。

#### (二) 湿热灭菌法

湿热灭菌法是指用饱和水蒸气、沸水或流通蒸汽进行灭菌的方法。可分为高压蒸汽灭菌法、流通蒸汽灭菌法和间歇蒸汽灭菌法。湿热灭菌法是以高温高压水蒸气为介质,由于蒸汽潜热大,穿透力强,容易使蛋白质变性或凝固,最终导致微生物的死亡,所以该法的灭菌效率比干热灭菌法高,是药物制剂生产过程中最常用的灭菌方法。

湿热灭菌法的原理是使微生物的蛋白质及核酸变性导致其死亡。这种变形首先是分子中的氢键分裂,当氢键断裂时,蛋白质及核酸内部结构被破坏,进而丧失了原有功能。具有穿透力强、传导快、灭菌能力强的特点。药品、玻璃器械、培养基、无菌衣、辅料以及其他遇高温与湿热不发生变化或损坏的物质均可选用。蒸汽湿热灭菌本身具备无残留、不污染环境、不破坏产品表面、容易控制和重现性好等特点,因此被广泛应用于最终灭菌产品(尤其是注射剂)的除菌过程。

影响湿热灭菌法的主要因素有:微生物的种类与数量、蒸汽的性质、药品性质和灭菌时间等。湿热灭菌的方法具体如下。

(1)流通蒸汽灭菌法:指在常压条件下,采用 100 ℃流通蒸汽加热杀灭微生物的方法,灭菌时间通常为 30~60 min。该法适用于消毒以及不耐高热制剂的灭菌,但不能保证杀灭所有芽孢,是非常可靠的灭菌方法。

(2)间歇蒸汽灭菌法:利用反复多次的流通蒸汽加热,杀灭所有微生物,包括芽孢。方法同流通蒸汽灭菌法,但要重复 3 次以上,每次间歇是将要灭菌的物体放到 37 ℃ 孵箱过夜,目的是使芽孢发育成繁殖体。若被灭菌物不耐 100 ℃ 高温,可将温度降至 75~80 ℃,加热延长为 30~60 min,并增加次数。该法适用于不耐高热的含糖或牛奶的培养基。

(3)高压蒸汽灭菌法:是一种利用高温(而非压力)进行湿热灭菌的方法。其原理是将待灭菌的物件放置在盛有适量水的专用加压灭菌锅内,盖上锅盖,通过加热煮沸,让蒸汽驱尽锅内原有空气,然后关闭锅盖上的阀门,再继续加热,使锅内蒸气压逐渐上升,随之温度也相应上升至 100 ℃。为达到良好的灭菌效果,要求温度应达到 121.3 ℃,维持 15~20 min。

### (三)干热灭菌法

干热灭菌法是指利用高温使微生物或脱氧核糖核酸酶等生物高分子产生非特异性氧化而杀灭微生物的方法。

按使用方式的不同可把干热灭菌设备分为批量式(即间歇式)和连续式。前者如干热灭菌柜,可用于金属器具、设备部件的灭菌及除热原;后者如隧道式灭菌烘箱,可用于安瓿或西林瓶的灭菌。

干热灭菌法适用于耐高温物品的灭菌。如玻璃、金属设备、器具、不需要湿气穿透的油脂类、耐高温的粉末化学药品的灭菌,但不适用于橡胶、塑料及大部分药品的灭菌,同时干热灭菌法也可用于除热原。

在使用干热灭菌法时,应记录灭菌过程的温度、时间和腔室内外压差。灭菌柜腔室内的空气应当循环并保持正压,以阻止非无菌空气进入。进入腔室的空气应经过高效过滤器过滤,过滤器应经过完整性测试。用于去除热原时,验证应包括细菌内毒素挑战试验。

### (四)辐射灭菌法

辐射灭菌法是指利用 γ 射线、X 射线和粒子辐射处理产品,杀灭其中微生物的灭菌方法。目前辐射灭菌多采用$^{60}$Co 源放射出的 γ 射线,$^{60}$Co 由高纯度的金属钴在原子反应堆中辐射后获得。

与传统的消毒灭菌方法相比,辐射灭菌法具有以下优点:①在常温下处理,特别适用于不耐热物品的处理,对温度压力无特殊要求,常温常压下即可进行;②不会产生放射性污染,灭菌后的产品无残留毒性,$^{60}$Co 源放射出的 γ 射线能量水平不足以活化任何材料而产生放射性;③辐射穿透性强,可深入被灭菌物体内部,灭菌彻底,可对包装后的产品灭菌;④辐射灭菌工艺参数易于控制,适合工业化大生产,节约能源。

辐射灭菌过程中,应采用剂量指示剂测定辐射量,经证明和验证对产品质量没有不利影响时方可采用,并符合《中国药典》(2020 年版)和注册批准的相关要求。应当有措施防止已辐射物品与未辐射物品的混淆,在每个包装上均应有辐射后能产生颜色变化的辐射指示片。应在规定的时间内达到总辐射剂量标准。

### (五)环氧乙烷灭菌法

目前医疗器械广泛采用环氧乙烷灭菌法。环氧乙烷是易燃、易爆的有毒气体,分子式为

$C_2H_4O$,具有芳香的醚味,沸点为 10.8 ℃,在室温条件下,很容易挥发成气体,当浓度过高时可引起爆炸。

**1.环氧乙烷灭菌法的优点**

环氧乙烷灭菌法能杀灭所有微生物,包括细菌芽孢。灭菌物品可以被包裹、整体封装,可保持使用前呈无菌状态。相对而言,环氧乙烷不腐蚀塑料、金属和橡胶,不会使物品变黄、变脆。能穿透形态不规则物品并灭菌。该法适用于不能用消毒剂浸泡,干热、压力、蒸汽及其他化学气体灭菌的物品的灭菌。

**2.环氧乙烷灭菌法的适用范围**

环氧乙烷不损害灭菌的物品且穿透力很强,故多数不宜用一般方法灭菌的物品均可用环氧乙烷消毒和灭菌。例如,电子仪器、光学仪器、医疗器械、书籍、文件、皮毛、棉、化纤、塑料制品、木制品、陶瓷及金属制品、内镜、透析器和一次性使用的诊疗用品等。环氧乙烷灭菌法是目前最主要的低温灭菌方法之一。由于环氧乙烷易燃、易爆,且对人体有毒,所以必须在密闭的环氧乙烷灭菌器内进行。

**3.灭菌前物品准备与包装**

需灭菌的物品必须彻底清洗干净,注意不能用生理盐水清洗,灭菌物品上不能有水滴或水分太多,以免造成环氧乙烷稀释和水解。环氧乙烷几乎可用于所有医疗用品的灭菌,但不适用于食品、液体、油脂类、滑石粉和动物饲料等的灭菌。适用于环氧乙烷灭菌的包装材料有纸、复合透析纸、布、无纺布、通气型硬质容器、聚乙烯等;不适用于环氧乙烷灭菌的包装材料有金属箔、聚氯乙烯、玻璃纸、尼龙、聚酯、聚偏二氯乙烯、不能通透的聚丙烯等。改变包装材料应作验证,以保证被灭菌物品灭菌的可靠性。

**4.控制灭菌环境的相对湿度和物品的含水量**

细菌本身含水量和灭菌物品含水量对环氧乙烷的灭菌效果均有显著影响。一般情况下,以相对湿度在 60%~80% 为最好。含水量太少,影响环氧乙烷的渗透和环氧乙烷的烷基化作用,降低其杀菌能力;含水量太多,环氧乙烷被稀释和水解,也会影响灭菌效果。为了达到理想的湿度水平,第一步是灭菌物必须先预湿,一般要求灭菌物放在 50% 相对湿度的环境条件下至少 2 h;第二步可用加湿装置保证柜室内理想的湿度水平。

**5.灭菌程序**

环氧乙烷灭菌法程序包括预热、预湿、抽真空、通入气化环氧乙烷达到预定浓度、维持灭菌时间、清除灭菌柜内环氧乙烷气体、解析以去除灭菌物品内环氧乙烷的残留。环氧乙烷灭菌时可采用 100% 纯环氧乙烷或环氧乙烷和二氧化碳混合气体。禁止使用氟利昂。解析可以在环氧乙烷灭菌柜内继续进行,也可以放入专门的通风柜内,不应采用自然通风法。环氧乙烷残留主要是指环氧乙烷灭菌后留在物品和包装材料内的环氧乙烷和它的两个副产品氯乙醇乙烷和乙二醇乙烷;接触过量环氧乙烷残留可引起患者灼伤和刺激。

**6.注意事项**

环氧乙烷灭菌器的安装要求:环氧乙烷灭菌器必须安装在通风良好的地方,切勿将它置于接近火源的地方。

环氧乙烷安全防护原则及注意事项:①保证环氧乙烷灭菌器及气瓶或气罐远离火源和静电;②环氧乙烷存放处应无火源,无转动之马达,无日晒,通风好,温度低于 40 ℃,但不能将其放入冰箱内。严格按照国家制定的有关易燃、易爆物品储存要求进行处理;③投药及开瓶时不能用力太猛,以免药液喷出;④每年对环氧乙烷工作环境进行空气浓度的监测。

应对环氧乙烷工作人员进行专业知识和紧急事故处理的培训。过度接触环氧乙烷后,迅速将患者移离中毒现场,立即吸入新鲜空气;皮肤接触后,用水冲洗接触处至少 15 min,同时脱去脏衣服;眼接触液态环氧乙烷或高浓度环氧乙烷气体时,至少冲洗眼 10 min,遇前述情况,均应尽快就诊。

按照生产厂商要求定期对环氧乙烷灭菌设备进行清洁维修和调试。

环氧乙烷遇水后可形成有毒的乙二醇,故不可用于食品的灭菌。

### (六) 非最终灭菌产品的过滤除菌

可最终灭菌的产品不得以过滤除菌工艺替代最终灭菌工艺。如果药品不能在其最终包装容器中灭菌,可用 0.22 μm(更小或相同过滤效力)的除菌过滤器将药液滤入预先灭菌的容器内。除菌过滤器不能将病毒或支原体全部滤除,可采用热处理方法弥补除菌过滤的不足。

与其他灭菌方法相比,除菌过滤的风险最大,因此,应采取措施降低除菌过滤的风险,如安装第二只已灭菌的除菌过滤器再次过滤药液,最终的除菌过滤器应当尽可能接近灌装点。过滤器应尽可能不脱落纤维。严禁使用含石棉的过滤器。过滤器不得因与产品发生反应、释放物质或吸附作用对产品质量造成不利影响。

除菌过滤器应进行细菌截留验证来证明过滤器滤膜的级别,并采用有代表性的微生物证明其从某产品中完全去除微生物,产生无菌的滤出液。

除菌过滤器使用后,必须采用适当的方法立即对其完整性进行检查并记录,常用的方法有起泡点试验、扩散流试验和压力保持试验。过滤除菌工艺应经过验证,验证中应当确定过滤一定量药液所需时间及过滤器两侧的压力。任何明显偏离正常时间或压力的情况都应当记录并进行调查,调查结果应归入批记录。同一规格和型号的除菌过滤器使用时限应经过验证,一般不得超过 1 个工作日。

## 任务 7  原料药的生产操作

当某种物质用于生产药物制剂时,即可称为原料药,需按 GMP 的要求进行管理。原料药的生产是指通过化学合成、细胞培养或发酵提取、天然资源回收,或通过以上工艺的结合得到原料药。

## 一、厂房设施要求

原料药厂厂房设施的设计和建造的具体方式及标准一般基于厂房所在地的法规要求、公司的 GMP 理念、原料药的特性以及厂房所在位置(所在地理环境、气候带)等因素,可由企业根据自身品种和工艺特点自行决定。应便于清洁、维护,满足不同品种的操作要求,并最大限度地控制可能的污染。对于有微生物控制要求的品种,其设计应减少微生物污染的风险。

在原料药厂设计选址时,需考虑当地位置和气候(包括当地最高最低温度范围、最高最低湿度范围、风力风向等)、空气质量和水源质量。例如,我国西北部应特别注意风沙的影响,实现适当的密闭性,进风口应有过滤细小沙尘的装置;位于我国南方湿度大的药厂应特别考虑设施的防霉问题,厂房内表面应光滑,可采用耐受清洗消毒的防霉涂料或瓷砖。原料药生产区应置于制剂生产区的下风侧。

为减少污染的风险,从前期生产到最终成品应逐步提高对产品的保护,尽可能使用密闭系统或管道输送物料。非无菌原料药的精制阶段以前的操作,有敞口的反应罐或结晶罐等应安装在室内,精制、干燥粉碎和包装等操作需在 D 级洁净区保护的条件下进行。在产品短期暴露的同一区域内,只应进行同一产品的同一操作。对于长时间暴露的产品,应安装适当的空气净化系统,确保其必要的保护。

厂房的物流和人流的设计与管理应充分考虑防止混料和污染的要求。厂房内需要特定的区域或空间暂存生产物料、中间体或溶剂等,尤其对于多用途的生产厂房,需有严格的物料管理体系,对于不同原料药的物料以及不同类型的危险物料进行隔离储存。

厂房应有有效措施防止昆虫或其他动物进入。使用易燃、易爆物料的原料厂房应考虑安装安全防爆的照明。

## 二、原料药设备要求

原料药生产中使用的设备应符合原料药的预定用途(如无菌或口服制剂)、特性(物化、药理性质等)和工艺操作要求(温度、冷却等)。

设备材质不应与工艺物料有反应,直接接触物料的设备表面不会影响物料和原料药的质量。

生产设备只应在经确认的操作参数范围内运行。生产使用的主要设备(反应罐、储罐等)和固定工艺管道应有适当的标识,以便于操作,并避免因管道标识不清导致的差错和混淆。

设备运转所需的物质,如润滑剂、加热介质或冷却剂等,不应与中间体或原料药接触,以免影响产品质量。即使使用经批准的食用级润滑油,也应评估其潜在的质量风险。

应尽量使用密闭或隔离设备,特别是在最后的生产步骤或原料药分离步骤,将污染的风险降至最低。

应当保存一套与实际设备和关键部分(仪表和公用系统)相符的图纸,其更新应按照变更控制程序进行管理,并制订设备的预防性维修保养计划和程序,以减少设备故障对产品质量、生产进度的影响,减少设备维修成本。

企业应制订设备清洁消毒程序,规定具体完整的清洁方法、清洁用工具、清洁剂的名称和配制方法、已清洁设备的最长保存时限、设备的清洁状态标识以及使用前检查设备清洁状况的程序等,使操作者能以经验证的有效方式对设备进行清洁管理。在线清洗和在线灭菌消毒的程序也应经过确认和验证。特别是非专用设备在不同产品/物料生产之间切换时,应经过严格的清洗以防止交叉污染,对其残留物的标准、清洁规程和清洗剂的选用应有充分的说明和规定。

### 三、原料药典型生产操作流程

原料药典型的生产操作包括生产前准备、投料、化学反应或发酵、中间控制和取样、纯化或结晶、包装、检验入库等,生产控制中还需进行物料平衡(收率核算)、偏差处理、状态标识控制等。

#### (一)生产前准备

生产前准备包括人员、物料、设施设备检查、清场确认和文件准备等,通常包括批生产指令下达;生产批记录的发放;设施设备检查和清场确认;人员准备、健康和卫生状况、培训资格情况;物料领用以及暂存;文件检查(含操作规程和相关操作记录等)。

#### (二)投料

投料是物料开始进入生产的过程,应按照操作规程准确称量或计量,确保数量准确,避免污染。

投料前的检查中,物料的称量装置要经定期校准,设备要清洁,保证物料的名称和批号与批生产指令一致;投料时要根据物料情况(如粉尘、气味等)采取必要的保护措施,按照指令精确称量,及时记录并经第二人复核无误。

#### (三)化学反应的操作和中间控制

化学反应的操作和中间控制应严格以工艺规程和批记录为基础,认真操作,严格控制反应的关键参数,如温度、压力和反应时间等。对于设备缺陷或停电停水等非正常的工艺时限延迟,应评估对产品质量的影响,并进行相应的偏差调查,采取一定的处理措施。

在原料药生产中,很多工艺是在密闭系统中进行的,应当综合考虑所生产原料药的特性、反应类型、工艺步骤对产品质量影响的大小确定控制标准、检验类型和范围。前期生产的中间控制严格程度可较低,越接近最终工序(如分离和纯化)中间控制越严格。

有资质的生产部门人员可进行中间控制,并可在质量管理部门事先批准的范围内对生产操作进行必要的调整。对在调整过程中发生的中间控制检验结果超标通常不需要进行调查。

为了缩短生产等待的时间,中间控制通常设立中间体化验室,进行反应液和中间体检验,如 pH 测试、水分测试、反应终点测试和中间体检验等,以监控过程。应严格按规定的中间控制取样规程进行取样,使样品具有代表性并不受污染。同时对环境或设备的控制视作中间控制的一部分。

需多步化学反应的原料药,可在中间体初步结晶纯化后再投入至下一步反应,直至完成原料药合成的所有反应。各步反应收率上的变化是反应工艺是否正常进行的标志之一,对照预期收率可对实际收率变化较大的原因进行调查,不仅能控制生产的波动,而且可提高工艺的重现性,保证产品质量的一致性。

预期收率的来源包括产品开发数据、工艺验证结果以及产品年度回顾数据等。应评估收率的预期和可变动性,并决定预期收率的数值以及对质量的潜在影响。

### (四)原料药的包装和入库储存

原料药及中间体的包装材料或容器应与物料有良好的兼容性,不分解或释放出干扰物质,需要有材料证明评估对物料的影响,尤其是用于液体原料药包装的容器。应根据稳定性研究结果确定对产品质量影响关键的包装要求,包装条件应在主要生产文件中规定。

对于外部销售的原料药和中间体,销售包装提倡一次性包装到位。如没有明确的销售合同,可暂时完成贴内部标签的包装形式,在销售前按客户订单要求再进一步包装,贴签销售,整个包装和标签流程应有记录并可追溯。在销售运输环节,包装上应使用有专属性的防拆装的状态标识以辨识包装是否被开封过。

产品的包装与贴签是一个关键操作,应防止交叉污染、混淆和差错的情况发生。包装前,应对包装区域进行清场检查,确保现场没有与本次包装无关的物料。包装过程中,应核对物料的品名、批号和数量等,确保与标签上的信息一致,对待包装产品、印刷包装材料以及成品数量做物料平衡检查并双人复核,以保证包装和贴签操作准确无误。

原料药的库房设施需要与生产规模及其物化性质相适应的空间和环境(如温度、湿度等),符合物料储存要求的间隔距离和通道,有防鼠防虫设施等。

物料的入库接收,应进行入库前外观检查和清洁,并核对品名及代码、批号和数量等内容,及时登记和标识。根据产品的质量状态存放在不同颜色的标识区域,如待验区用黄色线、合格区用绿色线、不合格区用红色线,并有带锁的栅栏隔离。

原料药和中间体应分类、分品种、分批号、分规格分别存放,如同一品种的不同批号放置在不同的托盘上。如果不同批号的零头放在一个托盘上,应进行醒目的标识。其摆放要求离墙、离地留有一定距离地堆放,出库时应遵循"先进先出""近复验期先出"等原则,及时登记,保持账、卡、物的一致性。

### (五)清场及清洗

清场就是将与本批生产无关的物料和文件清理出现场的活动。清场的目的是防止发生混淆,并在生产开始和结束时进行操作。应有专门的操作规程规定清场的每个细节,每一步作业都必须记录并签名,实施清场后有复核人员进行确认。

　　清洗是防止交叉污染的有效手段。对于专用设备的清洗,不一定要每批进行,可根据验证结果确定合适的清洗频率;对于更换生产品种时的转产清洗,应严格按照验证的清洗规程彻底清洗。清洗规程应详细规定清洗的方法,清洗液的成分、浓度、温度,清洗时间等参数。每次清洗都必须有相应的记录和签名。

## 四、原料药生产的工艺

　　原料药是药物制剂生产的前提,在医药产业链的各个环节中,扮演的是基本制药工业原材料的加工制造角色,大多是外包生产。原料药药品外包工艺服务指的是制药公司委托其他医药研发机构进行原料药外包工艺研发与生产等。原料药的生产工艺包括化学合成、发酵、动植物提取等。

　　相对于大多数制剂产品的药品外包工艺,原料药生产工艺要复杂得多,其流程长、管线繁多、操作复杂,并且原料药多不稳定,对环境参数如温度、湿度、光照等的要求高,相关的原材料也多易燃、易爆。

　　与制剂产品工艺不同的是,原料药的生产工艺多是化学过程以及化学过程和物理过程交叉融合的处理,如产品的溶解脱色、萃洗吸附等。因此,原料药的生产注重对各个工艺参数和环境参数的控制,如温度、光照、压力等。

　　按获取的来源,原料药一般分为化学合成原料药、动植物提取类原料药和生产发酵与细胞培养所得的原料药;按产品的微生物水平和目标剂型,原料药也分为非无菌原料药和无菌原料药。典型的原料药生产工艺如下。

### (一)化学合成原料药生产工艺

　　化学合成原料药是指工业生产中各种化学原料在一定条件下通过化学反应得到具有一定药效的产品,再经过结晶、干燥等工序使其达到药品的各种指标的原料药生产方法。美迪西提供一整套化学药物开发服务,实现首尾相接的一体化服务,提供从处方前研究、药物分析、药物稳定性研究、制剂研发,至全套的化学成分生产和控制(CMC)服务在内的一站式服务。化学合成药物是原料药生产的主要方式,通常是起始物料与其他化合物通过若干步骤的化学反应得到目标产物的特定的化学结构,如缩合、取代、酰化、氧化还原等;然后再经过一步或几步的精制,如脱色、重结晶等,得到最终的原料药产品。其中中间体和粗品的生产一般是在无洁净级别的一般区进行,而最终成品的精烘包工序在洁净区进行。化学合成原料药车间(以下简称"合成车间")设计的优劣,对原料药厂家的生产至关重要。而合成车间布置是工艺设计中的重要部分,只有合理的工艺布置才能实现工艺流程及设备的先进,才能为合成车间生产、操作、设备安装检修以及为安全卫生、环保创造良好的环境。

### (二)动植物提取类原料药生产工艺

　　自然界是天然的化合物宝库,动物或植物通过自身新陈代谢,产生了许多目前无法合成却对治疗疾病有重大意义的化合物,因此,动植物提取是获取目标化合物的重要方式,也是生产原料药的主要方式之一。例如,治疗疟疾的青蒿素和从动物内脏中提取的用于治疗心血管疾病的肝素等。近年来,通过从动植物组织中提取得到生产原料药的高级中间体,再通过一定的化学合成和结构优化,最终得到目标化合物,这样不仅能大幅度提高其疗效,还能进一步减少其毒副作用。

不少医药研发公司提供的药品外包工艺服务,为在预定的工艺参数范围内运行的工艺能持续有效地生产出符合预定的规格标准和质量的药品提供了保障。在进行原料药工艺研发与生产时,还要注意药品生产质量管理。药品生产质量管理规范以生产为基础,有生产才有质量。药品的质量是生产出来的,而不是检验出来的,生产管理要依照 GMP 进行。

### (三)发酵类原料药生产工艺

发酵也是原料药生产工艺的重要方式之一,尤其是抗生素类原料药,如青霉素类、头孢菌素类等,通常是通过发酵和化学合成结合的半合成方式得到的。首先通过生物发酵得到目标化合物的主要结构,如青霉素特定的 3-内酰胺结构;然后再进行结构修饰,得到最终的目标化合物;最后经过精制重结晶,得到最终的原料药产品。发酵过程一般需要经过培养基的制备、消罐处理、接种、发酵、破壁、过滤、沉淀、离心、干燥等过程。

### (四)无菌原料药生产工艺

与无菌制剂相同,无菌原料药也分为最终灭菌的无菌原料药和非最终灭菌的无菌原料药,由于原料药大多对高温高热、高湿高压、辐射等敏感,采用最终灭菌的无菌原料药很少。目前非最终灭菌的无菌原料药通常是将产品最后一步的精制或成盐与除菌工艺相结合,采用预过滤加两级 0.22 μm 的除菌过滤实现最终产品无菌的。经过除菌过滤后的料液通常采用结晶、冻干或喷雾干燥的方式得到最终的无菌原料药产品。

传统的无菌原料药生产中,粗品的溶解、脱色是在 C 级洁净区进行,除菌过滤、结晶、离心/过滤、干燥、分装是在 B 级背景下的局部 A 级环境中进行的。目前,无菌原料药越来越多地采用密闭式生产,尤其是三合一、隔离器与粉碎、分装设备集成的隔离粉碎分装系统的运用,大大降低了产品被微生物或热原污染的可能性。因此,也可以在 C 级背景下进行密闭式的无菌原料药生产,仅在局部有暴露风险的地方设置层流保护或隔离环境。

相对于非无菌原料药,无菌原料药的生产不但要注重产品杂质、理化特性等化学质量指标的要求,还要从工艺设计开始就注重产品的无菌保证。因此,无菌原料药的生产对环境和设备的要求更高。

## 任务8 生物制品的生产操作

生物制品是指应用普通的或以基因工程、细胞工程、蛋白质工程、发酵工程等生物技术获得的微生物、细胞及各种动物和人源的组织和液体等生物材料制备的,用于人类疾病预防、治疗和诊断的药品。生物制品不同于一般医用药品,它是通过刺激机体免疫系统,产生免疫物质(如抗体)才发挥其功效,在人体内出现体液免疫、细胞免疫或细胞介导免疫。

生物制品是指以微生物、寄生虫、动物毒素、生物组织作为起始材料,采用生物学工艺或分离纯化技术制备,并以生物学技术和分析技术控制中间产物和成品质量制成的生物活性制剂,包括菌苗、疫苗、毒素、类毒素、免疫血清、血液制品、免疫球蛋白、抗原、变态反应原、细胞因子、激素、酶、发酵产品、单克隆抗体、DNA 重组产品、体外免疫诊断制品等。

## 一、物种学史

在十世纪时,中国发明了种痘术,用人痘接种法预防天花,这是人工自动免疫预防传染病的创始。种痘不仅减轻了病情,还减少了死亡。17 世纪时,俄国人来中国学习种痘,随后种疫传到土耳其、英国、日本、朝鲜、东南亚各国,后又传入美洲、非洲。1796 年,英国人 E.詹纳(E. Jenner)发明了接种牛痘苗方法预防天花,他用弱毒病毒(牛痘)给人接种,预防强毒病毒(天花)感染,使人不得天花。

此法安全有效,很快推广到世界各地。牛痘苗可算作第一种安全有效的生物制品。微生物学和化学的发展促进了生物制品的研究与制作。19 世纪中期,"免疫"概念已基本形成。这些为微生物和免疫学的发展奠定了基础,继续发展出各种生物制品,在预防疾病方面越发显得重要,是控制和消灭传染病不可缺少的步骤之一。

生物制品具有以下特殊性:①生物制品的生产涉及生物过程和生物材料,如细胞培养、活生物体材料提取等。这些生产过程存在固有的可变性,因而其副产物的范围和特性也存在可变性,甚至培养过程中所用的物料也是污染微生物生长的良好培养基。②生物制品质量控制使用的生物学分析技术通常比理化测定具有更大的可变性。③为提高产品效价(免疫原性)或维持生物活性,常需在成品中加入佐剂或保护剂,致使部分检验项目不能在制成成品后进行。故应当对生物制品的生产过程和中间产品的检验进行特殊控制。

## 二、原辅料的控制

生物制品生产用物料需向合法和有质量保证的供应商采购,应对供应商进行评估,合格后签订较固定的供应合同,以明确规定原辅料的供货渠道、货源及适用范围,并确保其物料的质量和稳定性。生产用的原辅料必须符合质量标准,并经质量部门检验合格后放行,方可使用。

当原辅料的检验周期较长时,允许检验完成前投入使用,但只有全部检验结果符合标准时成品才能放行。

## 三、种子批和细胞库系统

生产和检定用细胞需建立完善的细胞库系统(原始细胞库、主代细胞库和工作细胞库)。

细胞库系统应包括细胞原始来源(核型分析、致瘤性)、群体倍增数、传代谱系、细胞是否为单一纯化细胞系、制备方法、最适保存条件等。细胞库系统的建立、维护和检定应当符合《中国药典》(2020 年版)的要求。

生产和检定用菌毒种应当建立完善的种子批系统(原始种子批、主代种子批和工作种子批)。种子批系统应有菌毒种原始来源、菌毒种特征鉴定、传代谱系、菌毒种是否为单一纯微生物、生产和培育特征、最适保存条件等完整资料。菌毒种种子批系统的建立、维护、保存和检定应当符合《中国药典》(2020 年版)的要求。

应当通过连续批次产品的一致性确认种子批、细胞库的适用性。种子批和细胞库建立、保存和使用的方式应当能够避免污染或变异的风险。种子批或细胞库和成品之间的传代数目(倍增次数、传代次数)应当与已批准注册资料中的规定一致,不应随生产规模变化而改变。

应当在适当受控环境下建立种子批和细胞库,以保护种子批、细胞库以及操作人员。在建立种子批和细胞库的过程中,操作人员不得在同一区域同时处理不同活性或具有传染性的物料(如病毒、细胞系或细胞株)。

在指定人员的监督下,经批准的人员才能进行种子批和细胞库操作。未经批准不得接近种子批和细胞库。

种子批与细胞库的来源、制备、储存及其稳定性和复苏情况应当有记录。储藏容器应当在适当温度下保存,并有明确的标签。冷藏库的温度应当有连续记录。液氮储存条件应当有适当的监测。任何偏离储存条件的情况及纠正措施都应记录。库存台账应当长期保存。

不同种子批或细胞库的储存方式应当能够防止差错、混淆或交叉污染。生产用种子批、细胞库应当在规定的储存条件下在不同地点分别保存,避免丢失。

在储存期间,主代种子批和工作种子批储存条件应当一致,主代细胞库和工作细胞库储存条件应当一致。一旦取出使用,不得再返回库内储存。

## 四、生产操作的特殊要求

应当按照《中国药典》(2020 年版)中的"生物制品分批规程"对生物制品分批并编制批号。

应当进行培养基适用性检查试验,以证明培养基促进生长的特性。培养基中不得添加未经批准的物质。向发酵罐或其他容器中加料或从中取样时,应当检查并确保管路连接正确,并在严格控制的条件下进行,确保不发生污染和差错。

应当对产品的离心或混合操作采取隔离措施,防止操作过程中产生的悬浮微粒导致的活性微生物扩散。

培养基宜在线灭菌。向发酵罐或反应罐中通气以及添加培养基、酸、碱、消泡剂等成分,使用的过滤器宜在线灭菌。

应当采用经过验证的工艺进行病毒去除或灭活处理,操作过程中应当采取措施防止已处理的产品被再次污染。使用二类以上病原体进行生产时,对产生的污物和可疑污染物品应当在原位消毒,完全灭活后方可移出工作区。

不同产品的纯化应当分别使用专用的色谱分离柱。不同批次之间应当对色谱分离柱进行清洁或灭菌。不得将同一色谱分离柱用于生产的不同阶段。应当明确规定色谱分离柱的合格标准、清洁或灭菌方法及使用寿命,色谱分离柱的保存和再生应当经过验证。

对用于实验取样、检测或日常监测(如空气采样器)的用具和设备,应当制订严格的清洁和消毒操作规程,避免交叉污染。应当根据生产的风险程度对用具或设备进行评估,必要时做到专物专区专用。

## 五、分类

疫苗是由细菌或病毒加工制成的。过去中国生物制品界和卫生防疫界习惯将细菌制备的称作菌苗,病毒制备的称作疫苗,有的国家将二者都称作疫苗。类毒素也可称作疫苗。疫苗分灭活疫苗和活疫苗。

### (一)灭活疫苗

灭活疫苗的制备过程是:先从患者分离得到致病的病原细菌或病毒,经过选择,将细菌放在人工培养基上培养,收获大量细菌,再用物理或化学法将其灭活(杀死),可除掉其致病性而保留其抗原性(免疫原理);病毒只能在活体上培养,如动物、鸡胚或细胞培养中复制增殖,从这些培养物中收获病毒,灭活后制成疫苗。

### (二)活疫苗

活疫苗是指人工选育的减毒或自然无毒的细菌或病毒,具有免疫原性而不致病,经大量培养收获病毒或细菌制成。活疫苗用量小,只需接种一次,便可在体内增殖而达到免疫功效,而灭活疫苗用量大,并且需接种 2~3 次方能达到免疫功效。二者各有优缺点。现在,疫苗可通过基因重组技术制备,主要用于尚不能用人工培养的细菌或病毒。

### (三)外毒素

一些细菌在培养过程中产生的毒性物质称为外毒素,外毒素经化学法处理后,失去毒力作用,而保留抗原这种类似毒素而无毒力作用的称为类毒素,如破伤风类毒素。接种后人体可产生相应抗体,不患相应疾病。

### (四)球蛋白

球蛋白是血液成分之一,含有各种抗体。人病愈后血液中即存在相应抗体,胎盘血也是一样。有些传染病在没有特异疫苗时,可用 γ-球蛋白作为预防制剂。现今给献血人员接种某些疫苗或类毒素,从而产生高效价抗体,用其制备的 γ-球蛋白称为特异 γ-球蛋白,如破伤风、狂犬病、乙型肝炎特异 γ-球蛋白。有人认为 γ-球蛋白是"补品"而将其当作保健品使用,这是不对的。

（五）细菌多糖

细菌多糖疫苗是提取有效抗原成分,去掉内毒素,其反应也较轻微。马血清制备的抗毒素引起的主要不良反应是血清病。现今制品通过精制提纯,反应减少,人血液制剂克服了异性蛋白反应。这些制品的反应,有时伴有发热、荨麻疹、哮喘,少数偶尔出现一过性血压降低,过敏性休克和血管性水肿罕见,干扰素等治疗免疫制剂,反应情况类似疫苗类,反应轻微。

## 六、应用

根据生物制品的用途可分为预防用生物制品、治疗用生物制品和诊断用生物制品三大类。

### （一）预防用生物制品

包括类毒素的发明是为了预防传染病。大多数烈性传染病已有疫苗,根据各种传染病的性质特点、传染源、传播方式,用于预防的生物制品有以下几种:消灭传染病的疫苗;保护群体的疫苗;全球性而局部流行或地区性传染病用疫苗;保护个体的疫苗;控制先天性疾病的疫苗;有接触某些传染病危险的人用疫苗。

### （二）治疗用生物制品

治疗用生物制品包括各种血液制剂、免疫制剂,如干扰素。按治疗作用机理可分为特异的生物制品(如抗毒素和 γ-球蛋白)和非特异的生物制品(如干扰素和人白蛋白等)。

### （三）诊断用生物制品

诊断用生物制品大都用于检测相应抗原、抗体或机体免疫状态,属于免疫学方法诊断。随着免疫学技术的发展,诊断用生物制品的种类不断增多,不仅用于传染病,也用于其他疾病。主要包括两类:①诊断血清,包括细菌类、病毒立克次氏体类、抗毒素类、肿瘤类、激素类、血型及 HLA、免疫球蛋白诊断血清、转铁蛋白、红细胞溶血素、生化制剂等。②诊断抗原,包括细菌类、病毒立克次氏体类、毒素类、梅毒诊断抗原、鼠疫噬菌体等。此外还有红细胞类、荧光抗体、酶联免疫的酶标记制剂、放射性核标记的放射免疫制剂、妊娠诊断制剂(激素类)、诊断用单克隆抗体。

## 任务 9  血液制品、中药制剂的生产操作

血液制品是高风险管理产品,我国在《药品管理法》《药品生产监督管理办法》的基础上,为强化血液制品的监管,相继出台了《血液制品管理条例》《生物制品批签发管理制度》

《单采血浆站管理条例》等法律法规。2020 年 7 月 3 日,国家药监局官网发布新修订版 GMP 附录《血液制品》,将从 2020 年 10 月 1 日起施行,新版《血液制品》共 7 章 35 条,体现了"四个最严"精神,为贯彻落实《疫苗管理法》和《药品管理法》有关要求,进一步加强血液制品管理,规范血液制品生产和质量管理行为。

血液制品是指由健康人的血液、血浆或特异免疫人血浆分离、提纯或由重组 DNA 技术制成的血浆蛋白组分或血细胞组分制品。包括人血白蛋白、人胎盘血白蛋白、静脉注射用人免疫球蛋白、肌注人免疫球蛋白、组织胺人免疫球蛋白、特异性免疫球蛋白、免疫球蛋白(乙型肝炎、狂犬病、破伤风免疫球蛋白)、人凝血因子Ⅷ、人凝血酶原复合物、人纤维蛋白原、抗人淋巴细胞免疫球蛋白等。血液制品的原料是血浆。人血浆中有 92%～93% 是水,仅有 7%～8% 是蛋白质,血液制品就是从这部分蛋白质分离提纯制成的。

原料血浆可能含有经血液传播疾病的病原体(如人类免疫缺陷病毒 HIV、乙型肝炎病毒 HBV、丙型肝炎病毒 HCV),为确保产品的安全性,必须确保原料血浆的质量和来源的合法性,必须对生产过程进行严格控制。特别是病毒的去除和(或)灭活工序,必须对原辅料及产品进行严格的质量控制。

**一、原料血浆的控制**

企业对每批接收的原料血浆应当检查以下各项内容:原料血浆采集单位与法定部门批准的单采血浆站一致;运输过程中的温度监控记录完整,温度符合要求;血浆袋的包装完整无破损;血浆袋上的标签内容完整,至少含有供血浆者姓名、卡号、血型、血浆编号、采血浆日期、血浆重量及单采血浆站名称等信息;血浆的检测符合要求,并附检测报告。

原料血浆接收后,企业应当对每一人份血浆进行全面复检,并有复检记录。原料血浆的质量应当符合《中国药典》(2020 年版)的相关要求。复检不合格的原料血浆应当按照规定销毁,不得用于投料生产。

投产使用前,应当对每批放行的原料血浆进行质量评价,内容应当包括:原料血浆采集单位与法定部门批准的单采血浆站一致;运输、储存过程中的温度监控记录完整,温度符合要求;运输、储存过程中出现的温度偏差按照偏差处理规程进行处理并有相关记录;采用经批准的体外诊断试剂对每袋血浆进行复检并符合要求;已达到检疫期所要求的储存时限;血浆袋破损或复检不合格的血浆已剔除并按规定处理。

企业应当建立原料血浆的追溯系统,确保每份血浆可追溯至供血浆者,并可向前追溯到供血浆者最后一次采集的血浆之前至少 3 个月内采集的血浆。

企业应当与单采血浆站建立信息交换系统,出现下列情况应当及时交换信息:发现供血浆者不符合相关的健康标准;以前病原体标记为阴性的供血浆者在随后采集到的原料血浆中发现任何一种病原体标记为阳性;原料血浆复验结果不符合要求;发现未按规程要求对原料血浆进行病原体检测;供血浆者患有可经由血浆传播病原体(如 HAV、HBV、HCV 和其他血源性传播肝炎病毒、HIV 及目前所知的其他病原体)的疾病以及克-雅病或变异型新克雅病。

企业应当制订规程。明确规定出现以上任何一种情况的应对措施,应当根据涉及的病原体、投料量、检疫期、制品特性和生产工艺对使用相关原料血浆生产的血液制品的质量风险进行再评估,并重新审核批记录。必要时应当召回已发放的成品。

发现已投料血浆中混有感染 HIV、HBV、HCV 血浆的,应当停止生产,用相应投料血浆生产的组分、中间产品、待包装产品及成品均予销毁。如成品已上市,应当立即召回,并向当地药品监督管理部门报告。质量管理部门应当定期对单采血浆站进行现场质量审计,至少每半年一次,并有质量审计报告。

## 二、生产和质量控制

企业应当对原料血浆,血浆蛋白组分,中间产品,成品的储存、运输温度及条件进行验证。应当对储存、运输温度及条件进行监控,并有记录。

用于特定病原体(HIV、HBV、HCV 及梅毒螺旋体)标记检查的体外诊断试剂,应当获得药品监督管理部门批准,并经生物制品批签发检定合格。体外诊断试剂验收入库、储存、发放和使用等,应当与原辅料管理相同。

混合后血浆应当按《中国药典》(2020 年版)的规定进行取样、检验。并符合要求。如检验结果不符合要求,则混合血浆不得继续用于生产,应当予以销毁。

原料血浆解冻、破袋、化浆的操作人员应当穿戴适当的防护服、面罩和手套。应当定期对破袋、溶浆的生产过程进行环境监测,并对混合血浆进行微生物限度检查,以尽可能降低操作过程中的微生物污染。

已经过病毒去除和(或)灭活处理的产品与尚未处理的产品应当有明显区分和标识,并应当采用适当的方法防止混淆。不得用生产设施和设备进行病毒去除或灭活方法的验证,以避免生产受到验证用病毒污染。

血液制品的放行应当符合《生物制品批签发管理办法》的要求。

## 三、留样及不合格品处理

每批混合血浆的样品应在适当条件下储存,至少储存至成品有效期后 1 年。

应当建立安全和有效处理不合格原料血浆、中间产品、成品的操作规程,处理应当有记录。

## 四、中药制剂的生产操作

中药制剂的质量与中药材和中药饮片的质量、中药材前处理和中药提取工艺密切相关。应当对其严格控制。在中药材前处理以及中药提取、储存和运输过程中,应当采取措施控制微生物污染,防止变质。

中药材前处理时应当按照规定进行拣选、整理、剪切、洗涤、浸润或其他炮制加工。未经处理的中药材不得直接用于提取加工。

中药注射剂所需的原药材应当由企业采购并自行加工处理。鲜用中药材采收后应当在规定的期限内投料,可存放的鲜用中药材应当采取适当的措施储存,储存的条件和期限应当有规定并经验证,不得对产品质量和预定用途有不利影响。

在生产过程中应当采取以下措施防止微生物污染:处理后的中药材不得直接接触地面,不得露天干燥;应当使用流动的工艺用水洗涤拣选后的中药材,用过的水不得用于洗涤其他药材,不同的中药材不得同时在同一容器中洗涤。

毒性中药材和中药饮片的操作应当有防止污染和交叉污染的措施。

中药材洗涤、浸润、提取用水的质量标准不得低于饮用水标准。无菌制剂的提取用水应当采用纯化水。

中药提取用溶剂需回收使用的,应当制订回收操作规程。回收后溶剂的再使用不得对产品造成交叉污染,不得对产品的质量和安全性有不利影响。

# 任务 10　委托生产与委托检验

我国 GMP(2010 年版)第二百七十八至二百九十二条对于委托生产与委托检验有具体的规定。为进一步加强药品委托生产审批和监督管理工作,国家食品药品监督管理总局(CFDA)组织制定了《药品委托生产监督管理规定》,于 2014 年 10 月 1 日起实施。

药品委托生产,是指药品生产企业(以下称委托方)在因技术改造暂不具备生产条件和能力或产能不足暂不能保障市场供应的情况下,将其持有药品批准文号的药品委托其他药品生产企业(以下称"受托方")全部生产的行为,不包括部分工序的委托加工行为。国家药品监督管理部门负责对全国药品委托生产审批及监督管理进行指导及监督检查。各省、自治区、直辖市药品监督管理局负责药品委托生产审批和监督管理。

药品委托检验,是指质量检验机构(各级药检所和高等院校)接受其他组织、企业或个人的委托,委托方自行送样或受托方组织抽样,以委托方要求、药品质量标准及国家法律法规等为依据,按规定的方法,在规定的条件下对样品质量进行检验,并出具合法有效的检验报告,以对样品及其代表的药品批次的质量状况做出准确可靠的评价为目的的一种质量检验活动。

新《药品管理法》第六条规定,国家对药品管理实行药品上市许可持有人制度。药品上市许可持有人是指取得药品注册证书的企业或者药品研制机构等。药品上市许可持有人依法对药品研制、生产、经营、使用全过程中药品的安全性、有效性和质量可控性负责。药品生产质量管理规范中规定委托生产,委托方应是持有与委托生产药品相适应的《GMP 认证证书》的药品生产企业,应当取得委托生产药品的批准文号并负责委托生产药品的质量。由此可见,药品上市许可持有人和 GMP 中委托方是两个不同的概念,许可持有人可以是药品企业或研发机构等,而委托方只能为药品生产企业。药品上市许可持有人对国内药品研发或生产等企业是新生事物,国家药品监督管理局正在完善药品上市许可持有人的相关实施细则,但总体而言,药品上市许可持有人应当建立药品质量保证体系,配备专门人员独立负责药品质量管理。

国家药品监督管理局将制定药品委托生产质量协议指南,指导、监督药品上市许可持有人和受托生产企业履行药品质量保证义务;同时明确药品上市许可持有人应当对受托药品生产企业的质量管理体系进行定期审核,监督其持续具备质量保证和控制能力;建立药品上市放行规程,对药品生产企业出厂放行的药品进行审核,经质量受权人签字后方可放行;应当建立并实施药品追溯制度,按照规定提供追溯信息,保证药品可追溯;应当建立年度报告制度,每年将药品生产销售、上市后研究、风险管理等情况向药品监督管理部门报告,并持续改进;应当建立质量缺陷、投诉和产品召回制度,充分保证药品的安全性、有效性和质量可控性。

## 一、委托方

委托方应是持有与委托生产药品相适应的《GMP 认证证书》的药品生产企业;应当取得委托生产药品的批准文号;负责委托生产药品的质量。委托方应当对受托方的生产条件、技术水平和质量管理情况进行详细考察,向受托方提供委托生产药品的技术和质量文件,确认受托方具有受托生产的条件和能力。委托生产期间,委托方应当对委托生产的全过程进行指导和监督,负责委托生产药品的批准放行。

在委托生产的药品包装、标签和说明书上,应当标明委托方企业名称和注册地址、受托方企业名称和生产地址。

麻醉药品、精神药品、药品类易制毒化学品及其复方制剂、医疗用毒性药品、生物制品、多组分生化药品、中药注射剂和原料药不得委托生产。国家药品监督管理部门可以根据监督管理工作需要调整不得委托生产的药品名单。放射性药品的委托生产按照有关法律法规规定办理。

## 二、受托方

受托方应是持有与委托生产药品相适应的《GMP 认证证书》的药品生产企业;应具有与生产该药品相适应的生产与质量保证条件;具备足够的厂房、设备、知识和经验以及称职人员,满足委托方委托的生产或检验工作的要求;应确保收到的物料、中间产品和待包装产品适用于预定用途;不得从事任何可能对委托生产或检验的产品质量有不利影响的活动。

受托方应当严格执行质量协议,有效控制生产过程,确保委托生产药品及其生产符合注册和 GMP 的要求。委托生产药品的质量标准应当执行国家药品标准,其药品名称、剂型、规格、处方、生产工艺、原料药来源、直接接触药品的包装材料和容器、包装规格、标签、说明书、批准文号等应当与委托方持有的药品批准证明文件的内容相同。

## 三、药品委托生产与委托检验

委托生产和委托检验是社会最大限度充分利用资源的一种商业模式,在全球经济一体化的今天,这种商业模式在国际上得到越来越广泛的应用,也是降低药品生产成本的一种方式。

## (一)委托生产的管理

注射剂、生物制品(不含疫苗制品、血液制品)和跨省、自治区、直辖市的药品委托生产申请,由国家药品监督管理局负责受理和审批。其他药品委托生产申请,由委托生产双方所在地省、自治区、直辖市药品监督管理部门负责受理和审批。疫苗制品、血液制品以及国家药品监督管理局规定的其他药品不得委托生产。

麻醉药品、精神药品、医疗用毒性药品、放射性药品、药品类易制毒化学品的委托生产按照有关法律法规规定办理。

### 1.委托方与受托方的要求

药品委托生产的委托方应当是取得该药品批准文号的药品生产企业。药品委托生产的受托方应当是与生产该药品的生产条件相适应的药品生产企业。委托方负责委托生产药品的质量和销售。委托方应当对受托方的生产条件、生产技术水平和质量管理状况进行详细考察,应当向受托方提供委托生产药品的技术和质量文件,对生产全过程进行指导和监督。

### 2.委托生产的要求

(1)签订合同。委托生产药品的双方应当签订合同,内容应当包括双方的权利与义务,并具体规定双方在药品委托生产技术、质量控制等方面的权利与义务,且应当符合国家药品监督管理局制定的《药品委托生产质量协议指南》等法律法规。

(2)申请批件。药品委托生产的,由委托方向国家药品监督管理局或者省、自治区、直辖市药品监督管理部门提出申请,并提交申请材料。《药品委托生产批件)有效期不得超过2年,且不得超过该药品批准证明文件规定的有效期限。《药品委托生产批件》有效期届满需要继续委托生产的,委托方应当在有效期届满30日前,提交有关材料,办理延期手续。

(3)合规生产。受托方应当按照《药品生产质量管理规范》进行生产,并按照规定保存所有受托生产文件和记录。

(4)执行标准。委托生产合同终止的,委托方应当及时办理《药品委托生产批件》的注销手续。委托生产药品的质量标准应当执行国家药品质量标准,其处方、生产工艺、包装规格、标签、说明书、批准文号等应当与原批准的内容相同。

(5)包装标注。在委托生产的药品包装、标签和说明书上,应当标明委托方企业名称和注册地址、受托方企业名称和生产地址。

(6)境外委托。药品生产企业接受境外制药厂商的委托在中国境内加工药品的,应当在签署生产合同后30日内向所在地省、自治区、直辖市药品监督管理部门备案。所加工的药品不得以任何形式在中国境内销售、使用。省、自治区、直辖市药品监督管理部门应当将药品委托生产的批准、备案情况报国家药品监督管理局。

## （二）药品委托生产申请需要提供的资料

### 1.药品委托生产申请需要提供的资料

①（药品委托申请表）；

②委托和受托双方的《药品生产许可证》、营业执照复印件；

③受托方 GMP 相关证书复印件；

④委托方对受托方生产和质量保证条件的考核情况；

⑤委托生产药品的批准证明文件复印件,并附有质量标准、生产工艺、包装、标签和使用说明；

⑥委托生产药品拟采用的包装、标签和使用说明式样及色标；

⑦委托生产合同；

⑧受托方所在地省级药品检验所出具的连续 3 批产品检验报告；委托生产生物制品的,其 3 批样品由委托方所在地省级药品检验所抽取、封存,由中国药品生物制品检定所负责检验并出具检验报告书；

⑨受托方所在地省、自治区、直辖市（食品）药品监督管理部门组织对技术人员、厂房、设施、质检机构、检测设备等生产能力和检测设备等质量保证体系考核的现场核查报告。

### 2.药品委托生产延期申请需要提供的资料

①《药品委托申请表》；

②委托和受托双方的《药品生产许可证》、营业执照复印件；

③受托方 GMP 相关证书复印件；

④前次批准的《药品委托生产批件》复印件；

⑤前次委托期间生产、质量情况的总结；

⑥与前次《药品委托生产批件》发生变化的证明文件；

⑦受托方所在地省、自治区、直辖市（食品）药品监督管理部门组织对技术人员、厂房、设施、质检机构、检测设备等生产能力和检测设备等质量保证体系考核的现场核查报告。

### 3.以上两项申请另需提供的资料

①对申请材料真实性的证明、法律责任承诺；

②若申报材料时申报人非法定代表人或负责人本人,应提交《授权委托书》2 份；

③与申请材料顺序对应的目录。

## （三）委托检验的管理

### 1.委托检验的范围

药品生产企业放行出厂的制剂产品必须按药品标准下的规定完成全项检验项目。除动物试验项目暂可委托检验外,其余各检验项目不得委托其他单位进行。

药品生产企业在对进厂原辅料、包装材料的检验中,如遇使用频次较少的大型检验仪器设备(如核磁、原子吸收等),相应的检验项目可以向具有资质的单位进行委托检验。如有委托行为,受托方应相对稳定,有关委托情况(包括变更受托方)须报省级药品监督管理部门备案。

**2.委托检验对受托方的要求**

具有相应检测能力,具备足够的厂房、设备及具有知识和经验的人员,能满足委托方所委托的检验工作要求。应为通过国家(省)计量认证的检(试)验机构或经国家实验室认可的检(试)验机构。

**3.委托检验的要求**

企业对相同检验项目的受托方应保持相对稳定。一种检验项目原则上只委托一家受托方。委托方和受托方双方应签订书面委托检验协议,明确委托项目、双方责任和义务,界定各自的职责。协议的各项内容应当符合国家药品管理的相关规定。

**4.委托检验需提供的资料**

根据 GMP 等相关规定,药品生产企业对放行出厂的制剂产品必须按药品标准项下的规定完成检验,除动物实验外,其余各项不得委托其他单位进行。菌、疫苗制品的动物实验不得委托检验。如有委托检验行为,有关情况须报省级药品监督管理部门备案,须提供以下资料:

①委托检验备案表(一式三份);
②委托检验合同(协议)(加盖公章);
③委托检验品质的质量标准;
④受托方相关资质、能力证明文件(加盖公章);
⑤关于申报材料真实性的声明。

## 四、合同

委托方与受托方之间应签订合同(包括商业条款及质量协议),详细规定各自的职责,其中的技术性条款应由具有制药技术、检验技术知识和熟悉 GMP 的主管人员拟定,委托检验的各项工作必须符合质量标准的要求并应双方同意。合同内容如下。

(1)详细规定质量受权人批准放行每批药品的程序,确保每批产品都按照药品注册的要求完成生产和检验。

(2)阐明何方负责试剂、标准品的采购,批准放行使用,同时也应明确何方负责取样。

(3)在委托检验的情况下,合同应阐明受托方是否在委托方的厂房内取样,或由委托方送样。

(4)规定由受托方保存的生产、检验和发运记录及样品,委托方应当能够随时调阅或检查,出现投诉或怀疑有缺陷,委托方必须能够方便地查阅所有与评价产品质量相关的记录。

(5)允许委托方对受托方进行检查或质量审计。

(6)委托检验合同应明确受托方有义务接受药品监督管理部门的检查。

(7)委托检验合同应由质量部负责人、工厂相关负责人批准。

（8）受委托方应按要求向委托方出具检验报告,报告应加盖检验公章,其原始数据应按法规或合同要求保留。

（9）委托外部实验室进行检验,应当在检验报告中予以说明。

# 实训项目6:填写药品清场记录

## 一、实训目的

1.掌握药品清场记录的填写方法。

2.培养学生严谨、认真、负责的工作态度。

## 二、实训内容

1.编制药品清场记录表。

2.规范填写清场记录表。

## 三、实训过程

1.教师创设情境(或在 GMP 仿真实训车间)布置任务;班级学生分组,每组 4~6 人。

2.清场记录表由学生自己查阅资料并编制;模拟清场操作,填写清场记录表(在仿真实训车间进行清场操作并填写记录表);清场记录表由操作者填写,操作者和复核人本人签名,不允许代签,签名应写全名。

3.填写做到操作现场及时记录,字迹清楚、不易擦掉,内容真实,数据完整。数据与数据之间应留有适当的空隙,书写时不要越出对应的表格。不得使用繁体字、不规范简化字等。禁止事后补写及超前记录、假造数据、估计数据等行为。

4.记录不得撕毁和任意涂改。改错时应在原错误地方画一横线,保持修改后原来的内容清晰可见。在上方或旁边填写正确的内容,修改人签名并注明修改日期。不可以涂黑、使用修正液(带)等掩盖或用刀片刮掉错误数据后书写。

5.表格中如无内容可填或者纵向有几行均无内容填写,在该项中画一横线,不可使用波浪线或省略号。如有与上项相同内容,不得填写"同上",或打"……"。

6.日期正确书写格式:2019.10.26 或 2019 年 10 月 26 日。错误格式:19-10-26 等。

## 四、实训报告

1.填写清场记录。组长汇报本组同学清场记录情况。归纳本次实训过获和遇到的问题,在班级进行发言讨论。

2.教师答疑,总结本次实训的收获与不足。

# 项目检测 6

## 一、单项选择题

1.一个产品在生产中产生的污染物质污染另一产品,或两者彼此间相互进行污染,描述的是(　　)。

A.直接污染 　　　　　B.交叉污染 　　　　　C.多次污染 　　　　　D.间接污染

2.利用高温使微生物或脱氧核糖核酸酶等生物高分子产生非特异性氧化而杀灭微生物的方法,描述的是(　　)。

A.湿热灭菌法 　　　　B.干热灭菌法 　　　　C.辐射灭菌法 　　　　D.环氧乙烷灭菌法

3.利用饱和水蒸气、沸水或流通蒸汽进行灭菌的方法,描述的是(　　)。

A.湿热灭菌法 　　　　B.干热灭菌法 　　　　C.辐射灭菌法 　　　　D.环氧乙烷灭菌法

4.中药材洗涤、浸润、提取用水的质量标准不得低于(　　)。

A.饮用水标准 　　　　B.纯化水 　　　　　　C.蒸馏水 　　　　　　D.灭菌水

5.注射剂、生物制品(不含疫苗制品、血液制品)和跨省、自治区、直辖市的药品委托生产申请,由(　　)负责受理和审批。

A.国家药品监督管理局

B.委托生产双方所在地省药品监督管理部门

C.委托生产双方所在自治区药品监督管理部门

D.委托生产双方所在直辖市药品监督管理部门

## 二、多项选择题

1.药品常见的污染形式有(　　)等。

A.物理污染 　　　　　　　　　　　　B.化学污染

C.生物或微生物污染 　　　　　　　　D.普通污染

2.药品污染传播的方式主要有(　　)。

A.直接污染 　　　　B.交叉污染 　　　　　C.多次污染 　　　　　D.间接污染

3.下列采用最终灭菌工艺的产品常见的包括(　　)。

A.大容量注射剂 　　　　　　　　　　B.小容量注射剂

C.无菌灌装制剂 　　　　　　　　　　D.无菌分装粉针剂和冻干粉针

4.直接接触药品的包装材料(如胶塞、玻瓶)通常存在的污染形式有(　　)。

A.微生物污染 　　　　　　　　　　　B.内毒素污染

C.外部微粒污染 　　　　　　　　　　D.外部化学污染

5.对无菌产品而言,包装工序不是产生污染的主要风险,但仍需要关注以下方面(　　)。

A.确认产品的密封性

B.缺陷检查(如可见异物、破损)和控制

C.最终包装前,应对容器、包装材料等进行确认,以减少产品的包装差错和混淆风险

D.最终包装前,应对标签和打印内容(如批号、有效期)等进行确认,以减少产品的包装差错和混淆风险

6.关于空气悬浮粒子测试,正确的有(　　)。

A.任何洁净区内取样点应不少于两个

B.除受洁净区的设备限制外,取样点应在整个洁净区内均匀布置

C.在一个区域内应最少取样 5 次,每个取样点的取样次数可多于一次,不同取样点的取样次数可以不同

D.为了确定 A 级区的级别,每个取样点的取样量不得少于 $1\ m^3$

7.湿热灭菌法,是指用饱和水蒸气、沸水或流通蒸汽进行灭菌的方法。可分为(　　)。

A.高压蒸汽灭菌法　　　　　　　　　B.流通蒸汽灭菌法

C.间歇蒸汽灭菌法　　　　　　　　　D.循环蒸汽灭菌法

8.影响湿热灭菌法的主要因素有(　　)。

A.微生物的种类与数量　　　　　　　B.蒸汽的性质

C.药品性质　　　　　　　　　　　　D.灭菌时间

9.与传统的消毒灭菌方法相比,辐射灭菌法的优点有(　　)。

A.在常温下处理,特别适用于不耐热物品的处理。对温度压力无特殊要求,常温常压下即可进行

B.不会产生放射性污染,灭菌后的产品无残留毒性

C.辐射穿透性强,可深入到被灭菌物体内部,灭菌彻底,可对包装后的产品灭菌

D.辐射灭菌工艺参数易于控制,适合工业化大生产,节约能源

10.环氧乙烷安全防护原则及注意事项描述正确的有(　　)。

A.保证环氧乙烷灭菌器及气瓶或气罐远离火源和静电

B.环氧乙烷存放处应无火源,无转动之马达,无日晒,通风好,温度低于 40 ℃,但不能将其放冰箱内

C.严格按照国家制定的有关易燃、易爆物品储存要求进行处理

D.投药及开瓶时不能用力太猛,以免药液喷出

11.按获取的来源,原料药一般分为(　　)。

A.化学合成原料药

B.物理方法制得的原料药

C.动植物提取类原料药

D.生产发酵与细胞培养所得原料药

12.下列关于委托方的描述正确的有(　　)。

A.委托方应是持有与委托生产药品相适应的《GMP 认证证书》的药品生产企业

B.应当取得委托生产药品的批准文号

C.负责委托生产药品的质量

D.委托方应当对受托方的生产条件、技术水平和质量管理情况进行详细考查

13.下列属于不得委托生产的药品有( )。

A.麻醉药品、精神药品

B.药品类易制毒化学品及其复方制剂

C.医疗用毒性药品、生物制品

D.多组分生化药品、中药注射剂和原料药

## 三、填空题

1.＿＿＿＿＿＿＿＿＿＿是药品生产的基本单元,其定义是:经一个或若干加工过程生产的,具有预期均一质量和特性的一定数量的原辅料、包装材料或成品。

2.无菌药品的生产工艺通常分为＿＿＿＿和＿＿＿＿。

3.每批混合血浆的样品应在适当条件下储存,至少储存至成品有效期后＿＿＿＿＿年。

4.＿＿＿＿前处理时应当按照规定进行拣选、整理、剪切、洗涤、浸润或其他炮制加工,未经处理的不得直接用于提取加工。

5.＿＿＿＿是指药品生产企业在因技术改造暂不具备生产条件和能力或产能不足暂不能保障市场供应的情况下,将其持有药品批准文号的药品委托其他药品生产企业全部生产的行为,不包括部分工序的委托加工行为。

| | | |
|---|---|---|
| 阅读材料六 | 附件八 | 附件九 |

# 项目 7　文件管理

🎯 **知识目标：**

- 掌握文件类型、文件编码方法、文件编写原则、文件使用管理的内容。
- 掌握技术标准文件包括的项目、管理标准文件的项目、操作标准文件的特性。

🎯 **技能目标：**

- 能识别文件类型、文件编码、文件使用管理。
- 能正确解读工艺规程、管理规程。标准操作规程，填制记录。
- 会按照 GMP 文件的格式要求编写 GMP 文件。

🎯 **素质目标：**

- 能理解文件体系的主要内容，能理解 GMP 文件的构成和格式要求。
- 培养学生对生产车间文件的敏感性，增强一切生产操作离不开文件规范的意识。

🎯 **课前导案：**

课前导案 7

# 任务 1　概述

## 一、文件类型

贯穿药品生产和经营管理全过程的连贯有序的系统文件,称为文件系统。文件大致可分为标准类文件与记录类文件,标准系指生产和经营管理过程中预先制定的书面要求,主要是指技术标准、管理标准和操作标准;记录系指反映实际生产和经营活动中执行标准情况的结果,如报表、台账、生产操作记录等。

### (一) 技术标准文件

技术标准文件是指由国家、地方、行业与企业所制定和颁布的技术性规范、准则、规定、办法、标准、规程和程序等书面要求。包括产品工艺规程、质量标准(原料、辅料、工艺用水、包装材料、半成品、中间体、成品等)等,如《中国药典》(2020 年版)规定的葡萄糖质量标准等。

### (二) 管理标准文件

管理标准文件是指企业为了行使生产计划、指挥、控制等管理职能,使之标准化、规范化而制定的制度、规定、标准、办法等书面要求。建立管理标准的目的,旨在保证管理工作的标准化、规范化,减少随意性和口头性造成的失误。例如,实验室的管理制度,原辅料的取样制度等。狭义地说,管理标准主要是指规章制度;广义地说,标准类文件都与管理相关,都可视为管理标准文件。

药品生产企业的管理标准主要分为生产管理规程、质量管理规程、生产卫生管理规程等。另外,还涉及辅助部门管理、人员培训、紧急情况处理等。

### (三) 操作标准文件

操作标准文件是指经过批准用来指导设备操作、维护与清洁、验证、环境控制、取样和检验等药品生产活动的通用性文件。操作标准文件以工作岗位或操作设备为对象,对其工作职责、工作内容及具体程序作出规定等书面要求。如清洗操作规程、检验操作规程、空调净化系统清洁与维护保养规程等。

### (四) 记录和凭证

记录、凭证是反映实际生产活动中执行标准情况的实施结果,如报表、台账、生产操作记录等记录;表示状态等的单、证、卡、牌等凭证,如产品合格证等。

标准与记录(凭证)之间是紧密相连的,标准为记录(凭证)提供了依据,而记录(凭证)则是执行标准的结果。记录(凭证)能记载药品生产的每一批的全部真实情况,甚至可反映出生产的药品与标准的偏离情况,所以记录与凭证可以反映出药品生产活动中标准的执行情况,以及符合程度等。对药品生产的所有环节,从原料厂家的质量审计到成品的销售,都要有记录或凭证以供查证。

## 二、文件的编码

要建立规范的文件系统,首先要确定文件编码。在编写文件前,根据 GMP 要求和企业内部实际生产管理情况,统一确定文件编号方法,分部门或分类别列出文件目录。文件的编号、标题应体现文件的性质。

### (一)编码的基本原则

**1.系统性**

文件应统一分类、编码。

**2.准确性**

文件应与编码一一对应,一旦某一文件终止使用,此文件编码应立即作废,并不得再次使用。

**3.可追溯性**

根据文件编码系统规定,可随时查找某一文件或查询某文件的变更历史。

**4.一致性**

文件一旦修订,必须给定新的编码,同时对其相关文件中出现的该文件号进行修正。

**5.稳定性**

文件编号系统一旦确定,不得随意变动,应保证系统的稳定性,以防止文件管理的混乱。

**6.识别性**

编码能便于识别文件文本和类别。

**7.发展性**

制订编码系统规定时,要为企业的发展及管理手段的改进预留足够的空间。

### (二)编码方法

编码常采用编码、流水号、版本号相结合的方法,其中编码由文件性质、文件类别、部门代码组成。具体编码举例如下。

**1.性质分类码**

管理标准文件——SMP;操作标准文件——SOP;技术标准文件——STP;记录——SRP。或用 M、O、T、R 表示。

2.文件类别代码

企业管理类——AM(Administration Management)。

人员管理类——PM(Personnel Management)。

卫生管理类——SM(Sanitation Management)。

质量管理类——QM(Quality Management)。

质量标准类——QS(Quality Standards)。

生产管理类——PM(Production Management)。

工艺规程类——PP(Process Procedure)。

设备管理类——EM(Equipment Management)。

物料管理类——WM(Ware Management)。

3.流水号

流水号是指文件序列号,由001~999组成,各部门可自行编号。

4.版本号

版本号由00~99组成。如首版为00,第二版为01。

文件编码举例:

①SMP-AM001-00表示标准管理制度第001号第一版文件;

②SOP-QM002-01表示质量标准操作规程第002号第二版文件。

## 三、文件的格式

药品生产企业的文件系统中,各类文件应有统一的格式,文件的格式应在文件管理规程中明确规定。比较通用、相对规范的文件格式示例如下。

1.文件眉头

文件眉头应包含文件标题、文件编号、起草人及部门、审核人、批准人、日期、分发部门等内容,格式见表7-1。

表 7-1　文件眉头样表

| 标题 | | | | | | 编号 | |
|---|---|---|---|---|---|---|---|
| 起草人 | | 审核人 | | 批准人 | | 生效日期 | |
| 日期 | | 日期 | | 日期 | | 修订日期 | |
| 起草部门 | | | | 颁发部门 | | | |
| 分发部门 | | | | | | | |

注:如果文件超过一页,后续页眉头只需体现文件标题及编号,其他项可省略。

2.正文内容

正文内容在文件眉头下方编写。卫生管理工作规程正文见表7-2。

表 7-2　正文内容样表

| 题目 | 卫生管理工作规程 | | | |
|---|---|---|---|---|
| 颁发部门 | 生产部 | 分发部门 | 各部门 | |
| 制订 | 年　月　日 | 审核 | 年　月　日 | 编号:SMP-SM001-00 |
| 批准 | 年　月　日 | 生效日期 | 年　月　日 | 共 1 页　第 1 页 |

目的:建立卫生标准的确认、实施、监控标准工作规程,保证卫生措施有效地实施,防止交叉污染及微生物污染。

应用范围:环境卫生、厂房卫生、工艺卫生、人员卫生。

责任人:岗位负责人、部门管理人员。

内容:

1　依据 GMP 建立相应的卫生管理标准即各项卫生管理规程,由生产管理部门组织编写,质保部审核,经公司生产总监批准后予以实施。

1.1　卫生管理标准包括环境卫生、厂房卫生、工艺卫生、人员卫生 4 部分。

1.2　一般生产区、检验室、仓储区、洁净区、辅助区等均应制订相应的清洁 SOP。

1.3　……

# 任务 2　文件系统的运行

对于现代制药生产企业而言,GMP 文件管理体系是质量体系的根基,是制药企业开展生产和质量活动的依据,GMP 文件管理可确保企业在符合药品生产质量管理规范的条件下运行,另外要做到,建立档案工作领导体制,即确定档案分管的领导,建立工作机构,认真落实档案管理制度,建立和健全档案文件材料的形成、积累、归档的控制体系。高质量、高效率的文件系统,能保证制药企业生产过程的有序运行,为产品质量提供保障。保证制药企业生产出安全、有效、均一的合格药品。

## 一、文件的编制

药品生产企业要建立一个由质量管理部门负责的专门的文件起草领导机构,成立常设或临时的文件制定小组,挑选合格的人员及相关部门负责人负责文件的起草、修订、审核、批准、管理等,并提出编制文件的相关规定和要求。文件的起草应由各相应部门完成,但所有的标准和记录,都应由质量管理部门人员统一管理。

（一）文件编写的基本原则

（1）可操作性。根据 GMP 要求,结合企业实际情况编写文件;一类工作制订一个管理及操作标准,不同情况分段叙述,按操作步骤顺序叙述。

（2）规范性。文件标题、类型、目的、范围、责任应有清楚的陈述；条理清晰，层次分明。

（3）准确性。文件用语确切、语句通顺、容易理解；文件内容准确，有量化的概念，具有可操作性。

（4）统一性。文件的格式、所用纸张的质量与大小力求统一，便于印刷、复制；文件如需记录，栏目要齐全、有足够的书写空间。

### （二）文件编写的基本流程

（1）起草。在文件起草领导机构的统一领导和协调下，由文件使用部门挑选有相应的学历和资历、对文件相应岗位工作有深刻研究的人员起草，以保证文件内容的准确性、可操作性。

（2）会稿。起草工作完成以后，由文件起草或颁发部门组织文件使用人员及管理人员进行会稿，以保证文件内容的全面性、准确性。

（3）修改。根据会稿提出的意见和建议，由文件起草人进行修改。

（4）审核。修改后的文件由文件起草部门负责人审阅，再交质量管理负责人审核。文件审核参照文件编写的基本原则，做到文件内容之间不相悖或不冲突。

（5）批准和生效。部门内部文件由部门负责人批准，不同部门使用的文件由企业负责人（或其授权委托人）批准，按规定的日期宣布生效。

（6）修订和废除。修订文件时，题目不变。无论是修订或是废除都必须执行与起草过程相同的程序，质量管理人员负责将修订后的文件发送至有关部门，并收回被废除的文件，使旧文件不得在生产现场出现。

## 二、文件使用管理

文件使用管理包括文件的批准、发放、培训、执行、修订与变更、保管与归档、撤销及销毁等。

### （一）文件的批准

批准人一般为企业的主管负责人或企业负责人。批准人对文件的内容、编码、格式、编订程序等进行复审时，应对该文件及相关文件的统一性，各部门之间的协调性，文件内容的先进性、合理性及可操作性等进行把关，在文件符合要求后，批准颁发文件，确定生效日期或执行日期。文件批准后即颁发。

### （二）文件的发放

文件经批准人签字后方可颁发，并在执行之日前分发至有关人员或部门。文件应由专人负责分发并进行登记。收发双方须在记录上签字，并注明文件名称、文件编码、复印份数、分发部门、分发份数、分发人、签收人、发送日期等。一旦新文件生效，旧版文件必须交回。已撤销和过时的文件除留档备查外，不得在工作现场出现。

### （三）文件的培训

文件执行前应由文件编制人、审定人、批准人之一对文件使用者进行专题培训，保证所有使用者掌握如何使用文件。培训可采用传阅、开会宣读、学习班等形式，一般情况下，文件批准后 10 个工作日才正式执行文件，以便于培训、学习和掌握。

### （四）文件的执行

新文件开始执行阶段，相关管理人员应特别注意监督检查执行情况。任何人不得随意改动文件，对文件的任何改动必须经批准人同意并签字。

### （五）文件的修订与变更

药品生产企业应定期组织技术、质量管理部门和相关的业务部门复审文件，大约每 2 年复审文件 1 次，并做好记录。一般情况下，生产工艺规程每 5 年修订 1 次，标准操作规程每 2 年修订 1 次。文件管理部门应负责检查文件修订后是否引起其他相关文件的变更，并进行及时修订。任何文件修订或变更，必须详细记录，以便追查检查。任何人均可以提出修订文件的申请。由原文件批准人评价变更文件的必要性与可能性，若同意变更，则可启动文件修订程序，修订程序与文件制订程序相同，但生产工艺变更、主要原辅料变更、新设备的应用等需先进行验证，重大工艺改革需先经过鉴定。

### （六）文件的保管与归档

文件持有者或部门应按文件类别及编码顺序把文件存放于规定的文件夹内，进行登记；不得丢失，撕毁或涂改，保持文件清洁、整齐及完整。需保密的文件，按有关保密制度管理，严格遵守借阅制度，不得随便复印文件。如果文件采用自控系统或管理系统记录，应仅允许质量授权人操作。文件的归档包括现行文件归档和各种记录归档。文件管理部门应有一套现行文件原件（或样本），并视情况随时更新，记录在案。各种记录一旦填写完成，应按档案管理办法分类归档，并保存至规定日期。

### （七）文件的撤销及销毁

一旦修订文件生效，原文件则自动失效。文件管理部门应定期公布撤销文件名单。修订生效之日，必须由文件分发者根据文件分发登记表，向持有原文件的人员或部门收回过时的文件。在生产、工作现场不允许同时有 2 个或 2 个以上版本的文件。收回的文件，档案室必须留存 1~2 份备查，质量管理部门也可留档 1 份，其余文件在清点数量后全部销毁，由监销人监督并作销毁记录。如文件发现错误，对药品质量及生产经营活动产生不良影响，必须立即废止、及时回收并记录，回收的文件上加盖"回收文件"印章，以表示回收的文件。

# 任务3　技术标准文件

技术标准文件包括产品工艺规程、质量标准（原料、辅料、工艺用水、包装材料、半成品、中间体、成品等）等。

## 一、产品工艺规程

每种药品的每个生产批量均应有经企业批准的工艺规程，不同药品规格的每种包装形式均应有各自的包装操作要求。工艺规程的制定应当以注册批准的工艺为依据，其编写内容至少包括以下几个方面。

### （一）生产处方

生产处方一般包括产品名称和产品代码；产品剂型、规格和批量；所用原辅料清单（生产过程中使用，但不在成品中出现的物料），阐明每一物料的指定名称、代码和用量；如原辅料的用量需要折算时，还应当说明计算方法。

### （二）生产操作要求

生产操作要求主要是指对生产场所和所用设备的说明（如操作间的位置和编号、洁净度级别、温湿度要求、设备型号和编号等）；关键设备的准备（如清洗、组装、校准、灭菌等）所采用的方法或相应的操作规程编号；详细的生产步骤和工艺参数说明（如物料的核对、预处理、物料加入的顺序、混合时间、温度等）；所有控制方法及标准；预期的最终产量限度，必要时，还应当说明中间产品的产量限度，以及物料平衡的计算方法和限度；待包装产品的储存要求，包括容器、标签及特殊储存条件；需要说明的注意事项等。

### （三）包装操作要求

包装操作要求应包括最终包装后产品的数量、重量或体积；所需全部包装材料的完整清单（包装材料的名称、数量、规格、类型）以及与质量标准有关的每一包装材料的代码；印刷包装材料的实样或复制品，并标明产品批号、有效期打印位置；需要说明的注意事项，包括对生产区和设备进行的检查，在包装操作开始前，确认包装生产线的清场已经完成等；包装操作步骤的说明包括重要的辅助性操作和所用设备的注意事项、包装材料使用前的核对；过程控制的详细操作，包括取样方法及标准；待包装产品、印刷包装材料的物料平衡计算方法和限度。

## 二、质量标准

质量标准包括物料（原料、辅料、包装材料等）质量标准和成品质量标准。

物料质量标准有国际标准、国家标准、企业标准等。国家标准主要是《中国药典》（2020年版），企业标准是来源于国家标准又高于国家标准的内控标准。物料的质量标准一般包括：物料的基本信息；取药、检验方法或相关的操作规程编号；定性和定量的限度要求；储存条件和注意事项；有效期或复验期。

成品的质量标准内容包括：产品名称以及产品代码；对应的产品处方编号（如有）；产品规格和包装形式；取样、检验方法或相关操作规程编号；定性和定量的限度要求；储存条件和注意事项；有效期。

必要时，中间产品或待包装产品也应有质量标准。外购成外销的中国产品和待包装产品应有质量标准；如果中间产品的检验结果用于成品的质量评价，则应当制订与成品质量标准相对应的中间产品质量标准。

# 任务 4　管理标准文件

管理标准文件是指企业为了方便生产计划、指挥、控制等管理职能，使之标准化、规范化而制订的制度、规定、标准、办法等书面要求。例如，实验室的管理制度，原辅料的取样制度等。狭义地说，管理标准主要是指规章制度；广义地说，标准类文件都与管理相关，都可视为管理标准文件。

## 一、生产管理规程

生产管理规程一般涉及下列内容：原料管理、生产工序管理、成品容器管理、标示物管理、包装材料管理、设备器具管理、操作人员作业管理、半成品及成品管理等。注射液生产区物料存放管理规程见表 7-3。

表 7-3　注射液生产区物料存放管理规程

| 题目 | 注射液生产区物料存放管理规程 | | | | |
|---|---|---|---|---|---|
| 颁发部门 | 生产部 | | 分发部门 | 质保部、各生产车间 | |
| 制订 | 年　月　日 | | 审核 | 年　月　日 | 编号： |
| 批准 | 年　月　日 | | 生效日期 | | 共 1 页　第 1 页 |

目的：生产区物料存放的管理，防止污染与混药。
应用范围：生产车间生产区物料存放管理。
责任人：生产管理人员、QA 员。
内容：
1　玻璃瓶存放
1.1　在进入生产区前，外包装上不应有其他杂物以防污染操作环境，存放区清洁、干燥，无污染时方能码放，码放时严禁直接靠在墙板上，应离开 10 cm 以上距离。

1.2　码放高度不超过 2.5 m,且码放必须整齐。将参观走廊的窗户及生产操作区分开。

1.3　生产现场只能存放同一规格的玻璃瓶。

2　铝盖存放

2.1　在进入生产区前,外包装上不应有其他杂物以防污染操作环境,存放区清洁、干燥,无污染时方能码放,码放时严禁直接靠在墙板上,应离开 10 cm 以上距离。

2.2　码放高度不应多于 6 层,且码放必须整齐。

3　其他包装材料存放

3.1　在进入生产区前,外包装上不应有其他杂物以防污染操作环境,存放区清洁、干燥,无污染时方能码放,码放时严禁直接靠在墙板上,应离开 10 cm 以上距离。

3.2　不同品种、不同批号应分开码放并设标识,且不妨碍各进出口,存放区应清洁、干燥、无污染。

4　原辅料

4.1　应存放在物料储存间内,不同品种、不同批号分开码放并设标识,且不妨碍各进出口,存放区应清洁、干燥、无污染。

4.2　原辅料不应多领、多储,按工艺规程规定的领料原则领料。

5　待灭菌产品应放于待灭菌区域内,应放置整齐有序,且不妨碍各门进出口,每个灭菌小车均挂有代表批号的标示牌,且不同批次的小车必须严格分开。应随时清理地面。

6　已灭菌产品应放于已灭菌区域内,应放置整齐有序,且不妨碍各进出口,不同灭菌批号的产品必须严格分开,每个灭菌小车均挂有代表批号的标示牌,且不同批次的小车必须严格分开。应随时清理地面。

7　生产区操作现场只能放置本批正在使用的物料。

8　如遇特殊情况,生产不能按原计划执行,剩余物料退库执行"车间结料、退料管理规程"。

9　每个物料储存间中转间的管理,由岗位人员负责,及时清点物料存量,做到进、出存数量平衡。

10　注射剂灯检不良品,必须储存在不良品存放间,标明品名、批号、规格、类别、数量并分区码放

## 二、生产卫生管理规程

制药企业的生产卫生包括两个方面的内容:一个是物的卫生,即厂房、设施、设备等的卫生;另一个是人的卫生,即操作人员的卫生。厂房、设施及设备的卫生管理制度包括应清洁的厂房、设施、设备及清洁维护时间,清洁维护的作业顺序及所使用的清洁剂、消毒剂与清洁用具,评价上述清洁维护工作效果的方法等。操作人员的卫生管理制度包括生产区工作服质量规格,操作人员健康卫生状况管理办法,操作人员洗手、卫生缓冲设施及其管理程序,操作人员操作时应注意的卫生事项等。

## 三、质量管理规程

质量管理包括质量标准管理、质量检验管理、实验动物管理、质量控制及自检管理和质量审计管理、不良反应管理、客户投诉管理等多个方面。

# 任务 5　操作标准文件

操作标准文件是指以人或人群的工作为对象,对工作范围、职责、权限以及工作内容考核等所提出的规定、标准、程序等书面要求。工作标准主要指的是标准操作规程 SOP,如岗位 SOP、清洁类 SOP、设备类 SOP 等。

SOP 是一种经批准用以指示操作的通用性文件或管理办法,是特定操作的指令性规范,为各项操作提供了准确的工作依据。SOP 正文具体内容包括目的、范围、责任、程序等部分,具有以下特性。

## 一、操作标准文件的特征

### (一)指令性

SOP 是药品生产企业所有组织和个人在药品生产活动中必须遵守的书面文件,一切活动必须严格按照 SOP 执行。

### (二)系统性

SOP 是按照一定的程序和系统,并根据药品生产企业的实际生产情况制定、修改和废除的,有其自身的完整体系。

### (三)规范性

SOP 的标题、编号、目的、内容、范围和格式等,都有其规范的特点,一目了然,不会与其他文件混淆。

### (四)可操作性

SOP 是按 GMP 和企业实际情况制定的,内容表述明确,便于操作。

### (五)准确性

SOP 内容必须准确、简洁明了、通俗易懂,能量化的内容尽可能地量化。

### (六)保密性

SOP 涉及药品生产的每一个细节,是构成企业核心机密的重要组成部分,接触到 SOP 的员工有义务保密其内容。

## 二、岗位标准操作规程

岗位标准操作规程也叫岗位 SOP,是药品生产企业为规范药品各个生产环节而制定的法规性文件,岗位 SOP 严格规定了某生产过程的每一个生产环节的具体操作方法和注意事项。岗位 SOP 一般由岗位技术人员负责编制,由车间技术负责人审核,质量管理部门审定。岗位 SOP 是车间操作员工最基本、最重要的生产操作依据,也是企业生产高质量产品的重要保障。

## 三、清洁标准操作规程

清洁标准操作规程主要是对车间的设备、容器具,洁具的清洁、消毒作出规定,包括清洁方法、清洁剂的选择和使用、清洁周期等。某车间 B 级区容器、器具清洁消毒标准操作规程见表 7-4。

表 7-4　某车间 B 级区容器、器具清洁消毒标准操作规程

| 题目 | 某车间 B 级区容器、器具清洁消毒标准操作规程 | | | |
|---|---|---|---|---|
| 颁发部门 | 生产部 | 分发部门 | 质保部、某车间 | |
| 制订 | 年　月　日 | 审核 | 年　月　日 | 编号:SOP-SM011-01 |
| 批准 | 年　月　日 | 生效日期 | 年　月　日 | 共 1 页　第 1 页 |

目的:建立某车间 B 级区容器、器具清洁消毒标准操作规程,保证工艺卫生,防止污染。

应用范围:某车间 B 级区(含局部 A 级)容器、器具的清洁消毒操作。

责任人:操作工、QA 员。

内容:

1　清洁工具:毛刷、试管刷、丝光毛巾。

2　清洁地点:容器具清洗间。

3　清洁剂及用量:0.1%洗洁精溶液、1%氢氧化钠溶液,擦拭用量每平方米不得低于 25 mL。

4　消毒剂及用量:纯蒸汽、75%乙醇,擦拭用量每平方米不得低于 25 mL。

5　清洁消毒频次及方法

5.1　玻璃容器(包括试剂瓶、量筒、锥形瓶等)

5.1.1　每次使用后用毛刷蘸取少许 0.1%洗洁精溶液,将内外壁刷洗一遍,然后边用水冲边刷洗,直到洗净为止。最后用少量注射用水刷洗 3 次。

5.1.2　测定装量的量筒每天生产结束后,按 5.1.1 进行清洁后,在 3%双氧水溶液中浸泡 15 min,最后用注射用水刷洗 3 次,擦干,备用。

5.2　塑料容器具、胶塞周转桶、回收料桶等不可高温灭菌制品

5.2.1　每次使用后立即用经 0.22 μm 过滤的注射用水洗刷干净后控干,备用。

5.2.2　每天生产结束后及第一次使用前用过滤注射用水洗刷干净,控干后,用 75%乙醇全面擦拭,待消毒剂滞留 15 min 后,用过滤注射用水反复刷洗去除消毒剂残留,倒置控干,备用。

5.3　不锈钢工具及容器(包括灌注系统中不锈钢制品)

每天生产结束后,用过滤的注射用水清洁干净后,放入不锈钢容器中进行湿热灭菌,121 ℃ 15 min,备用。

续表

5.4 工器具(包括不锈钢扳手等)

每次使用后立即用过滤注射用水洗刷干净后控干,备用,污迹不易去除时,可用 1%氢氧化钠溶液去除污迹后,再用注射用水反复冲洗去除清洁剂残留后控干,备用,使用前用 75%乙醇溶液擦拭进行消毒。自然晾干后使用。

6 清洁效果评价:目测检查应无可见污迹和残留物。

7 清洁工具的清洁及存放:使用后的清洁工具按"一车间洁净区清洁工具清洁消毒标准操作规程"进行清洁操作。

8 容器、器的存放:凡已清洁的容器、器具,不宜套装放置,倒置放于容器存放间,并贴挂"已清洁"状态标识。

9 容器、器具清洁后有效期

9.1 连续生产时,有效期为 48 h。

9.2 若停用超过 48 h,下次使用前按 5.1、5.2 和 5.3、5.4 对其进行清洁消毒操作。

10 生产结束至开始进行清洁操作等待时间不得超过 2 h

## 四、设备标准操作规程

设备标准操作规程是针对生产车间主要的生产设备制订的操作规程,内容包括设备操作方法、保养方法、注意事项、应急处理等。

# 任务 6　记录和凭证

记录和凭证是反映实际生产活动中执行标准情况的实施结果,如报表、台账、生产操作等;表示状态等的单、证、卡、牌等凭证,如产品合格证等。

记录、凭证大体上可划分为 5 类,即生产管理记录(物料管理记录、批生产记录、批包装记录等),质量管理记录(批检验记录等),维护、检测记录(厂房、设施、设备),销售记录,人员管理记录等。

记录、凭证所填数据必须真实、完整,能反映出生产中的质量状况、工作状况、设备运行状况;能证明企业所生产的药品是符合预定的质量要求,能反映所生产的批次与标准的偏离情况。

## 一、生产管理记录

药品的生产过程一般可分为制造与包装两个阶段,与制造相比,包装操作过程较简单。然而包装却是最易于产生混药事故的过程,所以对包装操作也要实行严格的管理,要求有批生产记录与批包装记录。批生产记录与批包装记录是一套记录生产与包装作业按要求完成的文件。

（一）批生产记录

我国 GMP 对"批生产记录"的定义如下:用于记述每批药品生产、质量检验和放行审核的所有文件和记录,可追溯所有与成品质量有关的历史和信息。

1.编制原则

（1）每批产品均应有相应的批生产记录,可追溯该批产品的生产历史以及与质量有关的情况。

（2）批生产记录应依据现行批准的工艺规程的相关内容制定。记录的设计应避免抄录差错。批生产记录的每页应标注产品的名称、规格和批号。

（3）原版空白的批生产记录应经过生产管理负责人和质量管理负责人的审核和批准。批生产记录的复制和发放均应按照批准的书面程序进行控制并有记录,每批产品的生产只能发放一份空白批生产记录的复制件。

（4）生产开始前应进行检查,确保设备和工作场所没有上批遗留的产品、与本批产品生产无关的物料,设备处于已清洁及待用状态。检查情况应有记录。

（5）在生产过程中,每项操作进行时应及时记录,操作结束后,应由生产操作人员确认并签注姓名和日期。

2.内容

按 GMP 的要求,对药品生产的所有环节,即从原料厂家的审查至成品的销售均应予以记录。批生产记录的内容一般应包括以下几项。

（1）产品名称、规格、批号。

（2）生产以及中间工序开始、结束的日期和时间。

（3）每一生产工序的负责人签名。

（4）生产步骤操作人员的签名:必要时,还应有操作(如称量)复核人员的签名。

（5）每一原辅料的批号和(或)检验控制号以及实际移量的数量(包括投入的回收或返工处理产品的批号及数量)。

（6）相关生产操作或活动、工艺参数及控制范围,以及所用主要生产设备的编号。

（7）中间控制结果的记录以及操作人员的签名。

（8）不同生产工序所得产量及必要时的物料平衡计算。

（9）特殊问题的记录,包括对偏高工艺规程的偏差情况的详细说明或者调查报告,并经签字批准。

3.格式

批生产记录的格式目前有两种:一是在各岗位生产记录的基础上,由专人整理填写的批生产记录,亦称批报;二是专门设计由若干单元组成的,使用时,由各部门分别填写,而后由专人收集,按编号装订成册。

4.填写

操作人员应按要求认真、实时填写,填写时做到字迹清楚、内容真实、数据完整,并由操作人员及复核人签字。

记录应保持整洁,不得撕毁和任意涂改。更改错误时,应在原错误的地方,画一横线,以便被更改的部分可以辨认,更改人应在更改处签字。记录表格一般不应有未填的空项,如内容不填时,可在该项中画一斜线或横线。记录填写的要求应符合有关规定。

## (二)批包装记录

批包装记录是包装与贴签工序 SOP 指令下的记录。为了保证药品所用的标签、示物的正确性,应当制定严格的书面规程以准确定义所实施的包装作业,并记录整个操作过程,以保持控制。

### 1.批包装记录的原则

(1)每批产品或每批中部分产品的包装,都应有批包装记录,可追溯该批产品包装操作以及与质量有关的情况。

(2)批包装记录应依据工艺规程中与包装相关的内容制定。记录的设计应注意避免抄录差错。批包装记录的每一页均应标注所包装产品的名称、规格、包装形式和批号。

(3)批包装记录应有待包装产品的批号、数量以及成品的批号和计划数量。原版空白的批包装记录的审核、批准、复制和发放的要求同原版空白的批生产记录。

(4)开始包装前应进行检查,确保设备和工作场所无上批遗留的产品、文件或与本批产品包装无关的物料,设备应处于已清洁或待用状态,还应检查所领用的包装材料正确无误。检查情况应有记录。

(5)在包装过程中,每项操作进行时应及时记录,操作结束后,应由包装操作人员确认并签注姓名和日期。

### 2.批包装记录的内容

(1)产品名称、规格,包装形式,批号,生产日期和有效期。

(2)包装操作日期和时间。

(3)包装操作负责人签名。

(4)包装工序的操作人员签名。

(5)每一包装材料的名称、批号和实际使用的数量。

(6)根据工艺规程所进行的检查记录,包括中间控制结果。

(7)包装操作的详细情况,包括所用设备及包装生产线的编号。

(8)所用印刷包装材料的实样,并印有批号、有效期及其他打印内容;不易随批包装记录归档的印刷包装材料可采用印有上述内容的复制品。

(9)对特殊问题及异常事件的注释,包括对偏离工艺规程的偏差情况的详细说明或调查报告,并经签字批准。

（10）所有印刷包装材料和待包装产品的名称、代码，以及发放、使用、销毁或退库的数量、实际产量以及物料平衡检查。

### （三）物料管理记录

物料管理记录主要包括对物料生产企业的考察、审计记录，对进厂物料的验收、检验记录，物料在库储存、保养记录，物料出库记录等。

### （四）清场记录

清场的目的是防止药品混淆、差错事故的发生，防止药品之间的交叉污染。对清场的要求如下。

（1）地面无积灰、无结垢，门窗、室内照明灯、风管、墙面、开关箱外无积灰，室内不得存放与生产无关的杂物。

（2）使用的工具、容器应清洁、无异物，无前次产品的遗留物。

（3）设备内外无前次生产遗留的产品，没有油垢。

（4）非专用设备、管道、容器、工具应按规定拆洗或灭菌。

（5）直接接触药品的机器、设备及管道工具、容器应每天或每批清洗或清理。同一设备连续加工同一非无菌药品时，其清洗周期可按设备清洗的有关规定进行。

（6）包装工序调换品种时，多余的标签及包装材料应全部按规定处理。

（7）固体制剂工序调换品种时，对难以清洗的部位要进行验证。

清场结束由生产管理部门质量检查员复查合格后发给"清场合格证"。清场合格证作为下一个品种（或同一品种不同规格）甚至同一品种不同批的生产凭证附入生产记录。未领得"清场合格证"不得进行下一步的生产。

### （五）批档案

批档案是指每一批物料或产品与该批质量有关的各种必要记录的汇总，产品批档案的建立有利于产品质量的评估以及追溯考查。

（1）原物料档案。原物料档案由供应商检验证书、收料单、取样单、批检验报告、合格单、小样试验报告、领料单、退料单及其他而组成。

（2）产品批档案。产品批档案由批生产相关的记录、质量检验记录及成品销售等相关记录组成。

## 二、质量管理记录

质量管理记录主要包括批质量管理记录、质量审计记录、稳定性试验记录、申诉退货处理报告等。

## （一）批质量管理记录

所有原辅料、包装材料、半成品或中间体、成品都必须经过检验,证明它们是符合规定的标准才可以使用。每种物料的质量判定等操作都要有相应的记录,包括收料报告、留检报告、取样记录、取样单、增补取样申请单、检验记录、检验报告、物料处理(合格/不合格)、物料销毁证书、状态标识、批中间控制记录等,这些构成药品质量管理的批记录。

## （二）质量审计记录

质量管理部门负责企业的质量审计工作。审计是对生产过程、工程和维修、工艺及质量管理功能的正式检查或审查,其目的在于保证企业生产的各个方面既符合企业内部管理要求又符合 GMP 规定。质量审计应有专门的组织,并写出正式的审计报告,对报告内所提及的质量缺陷均应有相应的纠正措施。某药品生产企业车间批审计记录见表7-5。

表 7-5　某药品生产企业车间批审计记录

| 产品名称 | | | 产品规格 | |
|---|---|---|---|---|
| 产品批号 | | 包装规格 | | 批数量 |
| 审核项目 | 审核标准 | | 审核结果(打√) | |
| | | | 合格□ | 不合格□ |
| 生产车间主任审核内容 | | | | |
| 1.起始物料 | 有检验合格报告书 | | | |
| 2.生产过程 | 符合 GMP 要求,符合工艺规程要求 | | | |
| 3.各工序生产记录 | 填写正确,完整无误,各项均符合规定要求 | | | |
| 4.物料平衡 | 有物料平衡记录,符合规定限度 | | | |
| 5.偏差及异常情况处理 | 无偏差及异常情况处理 | | | |
| | 如发生偏差,执行偏差处理程序,处理措施正确无误,手续齐备,符合要求 | | | |
| 结论 | 合格□　不合格□ | | | |
| 车间主任签字: | 日期:　　年　　月　　日 | | | |
| QA 负责人审核内容 | | | | |
| 1.起始物料 | 有检验合格报告书 | | | |
| 2.生产过程 | 符合 GMP 要求,符合工艺规程要求 | | | |
| 3.各工序生产记录 | 填写正确,完整无误,各项均符合规定要求 | | | |
| 4.半成品检验 | 记录填写正确,准确无误,结果符合半成品质量标准 | | | |
| 5.成品取样 | 符合 SOP 要求 | | | |
| 6.物料平衡 | 有物料平衡记录,符合规定限度 | | | |

续表

| 7.偏差及异常情况处理 | 无偏差及异常情况处理 | | |
|---|---|---|---|
| | 如发生偏差,执行偏差处理程序,处理措施正确无误,手续齐备,符合要求 | | |
| 结论 | 合格□　不合格□ | | |
| QA 负责人签字: | 日期:　　年　　月　　日 | | |

### (三)稳定性试验记录

每种药物均有稳定性试验支持的有效期,每种产品必须设计、制订并执行稳定性试验方案。新产品或老产品,只要处方或其他影响稳定性的因素发生改变,如最终内包装容器(胶塞)发生改变,就应当重新制定稳定性计划并予以执行。

### (四)申诉、退货处理报告

申诉是用户对产品不满意的表示,申诉的全部资料均应予以合理保存并定期小结,由此发生的事情均须书面记载,以便查询。申诉可来自批发商、零售商、医院、药师、医生或患者。申诉由质量管理部门对生产和质量管理全面了解的人审查所收到的申诉,并评价是否需要调查。有时由于产品质量本身或其他原因使得企业希望将产品从批发商库房、药房货架甚至从患者手中收回,对收回的原因、决定、实施情况、回收药品数量、批号、处理情况,以及应吸取的教训均应有详细的记载。药品生产企业应建立药品退货和收回的书面程序,并有记录。药品的退货记录内容应包括品名、批号、规格、数量、退货和收回单位及地址、退货和收回原因及日期、处理意见。因质量原因退货和收回的药品制剂,应在质量管理部门监督下销毁,涉及其他批号时,应同时处理。

## 三、维护、检测记录

药品生产所用的各种设备、仪器和器具均应有保存完整的维护、检测和工作记录,以便记载设备、仪器和器具使用的详细情况,尤其是该设备所加工的产品批号,以利于产品质量问题的追溯。

保证厂房、设施、设备等的正常运转是药品生产企业生产出合格产品的基础。厂房、设施、设备的维护更加重要,制药企业必须建立书面的维修管理规程及维修计划。凡是国家规定的计量器具,均应按国家规定予以校验。各种维修记录、合同等有关资料均应按规定存档。维护、检测记录主要包括设备、仪器和器具维护记录,设备、仪器运行和故障记录,设备、仪器和器具校验和验证记录,设备、仪器和器具卫生(清洗和消毒)记录等。

## 四、销售记录

销售记录内容包括品名、剂型、批号、规格、数量、收货单位和地址、发货日期等。根据销售记录能追查每批药品的销售情况，必要时能及时全部追回。每批成品均应有销售记录，销售记录应保存至药品有效期后 1 年，未规定有效期的药品，销售记录应保存 3 年。销售管理记录主要包括产品销售记录、产品退货记录、产品收回记录、退货通知单据等。

## 五、人员管理记录

人员管理相应的记录主要包括人员体检记录，人员健康档案，各类培训制度、计划、记录、评价、统计等，部门职责及人员岗位责任制的履行和考核记录等。

# 实训项目 7:GMP 文件编码实训

## 一、实训目的

1.学会文件编码的方法。

2.能正确编写本次的生产计划、生产指令管理制度文件。

## 二、实训内容

1.“生产计划、生产指令管理制度”文件的编制。

2.“生产计划、生产指令管理制度”文件的准确填写。

3.各个工序文件的反馈与移交。

## 三、实训过程

1.学生分组，每组 8 个同学，并根据实训内容分工;周生产计划的制订工作由生产部计划人员负责。

2.模拟召开一次周生产调度会，参加部门有生产管理部、工程设备处、物料部、供应室、车间、质量管理部、主管领导。会上由生产管理部安排、协调本周生产情况，同时布置下周生产任务。

3.周生产调度会后，由生产管理部给定生产品种的批号，制订好周生产计划。周生产计划一般于周生产调度会后一个工作日内下发。

4.每一个产品需发放下列已给定批号的记录文件:生产指令、批生产记录、领料单(2 份)、核料单(2 份)、半成品、成品送检单、成品入库单、成品完工单、成品库卡，查阅资料，编制文件。

5.车间根据生产计划规定的品种、批次做出每天生产安排,并提前一天将生产产品的生产指令、领料单、核料单送至仓库,仓库接到指令后于当天进行备料。

6.车间管理人员将批生产记录下发各工序操作人员,操作人员必须严格执行指令,认真填写记录,同时将各种状态标记、凭证附于记录背面。

7.各工序的记录在完成生产操作后,由工段长负责收集,交车间负责人审核。

8.领料单、成品完工单反馈到生产管理部。成品入库单、成品库卡和待检成品送至仓库。

9.生产指令、批生产记录、领料单、核料单交质量管理部质量保证室审核后,归档保存。

## 四、实训报告

提交各自组编制、填写的文件记录。

# 项目检测 7

## 一、单项选择题

1.由国家、地方、行业与企业制定和颁布的技术性规范、准则、规定、办法、标准、规程和程序等书面要求,描述的是(　　)。

A.技术标准文件　　　　　　　　　　B.管理标准文件

C.操作标准文件　　　　　　　　　　D.记录

2.下列文件代码对应错误的是(　　)。

A.管理标准文件——SMP　　　　　　B.操作标准文件——SOP

C.技术标准文件——STP　　　　　　D.记录——SOP

3.修改后的文件由文件起草部门负责人审阅,再交(　　)审核。文件审核参照文件编写的基本原则,做到文件内容之间不相悖或不冲突。

A.质量管理负责人　　　　　　　　　B.生产管理负责人

C.质量授权人　　　　　　　　　　　D.企业负责人

4.无论是修订或是废除都必须执行与起草过程相同的程序,(　　)负责将修订后的文件发送至有关部门,并收回被废除的文件,使旧文件不得在生产现场出现。

A.质量管理人员　　　　　　　　　　B.生产管理人员

C.质量授权人　　　　　　　　　　　D.企业负责人

5.申诉由(　　)对生产和质量管理全面了解的人审查所收到的申诉,并评价是否需要调查。

A.质量管理部门　　　　　　　　　　B.生产管理部门

C.质量授权人　　　　　　　　　　　D.企业负责人

6.因质量原因退货和收回的药品制剂,应在( )监督下销毁,涉及其他批号时,应同时处理。

A.质量管理部门        B.生产管理部门

C.质量授权人         D.企业负责人

7.每批成品均应有销售记录,销售记录应保存至药品有效期后( )年。

A.1     B.2     C.3     D.4

8.未规定有效期的药品,销售记录应保存( )年。

A.1     B.2     C.3     D.4

## 二、多项选择题

1.药品生产企业的管理标准主要分为( )。

A.生产管理规程

B.质量管理规程

C.生产卫生管理规程等

D.辅助部门管理、人员培训、紧急情况处理

2.文件编码的基本原则有( )。

A.系统性、准确性       B.可追溯性

C.一致性、稳定性       D.识别性、发展性

3.文件编写的基本原则有( )。

A.可操作性   B.规范性   C.准确性   D.统一性

4.物料的质量标准一般包括( )。

A.物料的基本信息

B.取药、检验方法或相关的操作规程编号

C.定性和定量的限度要求

D.储存条件和注意事项、有效期或复验期

5.成品的质量标准内容包括( )。

A.产品名称以及产品代码、对应的产品处方编号(如有)

B.产品规格和包装形式、定性和定量的限度要求

C.取样、检验方法或相关操作规程编号

D.储存条件和注意事项、有效期

6.记录、凭证大体上可划分为哪几类?( )

A.生产管理记录(物料管理记录、批生产记录、批包装记录等)

B.质量管理记录(批检验记录等)

C.维护、检测记录(厂房、设施、设备)

D.销售记录、人员管理记录等

7.销售管理记录主要有(　　)。

A.产品销售记录　　　　　　　　　　B.产品退货记录

C.产品收回记录　　　　　　　　　　D.退货通知单据

三、填空题

1.质量标准包括_____(原料、辅料、包装材料等)质量标准和_____质量标准。

2._____是用户对产品不满意的表示,申诉的全部资料均应予以合理保存并定期小结,由此发生的事情均须书面记载,以便查询。

# 项目 8　质量控制与质量保证

🎯 **知识目标：**

- 掌握质量控制与质量保证的定义，取样流程，稳定性考察。
- 掌握质量风险管理的内容及流程。
- 掌握文件管理，变更分类，偏差定义，偏差类型，超标结果调查。
- 掌握纠正措施，预防措施，产品质量回顾的内容，药品风险来源。

🎯 **技能目标：**

- 认识质量控制，辨识稳定性考察和持续稳定性考察。
- 辨识变更类型，变更实施，辨识偏差类型，偏差处理。
- 认知 CAPA 措施的执行与跟踪确认，产品信息数据收集，投诉登记、调查，报告 ADR。

🎯 **素质目标：**

- 培养学生认真、科学的从业精神，严谨、实事求是的科学态度。
- 树立质量第一、质量为本的工作意识。
- 养成良好的职业道德和行为规范。

🎯 **课前导案：**

荒唐药品企业管理模式

# 任务 1　质量体系与质量管理

## 一、质量体系

### (一)质量体系的概念

质量管理是一个全面管理。这种全面管理不是靠一个人或一个部门就能完成的,几个部门的简单组合也不能完成,必须靠一个包括组织结构、程序、过程和必要的资源在内的体系去完成。通过这个体系,各部门既明确各自的职责和权利,又被共同的目标有机地结合在一起,通过准确执行计划的各质量程序,优化资源,以最佳途径实现组织所有的质量保证活动,最后实现组织目标。因此,要搞好一个组织的质量管理,必须首先在组织内建立一个质量管理体系。一个药品生产组织,其质量管理体系的内容必须要适应药品生产的特性,其质量管理各质量内容必须符合 GMP,而完整表达质量管理体系的文件系统就称为 GMP 文件系统。

### (二)质量体系的种类

质量体系的建立是为了保证产品质量,而质量保证又有两个目的,一是为组织内部最大管理者提供信任,二是向顾客或他方提供信任。针对这两个目的,可以将质量体系分为两种类型。

1.质量管理体系(内部质量保证体系)

为了满足该组织内部的管理需要而建立的内部质量管理体系,称为质量管理体系。

2.质量保证体系

组织为满足顾客规定的产品或服务的外部质量要求,并向顾客证实质量保证能力的质量体系,称为质量保证体系。

这两种类型的质量体系之间既有区别,又有内在联系。质量管理体系应能广泛覆盖组织的产品或服务,它比特定顾客的要求广泛,顾客仅评价质量管理体系中的有关部分。而顾客要求的质量保证体系的规定与要求,则必须通过实施内部质量管理体系方可得以落实和提供证据。

### (三)质量体系的内容

质量体系的内容如图 8-1 所示。

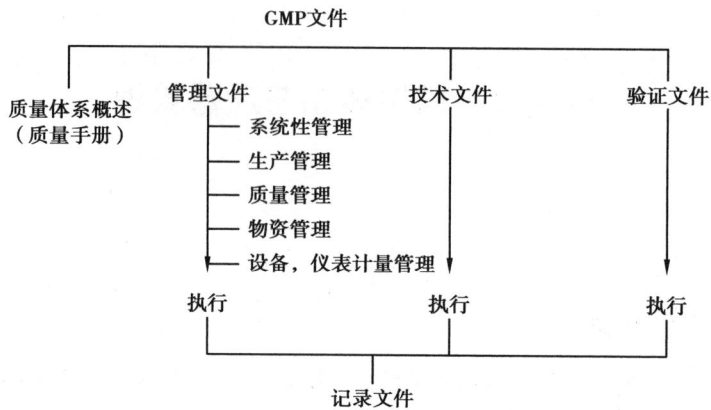

图 8-1 质量体系的内容

1.质量体系概述

质量体系概述也称为《质量手册》，它包括组织质量概况、质量方针政策、组织机构及职责，以及文件体系构架和目录。

2.技术文件

技术文件是指某一具体药品及原料药的工艺专论，包括处方（投料单）、设备、工艺规程、操作指导、收率、包装材料及中间体中间过程的控制规格标准、原料成品的规格标准、检验方法、稳定性数据等。技术文件的特点是，只为某一具体产品所用，而不能用于任何其他产品，所以是产品特异性规程。

3.管理文件

管理文件不只是一些规章制度，它是有关生产部门所有通用的管理程序和操作规程。比如，文件的起草、制订、发布与管理，全员培训制度等属于综合性管理；仓库的货物接受程序与操作规程，货物状态的表明和其存放区域等都属于物资管理的规程；注射用水系统的消毒操作，空压机的维护保养等都属于设备管理的规程；文件、工艺变更控制、批记录审阅等都属于物资管理；车间的清场、清扫及配料管理属于生产管理。

管理文件的特点是，不为某具体产品所用，而为同类产品所通用的操作和管理规程，是非产品特异性的规程。

4.验证文件

验证文件是用数据证明产品工艺能力或某一个操作方法是否能达到预期的效果。一般都是在一个新产品正式生产的开始或老产品工艺方法或设备环境有变动时做此工作。它包括验证报告批准，验证报告、验证方案所涉及的操作规程和仪器校正规程，验证方法，验证运行记录，验证结果和结果总结等。

5.记录文件

除质量体系概述以外，对其他所有文件规程的执行记录构成了各领域的记录文件。

### (四)质量体系的特点

#### 1.系统工程化

质量体系如同别的体系,是由若干个相关的环节相互联系、相互制约而构成的整体,其核心是实现整体优化,达到1+1>2的效果。它从最经济地满足顾客对质量的要求出发,把药品质量产生、形成和实现过程中的全部活动综合地、系统地协调起来。它不仅强调每个部门、每个人、每台机器各自所发挥的作用,而且还强调它们共同工作时的协同作用。

#### 2.文件化

质量体系表现为一整套深入细致的质量文件。通过这些文件识别、规定、沟通和维持企业的全部质量活动,使每个人都可以清楚地了解到自己在质量工作中应承担的任务、责任和所具有的权限。当发生质量问题时,质量体系使人们能及时地了解是何地、何人、何时、何事以及为何而发生了这一问题。

#### 3.预防为主

全面质量管理推行的以预防为主的方针在质量体系中得到了很好的体现,所有的控制都是针对减少和消除不合格,尤其是预防不合格产品的产生。

这些特点可使质量体系在提高药品质量的同时,降低质量成本和药品成本。工业发展的实际经验也表明,质量差、成本高的药品几乎都是在同样差的质量体系下产生的结果。

## 二、质量管理

### (一)质量管理部门的作用

产品质量是企业生产(经营)活动的成果。GMP规定:"质量管理部门应独立于其他部门,履行质量保证和质量控制的职责。质量管理部门应参与所有与质量有关的活动和事务,负责审核所有与本规范有关的文件。质量管理部门人员的职责不得委托给其他部门的人员。"

全过程的质量管理和检验指的是药品质量形成和检验的全过程。而这一过程涉及许多环节,既涉及生产企业内部,也涉及生产企业外部(如供应商、运输部门等),涉及的每一环节又都有各自的质量职能。在药品生产企业中,实行全过程的质量管理,就要求把不合格品消灭在质量形成的过程中,贯彻预防为主的管理原则,即一方面要把管理工作的重点,从事后检验转到事前设计和制造过程上来,在生产过程的一切环节加强质量管理,消除产生不合格品的种种隐患,做到防患于未然;另一方面,要逐步形一个包括市场研究、研制设计到销售使用的全过程的质量保证体系。这就要求在投产前对全部生产过程必须规定得十分明确,采用经过批准的生产方法;建造和购置合适的厂房、建筑及装备;使用合格的原辅料;对工艺卫生和文明生产有严格的要求;要有足够的、经过适当培训、并能胜任其职的工作人员;还需要有适当的仓储及运输设施。为保证药品的安全性、有效性、稳定性、均一性和品质优良,确保产品全部符合质量要求,对药品质量的控制不仅限于分析、化验、检查、车间检验和出厂检验等,而且涉及整个生产过程的全部监控措施。质量管理部门还负责药品生产全过程的质量监督。

## (二)质量管理部门的地位

GMP 是要百分之百地保证药品质量,其关键就在于加强质量管理。与传统的质量检验不同,质量管理比质量检验具有更全面、更广泛的内容和含义。它包括有关质量政策的制定、质量水平目标的确定以及在企业内部和外部有关产品、生产过程或服务方面的质量保证和质量控制的组织和措施。这就要求企业必须有一套完整的质量管理系统,并有一个独立的、有足够权威的负责协调、实施该系统的质量管理部门,以便从组织上予以保证。所以GMP 规定,企业负责人应负责提供必要的资源配置,合理计划、组织和协调,不得干扰和妨碍质量管理部门独立履行其职责。并应配备一定数量的质量管理和检验人员,有与药品生产规模、品种、检验要求相适应的场所、仪器、设备。这就明确了药品质量管理部门在药品生产企业中的地位:是独立于其他部门的质量管理部门。该部门不仅负责传统意义上的质量检验,还负责原辅料、生产过程和成品质量与稳定性管理。

为了强调药品质量管理部门的职责是质量管理而不是质量检验,强化质量管理功能、突出其必不可少的权威性,GMP 规定生产与质量管理的部门负责人必须由不同的两个人分别担任,二者之间不能互相代替,他们均承担保证药品符合规定质量的职能。对质量管理负责人和质量受权人的学历、经历与能力等提出了具体的要求。

随着质量管理功能的强化,质量管理部门必须负责审查可能对药品质量有影响的各个方面,如厂房设施、厂房布局、工作职责指令等。质量管理部门能从质量保证的角度对药品生产的各个方面提出适当的问题,而且要能对来自相应部门人员所做的答复做出判断。所得到的答复及做出的判断要予以存档,以表明质量管理部门在做出结论时所依据的事实和看法。因此,对制药企业来说,应当建立这样一个程序,即保证所有与产品有关的资料、所有规程均送至质量管理部门批准。制药企业的组织机构及其管理还必须能反映该部门对所有影响药品质量的各方面因素均具有否决权。

药品不同于其他商品,作为政府一部分的药品监督管理机构负有代表人民、保护人民的职责,所以不少国家要求制药企业应有专人就其药品质量对药品监督部门负责,这个人往往就是质量管理负责人。

## (三)质量管理工作内容

质量管理的工作内容将在本项目后续任务中一一详细介绍。

## (四)质量管理活动

### 1.质量管理活动的目的

质量管理活动的目的在于防止事故。质量管理活动中,要确立和贯彻预防为主的原则,要尽一切可能将假、劣药品消灭在制造完成以前,才能真正减少企业和社会的损失。要贯彻预防为主的原则,重要的是要有预防的措施,也就是要实行对生产过程的控制。预防的原则并不意味着不需要最终检验,而是要将过程控制与最终检查相结合。对未生产和正在生产的药品强调预防;对已经制造出来的药品则应强调最终检查,这二者是相辅相成的,二者结合才能有效地防止事故。

2.贯穿生产全过程的质量管理活动

质量管理活动必须贯穿生产全过程,以得到符合规定质量的产品。药品的生产过程包括原辅料、包装材料的采购、接收、留验、评价,生产,包装、成品留验、评价和销售等,必须在上述的每个环节都把好质量关,才能保证药品的质量。此外,除基本生产过程外,还必须重视辅助生产过程的质量管理工作,如工程维修等的质量,它们都是影响药品质量的因素。药品质量不合格常常也跟这些辅助部门的质量管理跟不上有关。

整个生产过程中各个环节的配合和信息反馈是非常重要的。例如,药品生产过程可以反映出研究开发过程中的质量问题,药品使用过程又可以反映出研究和生产过程中的质量问题。及时将这些信息反馈给有关部门,是执行 GMP 的重要方面,是不断提高药品质量、促进药品质量良性循环不可缺少的条件。

# 任务 2　质量保证

我国 GMP(2010 年版)于 2011 年 3 月 1 日起开始实施,增加了一些关于质量控制与质量保证的新要求,更注重质量保证体系的建设及执行,对人员、硬件和软件方面都提出了更高的要求,并首次在法规层面引入了风险管理的概念。新版 GMP 作为质量管理体系的一部分,是实施药品生产管理和质量控制的基本要求,旨在最大限度地降低药品生产过程中污染、交叉污染以及混淆、差错等风险,确保持续稳定地生产出符合预定用途和注册要求的药品,企业需采取科学有效的措施来满足这些要求。新版 GMP(不包括总则、附则)共有 12 章 305 条,质量控制与质量保证部分占 61 条,属于规定最细致、最复杂的章节。因此,应正确理解和把握质量控制与质量保证的要求,并逐条逐款予以实施,确保产品质量始终处于受控状态。

企业实施新版 GMP 需高度重视质量控制与质量保证方面的工作,质量控制和质量保证是保证药品质量的关键环节,质量控制的责任是为质量保证提供法律依据和技术支持,质量控制着眼于影响产品质量的过程受控,其工作重点在产品。而质量保证则着眼于整个质量体系,是为系统提供证据从而取得信任的活动。两者都以质量保证为前提,没有质量控制就谈不上质量保证,反之质量保证能更有效地促进质量控制,质量保证包含了质量控制,质量控制是质量保证的基础,质量保证是质量管理的精髓。

企业质量管理部门的工作范围,概括起来有两方面,一是质量保证,二是质量控制。质量控制为质量保证提供信息,质量保证则为质量控制提供保证措施。质量保证要求企业在生产过程中,采用一切有效的措施,把影响药品质量的因素消除在生产过程中,以最大努力做到事前预防,而质量控制是事后把关。

我国新版 GMP 中关于质量保证的定义:只有经过质量受权人批准,每批产品符合注册批准以及药品生产、控制和放行的其他法规要求后,方可发运销售。产品放行审核包括对相关生产文件和记录的检查以及对偏差的评估。

质量保证是指为使人们确信产品或服务能满足质量要求而在质量管理体系中实施并根据需要进行证实的全部有计划和有系统的活动。质量保证的内容绝不是单纯地保证质量,保证质量是质量控制的任务。质量保证是以保证质量为基础,进一步引申到提供"信任"这一基本目的。质量保证一般适用于有合同的场合,其主要目的是使用户确信产品或服务能满足规定的质量要求。如果给定的质量要求不能完全反映用户的需要,则质量保证也不可能完善。

## 一、质量保证要素

药品特殊的质量要求和药品质量缺陷造成的系列问题从正反两方面促成了系列规范的诞生和发展,这些规范包括 GLP、GCP、GMP、GSP 等,它们组成了药品质量保证的链环。

欧盟 GMP(1997 年版)在"原则"中指出:"制药企业必须确保所生产的药品适用于预定的用途,符合药品批准文件的要求,并不使患者承受安全、质量和疗效的风险。"实现这一目标是最高管理层的责任,但它要求制药企业内部各个部门不同层次的人员以及供应商、经销商共同参与并承担各自的义务。

为达到这一目标,制药企业必须建立涵盖 GMP 以及质量控制在内的综合性质量保证系统。制药企业应以文件的形式对质量保证系统作出规定,并监督其有效性。质量保证系统的各个组成部分均应配备足够称职的人员及场所、设备和设施。

药品生产质量保证系统应确保:①药品的设计与开发应考虑 GMP 和 GLP 的要求;②对生产和控制活动有明确规定,并实施 GMP 要求;③管理职责有明确规定;④制定系统的计划,确保生产、采购和使用的原料与包装材料正确无误;⑤对中间产品实行必要的控制,并实施验证及其他形式的中间控制;⑥按规定的规程正确无误地加工成品并检查成品;⑦只有质量负责人签发证书,证明药品已按产品批准文件以及有关药品生产、控制和发放的其他法定要求生产和控制后,该产品方能发放上市;⑧有适当的措施尽可能确保在储存、发运和随后的处理过程中药品质量在其有效期内保持不变;⑨已制定自检和/或质量审计规程,定期审评质量保证系统的有效性和适用性。

药品的质量保证始于新药的研究及开发,新药的研究及开发必须考虑 GMP 的要求。制药企业所执行的 GMP 是药品质量保证的重要组成部分,它的实施以消除采购、生产、销售全过程各个环节可能发生的污染和混淆为手段,向市场提供符合标准、符合用户要求的药品。

由此可见,药品质量保证是一个广义的概念,而药品生产企业的质量保证则是药品质量保证中一个必不可少的重要环节,其工作重心是在日常生产和质量管理的全过程中确保产品的质量,即人们常说的安全性、有效性、均一性和纯度以及有效期内的稳定性。

## 二、质量保证的职责

质量保证的关键是提供信任,即向客户和其他相关方提供能够被确信组织有能力达到质量要求。一般来说,质量保证的方法有质量保证计划、产品的质量审核、质量管理体系认证、由国家认可的检测机构提供产品合格的证据、质量控制活动的验证等。

质量保证的职责:新版 GMP 第九条规定质量保证系统应当确保药品的设计与研发体现本规范的要求;生产管理和质量控制活动符合本规范的要求;管理职责明确;采购和使用的原辅料和包装材料正确无误;中间产品得到有效控制;确认、验证的实施;严格按照规程进行生产、检查、检验和复核;每批产品经质量受权人批准后方可放行;在贮存、发运和随后的各种操作过程中有保证药品质量的适当措施;按照自检操作规程,定期检查评估质量保证系统的有效性和适用性。

## 三、质量保证体系

### (一)质量保证体系的定义

质量保证体系是指企业以提高和保证产品质量为目标,运用系统方法,依靠必要的组织结构,把组织内各部门、各环节的质量管理活动严密地组织起来,将产品研制、设计制造、销售服务和信息反馈的整个过程中影响产品质量的一切因素通通控制起来,形成的一个有明确任务、职责、权限,相互协调、相互促进的质量管理的有机整体。

质量保证体系是企业内部的一种系统技术和管理手段,是指企业为生产出符合合同要求的产品、满足质量监督和认证工作的要求所建立的必需的、全部的、有计划的、系统的企业活动。包括对外向用户提供必要保证质量的技术和管理"证据",虽然这种"证据"往往是以书面的质量保证文件形式提供,但它是以现实的内部的质量保证活动作为坚实后盾的,即表明该产品或服务是在严格的质量管理中完成的,具有足够的管理和技术上的保证能力。在合同环境中,质量保证体系是施工单位取得建设单位信任的手段,使人们确信某产品或某项服务能满足给定的质量要求。

### (二)质量保证体系的两个部分

质量保证体系包含内部质量保证和外部质量保证两个部分。内部质量保证是企业管理的一种手段,目的是取得企业领导的信任;外部质量保证是在合同环境中供方取信于需方信任的一种手段。因此,质量保证的内容绝非单纯的保证质量,更重要的是要通过对影响质量的质量体系要素进行一系列有计划、有组织的评价活动,为取得企业领导和需方的信任提出充分可靠的证据。

## （三）质量保证体系的运行

质量保证体系的运行应以质量计划为主线，以过程管理为重心，按 PDCA 循环进行，以提高保证水平。PDCA 循环具有大环套小环、相互衔接、相互促进、螺旋式上升，形成完整的循环和不断推进等特点。

质量保证体系运行过程中要注意以下 5 点：①质量保证手段应坚持管理与技术相结合，即反复查核企业有无足够的技术保证能力和管理保证能力，两者缺一不可；②质量保证体系不是制度化、标准化的代名词，决不应成为书面的、文件式的质量保证体系；③质量信息管理是使质量保证体系正常运转的动力，没有质量信息管理，体系就是静止的，只是形式上的体系；④质量保证体系的深度与广度取决于质量目标，没有既能适应不同质量水平又一成不变的质量保证体系；⑤质量保证体系建立对象主要是产品或提供的服务，有时也可以工序（或过程）为建立对象。

# 任务 3　质量控制

质量控制就是按规定的方法检测原料、中间体或半成品及药品的质量特性，与规定的质量标准进行比较，从而对药品做出合格与不合格判定的过程。通过对检验结果的综合分析，可以提供质量信息，作为质量改进的依据。质量控制是质量管理的一个重要内容，又是保证出厂药品质量的主要手段，因此，必须强化检验工作，使其充分地发挥监督药品的作用。我国新版 GMP 第十一条规定：质量控制包括相应的组织机构、文件系统以及取样、检验等，确保物料或产品在放行前完成必要的检验，确认其质量符合要求。质量控制（QC）是 GMP 的重要组成部分，是质量管理的主要职能和活动。

## 一、质量控制的功能

### （一）检验功能

根据技术标准、作业（工序）规程或订货合同、技术协议的规定，采取相应的检测、检验方法，观察、试验、测量产品的质量特性，判定产品质量是否符合规定的质量特性要求。

### （二）把关功能

通过严格的质量检验，剔除不合格产品并予以"隔离"，实现不合格原材料不投产，不合格的产品组成部分及中间产品不转序、不放行，不合格的产品不交付（销售、使用）。

### （三）预防功能

对原材料和外购物料的进货检验,对中间产品转序或入库前的检验,既起到把关作用,又起到预防作用。前一个过程(工序)的把关就是对后一个过程(工序)的预防。通过对过程(工序)能力的测定和控制图的使用以及对过程(工序)作业的首检与巡检都可以起到预防作用。

### （四）报告功能

为了使质量管理部门及时掌握产品生产和服务提供过程中的质量状况、评价和分析质量控制的有效性,把检验获得的信息汇总、整理、分析后写成报告,为质量控制、质量考核、质量改进以及领导层进行质量决策提供重要的依据。

## 二、质量控制职责

制定和修订物料、中间产品和成品的内控标准和检验操作规程,制定取样和留样制度;制定检验用设备、仪器、试剂、试液、标准品(对照品)、滴定液、培养基、实验动物等管理办法;对物料、中间产品和成品进行取样、检验、留样,并出具检验报告;检测洁净区尘粒数和微生物数;评价原料、中间产品和成品的质量稳定性,为确定药物贮存期/药品有效期提供数据。

## 三、质量控制实施步骤

质量控制包括 7 个步骤:①选择控制对象;②选择需要监测的质量特性值;③确定规格标准,详细说明质量特性;④选定能准确测量该特性值的监测仪表,或自制测试手段;⑤进行实际测试并做好数据记录;⑥分析实际与规格之间存在差异的原因;⑦采取相应的纠正措施。

采取相应的纠正措施后,仍然要对过程进行监测,将过程保持在新的控制水准上,一旦出现新的影响因子,还需要测量数据、分析原因、进行纠正,因此这 7 个步骤形成了一个封闭式流程,称为"反馈环"。在上述 7 个步骤中,最关键有两点,即质量控制系统的设计和质量控制技术的选用。

## 四、GMP 对质量控制的要求

我国新版 GMP 第十二条对质量控制的要求如下:

①应当配备适当的设施、设备、仪器和经过培训的人员,有效、可靠地完成所有质量控制的相关活动;

②应当有批准的操作规程,用于原辅料、包装材料、中间产品、待包装产品和成品的取

样、检查、检验以及产品的稳定性考察,必要时进行环境监测,以确保符合本规范的要求;

③由经授权的人员按照规定的方法对原辅料、包装材料、中间产品、待包装产品和成品取样;

④检验方法应当经过验证或确认;

⑤取样、检查、检验应当有记录,偏差应当经过调查并记录;

⑥物料、中间产品、待包装产品和成品必须按照质量标准进行检查和检验,并有记录;

⑦物料和最终包装的成品应当有足够的留样,以备必要的检查或检验;除最终包装容器过大的成品外,成品的留样包装应当与最终包装相同。

## 任务 4   质量控制实验室的管理

质量控制实验室的核心目的在于获取反应样品以及样品代表的批产品(物料)质量的真实客观的检验数据,为质量评估提供依据。药品生产企业质量控制实验室的核心职责是:负责对物料、中间产品或中间体、成品、稳定性试验样品、验证及调查性样品等进行分析检验并出具检验报告,具有鉴别、把关、预防和报告等功能,是质量管理的重要组成部分,是确保所生产的药品适用于预定用途、符合药品质量标准及规定的关键环节。质量控制实验室除具有较高的专业性外,还包括对分析检验涉及的人员、仪器与器皿、试剂与对照品、检验方法、检验环境等因素的系统管控,需要遵从药品质量管理体系中关于文件与记录管理、数据可靠性管理、偏差处理、变更控制、超标及超常结果调查处理、质量风险管理等质量管理体系要求。质量控制实验室同时还承担开展取样、稳定性试验、留样等对药品质量有关键影响的工作。因此,做好质量控制实验室的质量管理,对保证分析检验结果的准确性、保证药品质量有着至关重要的作用。

### 一、质量控制实验室管理的要求

质量控制实验室的人员、设施、设备应当与产品性质和生产规模相适应;应配备药典、标准图谱等必要的工具书,以及标准品或对照品等相关的标准物质;应确保药品按照注册批准的方法进行全项检验,并对检验方法进行验证或换认;应制定质量标准、操作规程和取样规程等文件。检验操作规程规定检验所购方法、仪器和价格,其内容应与经确认或验证的检验方法一致;应有可追溯的记录并应复核,确保结果与记录一致。所有计算均应严格核对;应建立超标检验结果(Out of Specification, OOS)调查的操作规程。任何检验结果超标都必须按照操作规程进行完整的调查,并有相应的记录。

### 二、质量控制实验室的人员要求

质量控制实验室所有人员的职责应当书面规定。

（1）实验室应具有足够数量的检验人员。

（2）质量控制负责人必须由具有相应资格和经验的人员担任，可以管理同一个企业的一个或多个实验室，如微生物实验室、化学实验室、原辅料实验室、包材实验室等。

（3）检验员应具有相关专业中专或高中以上学历，并经过与所从事的检验操作相关的实践培训且通过考核，具有基础理论知识和实际操作技能。

（4）检验报告签发人员应具备足够的知识、相应的资格和经验，熟悉法规和标准中的通用要求，具有被检药品或检品可能出现的质量问题等方面的相关知识，了解检验中可能出现的偏离程度，并应经过培训。

（5）保存所有技术人员的相关授权、能力、教育和专业资格、培训、技能和经验的记录，并包含授权和能力确认日期。

（6）从事生物制品质量控制人员应根据其生产的制品和所从事的生产操作进行专业知识和安全防护要求的培训。对所生产品种的生物安全进行评估，根据评估结果，对检验人员接种相应的疫苗，并定期体检。

（7）从事血液制品质量控制人员应经过生物安全防护的培训，尤其是经过预防经血液传播疾病方面的知识培训并接种预防经血液传播疾病的疫苗。

（8）涉及中药材和中药饮片管理的，应由专人负责。

## 三、质量控制实验室仪器设备的管理

实验室的检验仪器直接用于提供检测结果或辅助检测的进行，对保证检测结果的准确可靠起到至关重要的作用。检验仪器可分为测量仪器、计量仪器、分析仪器、分析设备等。

### （一）仪器设备的配置要求

（1）实验室应配备正确进行抽样和检验所需要的仪器设备。

（2）实验室使用仪器设备的种类、数量、各种参数应能满足本企业所承担的药品检验的需要，达到对所生产的成品进行全检的各项要求，并有必要的备品、备件和附件。

（3）仪器的量程、精度与分辨率等应能达到被测药品标准技术指标的要求，并经计量检定部门检定合格。

### （二）仪器设备的购置和使用要求

（1）对仪器设备的供应商应进行评估并建立档案。

（2）仪器设备在投入使用前应进行预确认（DQ）、安装确认（IQ）、运行确认（OQ）和性能确认（PQ），保证仪器设备的正常使用。企业可以根据实际情况对仪器进行 A、B、C 分级，并根据级别进行确认。常见的仪器类别分级见表 8-1。

表 8-1　常见的仪器类别分级

| 类别 | 特点 | 确认要求 | 仪器举例 |
|---|---|---|---|
| A 类 | 不具备测量功能,或者通常只需要校准 | 供应商的技术标准可以作为用户需求 | 磁力搅拌器、离心机、摇床 |
| B 类 | 具有测量功能,并且仪器控制的物理参数(如温度、压力或流速等)需要校准,用户需求一般与供应商的功能标准和操作限度相同 | 通常需要进行安装确认和运行确认,并制定相关操作和校验 SOP | 熔点仪、分析天平、pH 计、折射仪、滴定仪、干燥箱等 |
| C 类 | 此类仪器通常包括仪器硬件和其控制系统(固件或软件),用户需要对仪器的功能要求、操作参数要求、系统配置要求等进行详细描述 | 此类仪器和设备需要安装确认、运行确认和专门的性能确认,并制定相关操作、校验和维护 SOP | 溶出仪、紫外分光光度计、高效液相色谱仪、气相色谱仪、恒温恒湿箱、红外光谱仪 |

(3)仪器设备应建立档案与记录(包括对仪器、设备符合规范的检查记录,使用、清洁、维护和维修记录等)。

(4)按照操作规程和校准计划定期对检验用衡器、量具、仪表、记录和控制设备以及仪器进行校准和检查,并保存相关记录。

## 四、质量控制实验室样品、试剂、试药的管理

### (一)取样及样品管理

#### 1.取样

取样是质量控制过程中的一个重要环节,从一批产品中取出的样品数量虽然很少,但对该批产品的质量来说却是最具代表性的。为保证样品的代表性,企业必须制订样品采集管理制度和取样操作规程。

质量控制实验室根据事先制订的样品采集管理制度和取样操作规程对产品或物料取样,取样操作规程应明确取样方法、取样器具、取样点、取样频次及样品的数量、盛装样品用的容器等。

#### 2.样品管理

样品状态和特性的变化直接影响检验结果的有效性和准确性,因此,企业应制订实验室样品管理规程,确保样品的完整、有效、安全和保密。某制药公司样品管理流程见表 8-2。

表 8-2 某制药公司样品管理流程

| |
|---|
| 1 主题内容<br>本标准规定了公司所有物料取样管理工作的基本要求。<br>2 适用范围<br>本标准适用于公司所有物料的取样。<br>3 责任者<br>实验室主任、检验员、中间产品检验员、现场质量监控员、质量管理室主任、保管员、取样员、水质检验人员及相关人员。<br>4 内容<br>4.1 保管员对新到物料初检合格后,填写"请验通知单"。<br>4.2 中间产品、成品由车间填写"请验通知单"。<br>4.3 非常规取样检验(包括复验、仓库/供应采购室送检的临时性样品、车间非常规请验等),均需部门负责人在"请验通知单"上签字,写清请验人及请验缘由。<br>4.4 "请验通知单"一式二联,交所规定取样人员签字并填上取样日期,一联返回请验。<br>4.5 取样人员接到通知后,按"请验通知单"的内容计算抽取样品数,准备取样器具,按照取样 SOP,到规定的地点取样,取完样品后,贴上取样证(在包装过程中抽取样品,可不贴取样证)。化学药原辅料由实验室检验员按"化学药原辅料及中药细粉取样 SOP"、退货产品由质量管理室负责退货的人员按"退货产品取样 SOP"取样,中间产品由车间检验员按"中间产品取样 SOP"取样,中药材由质量管理室验收员取样,成品及提取车间最终产品由现场质量监控员取样。<br>4.6 取样人员填写取样记录,将样品送实验室检验。<br>4.7 工艺用水由相关水质检验人员取样,并填写取样记录。<br>4.8 "请验通知单"第一联应附于检验记录上。<br>5 相关文件 |

## (二) 留样及稳定性考察

### 1.留样

留样是指企业按规定保存的、用于药品质量追溯或调查的物料和产品样品,留样应当能够代表被取样批次的物料或产品。

(1)物料与包材留样

制剂生产用每批原辅料和与药品直接接触的包装材料均应当有留样。与药品直接接触的包装材料(如输液瓶),如成品已有留样,可不必单独留样。

留样的包装形式应当与原料到货时的市场包装相同或模拟市售包装形式。固体辅料的留样可密封在聚乙烯袋中并且外用铝箔包装。液体样品必须依据其特性保存在合适容器中。易挥发和危险的液体样品可以不留样。所有存放留样的容器必须贴标签,标签内容至少包含产品名称、产品批号、取样日期、储存条件、储存期限。物料的留样应当按照规定的条件储存,必要时还应适当包装密封。物料的留样量应当至少满足鉴别的需要。

除稳定性较差的原辅料外,用于制剂生产的原辅料(不包括生产过程中使用的溶剂、气体或制药用水)和与药品直接接触的包装材料的留样应当至少保存至产品放行后 2 年。如果物料的有效期较短,则留样时间可相应缩短。

(2)成品留样

每批成品均应当有留样。如果一批药品分成数次进行包装,则每次包装至少应当保留一件最小市售包装的成品。每批成品的留样数量一般至少应当能够确保按照注册批准的质量标准完成两次全检(无菌检查和热原检查等除外)。成品的留样必须使用其商业包装,依据产品注册批准的储藏条件储存在相应的区域,留样应有标签,标签内容至少包含产品名称、产品批号、取样日期、生产日期、有效期及留样的保存时间。成品留样如果不影响留样的包装完整性,保存期间内至少应当每年对留样进行 1 次目检观察,企业应规定目检观察的留样数量、频次、判定标准及有相应的记录。如有异常,应彻底调查并采取相应的处理措施。成品留样应当按注册批准的储存条件至少保存至药品有效期后 1 年。

(3)留样转交

如企业终止药品生产或关闭的,应当将留样转交受权单位保存,并告知当地药品监督管理部门,以便在必要时可随时取得留样。

(4)留样观察

留样观察应当有记录,留样记录应包含产品名称、批号、数量、取样时间、失效日期、储存条件、储存地点、储存时间、留样人签名等内容。

(5)留样管理

一般情况下,留样仅在有特殊目的时才能使用,例如调查投诉。如留样用于其他用途应经过质量管理负责人批准。留样超过保存期后应进行报废,报废应填写报废申请单,经质量管理部门负责人批准后才可销毁。

2.稳定性考察

稳定性考察分为产品上市前研发阶段进行的稳定性实验和产品批准上市后的持续稳定性考察。

《中国药典》(2020 年版)将稳定性研究分为影响因素实验、加速稳定性实验和长期稳定性实验。通过稳定性实验得到注册数据,证明环境因素对产品质量特性的影响,以确定包装、储存条件、复验周期及有效期。

持续稳定性考察是指药品获准上市后,企业以实际生产规模的药品继续进行长期试验,监测已上市药品的稳定性,根据稳定性研究的结果对包装、储存条件和有效性进一步进行确认。

用于稳定性试验样品储存的设备应按要求进行确认、校正及定期维护,保证处于稳定的状态。用于产品稳定性考察的样品不属于留样。

(三)试剂、试液、培养基鉴定的管理

试剂又称为化学试剂或者试药、试液、缓冲液、指示剂与指示液等,是按照规定的方法配制的溶液,均应符合《中国药典》(2020 年版)的规定或按照药典的规定制备。试剂、试液、培养基和检定菌是实验室对物料或产品进行质量控制的重要组成部分。

（1）试剂和培养基应从经过资质审核认可的供应商处采购，必要时对供应商进行评估。试剂、试液、培养基应有接收记录，必要时应在试剂、试液、培养基的容器上标注接收日期。

（2）应按照相关规定或使用说明配制、储存和使用试剂、试液、培养基。特殊情况下，在接收或使用前，还应对试剂进行鉴别或其他检验。

（3）试液和已配制的培养基应标注配制批号、配制日期和配制人员姓名，并有配制（包括灭菌）记录。不稳定的试剂、试液和培养基应标注有效期及特殊储存条件。标准液、滴定液还应标注最后一次标化的日期和校正因子，并有标化记录。

（4）配制的培养基应进行适用性检查，并建立检定菌保存、传代、使用、销售的操作规程和相应记录。

（5）检定菌应有适当的标识，内容至少包括菌种名称、编号、代次、传代日期、传代操作人。检定菌应按规定的条件储存，储存的方式和时间不应对检定菌的生长特性有不利影响。

### （四）标准品或对照品的管理

（1）标准品、对照品可以从中国食品药品检定研究院或国外法定机构采购，由专人负责接收和管理标准品并有接收记录。接收时应该检查标准品名称、批号、数量，说明书等信息，并将其记录在标准品接收记录中。

（2）企业可以选择相应的活性物质，使用法定标准品/对照品进行标化，标化后的物质作为企业自制工作标准品。

（3）滴定液需要在室温下进行标定，过期重新标定，当温度差超过 10 ℃时，应加温度补偿值，并重新标定。当滴定液出现浑浊或其他异常现象时，应弃去，不得使用。

## 五、质量控制文件管理

### （一）质量控制文件

质量体系文件是实验室检验工作的依据和内部的法规性文件。主要包括：
（1）质量标准（物料质量标准、成品质量标准等）；
（2）取样操作规程和记录；
（3）检验操作规程和记录（包括检验记录或实验室工作记事簿）；
（4）检验报告或证书；
（5）必要的环境监测操作规程、记录和报告；
（6）必要的检验方法、验证报告和记录；
（7）仪器校准和设备使用、清洁、维护的操作规程及记录；
（8）实验室试剂、试液、标准品或对照品、滴定液、培养基、实验动物等的管理规程。

### (二）管理要求

（1）每批药品的检验记录应当包括中间产品、待包装产品和成品的质量检验记录，可追溯该批药品所有相关的质量检验情况。

（2）宜采用便于趋势分析的方法保存某些数据（如检验数据、环境监测数据、制药用水的微生物监测数据）。

（3）除与批记录相关的资料信息外，还应当保存其他原始资料或记录，以方便查阅。

# 任务5　变更控制

在药品生产过程中，确保能够持续稳定地生产出符合预定用途和注册要求的产品是至关重要的。企业在长期生产过程中，由于制药技术和分析方法的不断发展以及生产质量管理体系的持续改进，会导致原辅料、包装材料、质量标准、检验方法、操作规程、厂房、设施、设备、仪器、生产工艺和计算机软件等不可避免地发生一些变更，这些变更如果控制不好可能会对药品的质量产生不利影响。因此，为了确保其不会对产品质量造成不利影响，需要采取适当的方法进行评估并制定相应的措施。变更是指任何对系统、工艺、设备、物料、产品和程序的补充、删除或改变。而变更评估的充分与否将直接决定变更实施的效果，如果预先对变更进行充分、正确的评估并采取一定措施，可将风险降低到可接受水平，从而保护患者的安全。

## 一、变更的分类

根据变更的性质、范围、对产品质量潜在的影响程度和变更是否影响注册以及变更时限等，可以有不同的分类方法。根据药品管理相关法规的要求以及对产品质量或对产品的验证状态的影响程度，一般可分为 3 类。

（1）Ⅰ类（企业自己控制，不需要经过药品监督管理部门备案或批准）：微小变更，对产品安全性、有效性和质量可控性基本不产生影响或影响不大。例如，职责的变更；非公司关键人员的变更；生产设备非关键零部件的改变（不包括直接接触药品的部件材质）；文件的变更；中间产品检验标准或方法的变更；关键监控点的变更；实验室样品常规处理方法的互换；色谱柱允许使用范围内的互换；试剂或培养基生产商的改变；生产用容器规格的改变以及不影响药品质量的包装材料，如打包带、收缩膜等供应商的改变等。

（2）Ⅱ类（报药品监督管理部门备案）：主要变更，需要通过相应的研究工作证明变更对产品安全性、有效性和度量可控性没有产生负面影响。例如，关键生产条件的变更；印刷类包装材料样式的变更；物料供应商变更等。

（3）Ⅲ类（报药品监督管理部门批准）：重大变更，需要通过系列的研究工作证明对产品安全性、有效性和质量可控性没有产生负面影响。原料药或制剂的生产工艺发生重大变更；

制剂处方、质量标准、药品有效期变更；直接接触药品的包装材料，许可范围内的变更（如生产场地的变更）；新增药品规格变更等。

## 二、变更控制的范围

任何可能影响产品质量或重现性的变更都必须得到有效的控制，变更的控制范围及要求如下：

（1）新产品上市：按照公司内部备案流程在公司内部落实变更。

（2）现有产品撤市：按照公司内部备案流程在公司内部落实变更。

（3）人员的变更：关键人员变更需要确认是否需要报药品监督管理部门批准或备案；其他管理人员变更需公司以文件形式通知，交人事部、质保部备案存档；一般操作人员变更需各单位提出，报人力资源部进行转岗培训后，办理变更，变更资料交人事部、质保部备案存档。

（4）厂房的变更：需要确定该变更是否需要报药品监管部门备案或批准。

（5）设备、设施的变更：需要确定该变更是否需要报药品监管部门备案或批准。

（6）检验方法的变更：在法定的检验方法（如药典检验方法）变更后，按照企业内部备案流程在企业内部落实变更后的检验方法。

（7）质量标准的变更：在法定标准（如药典中的质量标准）变更后，办理补充申请后，按照企业内部备案流程在企业内部落实变更后的质量标准在药品监督管理部门注册、备案。

（8）技术文件的变更：由药品监管部门批准、备案。

（9）生产工艺的变更：根据《药品注册管理办法》，需要确定该变更是否需要到药品监管部门备案或批准。经药品监督管理部门批准后（取得批准后），在实施变更前按照备案流程落实变更后的生产工艺。

（10）物料供应商的变更：按照公司内部备案流程在公司内部落实变更。

（11）直接接触药品的包装材料的变更：由药品监督管理部门批准。

（12）包装材料的变更：报药品监督管理部门备案。

（13）文件、记录的变更：按照公司内部备案流程在公司内部落实变更。

（14）其他可能影响产品质量的变更：按照企业内部备案流程在企业内部落实变更。

## 三、变更控制的程序

变更控制流程为：变更申请→变更评估→变更实施→变更回顾，变更控制程序由质量受权人批准。质量管理部负责变更的管理，指定专人负责变更控制工作。

第一步：变更申请至少要包括变更描述、变更理由、质量系统 GMP 实施指南、受影响的产品和文件、支持变更的追加文件、行动计划、变更申请人和批准人的签名。变更申请应首先提交给变更系统管理员进行编号、登记和审核，合格后交相关部门和人员进行传阅和评估。

第二步:变更评估由相关领域的专家和有经验的专业人员组成专家团队进行,由生产、质量控制、工程、物料管理、EHS、药政法规和医学部门的人员等组成专家团队,评估变更可能对产品产生的影响并确定应采取的行动,评估是否需要进行一系列的研究工作以确保变更的合理性,如稳定性研究、生物等效性研究、验证或确认研究、小规模或试验批生产等。

第三步:变更必须得到相关部门和质量部门的批准。得到书面批准后,方可执行变更。相关部门按已核准的变更制订实施计划,明确实施职责,实施变更,QA 负责跟踪检查变更的实施情况。

第四步:变更执行后应进行效果评估,以确认变更是否达到预期的目的。对一个给定的变更,可以通过比较变更前后的物料,以评估变更对药品的特性、含量、质量、纯度和效力的影响,确保药品质量。

当变更执行完毕,相关文件已更新,重要的行动已经完成,后续的评估已进行并得出变更的有效性结论后,变更方可关闭。涉及注册的变更除经过内部审批外,还需通过相关市场药监部门的批准。世界各地区或国家对于涉及注册的变更有不同的分类、注册文件的要求和报告、备案或注册审批规定,应遵循不同地区或国家的要求。变更申请表见表 8-3。

表 8-3　变更申请表

| 变更项目名称 | | | | |
|---|---|---|---|---|
| 变更申请部门 | | 变更起草人 | | 申请日期 |
| 变更编号 | | 项目负责人 | | 计划实施日期 |
| 变更来源 | □产品上市　□产品撤市　□厂房　□设施、设备(括容器)<br>□质量标准　□检验方法　□生产工艺　□包装　□SMP　□物料供应商　□其他 | | | |
| 变更性质 | □临时性　□永久性 | | | |
| 变更内容 | | | | |
| 变更理由 | | | | |
| 变更类别 | □微小变更　□主要变更 | | | |
| 申请人签名: | 日期: | | | |
| 变更对质量的预期影响 | □有 | | □无 | |
| 现场对比实验 | □需要 | | □不需要 | |
| 验证 | □需要 | | □不需要 | |
| 产品质量检查 | □需要 | | □不需要 | |
| 稳定性实验 | □需要 | | □不需要 | |
| 涉及变更文件名称或编号 | | | | |
| 主管部门负责人审批 | 签名: | | 日期: | |
| QA 负责人审批 | 签名: | | 日期: | |
| 质量负责人审批 | 签名: | | 日期: | |

## 任务 6　偏差处理

偏差是指对批准指令或规定标准的偏离。发生偏差时应保持警惕,准确识别,清楚地知道如何进行记录和沟通。找出根本原因,建立纠正措施和预防措施(Corrective Actions and Preventive Actions,CAPA),避免偏差的再次发生。运用质量风险分析提前识别它们相关的风险,避免潜在的偏差。减少因偏差造成产品质量问题,最终确保产品的质量和 GMP 相符合。偏差管理应涵盖药品生产、检验的全过程,包括生产操作、包装贴签、物料管理、设施设备、实验室控制、质量部门,还包括其他质量活动,如验证、员工培训。偏差处理是对任何偏离已批准的程序(或指导文件)和标准的情况进行分析处理。

## 一、偏差的分类

### (一)根据偏差管理的范围分类

根据偏差管理范围将偏差分为实验室偏差和生产偏差,具体见表 8-4。

表 8-4　实验室偏差和生产偏差

| 偏差类型 | | 含义 | 举例 |
|---|---|---|---|
| 实验室偏差 | | 任何与检验相关的因素(取样、样品存放、检验操作、计算过程等)引起的检验结果偏差 | 超标检验结果(OOS)<br>检验结果超出趋势(OOT)<br>异常数据(AD) |
| 生产偏差 | 生产工艺偏差 | 因工艺本身缺陷引起对产品质量产生实际或潜在影响的偏差 | 关键参数偏离 SOP 规定<br>采用未验证的设备、程序、系统进行生产或相关操作 |
| | 非生产工艺偏差 | 由于操作工未按程序操作、设备故障、生产环境或错误投料等原因所引起的对产品质量产生实际或潜在影响的偏差 | 清场不符合要求<br>物料、产品标签错误<br>设备状态标识错误<br>未严格执行相关 SOP |

### (二)根据偏差对药品质量影响程度大小分类

根据偏差对药品质量的影响程度,偏差可分为次要偏差、主要偏差和重要偏差。

(1)次要偏差:对法规或规程的细小偏离,不足以影响产品质量,无须深入调查,但必须立刻采取纠正措施。例如,口服制剂清净区内发生短时间的温度、湿度微小超标;生产前发现所领物料与生产不符,但未进行生产;由于设备不稳定、调试导致的物料补领。

（2）主要偏差：可能对产品质量产生实际或潜在的影响。必须深入调查，查明原因，采取纠正措施。例如，过程控制检验数据或包装重量记录的丢失；设备故障、损坏等；清场不合格；多个重复出现的同类次要偏差可以合并升级为一个主要偏差等。

（3）重要偏差：可能对产品质量、安全性或有效性产生严重后果，或可能导致产品报废。必须深入调查，查明原因，采取纠正措施，并建立长期的预防性措施。例如，混药、混批、包装材料混淆等；关键参数偏离标准规定；生产中使用超过复检期的原料；测试结果未达到质量标准或超过警戒水平；多个重复出现的同类主要偏差可以合并升级为一个重要偏差等。

## 二、生产偏差处理程序

企业应当建立偏差处理的操作规程，规定偏差的报告、记录、调查、处理及所采取的正确措施，并有相应的记录。

### （一）偏差发现及报告

偏差发现时，发现人应以口头、书面汇报形式在规定时间（24 h）内向其直接领导报告偏差情况，由主管或相关人员随后撰写生产偏差事件报告。偏差处理部门对偏差进行判定和评估，界定其影响范围、严重性，详细记录偏差事件报告。立即采取措施，以减少事件对生产物料/设备/区域/工艺/程序等的负面影响，如暂停生产；对问题物料或产品进行隔离并贴上待验标识或通过软件系统控制其待验状态；物料或产品分小批。任何怀疑有问题的设备、仪器、系统应安放在一个安全的条件下，调查结束后方可使用，如有必要，需贴上明显的标签，通知相关部门，并填写偏差记录。生产偏差记录应包含产品名称、批号、发现日期/报告日期、事件发生日期、其他相关调查（如存在）、事件描述，包括如何发现、在何处发现、事件发现者和/或报告者、所有受影响的生产物料/设备/区域/方法/程序状态、知道的其他相关记录事件分类，采取的应急措施。

### （二）偏差事件的评估

偏差事件发生时，主管部门应对其进行初步评估，部门负责人上报 QA，QA 通过偏差记录及初步调查后对偏差进行确认，对最初的风险评估及采取的应急处理措施进行评估和批准，确认偏差涉及的物料或产品的隔离方式，避免发生偏差的物料或产品发生混淆/误用。

### （三）偏差事件的调查

质量部门根据出现偏差的部门提供的资料对偏差的产生原因进行调查，分析相关数据、记录和相关的文件，找出产生偏差的根本原因。一般在记录中最有可能找到偏差出现的根本原因。

### （四）根本原因分析及纠正预防措施的制订

首先需要对相关的文件进行回顾，包括取样记录、批记录、清洁记录、设备或仪器的维护记录,涉及的产品、物料、留样,评价对前/后续批号潜在的质量影响,相关 SOP、质量标准、分析方法、验证报告、产品年度质量回顾报告、设备校验记录、预防维修计划、变更控制,稳定性考察结果趋势、曾经发生过类似不符合事件趋势,必要时应对相关供应商进行审计等。通过排查确定不可能原因并给出充分的理由,逐步缩小范围,找出最可能的根本原因。如果原因不确定,需要记录所有可能的原因并进行趋势分析。根据调查的原因制订纠正与预防措施,保证产品质量,并防止偏差的再次发生。

### (五) 调查报告的审阅和批准

质量管理部门和相关部门应对已解决的偏差进行总结,书写偏差报告。质量受权人负责最后审阅批准主要偏差和重要偏差。审阅人和批准人应确保调查是有条理的,并确认调查的范围、深度、根本原因和适当的纠正/预防措施。

### (六) 最终处理

根据调查和纠正预防措施的结果、调查组的最终处理建议、各部门审阅意见,质量负责人/受权人做最后批准,并决定有问题的物料、批次、设备、区域或方法的最终处理。质量管理部门应指派专人负责保存偏差的调查、处理文件和记录。质量管理部门应跟踪纠正预防措施的实施效果,定期回顾评估所采取措施的有效性。

## 三、超标结果调查

超标检验结果调查是偏差调查的一种类型。产生 OOS 结果可能是实验室原因导致,也可能是生产过程中差错等原因导致的,所以 OOS 调查应先由实验室进行偏差调查,如有必要应扩展到生产全过程的调查。质量控制实验室应建立超标调查的书面程序。任何超标结果都必须按照书面规程进行完整的调查,并有记录。

# 任务 7　纠正和预防措施

纠正和预防措施是欧美制药行业在长期实践中形成的,是美国现行药品生产管理规范质量体系中最重要的精华部分,也是我国制药企业质量管理中最为欠缺的内容。纠正和预防措施是"纠正措施"和"预防措施"的合写,简称 CAPA。纠正措施是指为了消除导致已发现的不符合或其他不良状况的原因所采取的行动。预防措施是指为了消除可能导致潜在的不符合或其他不良状况的诱因所采取的行动。目前,我国已颁布实施的新版 GMP 也吸纳了欧美 GMP 的先进标准和理念,明确要求企业针对生产工艺、质量标准、检验方法等各方面出现的偏差进行报告,重大偏差要彻底调查,同时要建立 CAPA 体系等。因此,CAPA 已成为制药企业在日常生产活动中不可或缺的一部分。

## 一、实施纠正和预防措施的要求

执行纠正和预防措施是保证产品质量持续改进的内在动力,对来自产品生命周期活动中发现的缺陷问题,用统计或风险分析方法识别并调查可能对产品质量、系统、生产工艺或患者有不良趋势的因素,并采取纠正措施和预防措施,措施的深度和形式应与风险评估的级别相适应,因此,企业应当建立实施纠正和预防措施的操作规程,内容至少包括:

(1)对投诉、召回、偏差、自投或外部检查结果,工艺性能和质量监测以及其他来源的质量数据进行分析,确定已有和潜在的质量问题,必要时,应采用适当的统计学方法。

(2)调查与产品、工艺和质量保证系统有关的原因。

(3)确定所需采取的纠正和预防措施,防止问题的再次发生。

(4)评估纠正和预防措施的合理性、有效性和充分性。

(5)对实施纠正和预防措施过程中所有发生的变更应当予以记录。

(6)确保相关信息已传递到质量受权人和预防问题再次发生的直接负责人。

(7)确保相关信息及其纠正和预防措施已通过高层管理人员的评审。

(8)实施纠正和预防措施应当有文件记录,并由质量管理部门保存。

## 二、纠正和预防措施的程序

### (一)问题定义与风险评估

对发现的问题进行记录,发生了什么事情、在哪里发生的、何时发生的、怎么发生的、谁发现的,评估缺陷的严重程度和影响范围。

### (二)问题调查

问题调查即原因分析,运用质量工具分析根本原因并评价,通过分析造成不合格缺陷或潜在问题及不良趋势的原因,最终找到问题产生的根本原因。找到已发生问题的原因后,才能为制订纠正措施奠定基础,同时还需要进一步对产生这些问题的潜在原因进行具体分析,才能够制订预防措施,预防这些问题在企业中再次发生。

### (三)纠正和预防措施的制订

纠正和预防措施的制订要确定缺陷项目事实,纠正已经发生的缺陷,找出其他类似的缺陷项目,对缺陷项目产生的原因进行调查和分析,提出有效消除该原因的措施。

制订纠正和预防措施的原则:

(1)相关部门针对缺陷项目的原因分析要全面和系统,不能流于形式。

（2）针对缺陷项目的原因所采取的纠正和预防措施应及时,具备可操作性及有效性。

（3）采取的纠正和预防措施与缺陷项目所带来的质量风险是相符合的。

（4）制订的纠正和预防措施能举一反三,避免类似问题的再次发生。

### （四）CAPA 计划批准与发布

CAPA 措施制订后,一般由质量管理部门和相关职能部门进行认可。目的是确保纠正和预防措施实施的有效性。

CAPA 措施经过认可后需进行批准,为实施创造有效条件。CAPA 措施一般由企业质量负责人批准,如果 CAPA 措施涉及几个部门,企业质量负责人需要加以协调,必要时报请企业生产负责人批准。经批准后的 CAPA 措施可由相关部门和人员付诸实施。

### （五）CAPA 措施的执行

CAPA 措施完成期限可根据纠正和预防措施内容和难易程度而定,严重缺陷项目一般为 3 个月,一般缺陷项目正常为 1 个月,性质轻微的缺陷项目可在现场立即纠正。

CAPA 措施在执行过程中如遇到客观原因不能按期完成时,其执行部门须向企业质量管理负责人或质量管理部门说明原因,请求延期,得到质量负责人批准后修改措施实施计划。

### （六）CAPA 措施的跟踪确认

#### 1.跟踪确认的目的

促使相关部门采取和实施有效的纠正和预防措施,防止缺陷项目的再次发生;确认纠正和预防措施的有效性;确保消除存在的严重缺陷项目。

跟踪确认的责任部门,一般由质量管理部门负责,通常由质量保证人员负责管理并建立相关的管理程序,以确保跟踪确认正常有序地实施。

跟踪确认的方式:文件检查、现场复查、提交 CAPA 措施实施方案在下一次企业自检中复查等。

#### 2.跟踪确认的内容

CAPA 措施计划中的各项措施在规定的时间内要全部完成;完成后的效果要达到预期要求;措施完成情况有记录可查;措施执行如果引起了程序更改,程序更改的内容应有效,更改后的文件应按文件控制规定进行起草批准和发放,并得到执行;措施执行引起的相关文件资料如验证文件、变更申请、培训记录等相关资料应完整。

### （七）CAPA 措施关闭

质量管理部门针对缺陷项目进行跟踪验证后,确认其有效性,在纠正和预防措施确认记录中填写确认结论并签字确认,这项缺陷项目就可宣布关闭。实施纠正和预防措施的过程和效果应有记录,内容包括:不符合项的描述;涉及的范围,有无其他潜在影响;不符合项的风险或危害评估;调查过程;采取的纠正和预防措施及措施的负责人及完成日期;结论;纠正和预防措施有效性评估;纠正和预防措施的批准等。

# 任务8 产品质量回顾分析

质量管理是在质量方面指挥和控制组织的协调活动,包括制订质量方针和质量目标以及质量策划、质量控制、质量保证和质量改进。在药品生产企业的质量管理中,产品质量回顾涉及质量控制、质量保证和质量改进 3 个方面。产品质量回顾是药品生产企业定期回顾分析与产品相关的一系列的生产和质量数据,评价产品生产工艺的一致性,分析相关物料和产品标准的适用性,以识别其趋势,并对不良趋势加以控制,进而确保产品工艺稳定可靠,符合质量标准规定,并为持续改进产品质量提供依据的质量活动。产品质量回顾在识别并发现异常质量趋势、持续提升药品质量方面起着重要的作用,也是各国药品监管机构、国际组织颁发的《药品生产质量管理规范》中规定必须开展的内容之一。

## 一、产品质量回顾要点分析和程序规定

### (一)要点分析

在对产品质量回顾进行系统、详细的分析时,必须理解产品质量回顾是药品生产质量管理的一项活动,是在企业质量管理体系框架下开展的活动,是将多项药品质量管理关键数据、信息进行整合分析的活动,需要严格遵循质量管理体系中关于文件管理、数据可靠性的要求。通过对全球 GMP 规定和常见问题的梳理、分析,产品质量回顾的要点主要包括:程序文件规定、回顾频次、回顾内容、统计分析方法、回顾问题的识别与分析、回顾结论、质量回顾报告的审核与管理方面。

### (二)程序规定

产品质量回顾的程序文件必须详细规定目的、职责、依据、范围、分类原则(如按品种或品规)、频次、回顾内容、数据采集与审核流程、统计分析方法与标准、产品质量回顾报告的基本格式与审批时限要求、对当年未生产品种的质量回顾规定等。

回顾频次方面,至少每年对所有药品进行 1 次全面的质量回顾,建议每个季度进行 1 次监测性回顾,季度回顾与年度回顾相比,可以在回顾的内容和统计分析方式上有所简化。此外,需要规定回顾的周期(如 1~12 月)、界定要求(如是否应包括所有投料生产批次)。

回顾内容方面,可以从质量管理的质量实现、质量保证要素角度进行分类。质量实现要素中包括对产品基本情况、关键设备、设施及公用系统、物料(起始物料、辅料和包材)质量与供应商、生产工艺参数与过程控制、分析方法、成品检查结果稳定性试验情况、与历史数据趋势对比情况等内容的回顾。质量保证要素中包括对应品种相关的各类偏差、变更控制、超标与超趋势结果、投诉、退货、不良反应、召回、委托协议等内容的回顾。

## 二、产品质量回顾的分类原则

由于产品质量回顾的内容很多,为了提高质量回顾的工作效率,药品生产企业应运用风险管理的理念,将产品进行分类后,选取有代表性的品种或规格进行质量回顾分析,达到举一反三的效果。分类原则如下:

(1)生产工艺和质量控制相似、共线生产的非高风险类产品,经质量受权人批准,可按照剂型或产品系列进行分类。如固体制剂、液体制剂和无菌制剂等。

(2)高风险产品,经质量受权人批准,可按照品种或产品系列进行分类。

(3)常年生产的品种,经质量受权人批准,可按照剂型、产品或产品系列进行分类。

(4)无菌原料药,经质量受权人批准,可按照产品或产品系列进行分类。

(5)该年度变更工艺或关键生产设备等变更(如注射剂灌装设备变更、除菌过滤系统变更、灭菌设备改变)的产品,经质量受权人批准,可按照剂型、产品或产品系列进行分类。

(6)委托加工的产品,经质量受权人批准,可按照产品或产品系列进行分类。

在分类过程中,如果剂型、中间控制、控制项目、公用设备设施等项目可以分类或合并的,也可以依此进行。

## 三、产品质量回顾的内容

企业至少应对下列情形进行回顾分析:

(1)产品所用原辅料,尤其是来自新供应商的原辅料。

(2)关键中间控制点及成品的检验结果。

(3)所有不符合质量标准的批次及其调查。

(4)所有重大偏差及相关的调查、所采取的整改措施和预防措施的有效性。

(5)生产工艺或检验方法等的所有变更情况。

(6)已批准或备案的药品注册所有变更情况。

(7)稳定性考察的结果及任何不良趋势。

(8)所有因质量原因造成的退货、投诉、召回及调查。

(9)与产品工艺或设备相关的纠正措施的执行情况和效果。

(10)新获批准和有变更的药品,按照注册要求上市后应当完成的工作情况。

(11)相关设备和设施,如空调净化系统、水系统、压缩空气等的确认状态。

（12）委托生产或检验的技术合同履行情况。

产品质量回顾完成后,应当对回顾分析的结果进行评估,提出是否需要采取纠正和预防措施或进行再确认或再验证的评估意见及理由,及时、有效地完成整改,并保留相关记录。

药品委托生产时,委托方和受托方之间应当有书面的技术协议,规定产品质量回顾分析中各方的责任,确保产品质量回顾分析按时进行并符合要求。

## 四、产品质量回顾的工作流程

### （一）制定计划

质量管理部门依据企业的具体情况,建立产品质量回顾的管理程序,制定年度产品质量回顾计划,并按计划实施。质量管理部门将任务分派到各职能部门,并规定完成时限。

### （二）收集信息/整理数据

各相关职能部门按要求收集产品相关信息和数据,并按时交至 QA。QA 收集产品相关信息和数据后,按一定的格式进行汇总及整理,并进行趋势分析。

### （三）报告

QA 负责召集专门的会议,组织相关人员对产品的相关信息/数据进行分析、讨论和评价,并对重大事项进行风险评估。

QA 负责记录汇总会议的分析讨论结果,对产品年度回顾的质量状况做出总结:产品本年度回顾的质量状态是否稳定可控;对上一年度提出的建议的落实情况或改进措施的实施情况及改进效果进行总结;对本年度出现的不良趋势提出建议(包括产品工艺改进、处方改进、分析方法改进、过程控制及成品质量标准改变、再验证需求、产品召回建议等),最终形成报告,并呈报企业药品质量受权人审批。批准的年度回顾报告的复印件分发至各相关部门,原件在质量部门永久保存。

### （四）纠正和预防措施的实施与跟踪

各相关部门按照年度产品质量回顾报告中制订的改进措施及完成时间,进行改进措施的实施;QA 跟踪改进措施的实施,并将其执行情况汇总在下年度质量回顾报告中。

### （五）结果评估

产品质量回顾负责人要和参与者一起讨论数据收集、文件准备及审核批准过程的有效性及整改措施的有效性,提出是否需要采取纠正和预防措施或进行再确认或再验证的评估意见及理由,并及时、有效地完成整改。

## 任务9　投诉与不良反应报告

### 一、投诉管理

投诉是用户或其他人员提供口头或书面方式所报告的制药企业所售药品可能的或事实上的质量缺陷或药品不良反应。投诉处理是制药企业持续改进的动力,了解企业产品质量信息或了解产品存在潜在质量问题,使企业能进行产品质量改进,保护消费者的利益。

#### (一) 投诉的分类、来源及方式

**1.投诉分类**

(1)严重投诉,也称为紧急投诉,是指有可能对用户造成伤害的产品质量问题或严重不良反应所引起的用户投诉。

(2)重要投诉,是指不对用户造成伤害,对企业形象带来负面影响或长远的观点来看会影响产品销售的投诉。

(3)轻微投诉,是指引起投诉的药品缺陷不影响临床药效,药品符合质量指标的投诉。

(4)其他投诉,是指恶意投诉、咨询性投诉。

**2.投诉来源**

患者、医生、医院、药店、批发商、药能所、政府部门、本公司销售员、医药代表。

**3.投诉方式**

信函、电子邮件、电话或来人等。

#### (二) 投诉的处理

企业应建立操作规程,规定投诉登记、评价、调查和处理的程序,并规定因可能的产品缺陷发生投诉时所采取的措施,包括考虑是否有必要从市场召回药品。企业应有专人及足够的辅助人员负责进行质量投诉的调查和处理,所有投诉、调查的信息应向质量受权人通报。

**1.登记审核**

对与产品质量缺陷有关的所有投诉,应详细记录投诉的各个细节,并进行分类。

**2.投诉调查**

企业对投诉应进行调查。发现某批药品存在缺陷,应考虑检查其他批次的药品,查明是否受到影响,并有调查记录。对于一些客户的质疑,如果不需要调查,即可以直接答复或解释的,可以不进行调查,但是要写明原因。

### 3.投诉处理

如果确定投诉所依据的事实不成立,则适当地答复客户即可结束该投诉,并将记录存档。如果通过调查判定投诉为合理的,投诉处理的负责部门将与其他相关部门合作,决定产品是否需从投诉的客户退回,是否需要启动产品召回程序,从相关客户处召回相关产品。对每一个合理投诉,都应当针对问题提出并记录合理的纠正和预防措施,投诉处理负责部门应当对纠正和预防措施进行跟踪直至完成。纠正和预防措施完成后应进行评估。对客户投诉进行答复直至满意为止。

### 4.投诉回顾

企业应定期对投诉进行回顾,以便发现需要警觉、重复出现以及可能需要从市场召回药品的问题,并采取相应措施。企业出现生产失误、药品变质或其他重大质量问题,应及时采取相应措施,必要时还应向当地药品监督管理部门报告。

## 二、药品不良反应报告

药品不良反应(Adverse Drug Reaction,ADR)是指合格药品在正常用法、用量下出现的与用药目的无关的有害反应。包括药物的副作用、毒性作用、继发反应、撤药反应、后遗反应、药物依赖、过敏反应、特异质反应、致癌作用、致畸作用、致突变作用等类型。药品不良反应报告和监测是指药品不良反应的发现、报告、评价和控制的过程。药品不良反应报告是保证人民用药安全的有效管理方式。

### (一)监测方法

企业可以依据自身情况,建立健全药品不良反应监测的组织机构,建立药品不良反应报告和监测制度,制订具体实施办法。例如,企业可以设置药品不良反应监测工作小组,药品不良反应监测专门机构(如监测站、组等)并设置专职药品不良反应监测员。完善药品不良反应监测相关制度,加强药品不良反应监测知识培训,积极、主动、全面收集企业产品的不良反应病例报告。建立企业产品不良反应数据库,跟踪和宣传国家药品不良反应通报的有关信息。组织疑难病例讨论,开展相关研究。

### (二)基本要求

药品生产企业获知或者发现可能与用药有关的不良反应,应当通过国家药品不良反应监测信息网络报告;不具备在线报告条件的,应当通过纸质报表报所在地药品不良反应监测机构,由所在地药品不良反应监测机构代为在线报告。报告内容应当真实、完整、准确。应当配合药品监督管理部门、卫生行政部门和药品不良反应监测机构对药品不良反应或者群体不良事件的调查,并提供调查所需的资料。建立并保存药品不良反应报告和监测档案。

### (三)处置

药品生产企业应当主动收集药品不良反应,获知或者发现药品不良反应后应当详细记录、分析和处理,填写《药品不良反应/事件报告表》并报告。新药监测期内的国产药品应当报告该药品的所有不良反应;其他国产药品,报告新的和严重的不良反应。发现或者获知新的、严重的药品不良反应应当在 15 日内报告,其中死亡病例须立即报告;其他药品不良反应应当在 30 日内报告。

药品生产企业应当经常考察本企业生产药品的安全性,对新药监测期内的药品开展重点监测,并按要求对监测数据进行汇总、分析、评价和报告;对本企业生产的其他药品,应当根据安全性情况主动开展重点监测。并应当对收集到的药品不良反应报告和监测资料进行分析、评价,并主动开展药品安全性研究。

# 任务 10　质量风险管理

风险是指在某一特定环境下,在某一特定时间段内,某种损失发生的可能性。风险由风险因素、风险事故和风险损失等要素组成。换句话说,在某一个特定时间段里人们所期望达到的目标与实际出现的结果之间的距离称为风险。产品质量风险是指由于产品设计考虑不周、生产技术水平不够、生产过程把关不严等原因造成的质量不确定性风险。

药品质量风险管理是应用于药品生产的有关概念,它对药品的整个生命周期进行了质量风险的识别、评估、沟通和回顾,是一个完整的系统化的过程。最早源自 ICH-Q9。美国FDA 于 2002 年颁布的《21 世纪 GMP》中对质量风险管理进行了首次明确化的规定,正式提出在医药领域内引入风险管理的理念。2005 年则将质量风险管理纳入了文件管理中并制定了相关的管理条例。我国是在 2010 年版 GMP 中引入了这一概念。在实施 GMP 的过程中要遵循一定的原则,首先要明确质量风险管理的最终目的是保证患者使用的药品质量合格;其次要在掌握科学知识和有一定经验积累的基础上运行药品风险管理,以保证药品的质量符合生产要求。

## 一、制药行业质量风险管理实施的必要性

### 1.药品行业质量安全关乎国计民生

药品是用于预防、调节、治疗人的生理机能的物品,药物都有一定的适应证、用法、用量等。由于人的体质等的不同,每一种药物在治疗疾病的同时都存在一定的不良反应,生产质量不合格的药物不仅不会起到治疗疾病的效果,还会导致严重的不良反应,对人体造成伤害。药品行业的质量安全关系着国计民生,因此,各国对于药物从研发、动物试验、临床试验、审批上市、企业生产到药品质量检验的各个环节都有十分严格的规范和监督体系。药品生产不合格会造成极其恶劣的社会影响。

### 2.制药行业质量直接联系企业的经济利益

制药企业生产药品质量不合格不仅会影响患者的生命健康和安全,还会严重影响企业

的信誉,使消费者不再信任生产企业,最终给生产企业带来巨大的经济损失。

3.加强对制药行业的质量风险管理符合我国法律法规

我国法律对制药、食品等特殊的生产企业提出了严格的规定,明确各职能部门和企业的相关责任,加强对制药行业的质量风险管理,符合我国的法律法规,是尊重法律保障人民群众生命健康及财产安全的具体体现。

4.加强对制药行业的质量风险管理有利于提高我国制药企业的竞争力

随着经济和社会发展,经济全球化日益成为国际发展主流。新世纪积极奉行"引进来"和"走出去"战略,为提高我国制药企业的竞争力,必须加强对制药行业的质量风险管理。要想提高我国制药企业的国际竞争力必须紧跟时代潮流,积极吸取国际先进的经验,加强对企业质量风险管理水平。

## 二、风险与风险管理

ICH(人用药品技术要求国际协调理事会,国际协调理事会)在其质量管理的 Q9 中对风险一词的定义是:危害发生的可能性及危害的严重性的综合体。其中,可能性是指危害发生的概率,即危害发生的频率是多少。严重性是指危害的后果,即危害发生后造成的不良后果的严重程度有多大。

风险管理是一种预防性和系统性的管理方法。目标是用最小的风险管理成本获得最大的安全保障;其本质是事先预测,做好防范,将可能发生的风险,通过科学的方法将之预测出来,并用行之有效的方法将之进行有效的预防。

## 三、药品质量风险的来源

在药品行业中,风险无处不在,如跑冒滴漏、人员疏忽、设备异常,或生产工艺本身就是掌控难度大等;既有潜在的,也有明示的。这些风险中的危害主要是指对患者健康造成的损害。

这些风险散布在生产、储运等各环节中,例如,在暴露环境中的生物性污染、其他物料引起的交叉污染;在包装过程中会出现的规格、装量、标志差错等;在储运过程中的温度、湿度、运输的安全性等。实施 GMP 的核心就是要防止污染、交叉污染、混淆、差错、变质,保证药品质量。

质量风险管理是对质量风险进行评估、控制、沟通、审核(回顾)的系统过程,风险评估可采用两种方式:前瞻式和回顾式。风险高的严格管理,风险低的适当放宽。这是企业正确实施风险管理的依据,也正是风险管理的意义所在。

#### 四、企业的质量风险管理措施及目标

##### （一）措施

企业按照新版 GMP 要求，建立"风险评估管理规程"，成立风险管理组织机构，对物料供应商管理、生产过程控制、产品质量回顾、验证、变更、偏差管理、仪器校验与维护等方面采用前瞻或回顾方式，应用专用分析工具，进行风险识别、风险分析、风险评估、风险控制、风险沟通及风险回顾。利用风险分析数据和结果指导公司规避质量事故或药害事件的发生，保护患者的切身利益。降低或规避企业经营风险和环境安全风险，确保公司风险管理工作规范、有效地进行。

##### （二）目标

（1）企业绩效方面：有效防范和规避风险，减少风险发生的损失。

（2）理念和文化方面：提高风险管理意识，将风险管理融入整个组织的理念、治理和管理程序、方针策略以及企业文化等方面，保护企业声誉和品牌形象。

（3）战略方面：与企业的战略规划相协调，为战略目标的实现提供合理保证，增强企业的危机应对和生存能力。

（4）经营方面：改善公司治理和内部控制，提高运营效率和效果，遵守相关法律法规和规章制度。

（5）财务报告方面：确保给公司决策层及管理层提供的信息准确完整，为计划和决策奠定可靠、可信的基础。

#### 五、企业的风险管理分类及分级

企业对风险的基本分类为 8 类：合规风险、安全风险、战略风险、财务风险、运营风险、经济风险、政治风险和质量风险。其中质量风险包括不良反应、药品安全性和稳定性、药品注册失效或延期、产品强制召回或强制停产、假药、产品或原料污染、使用不符合规定的原辅料等。

企业对风险的基本分级分为 5 级，按照风险损失程度划分顺序如下：

（1）5 级：灾难性损失，或重大人员伤亡；令公司失去生存和持续经营能力，或造成重大人员伤亡的事故。

（2）4 级：重大损失，或人员伤亡；对公司战略目标造成重大影响或造成人员伤亡。

（3）3 级：损失中等，对公司战略目标造成阻碍。

（4）2 级：损失轻微，对公司战略目标影响轻微。

（5）1 级：近乎没有损失，影响程度十分轻微。

## 六、企业的风险管理流程

对于已发生的风险事件,应填写"风险事件报告单"和"风险分析单",执行风险事件处理流程。其中对于 4 级、5 级的风险事件,公司应在第一时间内启动应急预案,及时采取紧急措施控制事件现场和后续影响,减少财产损失和人员伤亡。

对于尚未发生的潜在风险因素,公司各部门应结合本单位的战略目标、业务流程等进行分析,执行风险评估流程予以识别。对于所识别的风险,风险部门应填写"风险识别与评估表",进行记录风险分类和分级情况,并经风险评估小组评估确认。已确认的风险,落实风险责任人和风险消减计划。其中,对于灾难级、重大级潜在风险,还应制订应急预案。

当在日常运营活动中识别出新的风险时,部门应填写"风险识别及评估表",风险责任人每年至少一次组织部门风险评估小组成员进行识别风险,评估风险,将所有风险填写"风险汇总表",并附以上资料报公司风险管理员处。风险编号原则为部门名称缩写+流水号 3 位,公司风险编号沿用各部门的编号。

### (一)风险识别

风险可以将许多关键信息作为来源进行识别。这些信息包括但不局限于:内部审计、外部审计、法规更改、验证回顾、定期年度产品质量回顾、变更控制、供应商与承包商的改变、偏差、纠正与预防措施、投诉、工艺的改变。

### (二)风险分析

风险分析是对风险产生的可能性和影响程度进行定性和定量的分析,包括可能性和影响程度分析。风险分析的结果可用于对风险进行分级,以及确定风险应对措施。风险分析是对所确定的危害源有关的风险进行预估,针对不同的风险项目需选择应用不同的分析工具,如帕累托图、决策矩阵、相关分级/风险因子、关键性分析、控制图、失效模式和影响分析、趋势图、过程能力分析等。

### (三)风险评估

风险评估是识别及分析影响公司目标实现和产品质量的风险因素的过程。质量风险的评估应该基于科学性和保护患者的出发点。应用风险评估的工具进行风险评价。风险评价可以确定风险的严重性,将已识别和分析研究的风险与预先确定的可接受标准比较。风险评价的结果可以是对风险的定量评估,也可以是对风险的定性描述。

### (四)风险控制

公司应根据各项风险的分析分级结果,制订风险的应对方案。对于灾难级、重大级的风险,除形成应对方案外,还应制订具体的应急预案。风险的应对方案包括规避风险、减少风险、转移风险、接受风险 4 种。

### （五）风险沟通与报告机制

对已发生的风险事件的报告：公司发生的风险事件,应建立报告机制。如 5 级、4 级风险事件立即报告总经理,由总经理在事件发生后 30 min 之内向董事长报告；3 级事件要在30 min内报告总经理；其他事件要在一天内报告总经理；总经理在月度经营报告中向董事长报告风险事件的处理结果。

对潜在风险的沟通与报告：对于潜在风险,公司应建立风险信息的报告机制。各职能部门识别的灾难性和重大性潜在风险信息,应向公司总经理汇报,并及时向董事长报告,同时抄送相关的集团归口管理部门；其他级别的潜在风险,应向公司总经理报告,并根据需要抄送相关的归口管理部门。

### （六）风险回顾

在整个风险管理流程的最后阶段,应对风险管理的结果进行审核。风险管理是一个持续性的质量管理过程,应每年对风险管理的有效性进行回顾检查。

综上,质量风险管理体系的建立与实施与应用可以有效提高药品质量,保障药品生产,提高企业的经济效益。制药企业做好质量风险管理,并将质量风险管理应用到药品质量管理的全过程中,只有这样才能够确保生产出符合预定用途的合格药品。

## 七、质量风险管理工具

质量风险管理的原则之一是质量风险管理流程的评估结果,正式性和文件化应与其风险级别相适应。通常来说,最好能运用一个系统的质量风险管理工具,但正式的质量风险管理工具经常是既不合适又不需要的,因为实施质量风险管理流程只是为先前的非文件化或历史数据提供一种合适的知识管理和文档框架,所以,只要符合质量风险管理的要求,使用非正式的风险管理程序（如使用经验工具或内部程序）也认为可接受。

风险管理的正式程度包括简易化程度、相关项目专家、组织构架、工具与文件系统的严谨和正式性要求程度。风险管理的严谨和正式性要求程度受许多因素的组合影响,包括（但不限于）：风险问题的危急程度（例如影响病人安全或产品质量）；问题、工艺或系统的复杂性；相关历史数据和相关文献的可用性；工艺知识和经验的实用性程度。

没有一个或一套工具适用于所有的质量风险管理过程。ICH Q9 中给出了制药行业与药政机构公认的几种风险管理工具,以下列几种工具为例进行质量风险管理流程的简要说明。

### （一）失效模式与影响分析

失效模式与影响分析是确定某个产品或工艺的潜在失效模式,评定这些失效模式带来的风险,根据影响的重要程度予以风险分级并制订和实施各种改进与补偿措施的设计方法。

该工具潜在使用领域包括：风险优先性排序（使用打分法）；风险控制活动的有效性监

督;用于设备和厂房,也可用于生产工艺分析以确定高风险步骤或关键参数。

实施步骤包括:①成立评估小组;②将大的复杂的工艺分解成易执行的步骤;③识别已知和潜在的失效模式;④通过集体讨论得出已有失效和潜在失效的列表。

### (二)危害分析和关键控制点

危害分析和关键控制点(Hazard Analysis and Critical Control Point, HACCP)是一种系统化、积极主动和预防性的风险管理方法,用以确保产品的质量、可靠性和安全性。HACCP 使用技术和科学的原理分析、评估、预防和控制风险或由于产品设计、开发、生产和使用产生的危害后果。HACCP 简化矩阵包括危害、监测关键控制点系统、可能的纠正措施等。该工具潜在使用领域包括用以识别并处理物理、化学和生物危害相关联的风险;当对工艺了解足够全面时,有助于支持关键危害点(Critical Control Point, CCP)的识别;促进生产工艺中关键点的监控。

实施步骤包括:①对过程的每一步进行危害分析;②为每个步骤制订预防性措施;③定义 CCP;④建立目标水平关键限度;⑤建立 CCP 监测体系;⑥建立当监测显示 CCP 不在控制状态时应该采取的纠正措施;⑦建立确认规程并证明 HACCP 体系行之有效;⑧对所有规程步骤建立文件并保留记录。

### (三)危险和可操作性分析

危险和可操作性分析是基于假定风险事件,是由于与设计或操作目的之间的偏差造成,以辨识危险因素的系统的头脑风暴技术。

该工具潜在使用领域包括:原料药和制剂产品生产工艺,如处方、设备和设施等;工艺安全性危险因素评估;生产过程中 CCP 的日常监控。

实施步骤包括:①辨识设计缺陷、工艺过程危害及操作性问题;②分析每个工艺单元或操作步骤,识别出具有潜在危险的偏差。

### (四)预先危害分析

预先危害分析是基于适用的以往的经验和风险或失效的知识,通过分析识别未来的危险、危险状态和可能发生危害的事件,并估计它们在某具体活动、厂房、产品或系统内发生的可能性。

该工具潜在使用的领域包括:已经建立的系统更加适用;针对产品、工艺和设施设备设计;适用于普通产品、分类产品和特殊产品;开发早期,如果在设计细节或操作程序方面仅有少量信息时使用,该工具常常对进步的研究具有先驱性的作用。

实施步骤包括:①确定风险事件发生的可能性;②对健康可能导致的伤害或损伤的程度的定性评估;③确定可能的补救措施。

### (五)其他质量风险管理工具

一些简易的质量风险管理工具可以支持风险的识别,如流程图、检查表、工序图、因果图

（石川图／鱼骨图）、风险排序和筛选、统计学工具、头脑风暴法。

除了 ICH 给出的风险管理工具，传统的调试与确认活动中还使用其他两种不太正式但被行业认可的方法：系统影响性评估和部件关键性评估。一般情况下，简易的质量风险管理工具常常会和其他工具结合应用，完成一项具体的质量风险管理流程。

1. 因果图

因果图主要是从结果找原因；排列图主要是从众多的原因中找关键的少数；矩阵图是从各类要素中找出有关联性的成对要素，确定关键点等。没有一个工具是万能的，必须根据目的和工具的特性进行选用。有时是仅用一个工具，有时需几个工具联合使用。

因果图是由日本东京大学教授石川馨于 1953 年首次提出的，又称为石川图。由于因果图是将许多可能的原因归纳成原因类别与子原因类别，画成的图形似鱼刺，所以该工具也叫鱼刺图。

因果图的制图原理：导致过程或产品问题的原因可能有很多因素，通过对这些因素进行全面系统的观察和分析，可以找出其因果关系。因果图就是这样一种简单易行的方法。该图在诞生时主要是用于质量分析，分析质量特性与影响质量特性的可能原因之间因果关系的一种工具，它是通过把握现状、分析原因、寻找措施来促进问题的解决。由于因果图比较实用有效，所以在其他领域也得到了广泛的应用。

绘制因果图时一般是从特性沿主骨向左推原因，再列出影响结果的主要原因，作为大骨用方框框上，依次列出影响大骨的原因，即第二层原因作为中骨；用小骨列出第三层原因，以此类推，直至具体的原因。将所有可能的因素列出之后，根据对质量特性影响的重要程度，将认为有显著影响的重要因素标出来，再通过制订措施，各个击破解决问题。

绘制因果图时，可以用逻辑推理的方法，从结果到主骨、大骨、中骨、小骨之间是按逻辑推理法完成的，即是从大到小的过程；也可以利用发散思维的方法，将各种原因找出，再经过归纳整理从小骨到中骨、大骨的过程，即是从小到大先发散后归纳的过程。以上两种方法有时可以结合起来使用。绘制因果图时要注意两个问题：

（1）确定原因，应尽可能具体：不具体，没法采取措施，如果分析出的原因不能采取措施，问题就不能得到解决，这种分析意义不大。

（2）有几个问题，就要绘几张图：一张图上若同时绘制若干问题，往往会使问题复杂化，无法管理。所以最好是一个问题一张图。

2. 排列图

排列图也叫帕雷特图，是由美国的朱兰博士以意大利经济学家帕雷特命名的分析法。朱兰博士认为，在许多情况下，多数不合格及其引起的损失是由相对少数的原因引起的，并将质量问题分为"关键的少数"和"次要的多数"。因此，一旦明确了"关键的少数"，就可以消除原因，避免由此所引起的大量损失，且可达到事半功倍的效果。排列图即是依据此原理产生的。

排列图是将发生频次从最高到最低的项目从左向右依次进行排列而采用的简单图示技术，通过区分排列，找出关键的少数，以最少的努力获取最佳的效果。

方法是:先收集不合格项的数据,列入不合格调查表,再填入排列图数据表,根据数据制排列图。从图上找出关键的少数,并制订解决措施。

# 实训项目 8:原辅料、成品取样

## 一、实训目的

1.掌握 GMP 对原辅料、成品取样的相关规定。
2.学会原辅料、成品取样的方法。
3.培养科学、严谨、认真的工作作风,以及互相协调、配合的职业素养。

## 二、实训内容

1.原辅料取样操作。
2.成品取样操作。

## 三、实训过程

1.实训指导

(1)取样应遵守企业制定的《取样管理程序》和《取样操作规程》。

(2)取样员应在企业规定时限内到规定地点在取样间内取样。取样前确认取样环境的温度、湿度及洁净度是否符合要求。

(3)取样员在开启物料包装前核对物料名称、批号、数量,检查包装应完整、清洁,无水迹、霉变等异常情况,如有异常应单独取样。

(4)液体物料摇匀后取样。光敏性药品用棕色瓶装,必要时加套黑纸。腐蚀性物料避免用金属取样工具取样。毒剧性药品两人取样,并佩戴防护用具。

(5)一批物料的品名、批号、包装、生产厂家相同时,可作一个取样单位,否则需要分别取样。

(6)取样结束,在已取样的内包装材料上及时贴"取样证",将外包装重新密封,挂上取样证后送回原处。

(7)取样器具按相应的清洗标准操作规程清洗后定置存放。品种、规格不同的物料取样器具应分开,避免污染。

(8)检验剩余样品不能返回原包装,作留样样品保管。

(9)留样由专人负责,具有一定的专业知识,熟悉样品的性质和储存方法。

2.组织学生观看《取样与样品管理》视频;班级学生分组,每组 3~5 人,每人练习原辅料和成品取样操作。

3.以小组为单位设计"取样通知单"、取样证、取样记录;选择取样及留样所需的仪器。

4.确定取样量:根据请验单的品名、规格、数量计算取样样本数、取样量。

5.原料药取样

(1)固体原料要在取样间用洁净的不锈钢勺或不锈钢镊子。在每一包件不同部位取样。样品放在具有封口装置的无毒塑料取样袋内,封口,做好样品标识。

(2)液体原料要在取样间用洁净的玻璃吸管,取样放在洁净的具塞玻璃瓶中,密塞,做好样品标识。

(3)原料、辅料需检验微生物限度的样品,用已灭菌的取样器在每一包件的不同部位按无菌操作法取样,样品放在已经灭菌的容器内,封口,做好样品标识。

6.成品取样

(1)成品入库前,生产车间填写成品请验单送交质量管理部门。由车间现场质量监控员取样,或由化验室专人到成品存放地或外包装岗位,按批取样。

(2)核对请验单内容与成品标签内容,无误后取样。每批成品在不同的包装内抽取一定的小包装,总量共 3 次全项检验和留样。

(3)填写取样记录和留样记录。

## 四、实训报告

1.设计并填写"取样通知单"、取样证、取样记录。
2.总结本次实训的收获与不足。

# 项目检测 8

## 一、单项选择题

1.组织为满足顾客规定的产品或服务的外部质量要求,并向顾客证实质量保证能力的质量体系,称为(      )。

A.质量管理体系                          B.内部质量保证体系

C.质量保证体系                          D.质量检验体系

2.质量管理活动中,要确立和贯彻(      )为主的原则,尽可能地将伪劣药品消灭在制造完成之前,才能真正减少企业和社会的损失。

A.预防                B.纠正                C.检验                D.抽查

3.质量保证的关键是提供(      ),即向客户和其他相关方提供能够被确信组织有能力达到质量要求。

A.预防                B.信任                C.检验                D.证据

4.质量保证法规方面的定义在我国新版 GMP 中规定,只有经过(      ),每批产品符合注册批准以及药品生产、控制和放行的其他法规要求后,方可发运销售。

A.生产管理负责人                    B.质量管理负责人

C.质量受权人批准                    D.企业负责人

5.(　　)包括相应的组织机构、文件系统以及取样、检验等,确保物料或产品在放行前完成必要的检验,确认其质量符合要求。

A.质量控制           B.质量保证           C.质量检验           D.质量抽查

6.一般情况下,留样仅在有特殊目的时才能使用,例如调查投诉。如留样用于其他用途应经过(　　)批准。

A.企业负责人                    B.生产管理负责人

C.质量管理负责人                    D.质量授权人

7.留样超过保存期后应进行报废,报废应填写报废申请单,经(　　)批准后才可销毁。

A.企业负责人                    B.生产管理负责人

C.质量管理负责人                    D.质量授权人

8.下列关于微小变更描述正确的是(　　)。

A.对产品安全性、有效性和质量可控性基本不产生影响或影响不大

B.需要通过相应的研究工作证明变更对产品安全性、有效性和度量可控性没有产生负面影响

C.需要通过系列的研究工作证明对产品安全性、有效性和质量可控性没有产生负面影响

D.属于Ⅱ类变更,需要报药品监督管理部门备案

9.变更必须得到相关部门和质量部门的批准。得到书面批准后,方可执行变更。相关部门按已核准的变更制订实施计划,明确实施职责,实施变更(　　)负责跟踪检查变更的实施情况。

A.QA           B.QC           C.SFDA           D.CFDA

10.对法规或规程的细小偏离,不足以影响产品质量,无须深入调查,但必须立刻采取纠正措施描述的是(　　)。

A.次要偏差           B.主要偏差           C.重要偏差           D.重大偏差

11.可能对产品质量、安全性或有效性产生严重后果,或可能导致产品报废描述的是(　　)。

A.次要偏差           B.主要偏差           C.重要偏差           D.重大偏差

12.偏差发现时,发现人应以口头、书面汇报方式在规定时间(　　)内向其直接领导报告偏差情况,由主管或相关人员随后撰写生产偏差事件报告。

A.12 h           B.24 h           C.48 h           D.72 h

13.偏差事件发生时,主管部门应对其进行初步评估,部门负责人上报(　　),然后通过偏差记录及初步调查后对偏差进行确认。

A.QC           B.QA           C.CFDA           D.SFDA

14.质量管理部门和相关部门应对已解决的偏差进行总结,书写偏差报告。(　　)负责

最后审阅批准主要偏差和重要偏差。

A.企业负责人      B.生产管理负责人

C.质量管理负责人      D.质量授权人

15.(　　)应跟踪纠正预防措施的实施效果,定期回顾评估所采取措施的有效性。

A.工程部      B.生产管理部门

C.质量管理部门      D.企业负责人

16.CAPA措施经过认可后需进行批准,为实施创造有效条件。CAPA措施一般由企业(　　)批准。

A.企业负责人      B.生产负责人

C.质量负责人      D.质量授权人

17.跟踪确认的责任部门,一般由质量管理部门负责,通常由(　　)人员负责管理并建立相关管理程序,以确保跟踪确认正常有序地实施。

A.QC    B.QA    C.CFDA    D.SFDA

18.回顾频次方面,至少每年对所有药品进行(　　)次全面的质量回顾,建议每个季度进行一次监测性回顾。

A.1    B.2    C.3    D.4

19.各相关部门按照年度产品质量回顾报告中制定的改进措施及完成时间,进行改进措施的实施,(　　)跟踪改进措施的实施,并将其执行情况汇总在下年度质量回顾报告中。

A.QC    B.QA    C.CFDA    D.SFDA

20.(　　)也称为紧急投诉,是有可能对用户造成伤害的产品质量问题或严重不良反应所引起的用户投诉。

A.严重投诉    B.重要投诉    C.轻微投诉    D.其他投诉

二、多项选择题

1.质量体系的种类分为(　　)两类。

A.质量管理体系      B.质量生产体系

C.质量保证体系      D.质量分配体系

2.一般来说,质量保证的方法有(　　)。

A.质量保证计划、产品的质量审核

B.质量管理体系认证

C.由国家认可的检测机构提供产品合格的证据

D.质量控制活动的验证等

3.质量控制包括相应的(　　)等,确保物料或产品在放行前完成必要的检验,确认其质量符合要求。

A.组织机构    B.文件系统    C.取样    D.检验

4.下列关于药品生产企业质量控制实验室的核心职责,描述正确的是(　　)。

A.负责对物料、中间产品或中间体、成品、稳定性试验样品、验证及调查性样品等进行分析检验并出具检验报告

B.具有鉴别、把关、预防和报告等功能

C.是质量管理的重要组成部分

D.是确保所生产的药品适用于预定用途、符合药品质量标准及规定的关键环节

5.质量控制实验室根据事先制定的样品采集管理制度和取样操作规程（SOP）对产品或物料取样，取样操作规程（SOP）应明确（      ）。

A.取样方法

B.取样器具、取样点

C.取样频次及样品的数量

D.盛装样品用的容器

6.关于留样，下列说法正确的是（      ）。

A.留样的包装形式应当与原料到货时的市场包装相同或模拟市售包装形式

B.固体辅料的留样可密封在聚乙烯袋中并且外用铝箔包装

C.液体样品必须依据其特性保存在合适容器中

D.易挥发和危险的液体样品可以不留样

7.下列属于Ⅰ类变更的是（      ）。

A.职责的变更

B.非公司关键人员的变更

C.生产设备非关键零部件的改变（不包括直接接触药品的部件材质）

D.文件的变更

8.下列情况属于主要变更生物是（      ）。

A.职责的变更

B.关键生产条件的变更

C.印刷类包装材料样式的变更

D.物料供应商变更等

9.下列情况属于重大变更的是（      ）。

A.原料药或制剂的生产工艺发生重大变更

B.制剂处方、质量标准、药品有效期变更

C.直接接触药品的包装材料，许可范围内的变更（如生产场地的变更）

D.新增药品规格变更等

10.属于变更控制流程的是（      ），变更控制程序由质量受权人批准。

A.变更申请 　　B.变更评估 　　C.变更实施 　　D.变更回顾

11.下列情况描述属于次要偏差的是（      ）。

A.对法规或规程的细小偏离，不足以影响产品质量，无须深入调查，但必须立刻采取纠正措施

B.口服制剂清净区内发生短时间的温度、湿度微小超标

C.生产前发现所领物料与生产不符，但未进行生产

D.由于设备不稳定、调试导致的物料补领。

12.下列情况描述属于主要偏差的是（      ）。

A.可能对产品质量产生实际或潜在的影响

B.过程控制检验数据或包装重量记录的丢失

C.设备故障、损坏等;清场不合格

D.多个重复出现的同类次要偏差可以合并升级为一个主要偏差

13.下列情况描述属于重要偏差的是(　　)。

A.混药、混批、包装材料混淆等

B.关键参数偏离标准规定

C.生产中使用超过复检期的原料

D.测试结果未达到质量标准或超过警戒水平

14.制订纠正和预防措施的原则是(　　)。

A.相关部门针对缺陷项目的原因分析要全面和系统,不能流于形式

B.针对缺陷项目的原因所采取的纠正和预防措施应及时,具备可操作性及有效性

C.采取的纠正和预防措施与缺陷项目所带来的质量风险是相符合的

D.制订的纠正和预防措施能举一反三,避免类似问题的再次发生

15.CAPA 措施完成期限可根据纠正和预防措施内容和难易程度而定,下列描述正确的是(　　)。

A.严重缺陷项目一般为 6 个月

B.严重缺陷项目一般为 3 个月

C.一般缺陷项目正常为 1 个月

D.性质轻微的缺陷项目可在现场立即纠正

16.跟踪确认的目的有(　　)

A.防止缺陷项目的再次发生　　　　　　　B.确认纠正和预防措施的有效性

C.确保消除存在的严重缺陷项目　　　　　D.确保消除存在的次要缺陷项目

17.关于产品质量回顾的活动,描述正确的是(　　)

A.药品生产企业定期回顾分析与产品相关的一系列的生产和质量数据

B.评价产品生产工艺的一致性,分析相关物料和产品标准的适用性

C.识别其趋势,并对不良趋势加以控制,进而确保产品工艺稳定可靠,符合质量标准规定

D.持续改进产品质量提供依据的质量活动

18.通过对全球 GMP 规定和常见问题的梳理、分析,产品质量回顾的要点主要包括(　　)。

A.程序文件规定、回顾频次　　　　　　　B.回顾内容、统计分析方法

C.回顾问题的识别与分析、回顾结论　　　D.质量回顾报告的审核与管理

19.下列关于投诉的描述正确的是(　　)。

A.严重投诉,也称为紧急投诉,是有可能对用户造成伤害的产品质量问题或严重不良反应所引起的用户投诉

B.重要投诉,是指不对用户造成伤害,对企业形象带来负面影响或长远的观点来看会影响产品销售的投诉

C.轻微投诉,是指引起投诉的药品缺陷不影响临床药效,药品符合质量指标的投诉

D.其他投诉,是指恶意投诉、咨询性投诉

20.下列关于药品不良反应报告,正确的是(    )。

A.发现或者获知新的、严重的药品不良反应应当在 10 日内报告

B.发现或者获知新的、严重的药品不良反应应当在 15 日内报告

C.死亡病例须立即报告

D.其他药品不良反应应当在 30 日内报告

## 三、填空题

1.随着质量管理功能的强化,_____必须负责审查可能对药品质量有影响的各个方面,比如厂房设施、厂房布局、工作职责指令等。

2.企业质量管理部门的工作范围,概括起来有两个方面,其一是_____,其二是_____。

3._____是指为使人们确信产品或服务能满足质量要求而在质量管理体系中实施并根据需要进行证实的全部有计划和有系统的活动。

4._____就是按规定的方法检测原料、中间体或半成品及药品的质量特性,与规定的质量标准进行比较,从而对药品做出合格与不合格判定的过程。

5._____的核心目的在于获取反应样品乃至样品代表的批产品(物料)质量的真实客观的检验数据,为质量评估提供依据。

6._____是指企业按规定保存的、用于药品质量追溯或调查的物料和产品样品,应当能够代表被取样批次的物料或产品。

7.除稳定性较差的原辅料外,用于制剂生产的原辅料(不包括生产过程中使用的溶剂、气体或制药用水)和与药品直接接触的包装材料的留样应当至少保存至产品放行后_____年;成品留样应当按注册批准的储存条件至少保存至药品有效期后_____年。

8._____指任何对系统、工艺、设备、物料、产品和程序的补充、删除或改变。

9._____是指对批准指令或规定标准的偏离。

10.为防止已出现的不合格、缺陷或其他不希望情况的再次发生,消除其直接原因和潜在原因所采取的措施为_____。纠正和预防措施是"纠正措施"和"预防措施"的合写,简称_____。

11._____是指为了消除导致已发现的不符合或其他不良状况的原因所采取的行动。_____是指为了消除可能导致潜在的不符合或其他不良状况的诱因所采取的行动。

12.药品不良反应,简称_____,是指合格药品在正常用法、用量下出现的与用药目的无关的有害反应。

阅读材料八    附件十一

# 项目9 确认和验证

## 🎯 知识目标：

- 掌握确认的定义及范围，验证的分类及验证程序。
- 掌握验证的范围、前验证、同步验证、回顾性验证、再验证。
- 掌握厂房设施验证、分析方法验证、工艺验证、清洁验证及运输确认。

## 🎯 技能目标：

- 能辨识确认与验证。
- 能辨识适用前验证的情形、辨识适用同步验证的情形、辨识适用回顾性验证情形、辨识适用再验证的情形、辨识验证目的。
- 认知设施验证、分析方法验证、工艺验证、清洁验证。

## 🎯 素质目标：

- 培养学生制订验证方案、前验证、回顾性验证、再验证，撰写验证小结。
- 培养学生认真、科学的从业精神，良好的职业素质。

## 🎯 课前导案：

 "欣弗"事件

## 任务 1　验证和确认

验证是 FDA 在 20 世纪 70 年代提出的一个药品生产的质量保证概念,经过国际制药界和药品管理部门的不断努力和完善,验证已经成为 GMP 规范中一个不可或缺的部分。我国的验证工作主要从 20 世纪 90 年代开始,在对国外传入的方法进行吸纳和总结的基础上,结合我们医药行业实际,进行了相应的改良。1988 年版和 1992 年版中,均有验证的概念,2010年版将确认和验证单列一章,充分说明了国家药品监督管理部门对验证与药品质量的高度重视。

确认是证明厂房、设施、设备能正确运行并且可以达到预期结果的一系列活动,验证是证明任何操作过程(或方法)、生产工艺或系统能达到预期结果的一系列活动。验证的定义中强调了证据(书面保证)和质量要求。验证是一个系统工程,是制药企业将 GMP 原则切实具体地运用到生产过程中的重要科学手段。制药企业在新药开发、药品生产过程以及药品质量检验过程中,都涉及验证;制药企业要对产品负责验证,验证工作涉及 GMP 诸要素、验证机构和管理等多方面的内容。

制药企业为了有效保证药品质量,就要对与生产有关的不可控因素(人、机、料、法、环、测)进行有效控制,使其朝着预期结果发展。确认和验证就是从公司硬件(设备、设施)、软件(工艺、规程等)方面着手证明生产药品的全过程是受控的。例如,人员经过培训在生产中按照现行规程进行操作;关键设备经过确认,设备按照生命周期进行管理;物料从领料、称重、配制到退库全程受控;标准操作规程、工艺规程都经过验证才使用;生产环境经过确认并做好日常监控;原辅料经过检验才投入使用;中间产品和成品经过检验才放行等。制药企业对 GMP 诸要素实施了验证工作,不仅符合了 GMP 对药品生产的要求,而且也形成了证实性文件(书面保证),实际上这就是为 GMP 认证顺利通过奠定了基础。制药企业对 GMP 诸要素,以及药品生产过程的验证,使 GMP 实施提升到一个新的高度;而未经验证的 GMP 的实施带有盲目性,缺乏依据,也是不可靠的。

确认与验证列于 2010 年版 GMP 第七章,其前面的章节内容涉及:机构与人员、厂房与设施、设备、物料与产品;后面的章节内容涉及:文件管理、生产管理、质量控制与质量保证、产品发运与召回、自检。根据上述结构内容,不难得出"确认与验证"的原则:与 GMP 管理相关的资源,比如,人员、厂房与设施、设备、物料,应经过"确认与验证"的测试及整合,并且合格后才能投入使用,其宗旨是最大限度地降低药品污染、交叉污染、混淆、差错等风险。"确认与验证"不仅是一种考察测试(与药品生产一致的或最差条件下的"全集"水平的考察测试),还要确保 GMP 资源管理及文件管理、生产管理、质量控制与质量保证的一致性、可追溯性。验证是 GMP 的基础,它证明了药品质量生产过程中的风险得到了有效控制,从而使药品质量管理体系的运行得到了有效的支撑。验证体系的建立,使制药企业的生产能够有章可循,按章办事。

药厂的运行必须以质量保证体系为手段,任何一个关系到药品质量的生产行为,都必须有一套完整的验证方案和验证手段。将"确认与验证"与药品开发结合起来,可以用于药品开发的生产设计、工艺、临床效果的全面评价,还可以用于早期产品供应链的建设与评估,从而有效、全面地保证药品质量。

## 一、验证的定义及内涵

我国 GMP(2010 年版)对验证的定义如下:有文件证明任何操作规程(或者方法)、生产工艺或者系统能达到预期结果的一系列活动。

(1)药厂的运行必须以质量保证体系为手段,有明确的"标准",以便做到"有章可循,照章办事";而"标准"的确立又必须以生产设备、方法、规程、工艺验证的结果为基础。

(2)实施 GMP,需要按"标准"对各种过程进行控制,实现过程确实受控的目标。

(3)过程管理遵循动态法则。在按"标准"对影响质量的各个因素监控的同时,又必须用各种过程监控的实际数据考核"标准"制定的合理性及有效性,或对已验证状态是否发生了漂移做出评估,进而通过再验证的手段或对历史数据进行回顾总结的办法,对"标准"进行必要而适当的修订。

## 二、验证的目的

验证的目的就是以真实数据证实程序、生产过程、设备、物料、活动或系统能否达到标准和预定目标。也就是通过一系列的证据证明生产所需要的厂房、设施、设备等在生产过程中能满足生产的要求、达到生产预期的结果,并且不对药品产生污染;通过一系列的证据证明所设计的工艺、规程、检验方法能够持续地生产出符合预期的质量标准和质量属性的产品。

## 三、验证的意义

(1)企业通过实施车间全方位的验证,确保在生产过程中不产生错误和偏差,强调生产过程中的管理,避免生产过程的盲目性和随意性,有利于提高工作质量和产品质量。

(2)通过验证能够找出工艺过程中的缺陷,及时弥补生产过程中的不足,有利于使程序、生产过程、设备、物料、活动或系统处于最佳状态。

(3)有利于保证新项目及程序,生产过程、设备、物料、活动或系统等变更后的可靠性。

(4)不间断的验证能够及时发现生产过程中所产生的问题,并在相应的环节进行纠正,有利于消除隐患,降低质量风险。

## 四、验证的范围

验证范围的确定原则应该依据制药工艺要求而定。我国 GMP(2010 年版)对影响产品质量的主要因素的范围进行了扩大。验证管理中涉及的要素有《良好工程管理规范》。科学地解释生产工艺、质量风险管理、质量源于设计、持续改进、知识管理。

我国 GMP（2010 年版）中引入了通过风险评估确定确认验证范围和程度的要求。质量风险管理已经成为药品生产及监管领域的基本工具之一，提出药品质量风险管理的初衷，是希望借助质量风险管理重新塑造产品生产管理流程，有效控制产品质量风险，提升产品品质。通过提出"质量源于设计"的理念，把 GMP 管理延伸到设计开发阶段，从一开始就为产品质量进行良好的设计，通过"确认与验证"的测试考察和"持续验证状态"的管理，在生产过程中保障产品质量。基于风险导向的"确认与验证"不再是常规理念的简单数据堆砌的"确认与验证"资料，而是建立在质量风险管理基础上的全方位的"确认与验证"，是一个"全集"水平的验证工作体系。作为企业管理的基本工具，企业及其从业人员都要学会运用质量风险管理理念进行管理，理解并熟练掌握"确认与验证"的方法。如果不理解或者不会运用质量风险管理工具和"确认与验证"方法，GMP 管理就无从谈起，GMP 管理水平就得不到有效提升，对药品工艺的理解、质量风险控制措施的落实就会存在困难。

## 五、企业实施验证的原则要求

我国 GMP（2010 年版）以第七章整篇幅阐述了验证的要求，其内容与 WHO 的 GMP 指南一致，但增加了验证不同阶段的工作内容、验证的组织及实施、文档管理等方面的条款。

按照对验证的原则要求，企业应按照以下几点运作：

（1）必须制订验证总计划并按计划执行考察要求。

（2）有完整的验证文件并经过批准是质量管理部门决定产品是否准予投放市场的先决条件。

（3）必须根据有关法规及用户的要求建立验证合格的标准，标准应当量化，应以量化的标准评估验证的结果。

（4）验证方案应包括验证的目标、方法及合格标准，验证方案应经质量管理部门批准后方可实施。

（5）系统、设备、计算机、工艺、公用工程及仪器仪表应根据批准的安装确认方案进行确认。

（6）必须根据批准的运行确认方案对系统、设备、计算机、工艺公用工程及仪器仪表进行运行确认，运行确认应当有运行时间的要求，运行确认的结果应由质量管理部门审核并批准。

（7）必须根据批准的性能确认方案对系统、设备、计算机、工艺、公用工程及仪器仪表等各因素进行确认，性能确认应当在常规生产的环境条件（或等同的生产条件）下进行。

（8）除特殊情况质量管理部门有权做例外处理外，产品验证的批号不得少于 3 个，所生产的产品必须符合验证方案中规定的合格标准，产品验证所用的系统、设备、计算机、工艺、公用工程及仪器仪表均必须有适当的验证文件。

（9）定期进行预防性维修及校正/校验并有相应记录是进行验证的重要条件，厂房、设施及各种系统的竣工图应当准确并及时更新。

（10）应规定验证文件的保存期限，除符合保存期的要求外，验证文档还应符合安全可靠及具有可追溯性的要求。

（11）系统、设备、计算机、工艺、公用工程及仪器仪表等均须有批准生产的操作规程，人员须适当培训。

（12）与产品相接触的系统、设备、计算机、工艺、公用工程及仪器仪表及与此相关的显示、控制或记录用的计算机，均应列入清洁验证方案进行验证。

（13）原辅料、包装材料、半成品及成品的定量试验方法必须经过验证。

（14）已验证系统需要做必要变更时，均需由负责再验证的有关人员仔细审核。与变更相关并具有可追溯性的变更审查及批准文件，均应归档。

（15）关键系统、设备、计算机、工艺、公用工程及仪器仪表等均应定期监控、检查/校正或试验，以确保其处于已验证过的状态。

## 六、验证文件

验证既是系列文件，包含验证管理要求、验证总计划、验证方案、验证报告，也是一种证明、对参数进行系列反复测试；更是一种符合性：与预期目标对比，在验证文件中规定标准、对验证结果进行审核和批准。

### （一）验证总计划

验证总计划是为整个项目及总结生产者全部观点和方法建立的保护性验证计划，它是一份较高层次的文件，用来保证验证执行的充分性。验证总计划提供总的验证策略和验证工作程序的信息，并说明执行验证工作时间的安排，包括与计划相关责任的统计。

### （二）验证方案和报告

验证方案是描述验证中即将进行的活动的文件，包括批准常规工艺或部分工艺的可接受标准。验证方案的主要内容包括验证目的、验证对象、职责、应遵循的 SOP（标准操作程序）描述、验证类型、工艺和（或）参数、取样、测试和监控要求、可接受标准。

验证报告是验证程序完成后将记录、结果和评估汇集并总结的文件，它也可以包括改进工艺和（或）设备的建议。验证报告的主要内容包括标题和验证目的、参照的方案、所用物料、设备、程序和运转工序（验证记录）、规程和检验方法、偏差评估及采取的相应纠正措施和预防措施、最终结论（包括建议）。

供应商或第三方提供验证服务的，企业应当对其提供的确认与验证的方案、数据或报告的适用性和符合性进行审核、批准。变更已批准的确认与验证方案，应当进行评估并采取相应的控制措施。确认或验证报告应当经过书面审核、批准。

当确认或验证分阶段进行时，只有当上一阶段的确认或验证报告得到批准，或者确认或验证活动符合预定目标并经批准后，方可进行下一阶段的确认或验证活动。

上一阶段的确认或验证活动中不能满足某项预先设定标准或偏差处理未完成，经评估对下一阶段的确认或验证活动无重大影响，企业可对上一阶段的确认或验证活动进行有条件的批准。当验证结果不符合预先设定的可接受标准时,应当进行记录并分析原因。企业如对原先设定的可接受标准进行调整,需进行科学评估,得出最终的验证结论。

### (三)验证总结报告

所有的验证活动完成后需要完成验证总结报告,该报告是一个对所有验证方案内提到的与验证活动相关的验证工作的详细总结。该报告通过对所有的验证活动进行总结,对验证过程和结论有清晰的理解。

验证总结报告包括但不限于以下内容:

(1)设计确认总结:描述设计确认的主要结论,记录其中同验证方案不一致的内容。

(2)安装确认总结:描述安装确认的主要结论,记录其中同验证方案不一致的内容。

(3)运行确认总结:描述运行确认的主要结论,记录其中同验证方案不一致的内容。

(4)性能确认总结:描述性能确认的主要结论,记录其中同验证方案不一致的内容。

(5)未完成的工作:列出在验证方案里面规定但是没有完成的工作,并且列出对所有未完成工作的完成计划和对目前验证结论没有影响的理由。

(6)偏差和变更情况。

## 七、验证状态维护

验证状态维护对于设备、工艺或系统始终处于"验证的"和"受控的"状态是非常关键的,同样也是 GMP 所要求的,必须通过采用有效的变更控制和支持性程序维护系统的验证状态,此过程通过 GMP 程序和规程实现。所涉及的主要程序包含与变更控制、校准、预防性维护和培训等相关的已批准规程。制定和使用这些规程的目的是保持工厂长期持续符合GMP 要求。应定期对这些规程进行审查和更新,应有相关的控制体系保证所有的设备/系统处于验证状态。验证状态的维护是验证的持续过程。

## 八、确认的定义及范围

### (一)定义

我国 GMP(2010 年版)对确认的定义如下:证明厂房、设施、设备能正确运行并可达到预期结果的一系列活动。

### (二)范围

确认主要针对厂房、设施、设备和检验仪器及药品设计,开发过程也属于确认的范围。其中,厂房和设施主要是指药品生产所需的建筑物以及与工艺配套的空调系统、水处理系统等公用工程;生产、包装、清洁、灭菌所用的设备以及用于质量控制(包括用于中间过程控制)的检测设备、分析仪器等也都是确认的考察对象。验证主要考察生产工艺、操作规程、检验方法和清洁方法等,计算机系统也属于验证的范畴。确认或验证的范围和程度都应经过风险评估确定。

# 任务 2　验证的分类

## 一、按验证方式分类

按照不同的方式分类,验证可以分为前验证、同步验证、回顾性验证、再验证。

### (一) 前验证

前验证通常是指厂房、设施、设备、工艺、物料、操作和检验等项目投入使用前,必须完成并达到预订要求的验证。

以下几种情况需要进行前验证:

(1)新产品投入生产前。由于新产品一般只进行小批量的试验性生产,其生产工艺及控制过程往往缺乏足够的依据,更没有历史资料和数据佐证生产的安全性,单靠生产控制及成品检验难以确保公益结果的重现性,设备、生产工艺或过程进行充分的前验证,验证合格后才能允许生产。

(2)新设备和新的生产线购进并安装结束后。首先要做的就是根据设备的性能和特点制订设备操作规程,但是由于对设备的认知程度不够,往往会出现新规程不适宜新设备的情况。为了避免生产风险就必须进行前验证,确保不存在生产缺陷后再进行生产。

(3)设备大规模的检修、改造会造成设备功能和性能的改变,为了保证生产质量不改变,必须进行生产前的验证。验证内容主要是设备性能的确认。

(4)随着生产技术不断的改进和提高,车间的生产工艺不可能是一成不变的,会随着生产力的发展而提高,当工艺变动后就需要对改变工艺的科学性、合理性进行验证,正确评估验证结果。

(5)长期停产后的设备,在卫生条件上、微生物残留上都会存在安全隐患,更有甚者,有些设备由于长时间的腐蚀会产生锈蚀。虽然生产前会进行清理,但可能存在某些死角处理不到位而形成隐患的情况。所以要进行生产前的验证,重点要进行清洁验证。

#### 1.设计确认

设计确认(Design Qualification, DQ)是通过有文件记录的方式证明所提出的厂房、系统和设备设计适用于其预期用途和 GMP 的要求,用科学的理论和实际的数据证明设计结果满足用户需求说明。完善的设计确认是保证用户需求以及设备正常发挥功效的基础。经过批准的设计确认报告是后续确认活动(如 IQ、OQ、PQ)的基础。

设计确认主要是对设备/系统选型和技术规格、技术参数与图纸等文件的适用性的审查,通过审查确认设备/系统用户要求说明中的各项内容得以实施,并考察设备/系统是否适合该产品的生产工艺、校准、维修保养、清洗等方面的要求,同时也提供有用的信息以及必需的建议,以利于设备/系统的制造、安装和验证。设计确认文件是证明厂房、支持系统、公用系统、设备和程序按照 GMP 要求设计的证据。新的厂房、设施和设备确认的第一步为设计确认,在欧洲 GMP、PIC/S 以及 ICH 中都对设计确认有要求。在我国 GMP(2010 年版)中,对设计确认予以了明确和强化,同时将其作为整个确认活动的起点。

2.安装确认

安装确认(Installation Qualification,IQ)是通过有文件记录的形式证明所安装或更改的厂房、系统和设备符合已批准的设计和生产厂家建议和/或用户的要求,企业应对新的或发生改造之后的厂房、设施或设备等进行安装确认。安装确认就是确认用户收到的设备符合双方确认的内容,这是根据用户需求说明和设计说明以及相关文件对收到的设备进行确认,是资料收集并归档的过程。

安装确认过程一般不做动力接通和动作测试,只有等安装确认核对完全无误后方能进行后续的确认工作。安装确认是证实设备或系统中的主要部件正确的安装以及和设计要求(例如标准规定、采购单、合同、招标数据包)一致,应存在相关支持文件以及仪器应该经过校准。

3.运行确认

运行确认(Operation Qualification,OQ)是通过有文件记录的形式证明所安装或更改的厂房、系统和设备在其整个预期运行范围之内可按预期形式运行。运行确认是通过检查、检测等测试方式,用文件的形式证明设备的运行状况符合设备出厂技术参数,并能满足设备的用户需求说明和设计确认中的功能技术指标,是证明系统或设备各项技术参数能达到设定要求的一系列活动。

运行确认是确立可信范围,确认设施/设备/公用设施在既定的限度和容许范围内能够正常运行。运行确认在系统执行(系统包括设施、设备及公用设施),核实在规定的参数(例如温度、压力、流速等)内运行;运行确认的执行包括检测参数,这些参数调节工艺或产品质量;核实控制程序中显示器、记录、预警及联锁装置的运行是否合理,这些需要在运行确认检测期间执行并记录在案。

为了保证生产设备/系统符合用户要求,需对设备的设计、制造、安装阶段进行遵循《中药与植物药提取质量管理规范》(GEP)要求的调试工作。调试是用一个良好的有计划、有文件和有管理的工程方法启用厂房设备、系统和设施,交给最终使用者,并使其有一个符合设计要求与客户期望的功能和安全的环境。调试活动的主要依据是 GEP,是在工程技术方面对调试对象进行测试和检查,主要关注工程学方面的要求。

4.性能确认

性能确认(Performance Qualification,PQ)是为了证明按照预定的操作程序,设备在其设计工作参数内负载运行,其可以生产出符合预定质量标准的产品而进行的一系列的检查、检验等测试。性能确认应在安装确认和运行确认成功完成之后执行。可以将性能确认作为一个单独的活动进行描述,在有些情况下也可以将性能确认与运行确认结合在一起进行。

性能确认可通过文件证明设备、设施等与其他系统完成连接后能够有效地、可重复地发挥作用,即通过测试设施、设备等的产出物证明它们的正确性。就工艺设备而言,性能确认实际上是通过实际负载生产的方法考察其运行的可靠性、关键工艺参数的稳定性、产出的产品的质量均一性和重现性的一系列活动。

性能确认是提供文件证据证明系统能基于批准的工艺方法和产品标准作为组合或分别进行有效重复的运行。性能测试应在真实生产条件下进行,应收集确认数据并记录在附件的测试报告中。对于药厂设施和支持系统,性能确认是正式测试的最后步骤,以及确认需求矩阵中被识别为进行性能确认测试的系统正式运行前性能正确的文件证据。最终性能确认报告批准后,系统可用于正常生产操作或用于工艺验证。

性能确认是工艺验证开始前的最后确认工作。对于药厂设施和支持系统,性能确认是最后的确认步骤。

### 5.产品验证

经过性能确认合格后就要进行产品验证。产品验证即利用试生产过程来证明产品是否合格的验证过程,通常的做法是,在特定的监控条件下试生产了批产品,并对产品进行全面的质量检测,将试生产所得的数据进行统计分析,得出产品验证是否合格的结论。

### 6.验证报告

上述工作完成后,应以一个简要的技术报告的形式汇总验证的结果。并根据验证的最终结果得出结论,为以后的验证管理或更新的技术改革项目提供参考。在准备验证报告时,应当按照验证方案的内容认真核对和审查:检查主要的验证试验是否按方案计划完成;检查验证方案在实施过程中是否有修改;修改的理由是否明确并有批准手续;重要试验结果的记录是否完整;验证结果是否符合设定的标准,对偏离标准的结果是否做过调查,是否有合理解释并获得批准。

### 7.批准验证报告

验证报告必须由验证方案的会签人加以评估和批准。在批准之前应按要求进行审查,然后出具合格证明。

一个完整的前验证周期至此告一段落,已验证通过的工艺及相应的管理软件从此可交付正常生产使用。只有在验证报告已经批准,并出具合格证书的前提下,质量保证部门才有权将验证过程中生产出来的产品投放市场。

## (二)同步验证

同步验证是生产中在某项工艺运行的同时进行的验证,即在工艺实际运行过程中获得的数据来确立文件的依据,以证明某项工艺达到预计要求的活动。

采用同步验证的先决条件包括:有完善的取样计划,即生产及工艺条件的监控比较充分;有经过验证的检验的方法,检验方法的选择性、灵敏度、准确性、重现性和可靠性等比较好,才能确证相应的质量标准得到了保证;对所验证的产品或工艺已有相当的经验与把握。

在上述条件下的同步验证就是特殊监控条件下的生产论证。在生产的工艺验证过程中,可以同时获得合格的产品及验证的结果,即"工艺的重现性及可靠性"的证据。客观的验证结果往往能证实工艺条件的控制达到了预计的要求。

### (三)回顾性验证

回顾性验证是指以历史数据的统计分析为基础的旨在证实正式生产工艺条件适用性的验证。当某一生产工艺有较长的生产稳定历史,通过监控已积累了充分的历史数据时,可采用回顾性验证的方式。通过对丰富的历史数据的回顾、分析找出工艺控制点,完善原有的文件标准。

回顾性验证一般应有 20~30 批的数据,数据量越大,越有助于分析验证结果的可靠性;检验方法应可靠,检验结果应当定量化,以利于统计分析;生产记录应符合 GMP 的要求,工艺条件及工艺变量已经明确,并始终处于控制状态。

回顾性验证一般用于非无菌产品生产工艺的验证,通常与同步验证结合使用。以同步验证为起点,运行一段时间,然后转入回顾性验证阶段;经过一定时间的正常生产后,将按验证方案对所收集的各种数据进行统计分析,以判断生产工艺的可靠性和稳定性。

#### 1.数据的收集与汇总

有关数据和资料应包括:批成品检验的结果;批生产记录中的各种偏差的说明;中间控制检查的结果;各种偏差调查报告,甚至包括不合格产品或中间体的数据,以及用户投诉等。

系统地回顾及趋势分析常常可以揭示工艺运行的"最差条件",预示可能的"故障"前景,回顾性工艺验证还可能导致"补充性验证"方案的制订及实施,回顾性验证通常不需要预先制订验证方案,但需一个比较完整的生产及质量监控划。

以便能够收集足够的资料和数据对生产和质量进行回顾性总结。在生产及质量监控计划里,要求对不合格产品检验的数据要齐全,而通常化验室在做出一个不合格项后就停止了全项检验。这是不符合回顾性验证所需数据要求的。

#### 2.回顾性总结和批准结论

对有关数据要进行统计分析,从理性上找出问题,进行趋势分析。

由有关部门负责人审查和批准这个回顾性的工艺验证总结。

### (四)再验证

再验证是指一项生产工艺、一个系统、一台设备或者一种原材料,在使用一个阶段后而进行的证明其"验证状态"没有发生漂移的验证工作。例如,关键设备大修或更换,批次量数量级的变更,趋势分析中发现有系统性偏差,生产作业有关规程的变更,程控设备经过一定时间的运行,等等。例如,杀菌釜在正常情况下需每年做 1 次再验证,培养基灌装每年至少应做 2 次再验证。

再验证主要包括以下几个方面的验证。

### 1. 强制性再验证

强制性再验证一般发生在政府机构有明确要求或有法律法规明确规定时,例如,《中华人民共和国计量法》第九条明确规定了对企业使用的强制检定目录中的工作计量器具,实行强制检定。目前,对于我国制药企业来说,至少存在下列 3 种类型的强制性再验证。

①计量仪器的校正,如长度计量、力学计量、热学计量、电磁学计量、物理化学计量、无线电计量等。

②压力容器,如锅炉的定期检验、用于药品生产的气瓶的定期检验。

③消防器材,如灭火器的定期检验。

### 2. 改变性再验证

当影响产品质量的主要因素,如工艺、质量控制方法、主要原辅料、主要生产设备等发生改变时,或者当生产过程或其中某一规程的改变对已确定的产品质量特性有明显影响时,就需要进行再验证。

(1)原料改变。原料的物理性质,例如,密度、黏度和粒度分布的改变可能影响物料的机械性质,从而导致对工艺或产品产生不良影响。

(2)包装材料改变。当包装材料,特别是容器系统发生改变时,例如,以塑料瓶代替玻璃瓶,可能会改变包装规程,进而导致产品有效期的改变。

(3)工艺改变。混合时间、干燥时间和冷却时间等的改变完全可能影响以后的工艺程序和产品质量。

(4)设备改变。设备的修理和保养或设备更换,都可能影响生产过程。

(5)生产区和介质系统的改变。生产区、介质系统的改变,例如,排风、通风系统的修理和保养,都可能改变环境条件,因此需要进行再验证。

(6)意料之外的改变。除上述 5 种情况改变之外,由自检或工艺数据分析所发现的改变,也应进行再验证。

### 3. 定期再验证

在制药企业,即使是熟练的操作工完全正确地按 SOP 工作,仍然可能发生"生产过程漂移"的情况。其原因是多方面的,例如,设备轴承的渐渐磨损可能引起缓慢的性能改变。因而,即使对于没有发生明显改变的生产过程,也需要进行定期再验证。

历史数据的审查是定期再验证的主要方式,即审查自上次验证以来,从中间品控制和成品检验所得到的数据进行分析,以确保生产过程处于控制中。对于某些生产过程,如无菌生产过程,其再验证除了要审查历史数据之外,还需要做附加试验,但所要求试验的数量与复杂性应明显少于初次验证。

## 二、按照验证对象分类

按照验证对象分类,验证可分为厂房设施验证、分析方法验证、工艺验证、清洁验证等,详细内容将在如下子任务中详细介绍。

# 任务 3  验证程序

制药企业内部的验证基本程序为:提出验证要求→建立验证组织→制订验证计划→制订验证方案→审批验证方案→组织实施→撰写验证报告→审批验证报告→发制放验证证书→验证文件管理。

## 一、提出验证要求

验证要求可以由质量管理部门或质量管理部门领导下的项目验证小组以书面方式提出并传达到相关部门,讨论、落实验证的方法和时间。验证要求的提出主要是针对产品生产的关键环节、重点工序,只要是能影响产品质量的环节都有必要提出验证要求,如液体制剂的配料工序、灌装工序、灭菌工序等。验证要求应包括验证对象、验证原因、验证要达到的预期目的。

对新产品提出验证要求的目的主要是考察新产品工艺的稳定性,并对新工艺的质量风险进行评估,确保生产的药品有效、可靠;对生产一个阶段的产品也要提出验证要求,目的是检验生产过程中的工艺规程及操作手段是否发生漂移,以便及时纠正,防止质量事故的发生;对药品检验方法提出验证要求,主要目的是确认药品检验方法是否科学、合理,能否反应药品真实的内在质量;对计算机系统提出验证要求,目的是确认计算机系统工作是否正常、计算是否准确无误。

## 二、建立验证组织

完整健全的验证组织有两种形式:一种是常设机构;一种是兼职机构。也可根据不同验证对象,分别建立由各有关部门组成的验证小组。常设机构由质量受权人和各部门负责人联合组成。涉及哪个项目验证,就要组成由项目负责人负责的项目验证部。项目验证部是一个临时机构,可以随着项目验证的结束而解散。

## 三、制订验证计划

验证是一个细致而繁杂的工作,应制订总体验证计划,以确定待验证的对象、验证的范围及时间进度表,验证项目可由各有关部门如技术、生产、质控、基建部门或验证小组提出,验证总负责人批准后立项。验证项目一般包括厂房、设施设备验证,检验及计量验证,生产过程验证,产品验证,软件验证等,在每个验证项目的子项目中凡可能出现人为差错,造成污染和交叉污染的设施、设备、人员、物料等都要制定验证计划。

验证计划也称作验证规划,它是指导一个项目或某个新建工厂进行验证的纲领性文件,企业的最高管理层须用验证总计划给企业质量定位。验证计划一般包括:简介、验证目标及合格标准和特殊要求、组织机构及其职责、验证的原则要求、验证范围、相关文件、验证进度计划、附录。

## 四、制订验证方案

验证方案的起草是设计检查及试验方案的过程,是实施验证的工作依据,也是重要的技术标准。验证的每个阶段都应有各自的验证方案。验证方案的主要内容有:验证目的、要求、质量标准、实施所需条件、测试方法和时间进度表。

### (一) 验证方案的制订方式

#### 1.合作商提供验证方案

由于有些设备、设施及检测仪器的功能和结构比较复杂,企业需要邀请厂家协助制订验证方案草案,草案经过验证委员会讨论修订,使其符合本场实际并经验证委员会批准后,即成为可以执行的验证方案。

#### 2.企业制订验证方案

对于工艺性、检验性、清洁消毒类及规程类验证方案应当由企业内部起草。验证方案遵循"谁用谁起草"的原则,如生产设备由生产车间起草,公用工程由工程部人员起草,检验方法由化验员起草等。在形式上,方案一般由验证小组组长起草,并由主管部门负责人审核,必要时应组织有关职能部门进行会审。例如,生产工艺的验证方案可由来自生产部门的主管负责起草,生产经理负责审核。验证方案只有经过批准后才能正式执行。与产品质量直接相关的验证方案均须由质量经理批准,其他情况下也可采用相关部门负责人批准、质量部门会签的办法。

### (二) 验证方案内容

验证方案包括验证小组成员组成、验证目的、验证范围、验证标准、验证方法、验证报告、验证总结。此外,还应包括验证过程中记录和审批所需的各种表格。所有的验证方案都应使所验证的系统或产品能稳定地再现预订的质量要求。

### (三) 验证内容

验证内容至少包括空调净化系统运行验证、工艺用水质量验证、关键设备运行和清洗验证、生产工艺变更再验证、主要原辅材料变更再验证。如果有灭菌设备,还要进行灭菌器内的热分布试验和正常灭菌工作时的热穿透研究等;如果是无菌灌封产品,还要对无菌环境进行验证等。

### 五、审批验证方案

书面的验证方案在正式实施前必须经过审查、分析和批准。GMP 要求"谁监管，谁审核""谁负责，谁批准"，在审查时，首先要审查验证方案内容的完整性，是否达到预期要求。另外要审核验证方法的科学性、可靠性，认真分析通过该方案的实施是否真实地验证了生产工序的各个质量控制点在可控范围内。最后要由质量负责人再进一步按 GMP 管理的要求审核并批准通过。例如，车间的工艺验证方案，应由车间技术员负责起草，由车间主任和生产负责人审核，再交由质量受权人终审并批准通过。

### 六、组织实施

验证组织实施是由质量保证部门牵头，分别与当次验证相关职能部门共同参与的一个过程。验证方法及步骤按验证方案进行，在组织实施中监督是关键，验证是做出来的不是写出来的，如果为了省事和应付 GMP 检查，不去实地做验证，而是用文字拼凑验证，这样就失去了验证本身存在的意义，很容易给企业的药品生产质量带来巨大的风险。

验证小组成员来自各个部门，负责与本部门有关的方案实施部分。各个部门完成本部门的验证后，再由主管部门负责汇总，形成完整的验证内容。

### 七、撰写验证报告

验证每个阶段的工作全部完成后，应做出阶段性验证小结，然后对各个验证小结进行汇总，最终形成相应的验证报告。验证报告应包括简介、系统描述、相关的验证文件、人员及职责、验证合格的标准、验证的实施情况、验证实施结果、偏差及措施、验证结论。

### 八、审批验证报告

验证报告形成后，交验证委员会审核，审核要对验证的实施过程和验证数据进行认真的推敲，确认该验证过程是否能够佐证生产过程的可靠，确认验证报告是否真实、无误。然后由验证委员会全体成员签字通过，并由质量受权人批准并存档。

### 九、发放验证证书

根据 GMP 要求进行验证和审批验证报告，确认已达到 GMP 要求后，由质量受权人发放验证证书。

### 十、验证文件管理

验证文件是实施验证的指导性文件，也是完成验证、确立生产运行各种标准的客观证据。验证文件主要包括验证总计划、验证计划、验证方案、验证报告、验证总结及其他相关文档或资料。验证过程中的数据和分析内容均应以文件形式保存。验证结束后,有关资料由主管验证的常设机构或兼职机构归档。

# 任务4　厂房设施验证

保证药品质量是 GMP 期望的结果,而做好确认和验证工作是保证药品质量的前提。因此,需要从多方面着手提高设备确认水平。

GMP 要求制药企业最大限度地减少任何药品生产所包含的、通过检验最终产品不能消除的风险。为达到这一目的,制药企业必须具备与其生产相适应的厂房与设施。药品生产企业的厂房与设施是指制剂、原料药、药用辅料和直接接触药品的药用包装材料生产中所需的建筑物以及与工艺配套的空气调节、水处理等公用工程。

## 一、厂房设施的设计确认

应在建设项目完成施工设计后、开始施工前进行厂房设施的设计确认。设计确认的目的是检查并证明洁净厂房中各种结构、系统的建设都符合 GMP 和现行的各种技术法规条款的要求。设计确认的重点是审核设计过程中的各种文件资料。审核的范围至少应包括药品生产企业提供的用户需求说明、施工单位提供的设计文件、详细的施工图设计文件。

一般从以下几方面进行设计确认:①厂区选址规划是否合理;②厂区应按生产、行政、生活和辅助区划区布局,布局应合理;③厂区总体规划须考虑风向,减少交叉污染;④厂区内道路的人流、物流应明确分开;⑤保持厂区清洁卫生。

## 二、厂房设施的安装确认

厂房设施的安装确认应在建设项目竣工验收之后进行。厂房设施安装确认的目的是检查并证明洁净厂房中各种结构、系统的建设和安装都符合设计确认中规定的各项指标。

厂房设施安装确认的内容应包括:①在安装确认的过程中,应该将各种系统、各种设备的建造、施工的合格证书整理、归纳、存档;②对构成厂房设施的各种组件进行检查,检查部件的型号、规格、生产厂家、安装位置是否与用户需求说明和施工设计文件保持一致,施工建设所用的材料、方法及最终质量都应符合预定的标准;③确认厂房设施各种组件都按照设计文件进行建造,竣工后的平面布局与设计文件保持一致。

检查项目包括但不限于洁净区房间布局检查、洁净区房门开向检查、洁净灯具布局检查、电源插座布局检查、水池及地漏布局检查等方面。

对洁净区内表面及密封性进行检查,检查应从以下几方面进行:①洁净区内表面(墙壁、地面、天棚)应当平整光滑、无裂缝、接口严密、无颗粒物脱落,避免积尘,便于有效清洁,必要时应当进行消毒;②各种管道、照明设施、风口和其他公用设施的设计和安装应当避免出现不易清洁的部位,应当尽可能在生产区外部对其进行维护。排水设施应当大小适宜并安装防止倒灌的装置,应当尽可能避免明沟排水,不可避免时明沟宜浅,以方便清洁和消毒。

## 三、厂房设施的运行确认

运行确认执行前,应确认安装已完成,并且没有未关闭的偏差或存在的偏差不影响运行确认的进行。运行确认应从以下几个方面进行。

①文件检查。检查洁净室运行确认所需要的 SOP 及测试用仪器仪表的操作 SOP 是否都存在,并确认其处于已批准状态。

②测试用仪器仪表的校准检查。测试过程中所使用的所有仪器仪表均具有校准报告,并在有效期内。

③互锁门功能检查。同一房间的多扇房门应具备互锁功能,即当任意一扇房门打开时该房间其他的房门都不能打开。

④房间内照度测试。药品生产企业在编制用户需求时,应根据工艺操作的需求明确提出房间内照度需求。

⑤房间内噪声测试。参考国家标准的相关规定。更合理的噪声标准应由药品生产企业和施工单位协商确定。

## 四、厂房设施的性能确认

厂房设施的性能确认一般不单独进行,各药品生产企业的常规做法是把该部分内容合并到空气净化系统的性能确认中进行。

## 五、企业提高设备设施确认水平的措施

### (一)提高技术装备水平

美国 FDA 在其 GMP 中鼓励企业采用新技术、新工艺、新材料,以促进企业在更高的技术层面上发展。随着我国医药经济的快速发展,新设备、新工艺、新材料不断涌现,选用先进的技术、装备更能顺应制药企业的发展需求,保证产品质量。

设备是为生产服务的,产品某些工艺的实现需要以设备为依托。就片剂而言,除通过工艺控制药品质量外,还需要通过设备自身控制,这就对设备提出了明确和具体的要求。设备自动化程度的高低在很大程度上影响了药品质量的优劣。例如,颗粒包装机需考察平均装量;铝塑泡罩机需考察吹泡成型、落片、封合、印字情况等;压片机需考察药品的片重差异、脆碎度等。因此,我们需通过设备确认来证明技术装备的水平,以满足工艺需求。

### (二)做好设备风险评估工作

我国 GMP(2010 年版)第一次引入了风险评估概念,在第二章第四节指出,质量风险管理是在整个产品生命周期中采用前瞻或回顾的方式,对质量风险进行评估、控制、沟通、审核

的系统过程。应当根据科学知识及经验对质量风险进行评估,以保证产品质量。质量风险管理过程所采用的方法、措施、形式及形成的文件应当与存在风险的级别相适应。

我国 GMP(2010 年版)第七章还要求确认和验证的范围和程度应当经过风险评估确定。因此,我们要想做好设备确认工作,就需要先做好设备设施的风险评估管理工作,通过风险评估得出我们需要确认的设备及范围。

### (三)编制设备 URS(用户需求说明)

就设备而言,我们要想提高确认和验证水平,除了需做好设备风险管理工作,还需编制URS。在购买设备前,对设备与产品质量的利害关系进行分析,通过风险评估编制出适应本公司的 URS。URS 的内容完善、齐全,就能从源头上加以控制,采购到合乎公司要求的设备。设备风险评估得出的关键要素,一方面作为 URS 的内容在合同中明确提出,要求供货商给予响应;另一方面,作为设备确认的内容在方案中编入,在实施过程中对其进行确认,查看供货商是否给予响应。

例如,安装确认需对设备材质、水电气的供给、出厂资料归档、开箱入库验收、设备与合同是否一致、操作和维修人员有无经过培训、计量器具是否经过校验、管道标识管理是否到位等进行检查;安装前需对施工方案进行检查,查看其内容是否包含焊接工艺、焊工资质、焊接坡度、管道密封性试验等;运行确认需对空载试运行、满载试运行、各项功能测试和 SOP 符合性进行检查。又如,对设备开机运行的检查,对水电气能否正常供给、开机功能、关机功能、光电眼功能测试、三级监管功能、报警功能进行测试。其中,运行确认的一个重要部分就是对 SOP 的检查,要求操作工能够按此 SOP 实现操作,若局部不符,需及时修订,保证设备确认完毕前该 SOP 已生效。性能确认需对设备性能进行检查。

### (四)提高确认小组组长及成员的素质与能力

#### 1.拓宽知识面

确认和验证工作是一项系统工程,需要各部门的通力合作才能完成,这对设备确认方案的编制者提出了更高的要求。他们需懂工艺、设备、水电气以及工程管理方面的一些知识,还需在验证方案编制前参考大量资料,譬如,风险分析报告、URS、合同、出厂资料、历年该设备的确认文件、工艺要求、其他公司的确认材料等。这样统筹兼顾,有根有据,才能保证方案中涉及的检查项目可追溯,合格标准有出处。

#### 2.提高协调能力

小组成员除了知识面广,还需具有良好的沟通、协调能力。在验证实施前编排周详的计划,如及时与专业人士沟通,验证用仪器、指示剂、培养皿消毒处理等准备妥当,方可保证按计划实施。

#### 3.全程参与

对于大型工程项目而言,验证人员不仅要做好方案的编制工作,还需全程参与工程的设计并对施工质量进行把关,这样才能保证验证工作的顺利展开。譬如,在新建工程 HVAC 系统风管安装前需进行清洗、密封工作,安装后进行漏光试验,空吹一段时间后,方可安装高效过滤器。如果一旦系统投入运行后,我们才发现没有做好这些工程上的质量把关工作,将导致最终环境监测指标不合格,需返工重做,造成巨大的损失。

**4.接受专业培训**

无论是设备确认、工艺验证,还是清洗验证,都是质量控制的一种手段,必须受到质量管理部门的监管。质量管理部门除了配备专职的验证主管编制验证主计划、审核验证方案外,还必须对验证员、参与者进行定期培训,灌输验证理念,以提高小组成员的专业素养。

**5.公司层面的支持**

(1)人力方面。公司必须配备专职或兼职的验证主管和验证员,此外如岗位班组长、操作工、机修工、工艺员、在线 QA、化验员等在验证实施过程中需要全员参与。

(2)物力方面。提高验证用仪器方面的装备力量,如配备 HVAC 检测用的悬浮粒子、浮游菌、风量、高效检漏、噪声、照度、风速、气流流型测试仪等。

(3)财力方面。除需要配备少则几百、多则几十万费用的验证用仪器外,在验证实施过程中耗费的水电气和原辅材料也是一笔不小的开支。

验证不是目的,只是产品质量的保障。提升技术装备水平,提高设备风险评估和 URS 的水平,能够得到公司在人力、物力和财力方面给予的支持,能大大提高制药企业设备设施确认的水平。

# 任务5 分析方法验证

一般情况下,每一测试项目可选用不同的分析方法。必须对所采用的分析方法的科学性、准确性和可行性进行验证,以使测试结果准确、可靠并充分表明分析方法符合测试项目的目的和要求,这就是通常所说的分析方法验证。

分析方法需在使用前进行适当的确认与验证。必须有资料论证所用的分析方法是符合一定的准确度和可靠性标准的。分析方法验证是论证某一分析方法适用于其用途的过程。

分析方法验证在分析方法建立过程中具有重要的作用,是质量研究和质量控制的组成部分。只有经过验证的分析方法才能用于控制产品质量,因此,分析方法验证是制订质量标准的基础。分析方法验证是药物研究过程中的重要内容。

从验证的角度来看,所有的分析方法有着同样的重要性。一般来说,应当使用已验证过的分析方法,而不论其是用于过程控制、放行、合格还是用于稳定性实验。验证每个定量分析方法时都应当减少其分析误差。

## 一、分析方法验证的一般原则

原则上每个检测项目采用的分析方法均需要进行分析方法验证。一般包含以下 3 种类型。

### （一）药典分析方法

药典分析方法用来评估原料药或制剂的特定性质，是法定的用于药典项目检测的分析方法。药典分析方法不需要重新进行验证。

### （二）替代分析方法

替代分析方法是提出用于代替法定分析方法的分析方法。只有当替代分析方法相当于或优于法定分析方法时，才可以应用验证过的替代分析方法。如果提交了替代分析方法，还应当提供其理由并标明其用途（如放行、稳定性实验）、验证资料及其与法定分析方法的对比资料。

### （三）非药典分析方法

需要进行验证，检测中所用的分析方法必须满足适当的准确度和可靠性要求。分析方法验证是论述分析方法是否适用于其拟定用途的过程，还应当包含分析方法验证资料以支持分析方法的准确度。

## 二、分析方法验证的具体措施

### （一）需要验证的检测项目

检测项目是为了控制产品质量，保证安全有效而设定的测试项目。根据检测项目的设定目的和验证内容的不同要求，本节将需要验证的检测项目分为鉴别、杂质检查（限度试验、定量试验）、定量测定（含量测定、溶出度、释放度等）、其他特定检测项目4类。

### （二）分析方法

本节所指分析方法是为完成上述各检测项目而建立的测试方法，一般包括分析方法原理、仪器及仪器参数、试剂、系统适用性试验、供试品溶液制备、对照品溶液制备、测定、计算及测试结果的报告等。

测试方法可采用化学分析方法和仪器分析方法。这些方法各有特点，同一测试方法可用于不同的检测项目，但验证内容可不相同。

### （三）验证内容

分析方法验证内容包括验证分析方法的专属性、线性、范围、准确度、精密度、检测限、定量限、耐用性和系统适用性等。应根据检测项目的要求，结合所采用分析方法的特点确定。

## 三、分析方法再验证

在某些情况下，如原料药合成工艺改变、制剂处方改变、分析方法发生部分改变等，均有必要对分析方法再次进行全面或部分验证,以保证分析方法的可靠性,这一过程称为分析方法再验证。再验证原则是根据改变的程度进行相应的再验证。

当原料药合成工艺发生改变时,可能引入新的杂质,杂质检查方法和含量测定方法的专属性就需要重新验证,以证明有关物质检查方法能够检测新引入的杂质且新引入的杂质对主成分的含量测定无干扰。

当制剂的处方组成改变、辅料变更时,可能会影响鉴别的专属性、溶出度和含量测定的准确度,因此,需要对鉴别、含量测定方法进行再验证。当原料药产地发生变更时,可能会影响杂质检查和含量测定的专属性和准确度,因此,需要对杂质检查方法和含量测定进行再验证。

当质量标准中某一项目分析方法发生改变时,例如,采用高效液相色谱法测定含量时检测波长发生改变,则需要重新进行检测限、专属性、准确度、精密度、线性等内容的验证,证明修订后分析方法的合理性、可行性。

同样,已有国家标准的药品质量研究中,基于申报的原料药合成工艺、制剂处方中的辅料等一般无法保证与已上市产品的一致性,需对质量标准中部分项目进行分析方法再验证。

分析方法再验证是对分析方法的完善过程,应根据实际改变情况进行再验证,从而保证所采用的分析方法能够控制产品的内在质量。

## 四、对分析方法验证的评价

### 1.有关分析方法验证评价的注意事项

总体上,分析方法验证应围绕验证目的和一般原则进行,分析方法验证内容的选择和试验设计方案应系统、合理,验证过程应规范、严谨。

并非每个检测项目的分析方法都要进行所有内容的验证,但要考虑验证内容应充分,足以证明采用的分析方法的合理性。如杂质的限度试验一般需要验证专属性和检测限,而对于精密度、线性、定量限等涉及定量测定的项目则一般不需要进行验证。

### 2.分析方法验证的整体性和系统性

分析方法验证内容之间相互关联,是一个整体,因此,不论从研发角度还是评价角度分析方法验证均注重整体性和系统性。例如,对于鉴别项目所需要的专属性,一般一种分析方法不太可能完全鉴别被分析物,此时采用两种或两种以上分析方法可加强鉴别项目的整体专属性。

在分析方法验证指标之间也存在较多的关联性,可以相互补充。如原料药含量测定采用容量滴定法时,由于方法本身原因,专属性略差,但假如在杂质检测时采用了专属性较强的色谱法,则一般认为整个检测方法也具有较强的专属性。

总之,由于实际情况较复杂,在分析方法验证过程中不提倡教条地进行分析方法验证。此外,越来越多的新方法不断用于质量控制中,对于这些方法如何进行验证需要具体情况具体分析,而不能照搬本节的内容。

# 任务6　工艺验证

我国 GMP(2010 年版)第一百四十条指出,应建立确认和验证的文件和记录,并能以文件和记录证明达到以下预定的目标:工艺验证(Process Validation,PV)应证明一个生产工艺按规定的工艺参数能持续生产出符合预定用途和注册要求的产品。

对生产工艺过程进行验证是十分重要的,是保证产品质量均一性和有效性的必要手段。工艺验证应贯穿产品生命周期的全过程,在产品开发阶段要筛选合理的处方和工艺,通过稳定性试验获得必要的技术数据,以确保工艺处方的可靠性和重现性。当处方和工艺经批准注册后,即进入到商业化大生产阶段,此阶段要进行周期性的工艺确认和工艺核查,以确认生产条件的稳定性、合理性及可控性。国内很多企业在投入常规生产时经常出现各种问题,甚至出现无法生产的情况,起因即是在开发阶段没有进行充分的工艺验证,工艺验证没有贯穿产品生命周期的全过程。

此外,任何影响产品质量因素的变化,如供应商的变更、设备型号变更以及工艺条件的变更,都应进行再验证。验证方案的编写、审批和实施,验证结果的汇总、报告、评价,是十分重要的。验证文件应由各相关主管审核和批准,验证方案及报告应得到企业的妥善保存。

## 一、工艺验证阶段与实施

工艺验证贯穿产品生命周期的全过程,涉及在产品生命周期及生产中所发生的一系列活动。从产品研发到产品退市,根据各阶段工艺验证内容的不同,将工艺验证活动描述为 3 个阶段。

### (一)第一阶段——工艺设计

工艺设计阶段基于从开发和放大试验活动中得到的知识确定工业化生产工艺。

在新的制剂产品开发过程中,首先要设计试验方案,对制剂的处方进行筛选并同时对生产采取的工艺进行探索,通过预试验找出影响产品关键质量属性的所有变量。在完成初步的筛选和确认后,应进行 3~5 个批次的临床试制,即进入产品的中试阶段,中试批次数量可在 10 000~20 000 片(粒),并尽可能使用与大生产设备相同或近似的中试设备。中试阶段应通过最差条件试验、极限试验和挑战性试验等确认关键工艺的工艺限度,建立最差条件下的过程控制,从而得出关键工艺参数的控制范围,并通过不少于 3 个月的加速稳定性试验和室温条件下的留样考察试验写出总结报告,作为生产处方、工艺条件合理与否的技术支持数据,为商业化生产积累足够的数据和知识支持后期产品的上市发行,因此,从研究和开发阶段收集的工艺验证数据是非常重要的。

### （二）第二阶段——工艺确认

工艺确认阶段是对已经设计的工艺进行确认，证明其能够进行重复性的商业化生产。此阶段是对在工艺设计阶段确认的工艺参数范围进行验证，应当在工艺确认前确定产品的关键质量属性、影响产品关键质量属性的关键工艺参数、常规生产和工艺控制中的关键工艺参数范围，通过验证证明工艺操作的重现性，关键质量属性和关键工艺参数通常在研发阶段或根据历史资料和数据确定。

在该阶段，如果产品用于商业化销售，则设备与公用系统的确认以及性能确认等必须遵守并符合 GMP，而且在规模化生产前已成功完成。确定最差条件需要由企业对工艺相当了解的部门如研发部门或者技术部门进行。比较复杂的制造部分的工艺通常在产品研发阶段的最后也就是在正式工艺验证前已经确定。

参数的上限或者下限并不一定是最差条件，整个生产工艺的最差条件通常在工艺研发过程中确定。因为如果在生产过程中使用极限参数生产或者验证，对设备来说是一种挑战，很容易造成设备故障或过早损坏，而且正常生产状态下基本不会遇到这些苛刻、极限的生产条件，所以不强制在工艺验证时进行挑战实验。

### （三）第三阶段——持续工艺确认

此阶段的目标是持续保证工艺在大规模生产中的可控性（即验证的状态），包括收集与评估关于工艺性能的信息和数据，所收集的数据应包括有关的工艺趋势以及引入物料或成分、中间物料及成品的质量数据，通过数据分析探查出工艺的漂移程度，并确定是否须采取措施防止工艺因漂移失去控制，所收集的信息应该能够证明产品的关键质量属性在整个工艺过程中处于可控状态。

企业应由经过充分培训的人员开发制订用于衡量与评价工艺稳定性和兼容性的数据收集方案、统计方法和程序，程序中应说明如何进行趋势分析和计算。质量部门应当审核这些资料，并识别出工艺或产品的变异性。这些信息可以用于警告生产企业应对该工艺加以完善。

## 二、工艺验证的原则

验证的范围和深度是根据风险评估的，需要在生产企业开始商业化销售之前完成，需要在符合 GMP 的条件下进行。

企业应当根据质量风险管理原则确定工艺验证批次数和取样计划，以获得充分的数据评价工艺和产品质量。采用新的生产处方或生产工艺进行首次工艺验证应当涵盖该产品的所有规格。企业可根据风险评估的结果采用简略的方式进行后续的工艺验证，例如，选取有代表性的产品规格或包装规格及最差工艺条件进行验证，或适当减少验证批次。企业通常应当至少进行连续 3 批成功的工艺验证。对产品生命周期中后续商业生产批次获得的信息和数据进行持续的工艺确认。例如，企业从生产经验和历史数据中已获得充分的产品和工艺知识并有深刻理解,工艺变更后或持续工艺确认等验证方式经风险评估后可进行适当的调整。

### 三、工艺验证方案

工艺验证方案至少包括工艺的简短描述(包括批量等),关键质量属性的概述及可接受限度,关键工艺参数的概述及其范围,应当进行验证的其他质量属性和工艺参数的概述,所要使用的主要设备设施清单以及它们的校准状态,成品放行的质量标准,相应的检验方法清单,中间控制参数及其范围,拟进行的额外试验及测试项目的可接受标准,已验证的用于测试的分析方法、取样方法及计划,记录和评估结果的方法(包括偏差处理),职能部门和职责,建议的时间进度表。

## 任务7 清洁验证

清洁验证的目的是证明生产设备经过清洁,将化学残留、微生物残留清洁至可接受限度,避免产生交叉污染。清洁验证全过程考虑其生命周期,药品生产过程应有一个经验证且受控的设备清洁程序,制订合理的接受标准,对清洁效果持续监测,确保方法持续有效。

各种版本的 GMP 都规定必须对清洁规程进行验证。清洁验证是通过科学的方法采集足够的数据,以证明按规定方法清洁后的设备能始终如一地达到预定的清洁标准。清洁确认是指一次性取样和测试以确保所指定的设备在清洁后已得到适当清洁。清洁确认是清洁验证的一部分;清洁验证是清洁确认的延伸。清洁验证一定是针对清洁程序的,而清洁确认可能针对清洁也可能针对清洁程序。近几年,清洁验证在制药企业中已经占有很重要的位置,各国的 GMP 也已经认识到,无论从最初的原料药还是到最后的制剂生产,在保证产品质量方面,设备的清洁已经成为一个关键的问题。

直接与产品接触的设备(如反应罐、物料桶)在生产中使用并直接与产品接触,所以需要进行清洁验证。间接或偶然与产品接触的设备(如冻干箱的内表面,托盘式烘箱的内表面,机械保护装置的内表面和某些设施房间的墙壁、地面、天棚等)在生产中使用但不直接与产品接触,但有可能污染产品,需要根据风险评估的结果决定是否需要进行清洁验证。不与产品接触的设备(如密闭系统的外表面、蠕动泵和废物处理系统等)在生产中使用但不与产品接触,通常不需要进行清洁验证。

### 一、清洁验证的工作阶段

验证结论的准确性与完整性是验证的核心。验证的方法是保证验证结论完整可靠的关键。从方法学考虑,科学、完整的清洁验证一般可按以下几个工作阶段依次进行。

1.开发阶段

根据产品性质、设备特点、生产工艺及所使用的原辅料等因素进行实验室模拟,拟定清洁方法,制订清洁规程,对清洁人员进行操作培训。

**2.方案准备阶段**

对生产设备进行详细考察,根据设备的整体情况和清洁方面的设计进行相关的风险分析和实验研究互动,确定有代表性的、难清洁的部位作为取样点;根据公司内产品类型和设备生产链对设备和产品进行分类及分组,计算设备的内表面积;根据产品的相关性质选定某种物质作为参照物质,确定清洁后允许的最大残留量为合格标准,验证中通过检验其含量确定设备清洁的程度,如果使用清洁剂则必须考察清洁剂的残留量;根据验证共同要求制订并批准验证方案;开发验证有关取样方法和检验方法,以保证数据的准确性。在验证开始前需对相关人员进行培训。

**3.方案实施阶段**

按照批准的验证方案开展试验,获取数据,评价结果,得出结论。例如,验证的结果表明清洁程序无法确保设备清洁达到预定标准,则需查找原因、修改程序并重新验证,直至结果合格。

**4.监控及再验证阶段**

对已验证并投入运行的清洁方法进行监控,对清洁方法的变更实行变更管理,根据监控的结果看各种生产活动中所采用的清洁方法能达到的实际效果,以确定再验证周期,进行再验证。

## 二、清洁验证的通用要求

(1)通常情况下清洁验证需要在生产商业批/验证批产品时进行。

(2)在清洁验证中,不能采用反复清洗至清洁的方法。

(3)需要建立专门的清洁验证总计划或将清洁验证作为验证总计划中的一部分。如果不制订清洁验证总计划,要考虑在清洁验证 SOP 中或在清洁验证方案中做出相关内容的明确要求。

(4)对于最差情况产品须进行 3 次成功的验证。如果出现一个产品组中有两个或多个最差条件情况产品,一般需要每个最差情况产品至少做两次成功的验证。当引入产品、增加新设备、设备发生重大变更或产品批量发生改变时,需根据评估结果重新进行 1~3 次验证。

(5)用于清洁确认或清洁验证的化学检测方法或微生物检测方法都要经过方法确认或验证。分析仪器应经过确认,并定期校验和维护,确保符合 GMP 要求。

(6)清洁验证的风险评估。应采用风险评估的方法进行多方位的评估(最坏条件、取样点、验证状态的维护等)。

(7)通常批间的小清洁不需要进行清洁验证,只需要每批清洁后的目视检查确认。

(8)连续生产一定批数或一定时间后进行的批间大清洁应进行清洁验证,此时清洁验证考虑的残留检测物通常不考虑活性物质,应考虑的是降解物、清洁剂残留、微生物负载、内毒素等累积效应。如果活性物质很稳定,也可用活性物质作为指示性的残留物标准。

（9）所有直接或间接与产品接触的共用设备都应进行清洁验证,不与产品接触的共用设备应基于风险评估决定,凡对产品有潜在污染风险的设备或设施也应进行清洁验证。

（10）清洁验证考虑的残留检测物应基于对工艺的理解和风险评估决定,可能包括活性成分、辅料、工艺助剂、清洁剂、微生物负载、内毒素和降解物等。

## 三、清洁验证方案的准备

清洁验证方案必须符合一般验证方案的共性要求。验证方案中最关键技术问题为选定参照物质(或最难清洁物质)、最难清洁部位和取样部位、残留物允许限度和相应的检测方法。

### （一）参照物质（或最难清洁物质）

一般药品由活性成分和辅料组成,复方制剂含有多个活性成分。所有这些物质的残留物都是必须除去的。在清洁验证中是否需要为所有残留物制定限度标准并一一检测？这是不切实际且没有必要的。在一定意义上,清洁的过程是溶解的过程,因此,通常的做法是从各组分中确定最难清洁(溶解)的物质,以此作为参照物质。通常,相对于辅料,人们更关注活性成分的残留,因为它可能直接影响下批产品的质量、疗效和安全性。因此,活性成分的残留限度必须作为验证的合格标准之一,通常会根据风险评估的结果确认最难清洁化合物。药效最强、溶解度最差的成分将作为清洁参照物。当存在两个以上的活性成分时,其中最难溶解的成分即可作为最难清洁物质。

### （二）残留物限度的确定

FDA 在其《清洁规程验证检查指南》中指出："FDA 不打算为清洁验证设立一个通用方法或限度标准。那是不切实际的,因为原料和制剂生产企业使用的设备和生产的产品千差万别,确立残留物限量不仅必须对所有有关物质有足够的了解,而且所定的限度必须是现实的、能达到的和可被验证的。"也就是说,鉴于生产设备和产品性质的多样性,由药品监督机构设立统一的限量标准和检验方法是不现实的。企业应当根据其生产设备和产品的实际情况,制订科学合理的、能实现并能通过适当的方法检验的限度标准。

对于某个过敏性的活性成分,青霉素、头孢或胆固醇和细胞毒素,限度要低于用最灵敏的分析方法检测到的限度。在实际生产中这些产品要用专用的厂房。

#### 1.肉眼观察限度

肉眼观察限度是不得有可见的残留物。虽然这与个人的视力、照明、设备的尺寸形状和观察的角度等许多因素有关,不可能作为定量、半定量的依据,也无法验证,但该法最简单,而且能直观、定性地评估清洁的程度,有助于发现已验证的清洁程序在执行过程中发生的偏差,对于日常监控是有价值的。因此,清洁规程中都要求在清洁完成或某些步骤完成后检查不得有可见的残留物。

2.残留物浓度限度

将残留物浓度限度定为 $10 \times 10^{-6}$，其要求是规定由上一批产品残留在设备中的物质全部溶解到下一批产品中所致的浓度不得高于 $10 \times 10^{-6}$。一般来说，除非是高活性、高敏感性的药品，该限度是足够安全的。

## （三）取样

取样方法有擦拭法和淋洗法，最理想的方法是对设备表面直接取样的擦拭法。由于残留物在设备表面并不是均匀分布的，因此，取样点应考虑"最差条件"，例如，最难清洗的材质或位置。微生物污染取样根据生产设备和环境条件，可采用擦拭法（使用无菌棉签）、接触平皿法或淋洗法。取样点应包括最差条件，如最难清洁的位置或最难干燥的位置。凡是死角、清洁剂不易接触的部位如带密封垫圈的管道连接处，压力、流速迅速变化的部位如有歧管或岔管处、管径由小变大处，容易吸附残留物的部位如内表面不光滑处等，都应视为最难清洁的部位。显然，取样点应包括各类最难清洁部位。宏观上，不容易形成湍流的部位也是难清洁的部位。

取样时先取空白棉签，空白棉签先用相应的溶剂润洗，与样品隔离；同一个取样点应该先取微生物，再取化学残留，取微生物时不能在同一点取化学残留的样品，但必须在同等水平的点上取样，微生物取样后应清洁该取样点；取样容器如用于微生物残留测定，应选用已经过灭菌的取样瓶；如用于化学残留，应确保取样容器的清洁；对于所有清洁验证的设备如反应釜、过滤器和干燥器等，应在淋洗之后取擦拭样；如果仅取擦拭样或仅淋洗取样，需要给出充分的理由，证明取样具有有效性和代表性；取样擦拭方法应与验证方法一致。

1.擦拭取样

擦拭取样的优点是能对最难清洁部位直接取样，通过考察有代表性的最难清洁部位的残留物水平评价整套生产设备的清洁状况。通过选择适当的擦拭溶剂、擦拭工具和擦拭方法，可将清洁过程中未溶解的、已"干结"在设备表面或溶解度很小的物质擦拭下来，能有效弥补淋洗取样的缺点。检验的结果能直接反映出各取样点的清洁状况，为优化清洁规程提供依据。擦拭取样的缺点是很多情况下须拆卸设备后方能接触到取样部位，对取样工具、溶剂、取样人员的操作等都有一定的要求，总的来说比较复杂。

进行擦拭取样时应注意擦拭工具和溶剂对检验的干扰。常用的擦拭工具为棉签，在一定长度的尼龙或塑料棒的一端缠有不掉纤维的织物。棉签应耐一般有机溶剂的溶解。棉签容易脱落纤维，故在使用前应用取样用溶剂预先清洗，以免纤维遗留在取样表面。溶剂用于擦拭时溶解残留物，并将吸附在擦拭工具上的残留物萃取出来，以便检测。用于擦拭和萃取的溶剂可以相同，也可以不同。一般为水、有机溶剂或两者的混合物，也可含有表面活性剂等，以帮助残留物质溶解。

2.淋洗取样

淋洗法是检测最后一次淋洗水，通过残留物的溶解度确定限度。残留物可能被稀释到很高倍以接受定量检测。这种方法的优点是适用于大面积范围的取样,尤其适用于不易接触的表面,如阀门和管路或难以拆开的系统。淋洗法测试的先决条件是产品对冲淋介质有良好的溶解性(溶解性测试)和设备表面对冲淋介质有完全的润湿性。

淋洗法的缺点在于它的适用范围。第一,该法不适用于所有类型的设备。第二,该法的适用范围只对在溶剂中易溶的物质,通常是水溶性。此外,也不适用于堵塞在设备中难以冲洗的残留物。通常在取样中残留物的浓度不一定与表面残留物的总量一致,因此,残留物的去除仅是基于溶解的过程。设备是否完全没有残留不能从分析结果中获得,当使用有机溶剂时,必须采取必要的安全措施。此外,大量的清洗导致较高的材料和清洗成本。

最终淋洗液的取样研究过程可以对后续产品中潜在污染物进行上限推算。工艺过程的改进可以通过从取样冲洗液中分离工艺冲洗液完成。这样可生成更精确的实际推算,分析程序的选择更具有灵活性,与工艺冲洗液不同的取样冲洗液的选择也更加灵活。这种确定程序取决于充分的冲洗液回收研究。

3.取样过程验证

取样过程需经过验证。通过回收率试验验证取样过程的回收率和重现性。要求包括取样回收率和检验方法回收率在内的综合回收率一般不低于50%,有的企业甚至要求不低于80%,多次取样回收率的相对标准偏差(RSD)不大于20%。

取样过程的验证实际上是对棉签、溶剂的选择、取样人员操作、残留物转移到棉签、样品溶出(萃取)过程的全面考察。

## 四、验证方案

清洁验证方案可有多种形式,其共性是必须体现方案蕴含的科学性。一般而言,验证方案应当包含:目的、清洁规程、验证人员、确定参照物和限度标准、检验方法学、取样要求、可靠性判断标准。

## 五、验证实施

当验证方案获得批准,所有准备工作进行完毕后,即进入验证实施阶段。验证实施应严格按照批准的方案执行。本阶段的关键在于清洁规程的执行和数据的采集、取样与化验。验证实施后写出验证报告。应及时、准确地填写清洁规程执行记录,保证清洁过程完全按照规程进行。执行规程的人员应当是将来进行正式操作的人员,而不应由方案设计人员或其他技术人员代替。当然,有关技术人员可在旁观察规程的执行情况,以便及时发现偏差并予以纠正。取样应由经过专门培训并通过取样验证的人员进行。样品标签可在取样前贴好,根据标签的指示取样,也可在取样后立即贴上标签,无论采取何种方式都应以方案规定为准。检验应按照预先开发并验证的方法进行。所用的试剂、对照品、仪器等都应符合预定要求。检验机构出具的化验报告及其原始记录应作为验证报告的内容或附件。

验证过程中出现的偏差均应记录在案,由专门人员讨论并判断偏差的性质,确定是否对验证结果产生实质影响。一般而言,如果检验结果超出限度,经证明并非化验误差所致时,该偏差应作为关键偏差。这时应进行原因调查,确定原因,采取必要措施后重新进行验证试验。验证结论应在审核所有清洁作业记录、检验原始记录、化验报告、偏差记录后方能做出。其结果只有合格或不合格两种,不可模棱两可。

验证报告至少包括以下内容:①清洁规程的执行情况描述,附原始清洁作业记录;②检验结果及其评价,附检验原始记录和化验报告;③偏差说明,附偏差记录与调查;④验证结论。

## 六、清洁方法的监控与再验证

### (一)日常监控

清洁验证报告一旦批准,清洁验证即告完成,该清洁方法即可正式投入使用。同药品生产工艺过程一样,经验证后,清洁方法即进入监控与再验证阶段,应当以实际生产运行的结果进一步考核清洁规程的科学性和合理性。

在日常生产过程中对清洁方法进行监控的目的是进一步考察清洁程序的可靠性。验证过程中进行的试验往往是有限的,无法包括实际生产中各种可能的特殊情况,监控则正好弥补这方面的不足。对手工清洗规程来说,这点尤其重要,因为其重现性很大程度上取决于对人员的培训和实施清洁人员的工作态度。

监控的方法一般为肉眼观察是否有可见残留物,必要时可定期取淋洗水或擦拭取样进行化验。由于对指定残留物的定量分析通常比较烦琐,可开发某些有足够灵敏度且快速的非专属性检验方法,如测定总有机碳(TOC)。美国药典、欧洲药典已将 TOC 指标确立为注射用水和纯水的法定项目,以反映水中有机物的污染情况。由于该方法的高灵敏性和自动化且绝大多数残留物是有机物,发达国家或技术水平较高的制药企业越来越多地将其作为清洁作业的日常监控方法。如果日常样品的 TOC 值低且波动较小,则证明清洁效果好,清洁规程得到了良好的遵守。一旦出现异常,则提示可能出现了问题,此时再采用专门的分析方法对污染物定性定量。通过对日常监控数据的回顾确定是否需要再验证或确定再验证的周期。

### (二)变更管理

对已验证设备、清洁规程的任何变更以及诸如改变产品处方、增加新产品等可能导致清洁规程或设备的变更,应有专门人员如验证工程师、生产经理、QA 经理等审核变更申请后再确定是否需要进行再验证。企业应有变更管理 SOP 统一规范所有变更行为。

在发生下列情形之一时,须进行清洁规程的再验证:①清洁剂改变或对清洁程序作重要修改;②增加生产相对更难清洁的产品;③设备有重大变更;④清洁规程有定期再验证的要求。

## 七、清洁方法的优化

在实际生产中,一台(组)设备用于多种产品的生产是非常普遍的现象。有时各种产品的物理、化学性质差异很大。这就给清洁规程的制订者提出这样的问题:是否要为每个产品分别制订清洁规程呢? 经验告诉人们,为一台(组)设备制订多个清洁规程并不可取,这不但由于为每个规程进行验证的工作量过于庞大,更主要的是对操作者来说要在多个规程中选择适当的清洁方法很容易造成差错。比较可行的方法是在所有涉及的产品中选择最难清洁的产品为参照产品,以所有产品/原料中允许残留量最低的限度为标准(最差条件),优化设计足以清除该产品/原料以达到残留量限度要求的清洁程序。验证就以该程序为对象,只要证明其能达到预定的要求,则该程序适用于所有产品的清洁。当然,从环保和节约费用的角度考虑,如果实践证明该清洁程序对大多数产品而言过于浪费,也可再选择一个典型的产品进行上述规程制订和验证工作。这时,在规程中必须非常明确地规定该方法适用于哪些产品,还必须明确为防止选择时发生错误需要采取的必要措施。根据设备的情况、已确定的清洁剂和残留限度设计清洗方法。在生产后依法清洁并验证。

清洁验证试验至少进行 3 次。每批生产后按清洁规程清洁,按验证方案检查清洁效果,取样并化验。重复上述过程 3 次。3 次试验的结果均应符合预定标准。如果出现个别化验结果超标的情况,必须详细调查原因。如果有证据表明结果超标是因为取样、化验失误等原因造成,可将此数据从统计表中删除。否则应判定为验证失败。不得采用重新取样再化验直至合格的做法。验证失败意味着清洁规程存在缺陷,应当根据化验结果提供的线索修改清洁规程,随后开展新一轮的验证试验。

# 任务 8　运输确认

随着我国 GSP 的颁布实施,国内制药企业和药品批发经营企业均面临着药品流通领域的法规符合性和如何保证药品质量的挑战。2015 年 5 月,CFDA 发布 2010 版 GMP 附录"确认和验证"最终稿,对运输确认进行了规定,进一步对制药企业进行要求,具体为第七章运输确认第三十四条至第三十七条。

药品供应链是非常复杂的,产品从离开制造商的设备到最终分发给患者的过程中会经历多次转手,甚至可能在不同国家的批发商之间完成交易。药品运输是制药和生物制药流通过程中与产品处理有关的专业领域,要求必须在温度受控的环境中储存和发运产品。目前对药品运输过程实施充分控制的标准不断增强,主要原因有:供应涉及从制造商到分销中心再到药房、医院和诊所的过程;供应链中冷藏产品的数量不断增长(需求);产品的特性,如冷藏产品的复杂性;供应链的复杂性(全球供应);监管部门的期望。

因此,应考虑对药品生产、储存和流通过程中的所有步骤和程序实施充分的控制,从而对产品质量提供保护。而且,对药品运输过程的法规要求的理解有助于集中力量确保各项活动和开发计划实现增值,并在科学技术的基础上履行适当的风险分析,满足监管者的预期要求并有助于明确药品储存与运输过程的控制要点。

对任何一种温度控制过程来说,最重要的是,期望在受控的环境中储存与运输物料,将温度控制到规定的范围内。确切地说,该温度范围应处于来自稳定性数据推荐的产品储存范围,并满足以下要求:①在整个药品储存与运输期间,可靠、持续地将目标产品所处的环境温度控制在一定范围内(例如 2~15 ℃);②所有产品可能储存的位置均符合产品对环境温度的要求(例如靠近门的位置或者储存边界)。

确认过程应证明运输系统可持续满足产品对温度的需求。进行确认研究的策略应基于产品温度和稳定性要求以及运输和储存过程进行的风险分析活动。风险分析应对储存与运输过程中的潜在危害源进行识别并分析危害的严重性和可能性,从而确定储存及运输环境对产品/药品成分的潜在影响。以下为运输过程风险识别应考虑的因素。

## 一、产品特性

产品特性是风险识别过程中重要的参考因素,不同的产品对储存和运输条件的要求也不一样。

温度敏感产品的运输必须维持产品处于可接受的温度范围。

产品运输温度与标识储存温度不一致时,应提供稳定性研究数据证明产品质量不受影响。产品的稳定性研究应通过在指定储存环境下的试验、加速试验和/或中间条件试验获得与具体产品在偏离规定的储存温度时的承受能力有关的数据。

在产品特性分析时,还应考虑仓储温度和运输温度的区别。仓储温度相对稳定,在进行产品稳定性研究时只需考虑很小的温度变化;运输温度相对难控制,在进行产品稳定性研究时需考虑极端温度环境(如低温条件和高温条件)。

## 二、储存和运输

### (一)仓储设施

仓储设施,如冷藏室、冷冻室、温度监控系统等。

①对于要求在冷藏环境中储存的材料来说,储存温度一般为 2~8 ℃。

②对于要求在冷冻环境中储存的材料来说,储存温度一般为-25~-15 ℃。

③温度可低至-40 ℃的小型冷库(比如血浆的储存环境)。

④步入式冷冻室通常位于步入式冷藏室内部或通常需要穿过步入式冷藏室方可进入(旨在降低冷冻室内的湿度)。

### (二)运输路线

运输路线,如正常路线、应急路线等。

应当制订冷藏药品、冷冻药品运输应急预案,对运输途中可能发生的设备故障、异常天气影响、交通拥堵等突发事件能够采取相应的应对措施并分析措施所引起的风险及规避的风险。在风险分析中同样应针对正常路线运输的各阶段进行风险评估。

### (三) 运输方法

运输方法,如陆运、海运、空运等。

药品运输过程中需要考虑整个运输环节,即从仓库发运到客户接收。一个药品运输过程可能使用多种运输工具,尤其是在当前国际的贸易变得越来越频繁和便利的情况下。对于使用多种运输工具的,需特别关注产品离开冷藏车,交给运输部门的转运、储存、机场装机、飞行、出机场、到客户的过程。如果是国际货物,还需要考虑海关存储的问题。如果有海运,还应考虑潮湿环境、颠簸等恶劣环境条件对药品的影响。

### (四) 运输季节变化

运输季节变化,如夏季高温天气。对温度敏感的产品需要评估运输季节变化对产品的影响,尤其是高温条件下的运输。由于受条件限制,一些防疫机构很少配备冷藏车,比如,疫苗等生物制品在运输过程中多采用保温瓶或保温箱,很难避免高温运输,甚至温度忽高忽低引起反复冻融,而降低了疫苗的效价。生物疫苗一般怕热,特别是冻苗,需保存在低温环境中。冷冻真空干燥的疫苗需冷冻保存在 -15 ℃环境中,灭活疫苗需低温保存在 2~15 ℃环境中。如果保存不当,可能导致疫苗失效,进一步影响患者的安全。在这种情况下就需要参考运输路线上各地近几年的气温情况,并依此对最差条件进行挑战。

### (五) 运输过程

运输过程中的活动,如打包/拆包、装卸货、开门等。药品运输过程同样受到装货和卸货、开门的外界温度、放置在受控环境空间内的物料温度和数量等因素影响。大型冷库应有程序限制"开门"状况,并且仓库可能需要附加措施,如风幕,以减少装货和卸货对物料温度的影响。

产品挑拣、包装及运输过程中的操作活动必须始终符合时限控制标准,以保证物料或产品的功效和安全。

### (六) 运输设备

运输设备,如冷藏车、集装箱等。对于运输设备风险控制措施的确认通常涉及设计确认、安装确认、运行确认与性能确认。确认的范围和程度可以根据风险评估的结果进行界定,并对确认进行定期审核和持续监控来评估温度受控系统随时间的变化情况。个别系统基于风险评估结果可忽略一些测试要素。

### (七) 其他情况

其他情况,如人员、运输时间等。在药品运输确认风险分析中还应根据各个单位的实际情况进行考虑,需要关注人员在运输过程中的关键作用,良好的培训、标准化的操作可以有效降低运输过程中的风险,反之则可能带来风险。另外,对于整体的运输时间需要把控和分析,因为运输过程温度的相对不可控性,运输时间越长带来的风险越大。

## 三、文件

关于运输确认应建立以下文件。

(1)运输工艺验证计划。运输工艺验证计划的目的是确定运输工艺验证的要求、策略和职责、计划,以便使产品的运输工艺得到有效验证;证实运输过程满足产品所有的质量要求,从而保证上市销售产品运输过程的质量得到有效控制。

(2)运输工艺验证风险评估。运输工艺验证风险评估的目的是应用 ICH Q9 的原则以及使用危害分析和关键控制点的风险管理工具评估确定出运输过程所有的潜在危险和关键控制点,记录在文件中,以保证具有适宜的控制并以安全的方式运输产品。这种评估为针对运输过程关键控制点的确定提供了支持。

(3)运输设备确认方案及报告。运输设备确认的目的是对运输过程中可能使用的冷藏箱、冷藏车等进行确认,以确认其是否符合用户及法规要求,为产品的运输提供合格环境。

(4)运输工艺验证方案及报告。运输工艺验证用于提供文件化的证据,证明公司冷藏冷冻药品运输的人员、材料、设备、方法、环境条件以及其他有关公用设施的组合可以始终如一地满足冷藏/冷冻药品运输要求,符合 GSP 及 GMP 要求,工艺验证的过程和检查的结果将按照该验证方案进行记录。

# 实训项目 9:无菌粉针模拟分装验证

## 一、实训目的

(1)评估在既定无菌生产环境和过程控制条件下生产无菌产品的能力。

(2)证明指定的无菌工艺设计和变更是否可行。

(3)证明无菌工艺过程中的相关操作是否可行。

(4)评估无菌操作人员的操作水平。

(5)证明符合 GMP 的要求。

(6)发现无菌工艺过程中潜在的微生物污染因素。

## 二、实训内容

该次验证以无菌乳糖进行模拟分装过程;16 h 之内完成 15 000 瓶的生产量;规格:每瓶 0.5 g 乳糖加 4 mL 培养基。

### 三、实训过程

1.学生分组,每组 6 人;确定组内生产管理部门负责人 1 人,工作人员 1 人;确定质量管理部门负责人 1 人,工作人员 1 人;确定 GMP 办公室负责人 1 人;确定质量授权人 1 人;明确验证小组各成员的职责。

2.由生产管理部门负责组织验证,起草验证方案,完成验证方案的培训并负责完成验证报告。

3.质量管理部门主要负责方案中检验部分的起草及相关工作。

4.质量管理部门主要负责组织 QA 对现场环境监测及控制。

5.GMP 办公室主要是验证工作的协调和对验证结果进行审核及资料的归档。

6.验证方案由生产负责人进行最后审核。

7.质量授权人负责报告的批准。

### 四、实训报告

无菌粉针模拟分装验证方案及报告。

## 项目检测 9

### 一、单项选择题

1.有文件证明,任何操作规程(或者方法)、生产工艺或者系统能达到预期结果的一系列活动描述的是(　　)。

　　A.确认　　　　　　B.验证　　　　　　C.自检　　　　　　D.变更

2.证明厂房、设施、设备能正确运行并可达到预期结果的一系列活动描述的是(　　)。

　　A.确认　　　　　　B.验证　　　　　　C.自检　　　　　　D.变更

3.(　　)通常是指厂房、设施、设备、工艺、物料、操作和检验等项目投入使用前,必须完成并达到预订要求的验证。

　　A.前验证　　　　　B.同步验证　　　　C.回顾性验证　　　　D.再验证

4.(　　)是指一项生产工艺、一个系统、一台设备或者一种原材料,在使用一个阶段后而进行的证明其"验证状态"没有发生漂移的验证工作。

　　A.前验证　　　　　B.同步验证　　　　C.回顾性验证　　　　D.再验证

5.车间的工艺验证方案,应由车间技术员负责起草,由车间主任和生产负责人审核,再交由(　　)终审并批准通过。

　　A.企业负责人清洁验证　　　　　　B.质量管理负责人

　　C.质量受权人　　　　　　　　　　D.生产管理负责人

6.(　　　)是通过科学的方法采集足够的数据,以证明按规定方法清洁后的设备能始终如一地达到预定的清洁标准。

A.分析方法验证　　　　B.清洁验证　　　　　C.工艺验证　　　　　D.厂房设施验证

## 二、多项选择题

1.下列关于验证的描述正确的有(　　　)。

A.目的是以真实数据证实程序、生产过程、设备、物料、活动或系统能否达到标准和预定目标

B.通过一系列的证据证明生产所需要的厂房、设施、设备等在生产过程中能满足生产的要求、达到生产预期的结果,并且不对药品产生污染

C.通过一系列的证据证明所设计的工艺,规程、检验方法能够持续地生产出符合预期的质量标准和质量属性的产品

D.我国 GMP(2010 年版)中引入了通过风险评估确定确认验证范围和程度的要求

2.按照不同的方式分类,验证可以分为(　　　)。

A.前验证　　　　　　B.同步验证　　　　C.回顾性验证　　　　D.再验证

3.原则上每个检测项目采用的分析方法均需要进行分析方法验证,一般包含以下(　　　)种类型。

A.药典分析方法　　B.替代分析方法　　C.非药典分析方法　　D.普通分析方法

4.取样方法有(　　　)。

A.擦拭法　　　　　　B.淋洗法　　　　　C.直接法　　　　　　D.间接法

5.微生物污染取样根据生产设备和环境条件,可采用(　　　)。

A.擦拭法　　　　　　B.接触平皿法　　　C.淋洗法　　　　　　D.间接法

6.下列关于取样的描述正确的有(　　　)。

A.取样时先取空白棉签,空白棉签先用相应的溶剂润洗,与样品隔离

B.同一个取样点应该先取微生物,再取化学残留

C.取微生物时不能在同一点取化学残留的样品,但必须在同等水平的点上取样

D.微生物取样后应清洁该取样点

7.下列关于取样容器的描述正确的有(　　　)。

A.取样容器如用于微生物残留测定,应选用已经过灭菌的取样瓶

B.如用于化学残留,应确保取样容器的清洁

C.对于所有清洁验证的设备如反应釜,过滤器和干燥器等应在淋洗之后取擦拭样

D.如果仅擦拭样或仅淋洗取样,需要给出充分的理由,证明取样具有有效性和代表性;取样擦拭方法应与验证方法一致

## 三、填空题

1.必须对所采用的分析方法的科学性、准确性和可行性进行验证,使测试结果准确、可

靠并充分表明分析方法符合测试项目的目的和要求,这就是通常所说的_____。

2._____应证明一个生产工艺按规定的工艺参数能持续生产出符合预定用途和注册要求的产品。

3._____目的是证明生产设备经过清洁,将化学残留、微生物残留清洁至可接受限度,避免产生交叉污染。

4.由于残留物在设备表面并不是均匀分布的,因此取样点应考虑"_____",例如最难清洗的材质或位置。

5._____是检测最后一次淋洗水,通过残留物的溶解度确定限度。

| | |
|---|---|
| 阅读材料九 | 附件十二 |

# 项目 10　自检

🎯 **知识目标：**

- 深入理解自检的意义。
- 掌握自检的含义、要求、内容、程序、后续管理等。

🎯 **技能目标：**

- 能根据不同的项目编制自检计划、准备自检工作文件。
- 能实施自检并制订整改措施。

🎯 **素质目标：**

- 能进行自检准备、实施及后续管理。
- 培养学生自我学习、与人协作、解决问题的能力。

🎯 **课前导案：**

广东佰易药业违规生产药品被查处已立案进行调查

# 任务 1　概述

GMP 自检是指药品生产企业内部对药品生产实施 GMP 的检查,是企业执行 GMP 中的一项重要内容,也是日常生产质量管理工作中一项重要的质量活动。自检实质上就是对企业完善生产质量管理体系的自我检查。通过 GMP 自检发现企业执行 GMP 时存在的质量风险并通过实施纠正和预防措施,进一步提高 GMP 执行的持续性、符合性、有效性,通过自检进行持续改进。

## 一、自检

自检又称为内部质量审核或内部质量审计,是药品生产企业一项自我检查纠正的活动,也是质量审核(质量审计)的一项重要内容。ISO 9001 中称为"内部审核""内部审计"。

### (一) 自检的目的与意义

#### 1.自检的目的

(1)符合性。评估药品生产企业生产质量管理过程与 GMP 及相关法律、规范的要求是否一致。

(2)适宜性。评估药品生产企业是否依据 GMP 及相关法律法规制订与企业生产质量管理思想、管理目标、管理模式、企业规模、剂型、品种、厂房设施等相适宜的管理制度。

(3)有效性。评估药品生产企业制订的生产质量管理文件系统是否在实施生产质量管理的过程中得到有效贯彻和执行。

#### 2.自检的意义

药品生产企业通过定期组织自检,对执行规范要求的全部情况定期进行检查,对缺陷进行改正,指出药品存在的生产质量风险,减少退货和客户投诉的可能,帮助分析存在问题的根本原因,反映改进的趋势,指出生产质量管理改进的可行性,加快新产品批准的周期,减少质量事故,避免返工,改进产品质量和工艺,获取公正、客观的质量管理信息。为企业管理层的决策提供事实依据,增加质量管理部门与其他相关部门及人员的沟通。实时评价员工的工作业绩,并可协助公司有关部门人员进行 GMP 培训。

### (二)GMP 自检与 GMP 认证现场检查的不同

#### 1.检查人员

GMP 自检的检查人员多为企业内部人员,GMP 认证现场检查的检查人员为国家药品监督管理总局指派的 GMP 认证现场检查员,多为药品监管员或药监系统专业技术人员。

**2.对发现的质量风险的处理方式**

GMP 自检员不但要发现质量风险,还需要在自检后续活动中,针对质量风险提出改进意见,并最终解决并避免类似质量风险的再次发生。GMP 认证现场检查员只发现质量风险,并对质量风险进行评估,但不给出解决办法。

### (三)自检人员的要求与职责

自检人员应当是具有较强理论和实践经验的专业技术人员,具备相应的处理质量问题的能力,经过专门的培训并授权。自检人员可以是企业内部指定人员,也可以是企业外部人员或专家。

自检人员的职责:①明确自检目标,接受自检任务,执行质量审核程序,按时完成自检负责人分配的自检任务;②与接受检查的企业各部门各环节进行沟通合作,记录自检过程;③汇总分析自检结果,填写自检报告,由自检负责人审核签字,当有特殊要求时,验证自检人员提出的质量改进建议,保存自检记录和报告。

### (四)自检的类型

**1.按自检目的分类**

按自检目的分为全面自检、简要自检和跟踪自检 3 类。全面自检是对 GMP 执行情况的全面检查,每年定期检查 1~2 次。简要自检是对薄弱环节进行重点检查,一般是在追加自检或存在重大质量投诉、质量事故之后实施。跟踪自检是对自检后的整改措施进行确认,在自检后 1~3 个月进行。

**2.按自检对象分类**

按自检对象分为产品质量自检、生产过程质量自检和生产质量管理体系自检 3 种。

(1)产品质量自检。对最终产品的质量进行单独评价的活动,用于确定产品质量的符合性和适用性。通过对产品的客观评价获得产品的质量信息,评估产品的质量,检测质量活动的有效性,对产品再次验证,对供应商的产品质量进行确认等。

(2)生产过程质量自检。通过对过程、流程或作业的检查,分析评价过程质量控制的适宜性、正确性和有效性。过程质量是指产品生命周期各个阶段的质量,一般生产质量管理体系自检包括过程自检的内容。

(3)生产质量管理体系自检。独立对企业生产质量管理体系进行的 GMP 自检。生产质量管理体系自检应覆盖企业的所有部门和过程,一般围绕产品质量形成全过程进行,通过对生产质量管理体系中的各个场所、各个职能部门、各个过程的自检和综合得出生产质量管理体系符合性、有效性的评价结论。

## 二、自检项目

(1)人员。按照 GMP 的要求审核人员的情况,包括企业负责人、质量管理和生产管理负责人、质量受权人、部门负责人和检验、生产操作等人员的数量、学历、职位、职务变动情况、培训情况和记录、考核情况等是否符合 GMP 要求。

（2）厂房和设施。按照 GMP 的规定审核厂房设施的情况，包括厂区划分与保持，洁净室的洁净差的记录和维持，空气设施的效率和维护，防尘、捕尘设施效率及维护，建筑物及设备的维护以及实验动物的设置等内容。

（3）设备。按照 GMP 的规定审核设备安装、运行、维护及维修情况，包括不合格设备和问题设备的处理情况。

（4）物料。按照 GMP 的规定审核检查原料、辅料、包装材料、制剂半成品和成品的购入、储存、发放和使用情况；物料、成品、半成品和包装材料的标准，中药材购入是否符合条件；待验、合格、不合格物料的储存及处理；特殊物料的储存条件及处理；物料的保存期限；药品包装、说明书、标签的管理是否符合规定。

（5）环境和卫生。按照 GMP 的要求审核检查卫生管理制度，车间、工序、岗位操作规程是否健全，生产区卫生情况；更衣室、浴室、厕所的卫生情况；工作服的卫生情况；洁净室人员操作及进入的管理情况；洁净室消毒措施；生产人员健康档案情况等内容。

（6）确认与验证。按照 GMP 的要求审核检查验证情况，包括厂房、设施、设备安装及运行确认，性能确认和产品验证记录，再验证记录，验证负责人审核批准程序和签名等内容。

（7）文件。按照 GMP 的要求审核检查药品生产管理和质量管理的各项制度和记录，药品的生产管理和质量管理文件，SOP 的完备性，建立文件的程序，文件的合法性等内容。

（8）生产管理。按照 GMP 的要求审核生产工艺规程、岗位操作法和 SOP 的执行情况，批生产记录、批包装记录、批检验记录、清场记录的记录方法。

（9）质量管理。按照 GMP 的要求检查质量管理部门职责的落实情况，包括实验室管理、持续稳定性考察、变更控制、偏差处理、纠正和预防措施、供应商的评估和批准、产品质量回顾分析和处理投诉的记录等内容。

（10）产品发运与召回。按照 GMP 的要求主要检查发运记录，产品退货收回和处理程序。

（11）投诉与不良反应报告。按照 GMP 要求检查药品不良反应报告程序和处理投诉的记录报告等内容。

（12）上次自检提出的质量改进建议的执行情况。检查上次自检发现问题的改进、纠正和落实情况，并做相应记录。


## 任务 2　自检程序


从事药品生产活动，应当遵守药品生产质量管理规范，建立健全药品生产质量管理体系，保证药品生产全过程持续符合法定要求。质量管理部门应当定期组织对药品生产企业的自检，监控最新 GMP 的实施情况，评估药品生产企业是否符合最新版的 GMP 要求，并提出必要的预防和纠正措施。自检应当有计划地对机构与人员、厂房与设施、设备、物料与产品、确认与验证、文件管理、生产管理、质量控制与质量保证、委托生产与委托检验、产品发运与召回等项目定期进行检查。应当由企业指定人员进行独立、系统、全面的自检，也可由外部人员或专家进行独立的质量审计。自检应当存有记录。自检完成后应当有自检报告，内容至少包括自检过程中观察到的所有情况、评价的结论以及提出的纠正和预防措施。自检情况应当报告企业高层管理人员。药品生产企业应当每年进行自检，监控药品生产质量管理规范的实施情况，评估企业是否符合相关法规要求，并提出必要的纠正和预防措施。自检程序一般分为 4 个阶段：自检启动、自检准备、自检实施和自检报告。

## 一、自检启动

### （一）自检审核计划

首先，自检应制订年度审核计划。每年年底由质量管理部门指定人员制订下一年度自检计划，经审批后执行。其次，还应制订单次计划。每次自检前，质量管理负责人应任命自检组长。组长应成立自检团队，并制订单次自检计划。

### （二）自检的启动

自检团队应先与相关人员就自检目标、范围、方法及日程安排进行沟通。确定自检的可行性以及实施自检时所需的时间与资源。

## 二、自检准备

### （一）成立自检小组

每次自检前，质量管理负责人应在自检前的规定日期发布自检通知。在发布自检通知后，质量管理负责人应任命自检组长。组长应成立自检团队。自检团队由自检组长根据自检项目、范围及部门，选择公司内具有资格的人员。

### （二）编制审核计划表

在每次自检前，组长应制订自检计划表，具体内容如下：

（1）确定自检的范围与目标。对于制药企业来说，自检的范围包括覆盖的产品、区域及标准要求。自检的目的是通过自检，评价公司质量管理体系是否符合相关法律法规、标准、规范和企业所建立的质量管理体系文件的要求。

（2）确定自检所依据的标准。对制药企业而言，自检的依据是相关法律法规、标准、规范和企业所建立的质量管理体系文件。

（3）核查自检团队。自检人员一般需要在药品生产企业工作一年以上，或具有相关资历并经质量管理负责人批准;需要接受过公司内部或者外部相关培训,并持有相关证书。同时,自检人员不能自检与其职务具有直接关系的业务。必要时,可对自检人员进行适当的培训。

(4)制订行程表。①确定自检日期及每日自检时间:每日自检开始的时间以上班一小时后为宜,以使各部门可以从容安排当日工作事宜,专心接受自检。②确定每次自检时的具体内容与自检团队的具体人员。③策划首次会议:在自检首次会议上,需要规定参加自检的人员、首次会议时长及首次会议需要解决的问题。④策划末次会议:在允许的情况下,末次会议可安排在自检结束的次日举行,以保证小组有充足的时间讨论,并完成缺陷报告。⑤确定其他与本次审核有关的事项。例如,如果药品生产企业实行多班制,策划计划时,一定要策划夜班的自检。

### (三)分配自检团队工作

在每次审核前,由自检组长对自检团队进行工作分配。需要将自检团队分成若干个小组,由不同的小组负责不同的自检内容。

### (四)准备相关文件

在每次自检前,各自检人员可根据自检的主题向文件管理中心借阅相关文件,准备自检事宜。

## 三、自检实施

### (一)举行首次会议

在正式审核前,应由自检组长主持召开首次会议。按照策划,相关人员均须参加会议,并进行签到和拍照。会议主要包括:确定自检范围、目标及自检时所采用的方法;介绍自检成员;确定自检日程安排与末次会议时间及会议的参与人员。

### (二)进行信息的收集和验证

#### 1.完成检查表

自检人员在自检前应编制好检查表以辅助自检工作的开展。检查表的设计应考虑以下事项:检查表的内容应根据相关文件制订;检查表的设计以辅助记忆的原则规划,以保证自检进行时的连续性和深度。

#### 2.实施自检

(1)自检方式。自检团队进行自检时,应通过查看文件、面对面沟通及现场检查的方式收集客观证据。查看文件的首要任务是,确认药品生产企业的文件管理系统是否符合相关的法律法规、标准要求,确定其文件管理系统的充分性和符合性。面对面沟通是自检团队通过询问相关人员,确认其工作是否能够按照公司文件的策划进行。现场检查是确定现场相关的被检查要素是否符合相关要求。

(2)进行自检。自检人员进行自检时可利用检查表,以保证审核工作的连续性。自检人员在进行审核时应注意自检原则和技巧的运用。自检注意事项包括:自检不是在会议室或办公室进行,而是要在"工作"现场进行;自检需要在自检人员主导下进行;自检人员应掌握自检目标、不逾越自检范围;应根据客观事实进行自检,并取得客观证据,对足以影响自检结果或可能需要进一步自检的任何迹象保持警觉;确认及澄清所有"口头"信息;使用备忘录,记录须查证的事项;使用药品生产企业习惯用语,以减少沟通障碍。

3.填写检查表:自检人员

对自检过程中发现的缺陷,必须立即填写在检查表上并附上必要的证据资料。

## (三)形成自检发现

### 1.自检发现

自检人员将自检证据与自检准则进行对照,即可形成自检发现。自检发现可分为优势和缺陷。对于自检过程中发现的优势,企业应继续保持;对于发现的缺陷,企业需尽快采取措施,进行改进。

### 2.缺陷分级

缺陷可分为严重缺陷、主要缺陷和一般缺陷。

严重缺陷是指与 GMP 要求有严重偏离,可能会使产品对使用者造成危害的缺陷。属于下列情形之一的即为严重缺陷:对使用者造成危害或存在健康风险;与 GMP 要求有严重偏离,给产品质量带来严重风险;有文件、数据、记录等不真实的欺骗行为;存在多项关联主要缺陷,经综合分析表明质量管理体系中某一系统不能有效运行。

主要缺陷是指与 GMP 要求有较大偏离的缺陷。属于下列情形之一的即为主要缺陷:与 GMP 要求有较大偏离,会给产品质量带来较大风险;不能按要求放行产品或质量受权人不能有效履行其放行职责;存在多项关联一般缺陷,经综合分析表明质量管理体系中某一系统不完善。

一般缺陷是指偏离 GMP 要求,但尚未达到严重缺陷和主要缺陷程度的缺陷。

## (四)准备审核结论

自检团队应在自检组长的主持下,讨论自检发现,确定缺陷项目,综合整理被检查部门的优劣。

## (五)举行末次会议

在按照自检检查表完成自检工作后,编写自检报告前,应由自检组长主持召开末次会议,以便管理人员清楚掌握自检结果。

按照策划,相关人员均须参加会议,并进行签到和拍照。按照策划,末次会议参与人员包括自检团队和被检查部门的相关人员。会议包括以下内容:重申本次自检的范围与目标;报告自检结果及自检发现,按顺序报告发现的缺陷;若缺陷经进一步讨论确认可以消除或被检查部门提出了额外证据,可经自检组长裁决取消该缺陷,并在检查表中加以标记。宣告纠正或预防措施,按纠正和预防措施控制程序发出并跟进;报告自检过程中所遇到的主要障碍;提出自检报告的发出日期。

## 四、自检报告

### (一) 编制

按照策划,自检组长应在自检工作完成后的规定时间内,完成自检报告的编写;应注意,自检报告必须有自检组长及质量管理部门负责人签字。

自检报告的主要内容:自检目标、自检范围、自检准则、自检团队、自检日期、自检发现——包括优势、不足和数据分析、结论及报告的编制与审批。

### (二) 分发

按照策划,审核报告的正本由文件管理中心保存,副本分发给相关人员。

### (三) 自检的完成

当所有策划的自检活动已执行完毕,自检即告完成。

### (四) 自检后续活动

#### 1.纠正与预防措施的发出

与跟进对于自检发现的缺陷,应实行纠正与预防措施,并按《纠正和预防措施控制程序》进行跟进及控制。

自检团队在末次会议后,应在规定时间内针对检查表上记录的每一个缺陷填写《纠正和预防措施处理单》的相关内容,并由发现的自检人员进行跟进,直至整改完成。待所有的纠正与预防措施完成后,由自检组长确认并结案。

#### 2.呈报管理团队

质量管理部门负责人应到文件管理中心借调自检报告(含其他相关记录),将内部管理体系自检的相关内容呈报给管理团队,汇报本次自检的状况。

### (五) 记录保存

所有自检的记录都应由文件管理中心保存,并应按照策划,保存一定时间。自检必须保存的记录有:自检计划表、检查表、自检缺陷报告单、纠正和预防措施处理单、自检报告、首次会议签到表和会议照片、末次会议签到表和会议照片。

自检工作是保证药品质量的重要环节之一,药品生产企业应根据法律法规的要求,定期开展自检。本文讲述了药品生产企业开展自检的全过程,为药品生产企业如何有效开展自检活动,提供了方法和参考依据。

# 任务 3   自检后续管理

自检后续活动是针对自检组提出的缺陷项或潜在缺陷或识别的其他改进需求而采取的活动。但是,如果自检中未提出这些问题,就无须实施自检后续活动,因此,自检后续活动通常不视为自检的一部分。自检后续活动通常包括:受检部门确定和实施纠正、预防或改进措施,报告实施纠正、预防或改进措施的状态,自检组对纠正措施的实施情况及其有效性进行验证、判断和记录。

## 一、制订整改措施

自检结束后,受检部门会接到自检报告,其中会明确受检部门存在的缺陷项,受检部门的负责人应组织与缺陷项有关人员对自检组提出的缺陷项进行评审,分析并确定导致产生缺陷项的原因,针对缺陷项的原因,充分考虑该缺陷项已造成的和潜在的影响,制订相应的可以消除缺陷原因的切实可行的整改措施。整改措施制订后首先要经过自检组的认可。经过认可的整改措施通常需经过自检组长或最高管理者批准后,才可予以实施。

## 二、实施整改措施

受检部门和与整改措施有关的责任部门按照批准后的整改措施计划逐项实施整改。受检部门应将整改的实施情况及其结果进行记录,作为实施整改的证据。受检部门在完成整改后,应对所采取的整改措施的有效性进行评审,自我评审后认为整改措施达到了效果,可以向自检组提交整改实施结果的证据,以供自检组验证。如果经评审发现所采取的整改措施未达到效果,则受检部门还应重新调查原因,制订并实施更为有效的整改措施。

## 三、跟踪确认整改措施

自检组应对受检部门采取的整改措施的实施情况进行跟踪,接到受检部门完成整改措施并提交的实施证据后,应对整改措施完成情况及其有效性进行验证。自检员验证认为整改确已达到预期效果后,出具验证有效的意见,这项缺陷就关闭。如果经自检员验证发现未完成整改或未达到预期的效果,则应提请受检部门继续完成或重新采取更为有效的整改措施。

### 四、自检总结

自检的所有过程结束后,自检组所有成员和自检组长应对本次自检的情况加以总结,总结的内容主要包括:自检中值得肯定的方面;自检过程中存在的问题;以后需改进的方向和建议等。自检总结的目的在于今后更好地开展自检工作,使企业能改进和提高 GMP 管理体系运行的有效性。

## 实训项目 10:某制药公司自检整改措施报告

### 一、实训目的

1.提高学生对于自检的认识。

2.掌握自检工作计划的书写要求。

### 二、实训内容

无规矩不成方圆,为确保自检工作有序开展,并提高各部门对自检工作的重视程度,质量管理部门应制订明确的奖罚规定,并由企业负责人签发实施。

### 三、实训过程

1.学生分组,每组 8 人,明确验证小组各成员的职责,以小组为单位制订明确的奖罚规定。

2.奖罚规定的内容应包含对问题直接责任人的考核,部门整体检查结果直接与部门负责人的绩效工资挂钩。

3.为确保检查员严格按照既定的检查日程按时参加检查,可对检查员的工作纪律及违反工作纪律的情况作出明确的处罚规定。

4.为提高检查员的工作积极性,可制订优秀检查员评选原则,依据各检查员的实际表现评选出优秀检查员,同时给予一定的物质奖励。

5.当企业规模较大,存在多个生产车间时,可根据车间生产类型的不同,分为口服制剂车间组、注射剂车间组,分别制订合适的评分细则,对车间进行排名。评分细则可根据车间迎检时的配合程度、提供资料的及时性、人员回答问题的熟练程度、现场卫生、定置管理、状态标识、记录填写、文件管理、设备维保及对缺陷问题整改情况等各个方面综合制订。

6.将上述准备内容制成完善的自检工作计划,经公司质量管理负责人批准,以公司红头文件的形式下发各部门。

## 四、实训报告

制订各自负责项目的奖罚规定并形成报告。

# 项目检测 10

## 一、单项选择题

1.下列对于自检人员的描述,错误的是( )。

A.自检人员应当是具有较强理论和实践经验的专业技术人员

B.具备相应的处理质量问题的能力

C.经过专门的培训并授权

D.自检人员可以是企业内部指定人员,不能是企业外部人员或专家

2.( )是对薄弱环节进行重点检查,一般是在追加自检或存在重大质量投诉、质量事故之后实施简要自检。

A.全面自检　　　　　B.简要自检　　　　　C.跟踪自检　　　　　D.自发自检

3.( )是指与 GMP 要求有严重偏离,可能会使产品对使用者造成危害的缺陷。

A.严重缺陷　　　　　B.主要缺陷　　　　　C.一般缺陷　　　　　D.次要缺陷

4.( )是指偏离 GMP 要求,但尚未达到严重缺陷和主要缺陷程度的缺陷。

A.严重缺陷　　　　　B.主要缺陷　　　　　C.一般缺陷　　　　　D.次要缺陷

5.跟踪自检是对自检后的整改措施进行确认,在自检后( )个月进行。

A.1~3　　　　　　　B.4~6　　　　　　　C.7~9　　　　　　　D.10~12

## 二、多项选择题

1.对发现的质量风险的处理方式正确的有( )。

A.GMP 自检员不但要发现质量风险,还需在自检后续活动中,针对质量风险提出改进意见

B.并最终解决并避免类似质量风险的再次发生

C.GMP 认证现场检查员只发现质量风险,并对质量风险进行评估,但不给出解决办法

D.GMP 认证现场检查员只发现质量风险,并对质量风险进行评估,需要给出解决办法

2.对企业自检人员的要求包括( )。

A.学历　　　　　　　　　　　　　　　B.经过培训

C.具备处理质量问题的能力　　　　　　D.具有实践经验

3.对企业自检人员的要求描述正确的有( )。

A.自检人员应当是具有较强理论和实践经验的专业技术人员

B.具备相应的处理质量问题的能力

C.经过专门的培训并授权

D.可以是企业内部指定人员,也可以是企业外部人员或专家

4.自检人员的职责有(    )。

A.明确自检目标,接受自检任务,执行质量审核程序,按时完成自检负责人分配的自检任务

B.与接受检查的企业各部门各环节进行沟通合作,记录自检过程

C.汇总分析自检结果,写出自检报告,由自检负责人审核签字

D.当有特殊要求时,验证自检人员提出的质量改进建议,保存自检记录和报告

5.自检项目包括(    )。

A.人员、文件

B.厂房、设施、设备

C.生产管理、质量管理

D.上次自检提出的质量改进建议的执行情况

6.根据自检的目的分类分为(    )。

A.全面自检          B.简要自检          C.跟踪自检          D.自发自检

7.自检程序一般可分为(    )阶段。

A.自检启动          B.自检准备          C.自检实施          D.自检报告

8.自检项目通常包括(    )。

A.设备             B.物料             C.生产管理          D.质量管理

9.按自检对象分为(    )

A.产品质量自检                      B.生产过程质量自检

C.生产质量管理体系自检                D.设备设施自检

10.按照 GMP 的要求检查质量管理部门职责的落实情况,质量管理包括(    )。

A.实验室管理、持续稳定性考察

B.变更控制、偏差处理

C.纠正和预防措施、供应商的评估和批准

D.产品质量回顾分析和处理投诉的记录

11.缺陷可分为(    )。

A.严重缺陷          B.主要缺陷          C.一般缺陷          D.次要缺陷

12.下列情属于严重缺陷的是(    )。

A.对使用者造成危害或存在健康风险

B.与 GMP 要求有严重偏离,给产品质量带来严重风险

C.有文件、数据、记录等不真实的欺骗行为

D.存在多项关联主要缺陷,经综合分析表明质量管理体系中某一系统不能有效运行

13.下列情属于主要缺陷的是(    )。

A.指与 GMP 要求有较大偏离的缺陷

B.指与 GMP 要求有较大偏离,会给产品质量带来较大风险

C.不能按要求放行产品或质量受权人不能有效履行其放行职责

D.存在多项关联一般缺陷,经综合分析表明质量管理体系中某一系统不完善

14.自检后续活动通常包括(　　　)。

A.受检部门确定和实施纠正、预防或改进措施

B.报告实施纠正、预防或改进措施的状态

C.自检组对纠正措施的实施情况及其有效性进行验证

D.自检组对纠正措施的实施情况及其有效性进行判断和记录

## 三、填空题

1.全面自检是对 GMP 执行情况的全面检查,_____定期检查 1~2 次。

2._____又称内部质量审核或内部质量审计,是药品生产企业一项自我检查纠正的活动,也是质量审核(质量审计)的一项重要内容。

3.自检人员将自检证据与自检准则进行对照,即可形成_____,可分为优势和缺陷。

阅读材料十

附件十三

附件十三

# 附　录

## 附录一　课后检测答案

课后检测答案

## 附录二　《中华人民共和国药品管理法》目录

《中华人民共和
国药品管理法》
目录

# 参考文献

[1] 万春艳,孙美华.药品生产质量管理规范(GMP)实用教程[M].2 版.北京:化学工业出版社,2020.

[2] 罗晓燕,李晓东.药品生产质量管理教程[M].北京:化学工业出版社,2020.

[3] 杨永杰,段立华,杨静.制药企业管理与 GMP 实施[M].3 版.北京:化学工业出版社,2022.

[4] 段立华,李洪.制药企业管理与 GMP 实务[M].北京:化学工业出版社,2018.

[5] 韩峰,刘丽艳,张剑,等.浅谈药厂设备的清洗管理方案[J].清洗世界,2020,35(12):81-82.

[6] 叶笑,颜若曦.产品质量回顾的要点分析研究[J].现代药物与临床,2022,37(7):1653-1656.

[7] 安蓉蓉.风险管理在制药行业实施的应用研究[J].黑龙江科技信息,2014(20):287.

[8] 周冉.浅谈 GMP 文件管理体系在生产车间实际运用[J].科技风,2020(24):164-165.

[9] 刘加宝.浅谈 GMP 自检[J].黑龙江科学,2015,6(2):80-81.

[10] 张燕,刘海华.浅谈提高制药企业设备设施确认水平的措施[J].机电信息,2015(35):56-58.

[11] 刘全智.试论制药企业生产质量管理问题及其对策[J].北方药学,2016,13(9):171.

[12] 杨敬鹏,徐晓楠,王元.我国血液制品企业 GMP 检查缺陷分析及监管思路探索[J].中国药事,2019,33(6):605-608.

[13] 李竹,刘知音.新版 GMP 认证现场检查中质量控制与质量保证所存缺陷的分析[J].机电信息,2014(11):11-13.

[14] 杜宏伟.药品生产企业供应商资质审查和现场审计[J].齐鲁药事,2011,30(1):53-55.

[15] 颜若曦,曹轶,翟铁伟.药品生产企业质量控制实验室要点与缺陷分析[J].中国医药工业杂志,2021,52(9):1253-1258.

[16] 董炎超,陈世鹏,陈世会.药品生产企业自检流程梳理[J].流程工业,2022(5):22-25.

[17] 仲乙,张俊伟,沈光海.制药企业药品质量风险管理体系探讨[J].吉林医药学院学报,2020,41(1):49-50.

[18] 梁毅,吴姝怡.制药企业中纠正/预防措施体系的建立与运转研究[J].中国药房,2012,23(29):2693-2695.

[19] 贾佳.制药设备的清洁验证分析[J].化工管理,2019(11):158.